Stéphane LECOMTE • Sébastien SCOTTO

La GRAMMAIRE au TOEIC® et au TOEFL®

Test Of English for International Communication / Test Of English as a Foreign Language

MODE D'EMPLOI

(applications avec corrections commentées)

Nouvelle édition revue
et augmentée

Conforme au New TOEIC®

OPHRYS

Illustrations : Jean-Luc SERVAIS
Conception graphique : Sébastien SCOTTO DI PERROTOLO

Imprimé en France

ISBN : 978-2-7080-1431-2

Editions Ophrys, 1, rue du Bac, 75007 Paris
www.ophrys.fr

la version numérique interactive

du

Vocabulaire au TOEIC®
TOEIC® WORD POWER

disponible sur

www.ophrys.fr

créez votre compte

saisissez vos identifiants

cliquez sur pdf interactif

Pour TÉLÉCHARGER le fichier pdf interactif

- Rendez-vous sur **www.ophrys.fr/grammaire-toeic-toefl.html**
- Créez un compte **Ophrys** en suivant les indications en ligne
  OU connectez-vous simplement avec vos identifiants (adresse e-mail et mot de passe)
- Cliquez sur pdf interactif (sous le pavé «accès réservé»)
- Saisissez votre code personnel :

1385-7139-4983-98

→ Vous pouvez télécharger le fichier ou le consulter en ligne (taille du fichier : 98 Mo)

Pour toute CONNEXION ULTÉRIEURE

- Identifiez-vous sur **www.ophrys.fr** avec vos login et mot de passe

IMPORTANT
Votre code est unique et personnel. Il est réservé à un seul utilisateur et ne peut être partagé.

Pour bénéficier de toutes les caractéristiques interactives de ce produit, veuillez utiliser au minimum la version 9 du Reader Adobe ou de Acrobat Pro - Flash Player indispensable.

Pour télécharger gratuitement la version courante du Reader Adobe, rendez-vous sur http://get.adobe.com/fr/reader/
Pour télécharger gratuitement la version courante de Flash Player, rendez-vous sur http://get.adobe.com/fr/flashplayer/

TABLE DES MATIERES

AVANT-PROPOS

Ce manuel s'adresse à tous ceux qui préparent les tests du **TOEFL** ou du **TOEIC**. Ces deux tests ont été conçus pour évaluer de manière objective le niveau d'anglais de candidats non anglophones. Le TOEFL s'adresse aux étudiants désirant intégrer une université américaine, le résultat au test permettant de mesurer leur capacité à suivre un cursus en anglais. Le TOEIC a été développé ultérieurement en réponse à une demande d'entreprises japonaises en quête d'un outil adapté à l'évaluation de l'anglais professionnel. Dans la pratique, ces deux tests sont utilisés dans plus de 190 pays et sont reconnus tant par les entreprises que par les universités et grandes écoles pour lesquelles ils servent au recrutement et/ou à l'évaluation des compétences acquises en anglais. A diplôme égal, un bon score TOEFL ou TOEIC peut faire la différence entre les candidats lors d'un entretien d'embauche ou d'admission à un MASTER.

TOEFL : Test Of English as a Foreign Language

Compréhension orale : 50 questions	**Grammaire** : 40 questions	**Compréhension écrite** : 50 questions

Scores échelonnés entre 200 et 677

TOEIC : Test Of English for International Communication

Compréhension orale : 100 questions	**Compréhension écrite** : 100 questions dont **Grammaire** : 52 questions

Scores échelonnés entre 10 et 990

Pour information, voici un extrait du Livret Références et Orientations 1998 de la Commission des Titres d'Ingénieurs (tiré de la brochure TOEIC éditée par The Chauncey Group Europe S.A.) :

"*A l'issue d'une formation d'ingénieur, les étudiants doivent, en vue de l'obtention de leur diplôme, maîtriser parfaitement une première langue vivante : en principe l'anglais. Un niveau minimum pratique, délivré par un organisme habilité (... TOEFL 550, TOEIC 750 ou équivalent) est fortement recommandé...*"

Nous ne traiterons ici que la partie grammaticale. Comme l'ensemble des sphères de compétence testées au TOEFL et au TOEIC, celle-ci requiert une préparation méthodique et importante. De plus, elle semble jouir d'un **coefficient** relativement **plus important** que les autres parties. Une bonne préparation dans ce domaine permet donc une amélioration non négligeable du score final.
Cet ouvrage ne prétend pas couvrir en détail tous les points de la grammaire anglaise comme l'ont déjà fait les innombrables et excellents manuels de référence de grammaire ou de linguistique, mais nous sommes partis du constat qu'une préparation grammaticale en adéquation avec le format spécifique des tests TOEFL et TOEIC faisait cruellement défaut au kit de survie de l'étudiant. D'une approche résolument pragmatique, ce manuel se veut donc un outil concret à la préparation de l'épreuve de grammaire du TOEFL et du TOEIC mais peut être également utilisé par l'étudiant désirant revoir des notions de base. Recensés avec minutie au travers de tests types, les différents points grammaticaux rencontrés au TOEFL et au TOEIC se succèdent d'un chapitre à l'autre, mêlant les explications de la grammaire traditionnelle à une approche linguistique d'inspiration **énonciative**, plus moderne, qui va vous amener non plus à un simple apprentissage de règles, mais à une **réflexion** sur les

mécanismes et les faits de la langue anglaise de façon à être opérationnel lors des épreuves. Bien entendu, nous ne pouvons pas être exhaustifs en termes de recensement de problèmes. Toutefois, vous disposez dans ce recueil d'une excellente base de travail et de progression pour les deux examens.

Ce manuel est divisé en **5 grands volets** :

- **syntagme verbal** (sphère du verbe)
- **syntagme nominal** (sphère du nom)
- **syntaxe** (agencement des différents constituants pour former des phrases) - volet dans lequel votre esprit d'analyse sera mis le plus à contribution.
- **Points spécifiques TOEFL/TOEIC**
- **A vos marques !** 2 tests bilans types, TOEFL et TOEIC (grammaire uniquement), pour faire le point en fin de préparation. Nous avons également tenu à rajouter un **test diagnostic** en début d'ouvrage (à faire absolument pour repérer ses difficultés).

Nous avons essayé de vous faciliter la lecture en vous donnant l'explication des faits de langue sous forme de **fiches résumées**. Chaque fiche comprend **deux voire trois parties** : la première vous donnera l'explication grammaticale et la seconde (comme la troisième) vous proposera des exercices de reconnaissance ainsi que des exercices d'application du type TOEFL/TOEIC, c'est-à-dire des énoncés d'un niveau baccalauréat et post-baccalauréat. Toutefois, afin que votre esprit soit toujours en alerte, nous avons tendu des pièges en glissant de temps en temps, au milieu des exercices d'application, des problèmes n'ayant rien à voir avec le sujet traité, ou en donnant parfois deux réponses possibles. Nous tenons à préciser qu'au TOEFL et au TOEIC, une **seule réponse** est admise. Toutes les applications contiennent et rebrassent du vocabulaire technique ou spécifique récurrent au TOEFL/TOEIC, dont nous vous donnons souvent la traduction. **Apprenez ce vocabulaire**. Si vous ne connaissez pas le sens d'un terme, n'hésitez surtout pas à avoir recours à votre dictionnaire standard ou commercial pour le TOEIC. Ainsi, vous parviendrez à vous constituer une base lexicale convenable pour l'examen ciblé.

Enfin, vous trouverez en annexe les **corrections commentées** des applications de chaque chapitre dans lesquelles vous aurez des compléments de cours. Si vous désirez repérer plus facilement un point grammatical qui vous pose problème, l'**index** vous sera d'une aide précieuse.

Nous tenons aussi à préciser que les applications de cet ouvrage sont d'inspiration TOEFL/TOEIC et non des originaux dans la mesure où l'ETS et le Chauncey Group interdisent formellement le plagiat ou les copies des anciennes épreuves officielles du TOEFL ou du TOEIC sous peine de poursuites judiciaires.

Nous remercions vivement **Christian Bouscaren** pour sa lecture minutieuse du manuscrit, ses précieuses suggestions et ses encouragements, **Claude Rivière** pour ses observations pertinentes et sa contribution efficace à la nouvelle édition, **Valérie Isnard** pour ses conseils sur la mise en page ainsi que **Jean-Luc Servais** pour son talent d'illustrateur. Nous adressons également nos remerciements à nos collègues **Martine Fisbach**, **Pat Busse-Edwards** et **Mark Edwards** pour leurs commentaires avisés, ainsi qu'à nos étudiants respectifs qui nous ont permis de sans cesse améliorer cet ouvrage. Il va de soi que les observations et remarques des enseignant(e)s et des étudiant(e)s sont accueillies avec reconnaissance et notre plus grand intérêt.

Stéphane LECOMTE
ISSBA / Université d'Angers
(Institut Supérieur de la Santé et des Bioproduits d'Angers)
chargé de la préparation au TOEIC®

Sébastien SCOTTO DI PERROTOLO
ESEO
(Ecole Supérieure d'Electronique de l'Ouest d'Angers)
chargé de la préparation au TOEFL®/TOEIC®

À LIRE ABSOLUMENT

Conseils

Test diagnostic

PRISE EN MAIN

ORGANISER SON TRAVAIL

Chacune des compétences testées demande une préparation particulière et conséquente.

Pour la compréhension orale, nous vous conseillons de vous familiariser autant qu'il se peut avec l'anglais (et donc l'accent) **américain** mais aussi **britannique** et **australien** standards pour le TOEIC. Ecoutez les *news* ou *reports* sur les chaînes câblées, ou/et visionnez des films américains sur DVD avec, puis sans, les sous-titres **en anglais**. Cela vous permet de lire ce que vous entendez sans passer par la traduction. Pour faire des progrès dans l'acquisition d'une langue étrangère, la régularité est plus importante que la quantité de travail. **Mieux vaut écouter activement dix minutes d'anglais tous les jours qu'une heure une fois par semaine.**

Pour la compréhension écrite, lisez régulièrement des articles puisés dans les magazines du monde anglophone et apprenez du vocabulaire. Là encore, la régularité prévaut. Les études des cognitivistes ont montré qu'un cerveau moyen n'enregistrait pas plus de sept items en une fois. En clair, si vous apprenez une liste de trente mots, vous ne retiendrez que les trois ou quatre premiers et les trois ou quatre derniers, ceux du milieu ayant une fâcheuse tendance à s'évaporer. Vous gagnerez donc du temps en apprenant la liste en quatre ou cinq jours (et n'oubliez pas de réviser fréquemment les acquis afin de les ancrer de manière durable). Un dernier point au sujet du vocabulaire : il est indispensable pour le TOEFL de connaître un minimum de choses sur le monde universitaire américain (vie sur le campus, *fraternity*, organisation des études, diplômes, etc.) et donc de maîtriser le lexique qui lui est associé (ex. : *syllabus* = programme, *sophomore* = étudiant de deuxième année, *faculty* = le corps enseignant etc.). De même, il est recommandé pour le TOEIC de se constituer un lexique lié à l'entreprise (*CEO* = PDG, *invoice* = facture, *clerk* = employé de bureau, etc.).

Pour un bref descriptif des tests, pour la grammaire et pour des conseils sur l'utilisation de ce livre, reportez-vous à l'avant-propos.

Exemple d'organisation sur une semaine : 5 fois ½ h par jour, comprenant 3 séquences de 10 mn (compter en moyenne 2 à 3 mois de préparation, voire plus, selon le travail à fournir) :

Lundi	Mardi	Mercredi	Jeudi	Vendredi
Compréhension Orale (CO)	**CO**	**CO**	**CO**	**CO**
Vocabulaire : 10 mots maximum	**Lecture** d'un article	**Vocabulaire** : révision + 5 mots	**Lecture** d'un article	**Révision** voc
Grammaire (1 chapitre)	**Vocabulaire** de l'article (5-10 mots)	**Grammaire** (1 chapitre)	**Vocabulaire** de l'article (5-10 mots)	**Grammaire** (1 chapitre)

De plus, il serait judicieux, voire impératif de vous familiariser avec le format du test que vous préparez en passant plusieurs tests blancs d'inspiration TOEFL ou TOEIC (liste d'ouvrages avec CD dans la Bibliographie : Ouvrages TOEFL/TOEIC). Se mettre en situation permet de ne pas être pris au dépourvu le jour J.

Si les termes grammaticaux de base vous posent problème (ex. : épithète, adverbe, subordonnée, etc.), vous trouverez les plus courants dans le **lexique grammatical**. Les mots plus complexes (comme anaphore, clivée, visée, etc.) sont définis dans le **glossaire linguistique**. N'hésitez pas à les consulter.

Un dernier conseil :

Travaillez utile ! Pourquoi perdre son temps à réviser des points que l'on connaît alors qu'il y en a tant que l'on ne maîtrise pas. Pour cela, il est nécessaire de connaître ses points forts et ses points faibles (le test qui suit est là pour vous aider à établir un diagnostic grammatical de vos acquis).

Cheer up and don't lose heart!

PRÉAMBULE INDISPENSABLE

Au TOEIC et au TOEFL, l'épreuve grammaticale comprend deux types d'exercices. Seul le premier est commun aux deux tests.

1) **Phrases à compléter :** parmi les quatre solutions proposées, vous devrez choisir celle qui convient (une seule possibilité).

ex. : Mr. Jason _________ to work every morning.

a) drive   b) is driving   c) drives   d) have driven

(<u>Réponse **C**</u> : le présent simple à valeur d'habitude ; désinence **-S** à la 3e personne du singulier. A est impossible car il manque la marque de la 3e psn sing. B et D sont incompatibles ici avec la notion d'habitude (*every morning*). De plus, en D, l'auxiliaire n'est pas conjugué à la 3e psn.)

2) **TOEIC - textes lacunaires (partie VI) :** Pour chaque texte (lettre commerciale, e-mail professionnel, note d'information, article, critique...), il y a 4 questions à raison de 4 propositions chacune. Il vous faut choisir celle qui convient le mieux d'un point de vue grammatical <u>ou</u> contextuel.

ex. : When you use a computer in a public setting, you must sign ________ before you leave.

a) up   b) out   c) in   d) for

(<u>Réponse **B**</u> : *to sign out* = signer un document lorsqu'on est sur le départ (pointer en entreprise ou signature du registre d'un hôtel. Il s'oppose à *sign in*.)

OU

3) **TOEFL - Repérage d'erreurs :** l'un des quatre éléments soulignés dans la phrase est incorrect, à vous de le repérer (une seule possibilité). Les tests étant des QCM, on ne vous demandera pas de corriger les erreurs, un simple repérage suffit. Cet exercice demande une grande vigilance. Toutefois, nous vous invitons à tenter de remplacer l'élément incorrect par la bonne solution afin de progresser rapidement.

ex. : The president, <u>whose</u> nominated a new secretary, <u>felt</u> <u>somehow</u> <u>embarrassed</u>.

(<u>Réponse **A**</u> : le pronom relatif WHOSE, marquant une possession, ne convient pas ici, ⇨ WHO, pronom relatif **sujet**)

Pour des raisons éditoriales, nous n'avons pas entré les lettres sous les éléments soulignés des exercices d'application de type repérage d'erreurs (TOEFL). Il faut bien sûr comprendre : 1er élément souligné = A, 2e = B, etc. De plus, les textes de la partie VI au TOEIC seront réduits à une simple phrase avec contexte.

TEST DIAGNOSTIC DE LA PARTIE GRAMMATICALE

Repérer ses forces et ses faiblesses

Soyons pratiques : avant toute chose, faites le test ci-dessous. Il contient des questions de difficulté faible, moyenne et plus grande. Puis lisez les corrections, et calculez votre score avec le barème fourni. Des conseils de travail concluront ce chapitre (le barème et le score sont conçus pour vous aider à vous évaluer et à vous situer. Ils ne prétendent pas correspondre à la réalité du TOEFL ou du TOEIC). Même si vous préparez le TOEIC, n'hésitez pas à faire les exercices type TOEFL.

1. By the end of the year, real estate ____________ rates will have increased by 0.5%.
   a) interest b) interested c) interesting d) interessant

   Ex intérêt

2. Before entering the premises, it is necessary to check in and obtain a valid pass ____________ your name and position.
   a) mention b) mentioned c) is mentioned d) mentioning

   intrus

3. Trespassers should be ______________ that entrance is forbidden at all times.
   a) astounded b) aware c) aloft d) awake

4. The surgeon general warns you that cigarette smoking can be ___________ to your health.
   a) hazardous b) hectic c) heartburn d) hammerhead

5. All agents must notify security and sign a waiver prior ____________ the classified data filed in the bottom drawers.
   a) to access b) access to c) to accessing d) accessing to

6. Interns should ______________ their projects before the end of the semester.
   a) submitted b) submitting c) have submit d) submit

7. ________ the security breach, no vital documents have been found missing so far.
   a) Despite of b) Even if c) Although d) In spite of

8. There was no sign of disagreement _____________ the corporate executives present at the convention.
   a) between b) among c) next to d) prior

9. In the US, many fast-food restaurants have quite a high employee ___________ rate, which enables them to keep up with the increasing demand.
   a) turnover b) turn c) turndown d) overturn

10. For years, the Finnish economy has been dependent _________ the sale of paper.
    a) with b) of c) on d) in

11. The audit of the ailing company has revealed a number of safety and operational _____________.
    a) deficiency b) deficiencies c) defective d) deficient

12. MTC's new PC model is by _____________ the cheapest on the market.
    a) long b) far c) way d) the farthest

13. Medical insurance coverage would have been provided if the employee ____________ continuously employed during the entire leave period.
    a) was b) has been c) had been d) is

14. More often than not, the chief executive's assistants are ___________ of their boss's new decisions and policies.
    a) criticizing b) criticized c) critical d) critic

15. Employees of the Pentagon have suggested that their aerospace expert __________ an experimental model of the weapon before taking any further decision.
    a) makes b) to make c) making d) make

16. An OPEC meeting <u>was</u> held in London last month, and considering the <u>actually</u> situation, <u>an</u> oil crisis is very <u>likely to</u> occur again in the next few months

17. It should be a duty <u>for</u> the government <u>to grant</u> ailing companies subsidies <u>so</u> their business could pick <u>up</u> again.

18. It is imperative that a graduate student <u>gets</u> a minimum score of 750 <u>on</u> the TOEIC test, first to <u>have</u> his/her degree validated, and then to enhance his/her <u>résumé</u>.

19. <u>A</u> mythical landscape of snow-covered fantasy, Lapland is <u>inhabited</u> by Santa Claus and his team of <u>industrial</u> elves creating colorful toys for the <u>world's children</u>.

20. When a battery <u>runs</u> down, the chip of MBC's microprocessor loses <u>his</u> memory and the <u>whole</u> thing <u>has to</u> be reprogrammed.

21. As they <u>had been</u> studying the in-house policy <u>for</u> two hours nonstop, one of the employees suggested that they all take a <u>twenty-minutes</u> break to take their minds <u>off</u> things.

22. <u>According to me</u>, the plan won't make any profit <u>as long as</u> the Chairwoman takes a firm stand against <u>hiring</u> more <u>staff</u>.

23. With millions of tourists visiting <u>malaria-infected</u> regions of the world, the risk of the disease <u>making</u> a comeback is further increased by global warming, <u>which</u> <u>makes easier</u> for mosquitoes to breed in the UK.

24. Not <u>once</u> the NCD manufacturers <u>have</u> attended the annual convention <u>held</u> <u>in</u> Minneapolis.

25. Pursuant to <u>staff</u> requests <u>for</u> experimental trial management training sessions, GlamCosmetics Ltd. is glad to announce the scheduling of two <u>upcoming</u> sessions in November. Please make sure to register <u>in</u> October 12th.

26. <u>Enclosed</u> please <u>find</u> the list of clauses which <u>will added</u> <u>to</u> your new insurance scheme.

27. Passengers will <u>be able</u> <u>to</u> embark once <u>all</u> boarding passes <u>has been</u> collected.

28. The meeting should be postponed, the lab work could be completed easily.

29. During the meeting that took place at the head office in Chicago, the CEO had the minutes took by his secretary.

30. In order to discuss lease-related issues, new subcontractors need to contact the manager itself.

CORRECTIONS

1. Réponse **A** : *interest rate* (taux d'intérêt) est un nom composé (voir Le génitif N1's N2, point III). *Real estate* = immobilier. Noter ici les 2 sens de BY : *by the end of the year* : d'ici à la fin de l'année / *by 0.5%* : de 0,5% (voir By). Intéressant se dit *interesting*, *interessant* n'existe pas en anglais.

2. Réponse **D** : Il s'agit ici d'une relative elliptique en -ING : ...*a valid pass [which / that is] mentioning*... où sont omis le pronom relatif et l'auxiliaire BE (voir La proposition en -ING, point ⑤). *Premises* : les locaux.

3. Réponse **B** : *aware* = conscient (*astounded* = ébahi / *aloft* = en haut, en l'air / *awake* = éveillé, réveillé). **Au TOEIC, la moitié des questions de grammaire concerne le vocabulaire, il est nécessaire d'en apprendre régulièrement**. *Trespassers* = intrus.

4. Réponse **A** : *hazardous* = dangereux (faux ami). (*hectic* = trépidant / *heartburn* = (n.) brûlures d'estomac (et non du cœur) / *hammerhead* = requin marteau / *(to) warn* = prévenir, avertir).

5. Réponse **C** : **PRIOR TO** + V-ING (avant de...), le verbe *access* est transitif direct et n'est donc pas suivi d'une préposition : *to access something*. (*notify* = signaler, avertir / *security* = les agents de sécurité / *a waiver* = une décharge / *classified data* : documents classés secrets).

6. Réponse **D** : un auxiliaire modal (ici *should*) est toujours suivi d'une base verbale (notée ØV, V ou BV, également appelée infinitif sans TO), voir la Modalité, (*intern* = stagiaire).

7. Réponse **D** : le sens doit vous aider à trouver la conjonction de subordination correcte, ici : *in spite of* (malgré), même sens que *despite*, **mais** *despite of* n'existe pas ! Voir Les marqueurs de subordination.

8. Réponse **B** : *among* (parmi) : quand on est en présence de plus de deux éléments (*between* (entre) s'emploie avec 2 et seulement 2 entités : *between you and me, between Paris and Marseilles*), voir Les prépositions (*corporate executive* = cadre d'entreprise).

9. Réponse **A** : *turnover* = roulement, rotation / autre sens : chiffre d'affaires (*turndown* = fléchissement, baisse / *overturn* = renversement).

10. Réponse **C** : *to be **dependent on*** (ou *upon*) *something / someone* = dépendre de qqch ou qqn, voir Les prépositions.

11. Réponse **B** : *a number of* appelle un nom dénombrable pluriel (*an ailing company* = une entreprise qui périclite, qui fait faillite).

12. Réponse **B** : ***by** far* = de loin (ex. *: he's by far the best in his class*), voir By.

13. Réponse **C** : problème fréquent. Vous devez opter pour **HAD** + -EN car nous avons **WOULD** HAVE + -EN , voir La concordance des temps (énoncés en *IF*).

14. Réponse **C** : il faut un adjectif : *critical* = critique (adj.). *Criticized* (= critiqué) en est un également mais son sens ne convient pas.

15. Réponse **D** : *they have suggested that he **make**...* Au subjonctif de type américain, base verbale à toutes les personnes, voir Le subjonctif.

16. Réponse **B** : seul un adjectif peut modifier un nom, ***actually*** est un adverbe qui signifie en fait, ou réellement et **non pas** actuellement. De même, l'adjectif ***actual*** signifie "réel" et non "actuel" = ***present*** ou ***current*** (on dit *to hold a meeting*, et *to make an appointment*).

17. Réponse **C** : *so that* (= de façon à ce que) introduit une subordonnée de but. *So* peut s'employer seul, surtout à l'oral, mais cela n'est pas accepté au TOEFL et au TOEIC. Ne pas confondre avec SO + adj + THAT (= tellement...que, ex. : *he was so tall (that) he couln't get through the door*). *(To) grant subsidies* = accorder une subvention / *(to) pick up* = (ici intransitif) sens de remonter la pente, reprendre du poil de la bête / transitif : *(to) pick up sth* = ramasser qqch.

18. Réponse **A** : *It is imperative that he get*, sans **-S** : base verbale à toutes les personnes au subjonctif américain (un anglais dirait plutôt *...that he should get*), voir Le subjonctif. Un peu de vocabulaire, surtout pour le TOEFL : *a graduate (student)* = un étudiant diplômé ⇨ qui a un *Bachelor's degree of science* (abbréviation *B.S* ou *B.Sc.* toutes les matières scientifiques) ou *of arts* (*B.A* : matières littéraires, artistiques ou sciences sociales), ce qui correspond à quatre années d'études. Au-delà, on est un *postgraduate student*, en deçà un *undergraduate. (To) enhance* = mettre en valeur, en relief / *a résumé* = avec ou sans accents ⇨ un CV.

19. Réponse **C** : *industrious* (= industrieux, travailleur) et non *industrial* (= industriel).

20. Réponse **B** : l'adjectif possessif HIS est réservé à un possesseur de type humain et de sexe masculin. Petit rappel : en français, que je parle d'un homme ou d'une femme je peux dire son père et sa mère, le possessif s'accordant en genre et en nombre avec le nom qu'il détermine. En anglais, l'adjectif possessif dépend du sexe du possesseur : *his father and his mother*, si c'est un homme, *her father and her mother* s'il s'agit d'une femme. HIS et HER sont réservés aux êtres humains (à quelques exceptions près : *ship* [= navire], animaux familiers). L'adjectif possessif neutre (animaux, végétaux, objets) est ITS, ici la bonne réponse (à ne pas confondre avec *it's = it is* ou *it has*). *Chip* = puce électronique.

21. Réponse **C** : quand un chiffre + une unité de temps ou de mesure sont en position épithète (avant le nom), il faut des traits d'union entre les mots qui constituent l'entité adjectivale et retirer le **-S** du nom de mesure :

ex. : *She is twenty **years** old* (attribut), mais *a twenty-**year**-old girl*.
De même : *a **five-minute** break, a **twenty-four-hour** job, a **three-inch** nail, a **six-mile** run, a bunch of **ten-dollar** bills*... voir Le génitif : N1's N2, point III N1 N2.

22. Réponse **A** : on dit ***according to*** (+ personne différente de 1ère du singulier) *to him, to them, to you* (= selon lui, selon eux, selon toi), **mais pas** *according to me* ⇨ *In my opinion*.

23. Réponse **D** : Il faut un IT d'**anticipation**, substitut du prédicat *mosquitoes / breed in the UK*. Connaître la forme *(to) make sth* + adj. :
ex. : *You're not making things easy for me* : tu ne me facilites pas la tâche (tu ne me rends pas les choses faciles), voir IT. *To breed* = se reproduire.

24. Réponse **B** : *Not once* placé en début de phrase appelle une inversion auxiliaire-sujet ⇨ *Not once **have they** attended*... voir Les inversions.

25. Réponse **D** : ON + date / jours de la semaine, voir Les prépositions. *Pursuant to* = suite à / *experimental trial management training sessions* = attention à bien analyser ce groupe nominal ⇨ commencer par la fin et remonter : *session* = séance, *training session* = séance de formation, *management training session* = séance de formation en gestion/management, *experimental trial* = plan d'expérience ⇨ séance de formation en gestion de plans d'expérience / *scheduling* = programmation (*schedule* = emploi du temps) / *upcoming* (adj.) = à venir / *(to) register* = s'inscrire.

26. Réponse **C** : la liste des clauses a été ajoutée ⇨ voix passive : ... *will **be** added to*, voir BE + -EN (le passif). Connaître : *enclosed please find*... = veuillez trouver ci-joint... / *insurance scheme* = contrat d'assurances.

27. Réponse **D** : sujet pluriel (*boarding passes* = cartes d'embarquement) ⇨ verbe au pluriel : ***have** been collected*, voir Les accords sujet-verbe. ***ONCE***, ici conjonction de subordination (= une fois que), est suivi d'un verbe au présent simple ou perfect, quand la principale est au futur (WILL est au présent), voir Temps et aspects, Les conjonctions de subordination, et Concordance des temps : point de vue / irréel.

28. Réponse **A** : le lien logique unissant ces deux phrases n'apparaît pas clairement. La virgule qui les sépare semble indiquer qu'elles sont sur le même plan. Ce serait donc au lecteur de déduire la relation de cause à effet, ce qui laisse une impression de discours incomplet et un peu bancal. En fait, il s'agit d'une relation **subordonnée hypothétique** / principale, à condition de faire remonter *should* en tête de phrase : *Should the meeting be postponed = If the meeting were postponed*, voir Les inversions. *Postponed* = remis à plus tard, repoussé.

29. Réponse **C** : il s'agit ici d'une causative en V-EN : *he had minutes **taken** by his secretary* = il a fait rédiger le compte-rendu (= *minutes*) par sa secrétaire, voir absolument Les causatives.

30. Réponse **D** : *the manager **himself*** = le directeur en personne, ou éventuellement *they need to contact the manager **themselves*** (= ils doivent le faire eux-mêmes), voir Les pronoms, les pronoms réfléchis et réciproques. *Lease* = bail / *subcontractor* = sous-traitant.

Barème

Questions	1	2	3	4	5	6	7	8	9	10	11	12	13	14	15
Difficulté	M	F	F	M	D	F	M	F	D	M	F	M	M	F	D

Questions	16	17	18	19	20	21	22	23	24	25	26	27	28	29	30
Difficulté	F	D	D	M	F	D	D	M	D	F	M	F	D	M	F

F = facile = 2 points **M** = moyen = 4 points **D** = difficile = 6 points

Ce test d'évaluation est sur **116 points**. Pour un 750 au TOEIC ou un 550 au TOEFL, il faut obtenir environ 75% de bonnes réponses, ce qui dans notre cas équivaut à 22 ou 23 réponses justes pour un total de **87 points**. Ceci est **très théorique** puisque les points accordés varient suivant la difficulté, comme dans la réalité. Nous tenons à préciser que ce test et ce barème sont inspirés de notre expérience de préparateurs et qu'ils ne correspondent en aucun cas à des données réelles : personne (en dehors des concepteurs et des programmateurs des corrections) n'a le moyen de connaître les barèmes exacts pas plus que les critères précis d'attribution des points. Il s'agit juste ici de vous donner une idée du fonctionnement des tests et de ce vers quoi vous devez tendre (méfiez-vous d'ailleurs des prétendues grilles d'évaluation fournies par certaines méthodes de préparation, elles sont très imprécises et ont tendance à surévaluer les résultats). La difficulté d'un point est parfois aussi très théorique. Si vous ne connaissiez pas (comme beaucoup d'étudiants) le subjonctif américain, vous allez paniquer en songeant aux joies de notre imparfait du subjonctif français. Vous verrez qu'en anglais, c'est d'une simplicité enfantine et que vous apprendrez très vite à le reconnaître.

Si vous avez obtenu moins de 75 points et/ou si votre résultat vous semble catastrophique ou nettement insuffisant, inutile de passer plus de 5 minutes à vous morfondre. Attelez-vous à la tâche. Vous avez certes du travail devant vous, mais en vous familiarisant avec le format et l'esprit des tests au travers de la fréquentation des exercices, vous progresserez autant en grammaire qu'en repérage de pièges, ce qui augmente encore vos chances de décrocher un bon score.

Comment progresser :

Il vous faut d'abord et avant tout **repérer** ce que vous ne maîtrisez pas ou mal. **Reprenez les phrases de ce test une à une et relisez les corrections** Quand un point vous paraît obscur ou inconnu, sélectionnez le(s) chapitre(s) auxquels nous vous renvoyons et **dressez une liste de priorités**. Vous pouvez ainsi établir un plan de travail. Attention, certains points devront être travaillés plusieurs fois avant d'être intégrés. Vous pourrez ainsi étudier votre sélection en détail à l'aide des explications et des exercices corrigés des chapitres de ce livre. Nous insistons sur cette démarche de sélection personnelle, cela sera plus efficace qu'une lecture linéaire car vous aurez vous-même adapté l'offre à la demande. L'**index** a été conçu comme un véritable outil de travail, utilisez-le comme un moteur de recherche.

Apprenez beaucoup de vocabulaire (répétons-le : pour le TOEIC, les exercices de <u>choix lexical</u> dominent la partie grammaticale suivis ensuite, mais de plus loin, par les <u>prépositions</u>, aussi ne négligez pas ces deux chapitres). Commencez par apprendre le vocabulaire que nous vous fournissons dans les **corrections**, les **Petits plus** et le chapitre <u>Choix lexical</u>, *il n'a pas été choisi au hasard*. Et servez-vous de votre dictionnaire, soyez curieux. N'oubliez pas qu'il s'agit d'un QCM : on vous demande de reconnaître, non d'employer, les formes grammaticales et le vocabulaire :

le cerveau humain connaît et reconnaît beaucoup plus de mots qu'il n'en utilise (faites le test avec votre langue maternelle !), il s'agit juste d'augmenter le stock !

Quel que soit votre niveau, faites le Quiz et lisez Temps et aspects, (premiers chapitres du volet dédié au Syntagme Verbal), cela vous familiarisera avec notre approche qui mêle linguistique et grammaire traditionnelle.

Refaites ce test dans quelques semaines : normalement, vous aurez intégré un certain nombre de données puisque vous aurez systématiquement travaillé les points faibles. Vous pourrez ainsi mesurer vos progrès, ce qui est excellent pour le moral. Vous passerez ensuite à d'autres points qui auront retenu votre attention en compulsant le livre.

En fin de parcours, avant l'épreuve, **faites les tests grammaticaux types** TOEFL ou TOEIC situés à la fin de cet ouvrage (cf. le volet **A vos marques !**). Mieux encore, faites les deux ! Ces tests respectent le format de l'épreuve grammaticale du TOEFL et du TOEIC. Les corrections contiennent encore du vocabulaire et des compléments de cours.

Pour résumer :

Efficacité sur plusieurs mois = régularité plus que quantité

Privilégier – La compréhension orale des accents standards américain (TOEFL), **+** britannique et australien (TOEIC) avec et/ou sans sous-titres **en anglais** (DVD, *news*...).

– Le vocabulaire : généraliste pour les deux tests,
- vie du campus et culture générale pour le TOEFL.
- *Business English* pour le TOEIC.

– La grammaire : repérer ses points faibles.
Ne pas négliger : choix lexical, prépositions, nom, adverbes, inversions, subjonctif, causatives, prétérit modal, V-ED VS HAVE + -EN et concordance des temps.

Ne pas travailler une compétence au détriment d'une autre car tout est complémentaire.

Il ne nous reste plus qu'à vous souhaiter *bonne chance* et *bon courage* !

SYNTAGME VERBAL

QUIZ

❶ Combien de TEMPS y a-t-il en anglais ?[1]

⇨ 2

❷ A quel(s) temps sont les phrases suivantes ?

a) I'm working.

⇨ Présent

b) I work.

⇨ présent

c) I will work.

⇨ présent

d) I have worked.

⇨ présent

❸ Traduisez ces phrases. Quelle est la différence ?

e) I lived in Seattle for two years.

⇨ J'ai habité à Seattle pendant 2 ans

f) I have lived in Seattle for two years.

⇨ J'habite Seattle depuis 2 ans

g) Did you meet him?

⇨

h) Have you met him?

⇨

} L'as-tu rencontré

❹ Est-il correct de dire… ?

i) The sun shines.

⇨ Oui

j) He's always picking at me. (*pick at* = harceler)

⇨ oui

(voir corrections page **214**)

[1] Inspiré de *Tenses in no Time* par Sylvie LEGUIL. CRDP de Lorraine.

TEMPS ET ASPECTS

Combien y a-t-il de temps en anglais ?... Prenez le temps de réfléchir, d'énumérer... Voyons, il y a les deux présents, le simple et le progressif... deux passés également, simple et progressif, cela fait quatre. Nous avons aussi les deux temps parfaits, *present perfect* et *past perfect*... Nous voilà avec six temps... Au fait, le *present perfect*, c'est du présent ou du passé ?... Bon, continuons, le futur bien sûr, et le conditionnel, cela fait huit. L'impératif (est-ce un temps ou un mode ?), disons neuf... J'ai dû en oublier un ou deux, neuf et deux onze, arrondissons à douze, c'est plus joli et ça nous laisse une marge, va pour une douzaine de temps... Qu'en pensez-vous ?...

Nous sommes sincèrement désolés de devoir vous compliquer la vie en vous la simplifiant, la réponse est "deux" : le présent et le passé.

Des objections fusent parmi nos lecteurs ? Rassurez-vous, on ne vous a pas menti à l'école, seulement présenté les choses de manière différente !

① MORPHOLOGIE DU VERBE

Prenons un verbe, *learn* (apprendre) par exemple, et examinons toutes les formes qu'il peut revêtir en situation d'énonciation :

- **learn** : tel que nous le trouvons dans le dictionnaire, dans sa forme non conjuguée. Nous l'appelons **base verbale** (ou ***infinitif sans TO***), et le notons **V**, **ØV** ou **BV**.

- **learn / learn<u>s</u>** : conjugué au présent, on note que le verbe porte le suffixe **-S** à la troisième personne du singulier. Le présent sera noté **V-Ø/-S** : base verbale + zéro suffixe à toutes les personnes, sauf **-S** pour HE, SHE et IT.

- **learn<u>ed</u>** : conjugué au passé, le verbe régulier est suffixé en -ED. C'est pourquoi le passé sera symbolisé par **V-ED** (appelé prétérit ou *simple past*). Cette notation <u>symbolique</u> vaut également pour les verbes irréguliers, qui ne font pas leur passé en -ED. Le verbe *learn* par exemple, comme un certain nombre de verbes, a une forme régulière <u>et</u> une forme irrégulière au passé : *learned* et *learnt*.

- **learn<u>ing</u>** : le suffixe **-ING** sert à exprimer différentes valeurs avec toujours une notion <u>dynamique</u> d'<u>activité</u> :
  - associé à BE dans BE + -ING : *I **am** go**ing** to school.*
  - proposition en -ING (gérondif) : *He enjoys play**ing** the guitar.*
  - participe présent (avec verbe de perception) : *I heard him knock**ing** at the door.*
  - noms verbaux : *Read**ing**, writ**ing** and arithmetics are the three basic skills.*
  - formation d'adjectifs à sens dynamique : *He is very intimidat**ing*** (sens dynamique : crée l'intimidation).

  La base verbale suffixée en –ING se note **V-ING**.

- **learn<u>ed</u> / learn<u>t</u>** : ce verbe accepte aussi 2 formes au participe passé. Ce n'est pas la règle mais c'est loin d'être exceptionnel, ex. : *wake*[2] (réveiller) / *waked* / *waked* (désuet) ou *wake* / *woke* / *woken*, *swell* (enfler) / *swelled* / *swelled* ou *swell* / *swelled* / *swollen*. Le participe passé est noté **V-EN**, il s'agit d'une simple

[2] Rappel : on présente les verbes irréguliers dans l'ordre **V** (base verbale) / **V-ED** (passé, *prétérit*) / **V-EN** (part. passé).

convention qui permet de le différencier de **V-ED**, même si la plupart des verbes réguliers se suffixent en -ED au participe passé. Il faut donc comprendre : **V-EN** symbolise le participe passé même si dans la réalité il peut prendre des formes très variées, ex. : *grow**n**, dream**t**, dr**u**nk, stay**ed**…* Par opposition à **V-ING**, **V-EN** a une valeur plutôt statique (état) et exprime l'idée de résultat. On le trouve :

- associé à HAVE dans HAVE + -EN : *I **have bought** a new coat.*
- associé à BE ou GET pour former le passif : *The house **was built** on a hill.*
- dans des subordonnées : *I want the report **typed** by ten o'clock.*
- dans des adjectifs à sens passif, d'état ou de résultat : *I'm **interested**.*

Morphologiquement, un verbe ne peut donc prendre que ces 5 formes :

V (base verbale) **V-Ø/-S** (présent) **V-ED** (passé) **V-ING** (part. présent) **V-EN** (part. passé)

② LES TEMPS

- Parmi ces cinq formes, seules deux sont conjuguées : le présent et le passé. C'est pourquoi nous n'avons que deux temps.

*They **go** to school.* ↳ **V-Ø/-S** (présent) valeur d'habitude	*They **went** to the cinema.* ↳ **V-ED** (passé) passé de narration

> ➢ Combinés aux aspects et aux auxiliaires modaux, ces deux temps grammaticaux (en anglais : *tenses*), serviront à exprimer tous les segments du temps chronologique (en anglais : *time*), à savoir le révolu, l'actuel, l'avenir, voire des données hypothétiques (cf. conditionnel).

- Futur : Le modal WILL, ainsi que la forme BE GOING TO, pour ne citer que les plus connues, permettent au temps présent d'exprimer du futur :

  ex. : - *My son **will** go to school next year.*
  - *They **are going to** take a trip to Missouri.*

  ↳ Sémantiquement, ces phrases expriment bien un futur, mais sur le plan de la forme, nous avons bien affaire à un temps présent porté par les auxiliaires WILL et BE.

- Conditionnel : le passé ne sert pas seulement à exprimer du **révolu**, mais également de l'**irréel** :

  ex. : - *I **had** a lot of money then.*

  ↳ J'avais beaucoup d'argent en ce temps là (je n'en ai plus).
  Révolu : *past tense = past time*

  - *If I **had** a lot of money…*

  ↳ Si j'avais beaucoup d'argent... (je n'en ai pas à présent)
  Irréel : *past tense ≠ past time*, c'est ce qu'on appelle le **passé modal** ou conditionnel, il concerne le présent ou l'avenir.

➢ Au passé, WILL devient WOULD, il exprimera du conditionnel (passé modal).

ex. : - *He **would** go back home if he didn't work on Saturday.*

↳ exprime bien une intention non réalisable concernant l'avenir (conditionnel), mais celle-ci se forme à l'aide du temps passé porté par l'auxiliaire.

➢ Futur et conditionnel ne sont donc pas des temps mais des constructions qui s'opèrent à partir de **marqueurs**[3] grammaticaux, comme par exemple l'auxiliaire WILL, qui porte la marque du présent ou celle du passé.

---

3 Marqueur : c'est la trace dans la langue d'une opération mentale sous-jacente. Par exemple, le marqueur -ED apposé au verbe signale la présence du *past tense*.

③ LES ASPECTS

- L'anglais dispose de deux formes aspectuelles qui servent à présenter une **activité** (appelée aussi "procès") sous un certain point de vue (= l'aspect) :

  1- On s'intéresse à l'**activité du sujet** : on utilise **BE +-ING** : en conjuguant l'auxiliaire BE au présent ou au passé, et en adjoignant au verbe le suffixe -ING, l'action est envisagée comme étant en cours, inachevée, au moment qui sert de référence au discours (aspect inaccompli / imperfectif).

  ex. : *I can't answer the phone, I'**m** work**ing**.*
  ↳ je travaille, suis en train de travailler, suis occupé à une tâche que je n'ai pas encore finie.

  2- On s'intéresse au **résultat** : l'auxiliaire HAVE, au présent ou au passé, suivi du participe passé du verbe (-EN), indique que l'action est considérée comme achevée au moment qui sert de référence au discours (aspect accompli / perfectif).

  ex. : *I **have** writt**en** three letters.*
  ↳ j'ai écrit trois lettres (ça y est, c'est fait).

- Attention : présent et passé progressifs, *present* et *past perfect* ne sont pas des temps mais des combinaisons temps + aspect :

  ex. : - *I **am** drink**ing** a cup of coffee.*
  ↳ temps présent porté par l'auxiliaire + aspect BE +-ING.

  - *I **had** studi**ed** overseas before coming back home two years ago.*
  ↳ temps passé porté par l'auxiliaire + aspect HAVE + -EN.

- L'aspect **BE +-ING** peut également remplir d'autres fonctions et exprimer ce que l'on appelle un **commentaire modal**[4] ou encore un **jugement** porté par l'**énonciateur**[5].

  ex. : *You know, my husband **is** always watch**ing** football on TV.*
  ↳ Dans le cas présent, la forme BE + -ING joue un rôle souvent méconnu des étudiants : l'énonciatrice porte un jugement négatif, marque son agacement, face à son époux qui passe son temps à regarder le foot à la télévision. *Always*, adverbe de fréquence, accentué ici, est incompatible avec la valeur d'inaccompli. BE + -ING sert donc ici à porter un jugement dans une situation d'énonciation bien définie.

  ➢ Précisons aussi que les aspects peuvent **s'associer** et donner, par exemple, un *present perfect progressif* : **HAVE + BEEN + -ING**.

④ LES MODAUX

- Les auxiliaires modaux permettent à l'énonciateur de personnaliser son discours et d'exprimer sa vision subjective :

  ex. : *You **must** be happy, living in such a place!*
  ⇨ Tu dois être heureux, à vivre dans un tel endroit !
  ↳ Dans les faits, on ne sait pas si le co-énonciateur est heureux. Ce qui est certain, c'est que l'énonciateur le serait à sa place. Le modal permet de mettre en avant le point de vue du locuteur.

---

4 Commentaire modal ou jugement : point de vue subjectif de l'énonciateur qui apparaît dans le corps du discours grâce à des marqueurs particuliers, ex. : BE + -ING, auxiliaires modaux, adverbes comme *really*, etc.

5 Énonciateur : (= locuteur) personne qui, par la parole ou l'écriture, émet un discours à un co-énonciateur (destinataire du discours) dans une situation d'énonciation précise (contexte).

- Une abondance de marqueurs dans la sphère verbale est le signe d'une subjectivité plus grande de la part de l'énonciateur : ce qu'il pense, croit, ou ressent, prime sur l'information elle-même. Au contraire, un nombre peu élevé de marqueurs verbaux donne la primauté au fait exprimé :

ex. : - *Paul **did** the dishes.*

↳ un seul marqueur, le temps passé, indique que l'action "Paul / faire la vaisselle" appartient au passé, information brute.

- *Paul **must have been doing** the dishes!*

↳ abondance de marqueurs : auxiliaire MUST indiquant une **conclusion logique**, une forte probabilité, HAVE + -EN marquant l'aspect accompli, BE + -ING (et point d'exclamation) pouvant s'interpréter ici comme la marque d'un commentaire : *C'est sûrement Paul qui a fait la vaisselle !* (commentaire : regarde comme c'est mal rincé, il n'y a que lui pour la faire comme ça !). Ici, l'information "Paul / faire la vaisselle" passe au second plan. On entend surtout le commentaire appréciatif, subjectif, de l'énonciateur (commentaire dépréciatif dans cette interprétation, mais suivant le contexte et le ton de la phrase, BE + -ING pourrait aussi dénoter l'admiration : La vaisselle est impeccable, c'est sûrement le travail de Paul !). Pour la valeur la plus fréquente de la forme MODAL + HAVE + BEEN + -ING, voir La modalité.

Illustration : *Jean-Luc Servais*

- Pour vous simplifier la vie, voici un tableau récapitulatif reprenant les appellations des temps telles que vous les avez apprises (grammaire traditionnelle) et celles plus récentes émanant des apports de la linguistique :

PRESENT tense	PAST tense
. **V-∅ / -S** (*présent simple*)	. **V-ED** (*prétérit simple*)
. **BE + -ING** (*présent progressif*)	. **BE + -ING** (*prétérit progressif*)
. **HAVE + -EN** (*present perfect*)	. **HAD + -EN** (*past perfect*)
. **WILL** (*futur simple*)	. **WOULD** (*conditionnel*)

- Pour résumer, les 2 formes PRÉSENT et PASSÉ renvoient aux 3 divisions du temps réel.

  Exemples :

  1- *My brother **will** go to the seaside on his own.*

  ↳ ici, **will** est au PRESENT tense, mais tout l'énoncé fait référence à l'AVENIR.

  2. *They **have been** to Ireland twice this year.*

  ↳ **have** est au PRESENT tense, mais associé à V-EN, il renvoie à un aspect accompli [voir l'étude de l'aspect = HAVE + -EN].

  3. *They **came** to the party after all.*

  ↳ **came** est au PAST tense et renvoie au RÉVOLU.

  4. *I **would** come if I **could**.*

  ↳ **would** et **could** sont au PAST tense, mais renvoient à l'hypothétique (fictif).

- Et pour conclure :

  Toutes les opérations grammaticales se manifestent concrètement par des marqueurs. Dans la sphère du verbe nous avons :

- marqueurs de **temps** des verbes : V-∅/-S, V-ED, portés par le verbe ou le 1er auxiliaire.
- marqueurs d'**aspect** : BE + **-ING**, HAVE + **-EN**
- marqueurs de **modalité** : CAN, MAY, WILL, MUST, WOULD, SHOULD, SHALL...

L'analyse de ces marqueurs permettra de comprendre le **point de vue** de l'énonciateur. On pourra donc savoir pourquoi un énonciateur a utilisé tel temps, tel aspect ou encore tel modal plutôt qu'un autre, et, puisque c'est ce qui nous intéresse ici, déjouer les pièges tendus par les concepteurs des tests.

BE ≠ HAVE ≠ DO

	BE	HAVE	DO
AUXILIAIRE (opérateur / verbe outil)	- **BE + -ING** (présent progressif) - **BE + -EN** (voix passive) - [**BE GOING TO**] (emploi particulier de BE + -ING) Sens futur, intention	- **HAVE + -EN** (present perfect) - [**HAD + -EN**] (past perfect)	• **V-∅ / -S** (présent simple) - question/négation : *Does Peter speak French? - No, he **doesn't**.* - emphase : *Peter **doesn't** speak a single word of French, but he **'DOES** speak German.* • **V-ED** (prétérit simple) : **DID** - question / négation - emphase
VERBE ORDINAIRE	- Verbe d'état, d'existence et d'identification[6]. ex. : *I'm a poor man.* (caractéristiques du sujet) *He is 16 years old.* *He is very tall.* ***BE** hungry, thirsty, cold, hot* - Sens modal : **BE TO + V** ex. : *I'**m to** see him.* ⇨ Je dois le voir. *(sens futur + obligation / action fortement prévue)*	- Sens de **possession** ex. : *I have (got) a nice car.* - Sens de ***TAKE*** ex. : *I'll have a cup of tea.* - Sens modal : - **HAVE TO / HAD BETTER** ex. : *I **have**[7] to go!* *I'**d better** go now.* - **HAVE GOT TO** (obligation) : ex. : *I **have got to** set off on a business trip next week.*	- Verbe normal : *"faire"* [8] (≠ *make*[9]) ex. : *I have nothing to **DO**.* *What are you **DO**ing?*
DIVERS	- **THERE** + **BE** (is / are) : *il y a* **IT IS**[10]: *It is three pounds./ It is far from here. / It is windy today. / It is two days since he left.* HOW FAR, HOW HIGH, HOW LONG, HOW TALL...... - **BE** + -EN ≠ **HAVE** + -EN★ ex. : *The door **is** locked.* *He **is/has** gone.* - **THERE + BE + LEFT** = rester ex. : *There are still a few pens left.*	- Verbe **causatif** : HAVE + sb + BV HAVE + sth + -EN (cf. <u>Les causatives</u>) - **HAVE** + -EN ≠ **BE** + -EN★	- Reprise elliptique (substitut) ex. : *She shouted, and she asked her sister to **DO** <u>so</u> too.* *Peter speaks French, **doesn't** he?* *– Oh, **DOES** he?* (étonnement)

★ : ▪ *He'**s gone** to Tunisia.*
Soit **IS GONE** → **état** → *"il a déménagé, c'est définitif !"*
Soit **HAS GONE** → **bilan** → *"il est parti là-bas, donc il n'est pas ici."*
▪ *He **has been** to Tunisia.*→ *"il y est allé, il connaît, cela fait partie de ses expériences."*

---

6 Le même verbe peut donc exprimer l'âge, la taille, le poids ainsi que l'état physique ou moral, ou même encore le prix, la distance, le temps et une durée (cf. IT IS).

7 HAVE exprime ici une **obligation**. Il ne s'agit que de **HAVE** et non de HAVE TO comme le prétend la grammaire traditionnelle. Le **TO** appartient à ce qui suit – **visée**.

8 DO peut prendre des sens différents : *That will do* (ça suffira / cela fera l'affaire), *How do you do* (enchanté de vous connaître), *Well done* (bien cuit / Bravo), *The milk is done* (il n'y a plus de lait), *They're done for!* (ils sont fichus), *You've all been done!* (on vous a tous eus !). cf. S. BERLAND-DELÉPINE. *La grammaire anglaise de l'étudiant.*

9 MAKE exprime l'**activité** elle-même *(fabriquer)* alors que DO évoque plutôt le **résultat** de l'activité <u>ou</u> une activité **indéfinie**.

10 IT IS est assez proche de THERE + IS/ARE (mais ils ne sont pas interchangeables), et peut exprimer le prix, la distance, le temps et la durée.

ELLIPSE DE BE

A- EXPLICATION :

➢ En linguistique, le terme **ellipse** signifie "omission" (le fait d'enlever d'omettre ou d'élider). Aussi, ne soyez pas surpris au TOEFL/TOEIC si **S + BE** est omis, enlevé ou élidé dans les subordonnées lorsque l'on a affaire **au même sujet logique**. On peut trouver cette omission :

★ après IF / UNLESS / AS / WHEN / WHILE / THOUGH / UNTIL / WHETHER / THE MORE (+ comparatif).

★ dans les titres de journaux.

ex. : . ***When*** *[you are] in Rome, do as the Romans do.* (proverbe)
↳"A Rome, faites comme les Romains."

. ***While*** *[I was] in Paris, I went to the museums twice a week.*

. ***As*** *[I was] a boy I used to be fond of kung fu movies.*

. *"President Chirac [is] to visit Northern Ireland."*

B- APPLICATIONS : TOEFL/TOEIC (voir corrections page **215**)

1- When __________ a boy, he used to go sailing every summer.
a) he was b) was c) ∅ d) as

2- __________ compelled to stay home with the baby, I'll go out clubbing tomorrow.
a) unless b) unless am I c) it is d) unless I was

3- Though an American, he couldn't speak his native language with his kids who are living in a non English speaking country.

4- The sooner, the better __________.
a) it was b) it would be c) ∅ d) that is

5- Grain is stored in the barn __________ needed.
a) until b) it is c) until is it d) it was

6- If the police __________ more, fewer policemen would resign.
a) pays b) paying c) be paid d) paid

7- Bass drums give out a low sound __________.
a) as striking b) when are struck c) when they strike themselves d) when struck

8- Cars tend to get damaged if __________ to excessive rain or cold.
a) they expose b) exposed c) are exposed d) to be exposed

9- __________, mustard displays a better taste.
a) A sauce used b) When used within a sauce
c) A sauce when used d) How a sauce is used

10- Unless complications from the operation, surgery scars tend to heal quite easily.

LES VERBES D'ÉTAT

A- EXPLICATION :

Certains verbes **s'emploient rarement ou pas du tout à la forme progressive** (ce sont principalement des verbes de perception ou d'apparence).

En voici une liste non exhaustive. Les verbes précédés d'une * peuvent être suivis d'un adjectif (ex. : *It smells good*). Dans les tests, préférez ces verbes à la forme simple.

***APPEAR**	*avoir l'air, apparaître*	**OWN**	*posséder*
APPRECIATE	*apprécier*	**PREFER**	*préférer*
BELIEVE	*croire*	**POSSESS**[-zes]	*posséder*
BELONG	*appartenir*	**RECOGNIZE**	*reconnaître*
DISLIKE	*ne pas aimer*	***REMAIN**	*rester / demeurer*
DOUBT	*douter*	**REMEMBER**	*se souvenir*
***FEEL**	*ressentir*	***SEEM**	*sembler / paraître*
HATE	*détester*	***SMELL**	*sentir*
KNOW	*savoir / connaître*	***SOUND**	*avoir l'air (pour un son)*
LIKE	*aimer*	***TASTE**	*avoir goût de*
***LOOK**	*avoir l'air*	**SUPPOSE**	*supposer*
LOVE	*aimer (sens fort)*	**UNDERSTAND**	*comprendre*
MEAN	*signifier / avoir l'intention de*	**WANT**	*vouloir*
MIND	*bien vouloir (dans questions et négations)*		

B- APPLICATIONS : TOEFL/TOEIC (voir corrections page **215**)

1- I <u>was knowing</u> <u>about</u> the accident <u>before</u> everybody <u>else</u>.

2- I am <u>sure</u> they will <u>be remembering</u> him <u>as soon as</u> they <u>catch sight</u> of him.

3- These children __________ very fine adults.
a) become b) have become c) becoming d) had become.

4- He __________ watching sports on TV.
a) is liking b) was liking c) like d) likes

5- My next door neighbor __________ this house and the one over there.
a) owns b) is owning c) own d) owner

LA MODALITÉ

A- EXPLICATION :

- Qu'est-ce que la modalité ? Les **auxiliaires modaux** *invariables* (comme CAN, MUST, MAY, etc. + BV) permettent à l'énonciateur d'introduire son **point de vue** (sa subjectivité) dans la phrase. On attribue ordinairement **deux valeurs** fondamentales aux modaux. L'une est appelée **radicale** et porte sur le **sujet** (***She*** *can do it* – ici, capacité physique ou intellectuelle), alors que la seconde, appelée **épistémique**, porte sur la **probabilité** de réalisation de l'action (***John*** *can* ***be nasty*** – "ça lui arrive"). Un seul et même modal possède donc en général ces deux valeurs.

- Pour le TOEFL/TOEIC, il faut avant tout retenir qu'un **modal** est **invariable** (il **ne** prend **pas** de -S à la 3e personne du singulier, cf. exemple ①), qu'il est toujours suivi d'une **base verbale**, et que **jamais** deux modaux ne se suivent en anglais (exemple ②).

ex. : ① *She ~~CANS~~ lift this stone. / My sister* ***CAN'T*** *lift this stone.*
↳ CAN — **MODAL** + V

② *She* WILL ~~CAN~~ *lift it one day.*
↳ Impossible : le 2e modal **doit** être **remplacé** par une forme équivalente (voir 5- Les équivalents + tableau résumé). Pour exprimer le futur, on a recours à une forme non modale : *She* ***will be able to*** *lift it one day,* comme ici **BE ABLE TO**, qui est un équivalent. Attention : pour le **passé** ou le **futur** de certains modaux, se référer encore à ce même tableau.

- Le piège récurrent à éviter est de croire qu'un modal peut être suivi d'un verbe conjugué ou d'un participe (cf. By pour WILL HAVE +-EN).

ex. : *In the entire history of NASA, thousands of dollars* COULD ***has*** *been saved.* ⇒ COULD **HAVE** BEEN

It is believed that by the year 2010, a cure for AIDS WILL ***been*** *found.*
⇒ WILL **HAVE BEEN** FOUND (-EN) (attention au sens de **BY** = *d'ici*)

- Les pièges ayant été mentionnés, rentrons maintenant dans le détail :

1- Etudions en premier lieu la structure **MODAL + V** :

1.1- Tout d'abord, travaillons sur la **VALEUR RADICALE** de chaque modal. Cette valeur est évoquée lorsque la *modalité* porte uniquement sur le **SUJET [S]** de la phrase. Voici les différents sens que prennent les auxiliaires modaux avec cette valeur :

CAN
- *My brother* ***can/can't/could/couldn't*** *lift this heavy stone.*
  ↳ Ici, le locuteur parle de la **capacité,** de l'**incapacité** dans le présent ou le passé de son frère à soulever la pierre en question.
- *He* ***can*** *play the piano.* (Il **sait** jouer du piano)
  ↳ Capacité acquise par la pratique : "savoir".
- ***Can/Could*** *I see your driving license, please?*
  ↳ Demande de permission. Ici COULD (+ poli que CAN) ≠ passé temporel.
- *We* ***can/could*** *see black smoke coming out of the engine.*
  ↳ CAN et COULD s'utilisent devant les **verbes de perception** *(hear, see, smell…)* sauf si on met en valeur l'objet perçu[11] *(We saw famous paintings at the museum).*

---

[11] cf. J. GUILLEMIN-FLESCHER. *Syntaxe comparée du français et de l'anglais, problèmes de traduction,* page 265-266. Éditions Ophrys.

MUST

- *You* ***must*** *do your homework first if you want to play* Spiderman™ *on your game console.*
  ➥ Le locuteur évoque ici l'**ordre**, l'**obligation**, la **contrainte** de faire ses devoirs.
- *Pedestrians* ***mustn't*** *cross when the light is red.*
  ➥ On évoque ici l'**interdiction**.

MAY

- *You* ***may*** *have lunch in this room if you wish.*
  ➥ Le locuteur donne ici la **permission**, l'**autorisation** de déjeuner dans cette pièce (style plus soutenu que : *You can have lunch...if you like*).
- ***May*** *I use your printer? – Yes, by all means / please do.*
  ➥ Demande de **permission** (plus poli que CAN/COULD).

MIGHT

- *Your sister* ***might*** *at least help us do the dishes.*
  ➥ Ici, on parle de **reproche** ou **suggestion** (ironique) à la forme affirmative uniquement.
- ***Might*** *I say something about your method?*
  ⇨ Puis-je (Me permettriez-vous de) dire quelque chose au sujet de votre méthode ?
  ➥ **Permission** (demande polie assez timide).

NEED

Modal <u>et</u> verbe ordinaire

- *I* ***needn't / don't need to / don't have to*** *buy this CD as she's got it.*
- ***Need*** *I attend your course, Professor Mitchell?*
  ➥ C'est avant tout aux formes *négative* et *interrogative* et avec un *terme restrictif (hardly, only, all)* que **NEED** peut se construire comme un modal (modal + V). On évoque ici l'**absence de nécessité** (*needn't, don't need to, don't have to* : attention, ces deux dernières structures ne sont pas des modaux mais des équivalents). Si on emploie le verbe NEED TO + V ou HAVE TO + V, on ne s'engage pas personnellement, on constate objectivement une absence de nécessité.
- *She* ***needs to*** *exercise more to lose weight.*
  ➥ On évoque la **nécessité** ("avoir besoin de") mais ici, à la forme affirmative, NEED est un verbe ordinaire (NEED + TO V) et non un modal.

SHALL

- ***Shall*** *we go dancing tonight?* ("Si nous allions danser ce soir ?")
  ➥ **SHALL** sert à demander à l'interlocuteur, s'il est d'accord avec la **suggestion** qu'on lui fait. **SHALL** ne sera suivi que de ***I*** ou de ***WE***.
- *"You* ***shall*** *not kill"* (Bible). / *You* ***shall*** *obey the headmaster's orders.*
  ➥ Contrainte imposée par une instance extérieure ou une loi.
- *We* ***shall*** *win.*
  ➥ "Nous gagnerons", parce que nous n'avons pas le choix, donc, implicitement, il faut se donner à fond.

SHOULD / OUGHT TO

<u>Attention</u> : SHOULD et OUGHT TO ne sont pas toujours substituables.

OUGHT TO est traité avec les modaux mais il s'agit en fait d'un pseudo-modal (équivalent).

- *You* ***should*** *do more sports if you want to get thinner.*
  ➥ On donne ici un **conseil** amical = "tu devrais". Avec SHOULD, la valeur de **contrainte** provient uniquement des propres critères du sujet (énonciateur), de son point de vue[12].
- *You* ***shouldn't*** *eat so many sweets.*
  ⇨ Tu ne devrais pas manger autant de bonbons.
  ➥ On évoque ici aussi un **conseil** amical.
- Voir <u>Le subjonctif</u> (utilisation de SHOULD en anglais britannique).
- *I* ***ought to*** *exercise more if I want to lose weight.*
  ➥ Avec OUGHT TO, l'énonciateur s'appuie sur des règles extérieures de type institutionnel, conventionnel pour constater un état de fait. Il y a une **contrainte objective** (qui ne vient pas du sujet lui-même)[13].

---

[12] J. BOUSCAREN. *Linguistique anglaise – Initiation à une grammaire de l'énonciation*, page 56. Éditions Ophrys.
[13] ibid. 56.

WILL - ***Will*** *you lend me your textbook?* ("**Veux**-tu me prêter ton manuel ?")

↳ Dans ce cas, WILL met en avant la **volonté** de l'interlocuteur.

- *As it is quite cold today, I'm sure my car* ***won't*** *start.*

↳ A la forme négative (WILL + NOT), on exprime le **refus** ou de façon plus générale, selon les situations, la **non-réalisation** de l'événement.

- *If you* ***will*** *help me, I'll help you in return.* ("Si tu **veux bien** m'aider...")

↳ Prend le sens de "**bien vouloir**" (consentement). Attention : IF + S + WILL est correct ici puisqu'il ne s'agit pas d'un futur.

- *He* ***will*** *moan about everything.* = "Il faut toujours qu'il râle."

↳ On évoque ici l'**obstination** du locuteur. Il s'agit en fait de la caractéristique du sujet (il est comme ça, il ne peut pas s'en empêcher).

- *There* ***will*** *always be problems.* = "Les problèmes font partie de la vie."

↳ WILL représente ici la marque de la **fréquence** de type **vérité générale** (cela se vérifiera tout le temps).

WOULD - ***Would*** *you please shut the door?* ("Voudriez-vous fermer la porte, svp ?")

↳ Forme hypothétique donc atténuée de WILL (WILL de politesse, *bien vouloir*).

- *If I were you, I* ***would*** *apologize to her.*

↳ Dans un contexte hypothétique, WOULD exprime la visée (≈ conditionnel français). Rappel : au **prétérit modal**, on emploie ***WERE*** à toutes les personnes.

- (1) *I wish you* ***would*** *come tomorrow.*
- (2) *I wish you* ***wouldn't*** *snap your fingers in class constantly.*

↳ Avec l'**irréel**, I WISH + V-ED modal (cf. Le prétérit modal), on peut exprimer la volonté, le vœu, le **souhait** (1) ou même l'**irritation** (2).

- *Our mother* ***would*** *tell us stories before going to bed.*

↳ WOULD marque ici la **fréquence** (habitude). (cf. La fréquence)

1.2- Voyons à présent la VALEUR ÉPISTÉMIQUE de chaque modal. Cette dernière est soulevée lorsque la *modalité* porte sur les *chances* ou le *degré de* ***probabilité*** qu'un événement a de se réaliser. Voici les différents sens que prennent les auxiliaires modaux avec cette valeur :

CAN - *It* ***can*** *be useful to work on your grammar for the test.*

↳ **Probabilité** au-dessus de la moyenne. Il est possible que cela soit utile.

- *"Kate failed in the exam."* – *"It* ***can't*** *be true."*

↳ "C'est impossible, c'est pas vrai !" (CAN'T = le contraire de MUST épistémique).

- *Rémi was a nice boy when a toddler, but he* ***could*** *be a real nuisance.*

↳ "Ça lui arrivait d'être une peste". **Probabilité** plus faible que CAN (pourcentage arbitraire).

- Au passé : *She* ***could*** *have married Paul if she hadn't met John.*

↳ voir 2- MODAL + HAVE + -EN.

MUST - *The house is lit up. My parents* ***must*** *be at home.*

↳ Ici, **commentaire** du locuteur sur la **probabilité** que ses parents soient à la maison – *déduction logique + forte probabilité* (quasi-certitude). Ici MUST = 95% de chances ≠ valeur radicale d'obligation ou d'ordre.

- Au passé : *They* ***must*** *have come back before midnight.*

⇨ Ils ont dû rentrer avant minuit. ("c'est sûr !")

↳ (voir 2- MODAL + HAVE + -EN).

MAY - *The house is lit up. My father* ***may*** *be at home.*

↳ MAY est dans cet emploi proche de CAN, mais contrairement à ce dernier, MAY sous-entend 2 possibilités. "Il se peut que son père soit là, ou non" ; l'*incertitude* demeure.

- *Wherever you* ***may*** *go, I will follow you.*

↳ MAY s'emploie avec les composés de -EVER.

- <u>Au passé</u> : *They **may** have gone to the cinema.*
  ⇨ Ils sont **peut-être** allés au cinéma. (voir 2- MODAL + HAVE + -EN)

MIGHT

- *He told me that he **might** come for dinner* (style indirect passé).
  ↳ **Probabilité** plus faible qu'avec MAY (il n'est pas sûr de pouvoir venir).
- *She's taken her sunglasses <u>so that</u> she **might** prevent the sun from damaging her eyes.*
  ↳ Tout comme CAN/COULD, MIGHT s'utilise après l'expression du but à l'aide de SO THAT.
- *There are icy patches on the sidewalk this morning. Be careful! You **might** skid.*
  ↳ MIGHT évoque un **risque** encouru (envisageable dans le présent ou le futur).
- *After all she **might** agree to go out with me.*
  ↳ **Hypothèse** envisagée de façon prudente.
- <u>Au passé</u> : *They **might** have gone to the movies.*
  ⇨ Il se pourrait qu'ils soient allés au cinéma.
  ↳ probabilité + faible que MAY, prétérit à valeur d'atténuation de la probabilité (voir 2- MODAL + HAVE + -EN).

SHOULD / OUGHT TO

Interchangeables dans le cadre de la probabilité

- *This timetable **should/ought to** suit Prof. Taylor.*
  ⇨ Cet emploi du temps **devrait** convenir au Professeur Taylor.
  ↳ **Probabilité** assez forte : une action qui devrait en principe se réaliser, selon toute probabilité. <u>Attention</u>, il ne s'agit pas ici du conseil (valeur radicale).
- *Milan AC **should/ought to** win versus Reggina next Saturday.*
  ↳ le locuteur est pratiquement certain que l'AC Milan va l'emporter sur Reggina = **probabilité** assez forte = ***be likely to***. Evénements souhaitables selon l'opinion du locuteur.

WILL

- *[There's a knock at the door] — That **will** be Sam; he told me he would drop by* (passer voir quelqu'un).
  ↳ WILL exprime une **forte probabilité** (proche de MUST ou de *be sure to*).

WOULD

- *There **would** be a power failure just as we needed to use the computer.*
  ↳ Evénement attendu, prévisible ("Bien entendu, il fallait qu'il y ait une coupure de courant à ce moment-là !")

➢ Résumons maintenant ces deux valeurs à l'aide d'un tableau (<u>**Attention**</u> à l'aspect arbitraire des pourcentages qui peuvent varier d'un manuel à l'autre) :

VALEUR **RADICALE**	MODAUX *ou <u>équivalents</u>*
Capacité - Incapacité *Permission*	**CAN / CAN'T** **CAN / COULD**
Obligation - Interdiction	**MUST / MUSTN'T**
Nécessité	**NEED**
Absence d'obligation	**NEEDN'T / *<u>DON'T HAVE TO</u>***
Permission - Autorisation	**MAY**
Volonté / Nécessité	**WILL, WON'T / SHALL**
Conseil amical *Conseil moral*	**SHOULD** ***<u>OUGHT TO</u>***
Habitude passée - caractéristique du sujet	**WOULD**

VALEUR **ÉPISTÉMIQUE**	MODAUX *ou <u>équivalents</u>*
Forte probabilité, quasi certitude	**MUST** (95%) / **WILL** (95%) / ***<u>OUGHT TO</u>*** (85%)
Probabilité moyenne	**MAY** (50%) / **MIGHT** (30%) **CAN** (60%) / **COULD** (30%-50%)
Très faible probabilité	**CAN'T** (10%) / **WON'T** (10%)
Prétérit modal - forte probabilité	**SHOULD** (80%)
Prétérit modal / conditionnel *forte probabilité*	**WOULD** (85%)

95%	**WILL / MUST**	**50%**	**MAY**	**30%**	**COULD / MIGHT**	**10 - 0%**	**CAN'T / WON'T**

→

2- Etudions à présent la structure **MODAL + HAVE + -EN** :

MUST - *Nobody's home! Peter told me yesterday that he wanted to go to see "The Chronicles of Narnia". He* **MUST** HAVE GONE *to the movies.*

↳ Avec MUST + HAVE + -EN, on évoque une **conclusion** ou **déduction logique** sur un fait passé ainsi qu'une **forte probabilité**.

- *Paul* ***must have done*** *the dishes.*

↳ "il a fait la vaisselle, j'en suis pratiquement sûr." (voir MODAL – BE + -ING)

CAN / COULD - *Paul* ***can't have done*** *the dishes alone.*

⇨ Il est impossible que Paul ait fait la vaisselle tout seul.

↳ Avec CAN'T + HAVE + -EN, on insiste sur l'impossibilité de réalisation de l'action, donc **très faible probabilité** (MUST + HAVE + -EN est le contraire de CAN'T + HAVE + -EN).

- *They still haven't arrived. They* ***could have been*** *delayed.*

↳ On évoque dans ce cas la **possibilité** (d'un fait passé) que l'événement se soit produit. On pourrait proposer un pourcentage arbitraire de 30% à 50% de chances de réalisation. **Attention** : CAN + HAVE + -EN n'est pas ou plus du tout utilisé par les anglophones.

- *She* ***could have driven*** *there for a change.*

⇨ Elle aurait pu s'y rendre en voiture pour changer.

↳ possibilité non exploitée.

MAY - *I've just given a ring to Mike, but nobody answered. He* ***may have gone*** *to do some shopping.*

↳ Avec MAY + HAVE + -EN, on évoque une **incertitude** sur un fait passé (avec 50% de chances de réalisation de l'action). "Soit il est allé faire des courses, soit il est parti chez le coiffeur, soit il était sous la douche et il n'a rien entendu…"

MIGHT - *He* ***might have been*** *run over by the truck.*

↳ MIGHT + HAVE + -EN exprime une **éventualité** assez faible (un danger, un hasard, un doute) sur un fait passé.

- *She* ***might have told*** *him that she wasn't in love with him any more.*

↳ MIGHT + HAVE + -EN traduit ici un **reproche** ("aurait pu") sur un fait passé.

SHOULD / OUGHT TO - *You've just gone through amber. You* ***should have stopped****.*

↳ Attention : SHOULD n'exprime pas ici un conseil (voir SHOULD + V). Associé à HAVE + -EN, il exprime un **reproche** ou un **regret** sur un fait passé, mais l'action n'a pas eu lieu ("Tu aurais dû").

- *The Robinsons* ***ought to have invited*** *Patrick to their 20th wedding anniversary.*

↳ **reproche** ("auraient dû").

NEED - *Your brother* ***needn't have picked*** *up all the leaves in the backyard.*

↳ On exprime ici le **caractère inutile** d'une action passée ("il n'était pas nécessaire que ton frère ramasse toutes les feuilles").

WILL / SHALL - *By the year 2015, we all hope that scientists* ***will have found*** *a treatment for all sorts of Cancer* ("auront trouvé" / *by* = d'ici).

↳ **WILL/SHALL + HAVE + -EN** souligne l'accomplissement d'une action au terme d'une échéance précise dans le présent ou le futur. Il exprime le **bilan** d'une action (avec HAVE + -EN) dans le futur (cf. Le futur).

WOULD - *If they had come, they* ***would have loved*** *the performance* ("auraient adoré").

↳ **WOULD + HAVE + -EN** est un conditionnel passé qui se soumet aux règles de la concordance des temps.

3- Passons maintenant aux structures **MODAL + BE + -ING** et **MODAL + HAVE + BEEN + -ING** :

ex. : - *It is 5:30. The plane **must be landing** now.*
↳ MUST BE + -ING = **forte probabilité** sur un événement en train de s'accomplir.

- *Paul **must have been doing** the dishes.*
↳ le locuteur insiste sur l'**activité** (BE + -ING) que cela représente, avec ses **conséquences** (HAVE + -EN) : traces d'eau dans l'évier, sur les torchons, etc. sans qu'il y ait nécessairement jugement de valeur laudatif ou dépréciatif (cf. Temps et aspects avec le même exemple mais à la forme exclamative).

- *Next August I **will be lying** on the beach bumming around.*
↳ le locuteur insiste sur l'**activité** qu'il a prévue de faire l'été prochain. Il se voit déjà sur la plage à ne rien faire (valeur descriptive de –ING).

- *Anne **shouldn't have been watching** TV. She **ought to have been studying** instead.*
↳ On exprime un **reproche** mais, avec l'association de BE + -ING, on souligne les conséquences de l'action (elle n'a pas fait ses devoirs ; il est trop tard pour les faire ; elle n'est pas sérieuse…).

4- Etudions aussi la structure **MODAL + BE + -EN** :

Il s'agit tout simplement de l'association d'un modal avec la **voix passive**. Rappelons que BE + -EN peut s'utiliser à tous les temps.

ex. : - *He **must be given** a bonus.*
↳ MUST + BE + -EN = **obligation** de lui donner une prime.

- *This employee **must have been given** a bonus.*
↳ MUST + HAVE + BEEN + -EN = **forte probabilité** qu'il ait reçu une prime.

- *You **may be wanted** in this restaurant.*
↳ MAY + BE + -EN = **il se peut que** l'on ait besoin de vous dans ce restaurant.

5- Travaillons à présent les **équivalents (pseudo-modaux)** :

Attention : certains modaux ne possèdent pas automatiquement un passé ou un futur. Il faut donc avoir recours à des équivalents.

BE ABLE TO CAN donnera COULD au passé mais aussi **BE ABLE TO**.

- *A dog was running after me and, surprisingly enough, I **was able to** jump over the fence.*
↳ **BE ABLE TO** évoque une **capacité ponctuelle** alors que **COULD** exprime plutôt une **capacité permanente**.

CAN donnera **WILL BE ABLE TO** au futur.

- *My son **will** soon **be able to** run as fast as I do.*

HAVE TO MUST donnera **HAD TO** au passé.

- *Both students **had to** be there at 8:30 sharp, but they arrived late.*
↳ **HAVE TO** évoque l'expression de la **nécessité** ("devaient" ≈ MUST). Information impersonnelle (peut dépendre d'un règlement).

- *I **have to** attend an English course every Monday morning.*
↳ **obligation habituelle** (1ère personne).

- *I **must** attend an English course today.* (= *"I've got to"*)
↳ **obligation ponctuelle** (1ère personne).

MUST donnera **WILL HAVE TO** au futur.

- *The students **will** all **have to** come at two o'clock on the dot.*

Voir NEED avec l'absence de nécessité (valeur radicale).

BE ALLOWED TO MAY donnera **WAS/WERE ALLOWED TO** au passé.

- *I **was allowed to** come back home later than expected.*

↳ **autorisation** dans le passé.

MAY donnera **WILL BE ALLOWED TO** au futur.

- *She **will be allowed to** take 35 days' annual leave.*

↳ **autorisation** dans le futur.

BE TO Obligation, action prévue de manière officielle qui **doit** se produire. On ne rencontre cette forme qu'à des temps conjugués.

- *The president **is to** meet the Unions tomorrow.* ("doit" - programme officiel)

↳ Cette formule est méconnue et les élèves pensent que le **TO** est incorrect lorsque BE TO (conjugué) est souligné dans les tests.

BE DUE TO action programmée qui doit normalement se produire (sauf imprévu).

- *The plane **is due to** land at 2 am.* ("est prévu")

➢ Voici un **tableau résumé** des *modaux* et de leurs *équivalents* (pseudo-modaux).

PRÉSENT	PASSÉ	FUTUR
CAN (*capacité*) / CAN'T (BE ABLE TO)	COULD / COULDN'T (WAS/WERE ABLE TO)	WILL BE ABLE TO
MUST (*obligation, contrainte*) MUSTN'T (*interdiction*) (HAVE TO = *règlement*) (DON'T HAVE TO = *absence d'obligation*)	HAD TO (DIDN'T HAVE TO)	WILL HAVE TO
MAY (*permission*)	WAS/WERE ALLOWED TO MIGHT (style indirect)	WILL BE ALLOWED TO
WILL	WOULD	
SHALL	SHOULD / OUGHT TO	

Demandes polies (du ⊖ au ⊕) : CAN → COULD → MAY

6- Etudions maintenant les autres **expressions de la modalité** :

Le locuteur a aussi la possibilité d'exprimer son point de vue (sa subjectivité) dans la phrase à l'aide d'adverbes de modalité comme *probably, certainly, possibly,...* ou d'adjectifs de modalité tels que *be **likely** to, be **sure** to, be **bound** to, be **certain** to* et *be **liable** to.*

❶ Les adjectifs de modalité :

➢ **BE BOUND TO / BE SURE TO / BE CERTAIN TO > BE LIKELY TO** : action inévitable, prédiction certaine > forte probabilité.

ex. : - *It **was bound to** happen.* (Cela devait arriver)

- *Marseilles **is likely to** win this match.* (a de fortes chances / Il est fort probable que < certitude absolue)

➢ **BE LIABLE TO** + V ou + Nom :

ex. : - *It **is liable to** rain this afternoon.* (Il risque de...)

- *A lot of teachers **are liable to** sore throats.* (être sujet(te) à)
- *The appointment **is liable to** postponement if need be.* (être susceptible de, forte probabilité).

❷ Les adverbes de modalité :

➢ *Probably, certainly, surely* et *possibly*

- *Exercise will not only lower blood pressure but* ***possibly*** *protect against heart attacks.*
  ⇨ Faire de l'exercice fera non seulement baisser votre tension mais vous protègera **peut-être** contre d'éventuelles crises cardiaques.
  ↳ C'est du domaine du possible (≈ MAY).
- *These students will* ***certainly/surely*** *suffer from heartburn.*
  ⇨ Ces étudiants vont **sûrement** souffrir de brûlures d'estomac.
  ↳ Forte probabilité (≈ MUST, WILL).
- *Many students* ***probably*** *live below the poverty line.*
  ⇨ Beaucoup d'étudiants vivent **certainement** en dessous du seuil de pauvreté.
  ↳ Les chances de réalisation de l'énoncé sont fortes (≈ MUST).

➢ *Nearly* et *almost*

- *I* ***nearly/almost*** *had an accident on the highway yesterday.*
  ↳ = "faillir" / "presque" (l'action n'a pas eu lieu mais elle a bien failli se produire).

➢ *Hardly, scarcely* et *barely*

- *My students can* ***hardly*** *solve a simple equation.*
  ⇨ Mes étudiants savent à peine résoudre une simple équation.
  = "à peine, guère"

❸ Le verbe WANT à sens modal :

- *You ('ll)* ***want*** *to be there promptly at 8:00 if you intend to catch your train.*
  ↳ = WANT a ici un sens qui oscille entre celui de SHOULD (conseil) et celui de NEED (besoin, nécessité), voire de MUST (obligation).

B- EXERCICES DE RECONNAISSANCE : (voir corrections page **216**)

Valeur radicale ou épistémique ?

1- *Can I watch TV, Mum?* ⇨ Radicale
2- *Smoking can cause cancer.* ⇨ épistémique
3- *She must finish her homework before going out.* ⇨ Radicale
4- *Arsenal ought to win versus Manchester City on Saturday according to the journalist.* ⇨ Epistémique
5- *He can't swim very well.* ⇨ radicale
6- *The phone's ringing! This will / must be my wife.* ⇨ épistémique
7- *She's quite pale today. She must be ill.* ⇨ épistémique
8- *May I come with you this summer?* ⇨ radicale
9- *Thou shalt (you shall) not kill* (Bible). ⇨ radicale
10- *They may come for the week-end.* ⇨ épistémique

C- APPLICATIONS : TOEFL/TOEIC (voir corrections page **216**)

1- One can <u>to travel</u> to some of <u>the remote Irish villages</u> with the Eireann <u>coaches</u> or <u>by car</u>.

2- By the second year of intensive training, the number of students __________________ significantly.

a) can decreased b) must decreased
c) will have decreased d) should have decrease

3- He is a <u>fan</u> of <u>what</u> might <u>is</u> <u>coined</u> post-modern Swedish literature.

4- It was a family secret and only his close relatives __________________ entrusted with the piece of hot news.

a) can be b) may have be c) could be d) might been

5- The students know they __________________ work hard if they are to pass the test with honors.

a) are must b) must have c) must to d) must

6- There <u>is</u> <u>a</u> big traffic jam. There must <u>has been</u> an accident <u>on</u> the highway.

7- Since your girlfriend is going back home this weekend, __________ you like to come over and stay with us?

a) ought b) won't c) do d) would

8- Since they aren't at home, they __________ be on their way back.

a) must b) shall c) need d) want

9- On the average, an athlete __________ to train at least four hours a day.

a) must b) ought c) can d) should

10- Every day the mailman <u>would file</u> the letters, <u>sort</u> them <u>according to</u> their zip codes, and <u>taking</u> them down to his colleagues.

11- <u>Most of</u> the Irish people <u>who</u> live in America can <u>neither</u> read nor <u>writing</u> Gaelic.

12- Engineering students must <u>learning</u> not only the theory <u>but</u> also the practice of their trade <u>in order</u> <u>to graduate</u>.

Petits plus

WORK*

agenda : ordre du jour
bellboy / bellhop : groom, chasseur (hôtel)
CEO [siː-iː-oʊ] : PDG
clerk : employé (de bureau)
collect call : appel PCV
extension (number) : numéro de poste
invoice : facture
laptop : ordinateur portable
plant : usine
purser : commissaire de bord
QA [kjuː-eɪ] : assurance qualité
ship (to) : expédier
standard : norme
versatile (adj.) : polyvalent

Enclosed please find… : Veuillez trouver ci-joint…

*Indispensable pour le TOEIC

"Television is a medium where people with nothing to do watch people who can't do anything."
(Fred Allen) d'après *L'humour anglo-saxon.*

LE FUTUR

A- EXPLICATION :

➢ En anglais, il existe différentes manières d'exprimer le futur :

WILL	SHALL
- anglais courant : *I, You, She, He, It, We, You, They*	- langue très soignée : *I* et *WE*
- **prévision**, **prédiction**, **volonté** ex. : *We **will** go to the USA next summer.* *We **will** go to the pictures tonight.* - **futur inévitable**, résultat scientifique, hypothèses ex. : *If you mix oil with water, oil **will** rise at the top of the container.* ↳ résultat scientifique / hypothèse	- **prédiction** neutre (style écrit, soigné) ex. : *We **shall** be in London on Tuesday.* *I think we should meet.*
- décision **spontanée**, réaction à une situation spécifique ex. : *You're tired! **I'll** make you some tea.* *[the phone is ringing] – **I'll** answer it.*	- **contrainte** extérieure au sujet (ordre, règlement, promesse, prophétie) ex. : *You **shall** not kill (Bible).* *Boys **shall** come back at 10.*
- **volonté :** valeur modale (sens PRÉSENT ≠ futur) ex. : ***Will** you shut the door for me, please?*	- action / événement **inexorable** ex. : *I **shall** be married next July.* *I told you I would sue him and I **shall**.*
- **fréquence, obstination** (différent du futur) ex. : - *He **will** moan about everything.* ↳ obstination = Il faut toujours qu'il râle. - *There **will** (always) be problems.* ↳ fréquence = Les problèmes font partie de la vie.	- **suggestion / proposition / offre** (sens PRÉSENT ≠ futur) ex. : ***Shall** we go dancing?*

BE + -ING	BE GOING TO
- action **prévue** / **intention** du locuteur (agenda personnel) ex. : *We **are going** to the USA next month.* *I **am meeting** Jenny at the station at 10.*	- **intention** d'exécuter ex. : - *She**'s going to** have a bath.* - *I**'m going to** fly to the States sometime next year.*
	- décision **réfléchie** ex. : *As I'm quite good at English, I **am going to** take it as a major.*
- action **prévue** / **projection** dans le futur ex. : *Next week I **will be lying** on the beach.* ↳ association de WILL + BE + -ING	- action **prévisible** (signes extérieurs) ex. : *It **is going to** be a beautiful day.*

PRÉSENT SIMPLE (V-∅ / -S)
- **style officiel**, précis : *newspapers* ex. : *The English Prime Minister **goes** to Washington tomorrow.*
- futur **planifié** : *horaires fixés, imposés par une instance extérieure* ex. : *The film **starts** at 10:30.* *My sister **arrives** on platform 2 at 9:05 on Monday.*
- **concordance** des temps (cf. ci-après)

➢ - **BE ABOUT TO** : action imminente, très proche *("être sur le point de")*
ex. : *The train is about to leave. (= to be on the verge of + V-ING)*

- Pour BE TO, BE DUE TO, BE LIKELY TO, BE BOUND TO, BE SURE TO, BE LIABLE TO, voir La modalité.

➢ Le point grammatical suivant est très souvent testé au TOEFL/TOEIC. Il consiste à vous faire croire que l'utilisation du futur est possible après une subordonnée introduite par une conjonction de temps, alors que selon la règle, après des conjonctions comme *after, as soon as, as long as, before, when, while, once, whenever, by the time, the moment, until,...* l'expression de la futurité est formulée par un ***présent*** lorsque cette dernière dépend d'une principale au **futur** ou d'un **impératif**.

ex. : *It will be dark when he **reaches** the edge of the forest.*
*We'll go for a walk as soon as / once you **have** finished working.*
*Drop in and have a cup of tea whenever you **like**.*
*By the time she **gets** dressed the program will be over.*
*Let me know when (= as soon as) he **has** finished his assignment.*
présent

⇒ Cette règle ne s'applique pas lorsque **WHEN**[14] est :

1- un *Adverbe interrogatif* (accentué)
ex. : *Do you know when she will come back? (when = at what time?)*

2- une *Conjonction de coordination*
ex. : *We shall go there on April 23rd, when we shall celebrate Peter's birthday.*
⇨ Nous irons là-bas le 23 avril, date à laquelle nous fêterons l'anniversaire de Peter.

3- un *Pronom relatif*
ex. : *She looks forward to the day when her husband will be released.*
⇨ Elle attend avec impatience le jour où son époux sera libéré.

➢ Le futur antérieur, **WILL + HAVE + –EN**, sera aussi abordé avec **BY**. Ce futur sert à prédire l'accomplissement d'une action ou d'un événement au terme d'une échéance précise dans le présent ou dans le futur (**bilan** d'une action avec HAVE +-EN dans le futur).

ex. : *By the year 2010, we all hope that scientists **WILL HAVE FOUND** a cure for AIDS.*
⇘ ***WILL HAVE FOUND*** = "auront trouvé"
*He **WILL HAVE DONE** his assignment by tomorrow.* (= "aura fait" / *by* = d'ici)

B- APPLICATIONS : TOEFL/TOEIC (voir corrections page **217**)

1- Ms. Yamamoto will call you when she ________.
a) arriving b) arrive c) arrives d) will arrive

2- Mr. Abraham will be able to speak with us today, ________?
a) doesn't he b) no c) will he d) won't he

3- If sugar is heated it ________ melt and eventually become caramel.
a) would b) will c) is d) do

4- If one removes a few cells from his body, it ________ possible to determine whether his DNA matches that of the murderer.
a) would be b) be c) will be d) does

---

[14] cf. S. BERLAND-DELÉPINE. *La grammaire anglaise de l'étudiant*. Éditions Ophrys.

5- Weight can be easily reduced when you will limit sugar and fat intake.

6- As soon as ________, we'll head on to the beach.
a) they will arrive b) they arrive c) they are arriving d) the arrival of them

7- Tell me when you ________.
a) comes b) will come c) shall come d) be coming

8- Mr. Harris is planning on going to Spain as soon as he will have a vacation.

9- Let's go for a drink, ________?
a) do we b) shall we c) won't we d) will we

10- Do you want them to call you as soon as ________?
a) they'll arrive b) they arrived c) they shall arrive d) they arrive

11- If it __________ rain, we'll have a barbecue in the back yard.
a) didn't b) doesn't c) won't d) wouldn't

12- I will lend you my book as soon as __________ reading it.
a) I do finish b) I be finished c) I finish d) I will finish

13- If South American tribes __________ saved, the forest must be protected.
a) are to be b) can be c) will be d) be

14- Good wine becomes even better when it __________ .
a) are aging b) ages c) aged d) will age

15- A cure for AIDS __________ until more money is allocated to government research programs.
a) don't develop b) won't develop c) aren't developing d) won't be developed

16- Some children speak when they will sleep.

17- We are going to NYC as soon as __________ our project.
a) we'll finish b) we'd finish c) we're finish d) we finish

18- We'll be home as soon as we __________ a taxi.
a) are finding b) will find c) find d) found

19- If a virus __________ present in the body, the immune system reacts accordingly.
a) are b) will be c) is d) would be

20- Malaria spreads when heavy rains ________ the southern part of the country.
a) will hit b) hit c) hits d) won't be hit

V-ED vs HAVE + –EN

A- EXPLICATION :

➢ Si vous voulez distinguer **V-ED** (prétérit) de **HAVE + -EN** (*present perfect*), il faut absolument **éviter** de passer par la traduction car tous deux peuvent se rendre par un passé composé en français. La différence réside dans le **point de vue** adopté par le locuteur, selon qu'il se place dans un passé **révolu**, daté, localisé = **V-ED** (cf. exemples ① et ②) ou qu'il désire mettre en valeur le **résultat**, le bilan, la conséquence d'une action passée <u>dans le présent</u> ou se justifier = **HAVE + -EN** (cf. exemples ③ et ④).

① *I **finished** my work <u>last week</u> / <u>yesterday</u> / two days <u>ago</u> / at <u>5 pm</u>.*

↳ Il y a ici **rupture** totale entre présent et passé. Le locuteur insiste sur le côté **révolu**, daté et localisé de l'action en utilisant un marqueur temporel explicite comme : *last week, yesterday, two days ago, at 5 pm…*

② *I **saw** what really **happened** at Jenny's party.*

↳ Dans ce cas, le locuteur emploie V-ED car il estime que *"at Jenny's party"* est un marqueur temporel implicite ; comme si il avait utilisé des marqueurs explicites du type : *two weeks ago, yesterday, last month, at the time, in 2005…*

③ *I **have finished** my work.*

↳ Dans cette phrase, il n'y a **aucune rupture** entre le passé et le présent. Le locuteur met l'accent sur le **bilan**, le résultat ou la conséquence dans le présent d'une action qui est pourtant passée et terminée (Ça y est, le travail est fait ; je peux donc aller prendre l'air <u>maintenant</u> !). HAVE + -EN associe deux temps : le temps présent porté par l'auxiliaire HAVE, et le passé porté par le verbe sous forme participiale (participe passé).

④ *I **have been working** like a dog all week long!*

↳ HAVE + -EN peut s'associer à BE + -ING. Le locuteur exprime ici le **bilan** d'une action qui vient de s'achever (HAVE + -EN) tout en insistant sur son état physique ou moral (fatigue) grâce à l'aspect **descriptif** de BE + -ING. On retrouve cette structure lorsque HAVE + -EN est utilisé avec FOR et SINCE (*depuis*).

<u>Attention</u> : **-EN** est le **symbole** de l'ensemble des **participes passés** en anglais, qu'ils soient réguliers ou irréguliers et qu'ils se terminent par -EN ou non *(written, worked, tried, hung, done, made, etc.)*.

➢ Si HAVE + -EN peut s'utiliser pour exprimer le bilan présent d'une action passée et achevée, il s'emploie aussi avec **FOR** et **SINCE** (sens de *depuis*) pour marquer la **continuité dans le présent** d'une action qui a débuté dans le passé. Faisons la distinction entre FOR, SINCE et AGO :

① Il habite Angers depuis 2 ans. *L'action se poursuit : HAVE + -EN + <u>for + durée</u>*

⇨ *He has been living in Angers <u>for</u> 2 years.*

② Il habite Angers depuis 1994. *L'action se poursuit : HAVE + -EN + <u>since + date</u>*

⇨ *He has been living in Angers <u>since</u> 1994.*

↳ En ① et ②, remarquer que HAVE + -EN se traduit par un **présent** en français.

③ Il est arrivé à Angers il y a deux ans. *L'action est révolue : V –ED + AGO*

⇨ *He arrived in Angers two years <u>ago</u>.*

☺ **UP TO YOU :** voir corrections page **218**

④ Cela fait 4 ans que je travaille dans l'entreprise.

⇨

⑤ Je suis entré dans cette entreprise il y a 4 ans.

⇨

⑥ Je travaille dans cette entreprise depuis 1996.
⇨

FOR (= DEPUIS) ⇒ durée **SINCE** (= DEPUIS) ⇒ point de départ	**HAVE + -EN**
AGO ⇒ temps écoulé depuis l'événement (donc révolu) **FOR** = PENDANT avec une durée	**V-ED**

↳ **Attention** : **DURING**, associé à une durée définie, a aussi le sens de ***pendant*** et se construit toujours de la manière suivante : **DURING + GN**. Dans les tests, les concepteurs opposent très souvent ***when*** à ***during*** et tentent de vous faire croire que ce dernier peut être suivi d'un groupe verbal.

ex. : *I lived near Paris* ***during*** *my studies* (= GN).
I lived near Paris ***when*** *I was a student* (= proposition).

➢ Quand un événement a eu lieu **avant** un fait passé marqué ou non par V-ED, on utilise **HAD + -EN** (passé antérieur) :

ex. : *He* ***had dreamt*** *of her before he met her. / before meeting her.*

➢ Avec l'expression suivante, **IT IS THE FIRST (SECOND / THIRD) TIME...**, on utilisera HAVE + -EN ou HAD + -EN pour faire un bilan dans le présent ou le passé.

ex. : *It* ***is*** *the first time I* ***have driven*** *a car.*
= "C'est la première fois que je conduis une voiture"

It ***was*** *the third time he* ***had taken*** *his driving license.*
= "C'était la troisième fois qu'il passait son permis"

➢ La révision, voire l'apprentissage, des verbes irréguliers est indispensable au TOEFL/TOEIC car les concepteurs tentent parfois de vous leurrer en mettant un verbe irrégulier à une forme régulière erronée :

ex. : *The American athlete runned for half an hour to warm up properly before competing in the 400m hurdles.*

↳ ~~***runned***~~ → **RAN**

Attention : Certains verbes acceptent 2 formes.

burn (burnt ou burned), bust, dream, kneel, learn, lean, leap, light, misspell, plead, quit, smell, speed, spell, spoil, spill.

EN RÉSUMÉ :

- **V-ED** (prétérit) quand un marqueur temporel (comme *last week, yesterday, in 1998, ten years ago...*) vient localiser un événement dans le passé.
  ⇒ **rupture avec le présent.**

≠ • **HAVE + –EN** (*present perfect*) quand on prend en compte le **BILAN** d'une action ou que l'on s'intéresse à son **RESULTAT** ou à sa **CONSEQUENCE** dans le présent (passé composé en français). Avec FOR et SINCE, continuité dans la durée (présent en français).
  ⇒ **continuité/bilan dans le présent** d'une action passée.

B- APPLICATIONS : TOEFL/TOEIC (voir corrections page **218**)

1- Interest in politics has decreased on American campuses __c__.
a) over 1970 b) in 1970 c) since 1970 d) for 1970

2- The impact of meteorites __c__ craters of all sizes on the surface of the moon.
a) former b) formed c) has formed d) forming

3- The first European settlers of America ____D____ England in the 17th century.
a) have left b) leave c) has left d) left

4- The French city of Angers was <u>named</u> <u>after</u> the Andes, the Gaul tribe <u>who</u> <u>settle</u> in that area of the Loire Valley at least 400 years BC.

5- <u>Success</u> <u>in</u> the 1998 World Cup <u>was brought</u> France worldwide <u>attention</u>.

6- <u>A</u> <u>long-lasting</u> president, F.D. Roosevelt <u>was elected</u> <u>since</u> four terms.

7- The two-dollar <u>bills</u>, which <u>are issued</u> in America a <u>few</u> decades ago, are <u>worth</u> thousands of dollars.

8- <u>It</u> was not <u>until</u> 1900 <u>that</u> the Eiffel tower <u>has been</u> built.

9- Estimates <u>by</u> scientists <u>show</u> that only a small part of the <u>whole</u> DNA spectrum <u>was identified</u>.

10- The <u>rain forest</u> <u>contains</u> many <u>species</u> of insects that <u>were not yet discovered</u>.

11- She hasn't seen her mother ____B____ years.
a) from b) for c) since d) before

12- Joe Stallion died at the factory twenty years ____D____ today.
a) from b) since c) before d) ago

13- We used to go sailing on Lake Huron every summer, but I haven't been there ____B____ the past six years.
a) to b) for c) since d) from

14- ____A____ in NY since 1997 when her parents left Ohio.
a) She's lived b) She was living c) She is living d) She'd live

15- We hadn't seen him ____D____ several months and we met him by chance yesterday.
a) until b) before c) since d) for

16- After he had <u>ran</u> two miles, he <u>realized</u> that he had forgotten <u>to take</u> <u>his</u> keys.

17- If she <u>would have been</u> <u>more discreet</u> in <u>her behavior</u>, she would not have had to face <u>redundancy</u>.

18- If you <u>would have checked</u> your answers <u>with care</u>, you would have <u>seen</u> where <u>your</u> mistakes were.

19- In 1776, George Washington <u>lead</u> <u>the founding</u> of the American Nation, <u>the</u> first modern republic <u>of</u> our times.

20- We <u>spended</u> ten <u>full</u> years in Germany <u>working</u> <u>for</u> the United Nations.

"Have you ever taken a serious political stand on anything?"
"Yes. For twenty four hours I refused to eat grapes."
Woody Allen, d'après *L'humour anglo-saxon.*

LA FRÉQUENCE

A- EXPLICATION :

❶ USED TO vs WOULD

USED TO

➢ L'opérateur **USED TO** n'existe qu'au *passé*. **USED TO** marque une **rupture totale** avec le *présent* et s'inscrit dans un *passé* à jamais *révolu*. **USED TO** peut décrire une **action** ou un **état** (≠ **WOULD**).

- *The Smiths **used to** be very rich.*
  ⇨ Autrefois les Smith étaient très riches.
  ↳ Ils ne le sont plus.
- *There **used to** be a swimming pool here.*
  ⇨ Il y avait une piscine ici autrefois.
- *He doesn't speak English as much as he **used to**.*
  ⇨ Il ne parle plus anglais autant qu'autrefois.

N.B. : **USED TO** ne s'emploie pas si l'on met l'accent sur la **durée** de l'action révolue.

- *I lived in Belfast for ten months before the Troubles began.*
  ⇨ J'ai habité à Belfast pendant dix mois avant le début des troubles.

➢ **ATTENTION** ! Dans les interrogations et les négations, **USED TO** se conjugue comme un verbe normal.

- *He used to sing very well, **didn't** he?*
  ⇨ Il chantait très bien autrefois, n'est-ce pas ?
- *He **didn't** use to sing very well. (He **used not** to sing very well – **not*** porte sur *to sing)*
  ⇨ Il ne chantait pas très bien autrefois.
- ***Did** he use to sing very well? (**DO** porte la marque du passé et non USE)*
  ⇨ Chantait-il très bien ?

➢ **Habitude passée** d'un **fait révolu**.

- *They **used to** go to Spain every summer.*
  ⇨ Ils allaient en Espagne tous les étés.
  ↳ Ils n'y vont plus !
- *He **used to** drink a lot of coffee after lunch.*
  ⇨ Il buvait beaucoup de café après le déjeuner.
  ↳ Il n'en boit plus <u>ou</u> Il n'en boit plus autant.

WOULD

➢ **WOULD** se contente d'exprimer la *répétition fréquente* d'une *action passée* sans souligner la rupture avec le présent. WOULD ne décrit que des **actions** (≠ **USED TO**).

- *We **would** take a coffee break at 10:00, and then resume our work.*
  ⇨ Nous prenions (habituellement) une pause café à 10h, puis reprenions notre travail.
  ↳ Noter que *would* est "distributif". Répétition inutile *…and then ~~would~~ resume…*
- *Paul **would** faint whenever he saw blood.*
  ⇨ Paul s'évanouissait à chaque fois qu'il voyait du sang.
- *He **would** read his eyes red every single night.*
  ⇨ Chaque nuit (sans exception), il lisait à s'en faire rougir les yeux.
  ↳ **Idée** d'*obstination*.
- ***She'd** (= **would**) **always be doing** things we didn't understand.*
  ⇨ Elle *faisait* toujours des choses que nous ne comprenions pas.

N.B.** : Pour d'autres formules fréquentatives, il faut se référer au **PRÉSENT SIMPLE**, à **WILL**, à la formule **KEEP + V -ING**, et à **BE + -ING accompagné d'adverbes comme *always, forever...*

➢ **WOULD** et **USED TO** ne sont pas toujours interchangeables. Notons les différences suivantes :

- *The movie theater **used to** be within a stone's throw from my house.*
  ↳ Ici **WOULD** est impossible car il s'agit d'un **état** passé *(il a déménagé depuis)*.
- *They all **used to** think that he mostly behaved like a coward.*
  ↳ Ici **WOULD** est impossible car il s'agit d'un **état** passé de **pensée** *(ils ont changé d'avis depuis)*.

❷ Les pièges du TOEFL / TOEIC

➢ Les concepteurs des tests tentent de brouiller les pistes avec *used to, be used to, get used to* ou encore *to use*. Il ne faut donc pas confondre USED TO avec :

a) le **verbe USE** (*utiliser*) et son -EN :

ex. : - *This tool **is** used to loosen / for loosening screws.*
⇨ Cet outil sert à desserrer des vis. / au desserrage des vis.

b) l'expression **BE USED TO + NOM / + V -ING** ⇒ "*être habitué à*".

ex. : - ***I'm not used to*** *such remarks.*

⇨ Je ne suis pas habitué à ce genre de remarques.

- *Irish people are* ***used to*** *drink****ing*** *much beer after a rugby match.*

⇨ Les Irlandais sont habitués à boire beaucoup de bière après un match de rugby.

(**be accustomed to** + V -ING *ou* + BV est l'équivalent de *to be used to*)

- *Irish people are* ***accustomed to*** *drink****ing*** *much beer after a rugby match.*

c) l'expression **GET USED TO + V -ING** (ou + nom) ⇒ "*s'habituer à*".

ex. : - *My pen friend never got used to the rules of baseball.*

⇨ Mon correspondant ne s'est jamais habitué aux règles du baseball.

- *My pen friend never got used to play****ing*** *baseball.*

⇨ Mon correspondant ne s'est jamais habitué à jouer au basebal .

B- APPLICATIONS : TOEFL/TOEIC (voir corrections page 219)

1- Unlike French people, many Americans ________ wine with ice cubes.
a) used to drink b) used to drinking c) are used to drinking d) use to drinking

2- They are not accustomed ________ rules.
a) to follow b) following c) follow d) to following

3- When he first traveled to Wales, he ________ driving on the left.
a) wasn't used to b) didn't use c) used to d) isn't used to

4- My children ________ brush their teeth before going to bed.
a) got used to b) would c) use to d) are used to

5- I ________ smoke cigarettes, but now I don't do it anymore.
a) was use to b) ∅ c) used to d) use to

6- He was exhausted because he was not used ________ so much exercise.
a) to do b) do c) to doing d) and did

7- Jerry ________ a lot of beer when he lived in Germany as a NATO officer.
a) used to drink b) drank c) used to drinking d) drunk

8- It's very hot in Spain. I'm not used ________.
a) to heat b) to the heat c) to the hot d) to heated

9- Did you ________ to museums when you lived in Paris?
a) use to going b) used to going c) use to go d) used to go

10- The Phoenicians and the Romans ________ extensively.
a) use to travel b) is used to travel c) used to travel d) was used to travel

11- In the evenings, he ________ watch TV while waiting for us.
a) would b) use to c) using to d) would have

12- It is not easy to get used ________ up at 5:00 every day.
a) get b) to getting c) getting d) to get

13- Your mother used to call you regularly, __________?
a) didn't she b) wouldn't she c) hadn't she d) doesn't she.

14- Granny asked me to move because she __________ in that corner of the family table.

a) used to sitting   b) use to sit   c) was used to sit   d) was used to sitting

15- Jane and Craig __________ to the campus parties every Saturday night.

a) used to go   b) are used to go   c) were used to go   d) use to go

16- Some people think that students who __________ to using a dictionary all the time may not be able to understand the general meaning of latin texts.

a) are use   b) are used   c) used   d) is used

17- <u>Before</u> the advent of cars, scientists <u>use to</u> think health <u>would</u> get affected <u>by</u> speed.

18- <u>Being</u> an antibiotic, Penicillin <u>can't used</u> to combat viruses, <u>but</u> bacterial infection <u>which</u> can develop on the side.

19- I personally <u>helped</u> to <u>extract</u> the stones <u>that</u> were <u>use to</u> build my house.

20- My best <u>friend's</u> wife <u>used to</u> drink a whole pot of tea every morning before <u>to go</u> to <u>her</u> office.

Petits plus

SURPRISE AND DISBELIEF

Are you kidding me? : tu te moques de moi ? / tu me fais marcher ?
Are you kidding? / No kidding! : sans blague ?
Blows me! / It blows my mind! : c'est hallucinant !
Come off it! : arrête de dire n'importe quoi.
Don't ask me! : va savoir !
Fancy that! : imagine un peu !
How come? : pourquoi ? / pour quelle raison ?
I'll bet! / I'll say! : et comment !
No wonder that… : pas étonnant que… !
You don't say! : tu l'as dit !
You, of all people! : je ne m'attendais pas à ça de toi !

" *From the moment I picked up your book until I laid it down, I was convulsed with laughter. Some day I intend reading it!* "

Groucho Marx (from *The Little Book of Insults*)

CONCORDANCE DES TEMPS : POINT DE VUE / IRRÉEL

A- EXPLICATION :

➢ Il faut d'abord rappeler qu'il n'existe que **2 temps** (*tenses*) réels en anglais : le **présent** et le **passé**. Le point de vue a donc lieu dans le présent ou le passé.

① *He* ***IS*** *tired because he has worked a lot.*

② *He* ***WAS*** *tired because he had worked a lot.*

↳ Le point de départ dans la ① est le présent " *is* ", alors que dans la ②, il s'agit du passé " *was* ". Dans les formes aspectuelles (HAVE + -EN ou BE + -ING), c'est l'auxiliaire qui porte la marque du temps : **HAS** pour la ① et **HAD** pour la ②.

③ *It is the first time she* ***has*** *flown.*

④ *It is the best film I* ***have*** *ever seen.*

↳ Dans la ③ et la ④, le point de départ est le présent " *is* ", donc le temps dans la proposition subordonnée sera au présent (has/have). On procède à un **BILAN** dans le présent dans les deux énoncés.

➢ La concordance des temps fonctionne de la même manière dans les structures hypothétiques en **IF** (irréel) – très fréquent au TOEIC :

⑤ *If she* ***works*** *harder, she****'ll*** *pass her exam.*

⇨ Si elle travaille davantage, elle réussira son examen.

↳ L'auxiliaire WILL exprime avant tout la <u>futurité</u>, un **potentiel**, mais il est au présent. Aussi, nous aurons un présent dans la subordonnée : **WORKS**.

⑥ *If she* ***worked*** *harder, she****'d*** *(=* ***would****) pass her exam.*

⇨ Si elle travaillait davantage, elle réussirait son examen.

↳ En revanche, dans ce cas, **WOULD** étant le passé de WILL, nous aurons un passé (prétérit modal) dans la subordonnée : **WORKED**. C'est ce que l'on peut appeler l'**irréel du présent** (conditionnel).

⑥bis *If she* ***had worked*** *harder, she****'d*** *(=* ***would****)* ***have passed*** *her exam.*

⇨ Si elle avait travaillé davantage, elle aurait réussi son examen.

↳ Le temps de référence est un passé : **WOULD + HAVE -EN** (temps composé). Nous aurons donc un temps composé dans chaque proposition : **HAD WORKED** (HAD + -EN). C'est ce que l'on peut appeler l'**irréel du passé** (conditionnel passé).

⑦ *If banks __________ the number of customers, they would close down rapidly.*

a) would limit b) limited c) had limited d) would have limited

↳ La bonne réponse est B car nous avons un **temps simple** dans la principale (*would* + *BV* = temps passé porté par l'auxiliaire). La structure de la principale appelle une structure parallèle dans la subordonnée en **IF**. Nous aurons donc un temps simple dans la subordonnée : V-ED. De plus, si vous ne voulez pas faire comme P'tit Gibus (*La guerre des boutons* de Louis Pergaud) lorsqu'il dit *« Si j'aurais su, j'aurais pas venu »*, vous devez retenir qu'**après IF**, il est **impossible** d'avoir **WOULD** (le conditionnel). Sauf si WOULD signifie "<u>bien vouloir</u>" : *If you <u>would</u> buy me some milk, you'd do me a great favour.*

⑧ *If I had had <u>enough</u> time I <u>would go</u> <u>to</u> the party <u>without</u> any kind of hesitation.*

↳ L'erreur est B car nous avons un **temps composé**, non souligné donc impossible à modifier, dans la subordonnée (*had had* = temps passé porté par l'auxiliaire, et aspect HAVE + -EN. Rappelons que le premier *had* est le prétérit de <u>l'auxiliaire</u> *have*, et que le second est le participe passé du <u>verbe</u> *have*). La structure de la subordonnée en IF appelle une structure parallèle dans la principale. Nous aurons donc un temps composé dans la principale : HAVE (-ED) + -EN // WILL (-ED) + HAVE + -EN = ***would have gone*** (appelé *conditionnel passé*). Souvenez-vous que dans une suite d'auxiliaires, seul le 1er porte la marque du temps, ici, WILL + -ED = **WOULD**.

➢ **<u>Attention</u>** : tout comme dans les structures hypothétiques en **IF**, dans les tournures comme *it is time*, *I wish*, *if only…*, **V-ED** (prétérit) n'exprime pas le révolu mais l'**irréel** (cf. <u>Le prétérit modal</u> pour plus de détails).

⑨ *It's high time you <u>started</u> working.*

⇨ Il est grand temps que tu te mettes au travail. (<u>Attention</u> : subjonctif en français)

⑩ *I wish I could help you.*

⇨ J'aimerais pouvoir t'aider / Si seulement je pouvais t'aider / Je regrette de ne pas pouvoir t'aider.

↳ Les phrases ⑨ et ⑩ sont aussi des exemples de PRÉTÉRIT MODAL (rupture avec la réalité).

➢ **Attention** au discours indirect :

⑪ *He asked me: "What time **is** it?"* ⇨ *He **asked** me what the time **was**.*

↳ au style indirect, il faut établir la concordance des temps et veiller à ne pas inverser auxiliaire et sujet.

B- EXERCICES DE RECONNAISSANCE : (voir corrections page 221)

a- A quels temps sont les phrases suivantes ?

1- *She would give us some money if she had some.*
2- *They are going to the cinema.*
3- *I went to the theater and bought two tickets yesterday.*
4- *I have been to the theater and have bought two tickets.*
5- *I shall go to the dentist's.*

b- Traduire :

1- S'ils gagnent ce match, ils seront sacrés champions du monde.
⇨

2- Si tu te lèves tôt, tu iras à la pêche avec ton frère.
⇨

3- S'il faisait chaud, nous pourrions aller à la piscine.
⇨

4- Vu la couleur du ciel, je crois qu'il va neiger.
⇨

5- Je croyais qu'il allait neiger, mais en fait il n'est tombé que de la grêle.
⇨

6- La jeune actrice me dit qu'elle a oublié son texte.
⇨

7- La jeune actrice m'a dit qu'elle avait oublié son texte.
⇨

8- Il affirme que la victoire sera facile.
⇨

9- Il a affirmé que la victoire serait facile.
⇨

10- S'ils viennent demain nous jouerons au baseball.
⇨

11- S'ils étaient tous ici nous jouerions un match de baseball.
⇨

12- Tout le monde a dit qu'elle devait faire tout son possible mais qu'elle n'avait pas à gagner absolument.
⇨

13- Il a dit qu'il s'était inscrit à l'université en 2002.
⇨

14- Elle m'a dit qu'elle allait rendre son devoir au plus vite.
⇨

15- Elles viendraient dès que le repas serait prêt.
⇨

C- APPLICATIONS : TOEFL/TOEIC (voir corrections page **221**)

1- If she had not bought an expensive dress, she ________ nicer shoes.
a) could buy b) would buy c) could have bought d) bought

2- When John discovered Herman Hesse in 1982, he believe he was the best writer ever.

3- Modern psychology teaches us that it was important to consider a variety of symptoms to diagnose a condition.

4- Although many buildings have been built in honor of love, none characterized the mourning of a beloved one better than the Taj Mahal in Agra, India.

5- Wes Montgomery worked on the railroad while he has composed most of his music.

6- Willow trees often grew near lakes or rivers for they need lots of water.

7- A few months before the baby was born in 2001, the doctor said that it is going to be a boy.

8- Although we once thought that Michael has no talent, we now know that he has a very potent ability as a composer.

9- Most people agreed that foxes are living downtown for about fifteen years before they were discovered in the eighties.

10- Until she died at the age of 120, Jeanne Calment is the oldest person on Earth.

11- My neighbor said that he trains every day to lose weight, and that he got used to eating less.

12- He told Jane that he ________ as soon as possible.
a) will come b) has come c) comes d) would come

13- Journalists did not make an accurate account of the situation because they only have a glimpse of it when they were on the spot.

14- If there were no other solution we will try to get as many people as possible and rent a coach.

15- Before he was fired last year, Mr. Jones is working as a senior executive in our company for more than fifteen years.

16- Fog usually disappeared around nine o'clock in the morning when the sun starts shining.

17- He was the kind of man who want everything he could get.

18- I thought that they are arriving today, but no one has called to confirm their arrival yet.

19- The price of petrol is low yesterday, but everyone thinks that it is going to rise again.

20- It is necessary to write down an address that included the right zip code.

LE PRÉTÉRIT MODAL

A- EXPLICATION :

- Le saviez-vous ? **V-ED** (prétérit) possède **deux** fonctions. Comme nous vous l'avons déjà montré dans V-ED VS HAVE + -EN, le prétérit évoque un fait révolu, localisé dans le passé par un marqueur temporel (comme *ago, in 1998, last week, at 5 pm…*) ; **mais** si nous vous proposons les énoncés suivants :

  *"If only she **had** a cell phone."* *"I wish she **took** her cell phone with her."*

  Diriez-vous qu'il s'agit d'un fait passé révolu et daté ? Ou plutôt de l'expression d'une action irréalisée ou souhaitée ? Ce prétérit n'a aucun sens passé, il est en **rupture** non pas avec le présent mais avec la **réalité** et fait référence à une situation **hypothétique**, **souhaitée**, improbable, voire **irréalisable**. On le nomme **prétérit modal** à valeur d'**irréel** (irréel du présent, ou conditionnel).
  Il est à noter que nous utilisons aussi un temps passé en français (l'imparfait) pour traduire cette valeur d'irréel (*Si j'**avais** de l'argent,…*). Toutefois, le **prétérit modal** peut aussi se rendre par un subjonctif dans notre langue.

- Vous rencontrerez le prétérit modal avec les structures suivantes :

  ① *If I **had** a plane, I would travel all over the world.*

  ② *I wish you **could** come.* *If only you **could** come.*
  ⇨ J'aimerais que tu **puisses** venir. ⇨ Si seulement tu **pouvais** venir.
  *I wish he **would** come tomorrow.* *I wish he **came** tomorrow.*
  ⇨ J'aimerais qu'il vienne demain.

  ③ *I'd rather you **came** to the party.* *I'd sooner you **worked** harder at school.*
  ↳ *I'd rather / I'd sooner* + prétérit modal = je préfèrerais...

  ④ *She plays the piano as if she **were** Mozart.*
  ↳ Lorsque l'auxiliaire BE est utilisé avec le prétérit modal, toutes les personnes (de *I* à *they*) sont suivies de **WERE** : *"I wish he **were** here"* (*I / She / He / It* + WAS modal : accepté à l'oral mais pas à l'écrit et encore moins dans les tests).

  ⑤ *It is (high) time you **stopped** smoking.* ⇨ Il est (grand) temps que tu arrêtes de fumer.
  ↳ Attention : *I wish / It's (high) time / it's urgent* au présent, mais suivis d'un prétérit modal.

- Si l'on désire exprimer un **irréel du passé** (≅ conditionnel passé), on a recours dans ce cas au **HAD + -EN** (past perfect) modal, avec lequel on énonce un **souhait non réalisé** (un **regret**), ou irréalisable ("il est **trop tard** pour changer les choses").

  ⑥ *I wish I **had found** the solution to the problem before the end of the exam.*
  ⇨ Je regrette de ne pas avoir trouvé la solution du problème…

  ⑥bis ***Had** I **known** (= If I **had known**), I wouldn't have told him.*
  ⇨ Si j'avais su, je ne lui aurais pas dit.
  ↳ Remarque : Une marque du passé pour le **temps** passé, une marque pour la valeur d'**irréel**.
  IF + S + auxiliaire -ED + V-EN, S + WOULD + HAVE + V-EN.

  ⑦ *I wish / I'd rather you **didn't** come to the party.* (J'aimerais que tu ne viennes pas)

  ⑧ *I wish / I'd rather you **hadn't come** to the party.* (J'aurais préféré que tu ne viennes pas)
  ↳ Comparons ces deux phrases : la ⑦ est au prétérit simple (V-ED) modal, à valeur d'irréel du présent. La ⑧ est au HAD + -EN (*past perfect*) modal à valeur d'irréel du passé. Que la phrase s'inscrive dans le présent ou le passé, remarquez bien que *I wish / I'd rather* restent inchangés. [***I wish** you **wouldn't** come so often* se traduit souvent par *Je regrette que tu viennes si souvent / Je préfèrerais que tu ne viennes pas si souvent* (would = caractéristique du comportement).]

- On retrouve l'expression du **regret** (reproche) avec les structures suivantes :
  - SHOULD HAVE + -EN : *You **should have told** me the whole truth.*
  - REGRET : *I now **regret** help**ing** you.* (*regret + V-ING* renvoie au passé)
  *I **regret to** say that…* (*regret + TO V* renvoie à une action présente)

B- APPLICATIONS : TOEFL/TOEIC (voir corrections page 223)

1- If the coal supply was not replaced by other sources of energy, it would soon be done with.

2- If I were you, without a family to support, and was able to move, I'd go for sure.

3- If it ________________ more humid in Guyana, the hot temperatures would be difficult to bear.

a) is b) was c) were d) be

4- If magnolias were planted this year, they will surely bloom next year.

5- If FDR would have lived through his fourth term, he probably would have run a fifth one.

6- ________________ you do it if I asked you?

a) Did b) Would c) Had d) Will

7- It's urgent we ________________ our policy to the needs of the company.

a) adapted b) are adapting c) shall adapt d) would adapt

8- It's time you visited him, ________________?

a) is it b) isn't it c) wasn't it d) hasn't it

9- Their profit margin would decrease if the market ________________ within the next few weeks.

a) drop b) would drop c) has dropped d) were to drop

10- When I went skiing last month, I wished we would have had better weather.

11- I'd rather they ________________ about my being fired.

a) don't know b) shall know c) didn't know d) won't know

12- It's high time we________________ down to our new project!

a) have got b) get c) will get d) got

13- We wish that you __________ away, because you would have enjoyed meeting them.

a) hadn't been b) hadn't c) didn't have been d) hadn't be

14- If it __________ so early, we could have breakfast.

a) isn't b) not be c) weren't d) wasn't

15- I'd rather you __________ anything about it until you are told to.

a) say b) didn't say c) don't say d) didn't said

16- I wish that it __________ not so cold.

a) be b) is c) were d) was

17- After the way she spoke to you, if I __________ you, I wouldn't call her back.

a) was b) be c) am d) were

18- If I __________ sick I would have gone with you.

a) hadn't b) hadn't been c) didn't be d) wouldn't have been

19- I wish that we ________ with my brother when he flies to England next week.

a) could go b) are going c) had gone d) will go

20- John wishes that his boss understands why he has not been able to work more lately.

REPRISES ELLIPTIQUES : QUESTION-TAGS

A- EXPLICATION :

- Les **tags** ou **reprises** sont d'emploi fréquent dans les tournures elliptiques (suppression d'éléments, ici le groupe verbal) et dans de nombreuses expressions idiomatiques. Pour les former, il suffit de rappeler en fin d'énoncé l'**auxiliaire** qui gouverne la phrase, ainsi que le **pronom** correspondant au sujet. Ces reprises peuvent prendre différentes formes. Nous ne rendrons compte ici que de celles rencontrées au TOEFL et au TOEIC.

1. TAGS / Reprises elliptiques :

1.1. QUESTION TAG

- Ce "tag", le plus connu de tous, équivaut à notre ***"n'est ce pas ? pas vrai ? hein ?"*** mais est toutefois plus discret et plus systématique en anglais. Il s'agit rarement d'ailleurs d'une vraie question, mais davantage d'une interjection, tout dépend de l'intonation donnée au tag. La règle consiste à réutiliser en fin d'énoncé, après la virgule, l'auxiliaire de la phrase, qu'il soit ***évident*** (explicite) ou ***sous-jacent*** (implicite), accompagné du sujet **sous forme pronominale**, le tout sous une modalité interrogative :

Auxiliaire explicite :

ex. : *She didn't come to work yesterday,* ***did*** *she?*
They have bought a red car, ***haven't*** *they?*

Auxiliaire implicite : cas plus complexes

ex. : *Your daughter works in a mall,* ***doesn't*** *she?*
↳ le temps utilisé est le V-∅ / -S (présent simple) dont l'auxiliaire est **DO**.
Joe played the drums in those days, ***didn't*** *he?*
↳ le temps utilisé est le V-ED (prétérit simple) dont l'auxiliaire est **DID**.

- L'auxiliaire sera repris à la forme négative si l'énoncé est affirmatif ou à la forme affirmative si l'énoncé est négatif.

En bref : **⊕, ⊖?** / **⊖, ⊕?**

ex. : . *She is a nice girl,* ***isn't*** *she?*
. *You can drive,* ***can't*** *you?*
. *Your parents won't come,* ***will*** *they?*
. *There weren't any people,* ***were*** *there?*
. *You boys don't have to go with her,* ***do*** *you?*

EXCEPTIONS :

. *Let's go,* ***shall*** *we?*
↳ avec *Let's* (= *Let us*), le tag sera formé à l'aide de ***SHALL***.

. *Open the door for me,* ***will*** *you?*
↳ avec l'impératif, le tag sera formé à l'aide de **WILL** qui fait appel ici à la *volonté* de l'interlocuteur.

. *She said nothing,* ***did*** *she?*
↳ Lorsque la phrase comporte un terme contenant une négation (*never*, *nothing*,...) ou une atténuation (*hardly*, *barely*, *scarcely* = guère, à peine, presque pas), le tag ne se met pas à la forme négative.

. *Nobody uttered a single word, did* ***they****?*

↬ Bien que suivis d'un verbe au singulier, EVERYBODY/ONE, SOMEBODY/ONE … sont repris par le pronom pluriel *THEY.*

. *That is some piece of news, isn't* ***it****?*

↬ THIS/THAT seront repris par **IT**.

Pour information : Dans le langage quotidien, les *question tags* traditionnels ont tendance à être remplacés par un "*isn't it?*" générique prononcé "*innit?*" (GB), ou "*enit?*" (US), voire par "*is it?*" dans certaines régions de l'Angleterre, ex. : *They're all broke, enit?*, au lieu de *aren't they?* (*broke* = fauché). Si vous avez déjà été témoin de ce type d'emploi, sachez qu'il dénote un **langage familier**, voire relâché, et que vous ne devrez pas l'utiliser dans des situations où l'on vous demandera de vous exprimer dans un niveau de langue soigné. Evitez-le notamment dans les tests TOEFL et TOEIC !

1.2. AJOUTS D'IDÉES:

➢ Avec ***SO*** et ***NEITHER*** : *"Moi aussi / moi non plus"*

Le **sujet** sera accentué, et il y aura **inversion** Auxiliaire-Sujet (attention, malgré l'inversion, il ne s'agit pas ici d'une question).

ex. : . *I can drive,* ***so*** *can you.* (toi aussi)
. *Peter enjoys reading novels,* ***so*** *do I.* (moi aussi)
. *You can't swim,* ***neither*** *can I.* (moi non plus)
. *We didn't eat much bread yesterday,* ***neither*** *did they*
nor *did they.*
they didn't ***either****.*

Pour la dernière phrase, on peut aussi envisager un changement de groupe verbal (il ne s'agit plus alors d'une reprise elliptique, mais d'un apport d'information. Noter cependant la persistance de l'inversion Auxiliaire-Sujet avec NEITHER et NOR) :

ex. : *We didn't eat much bread,* ***neither*** *did we drink milk.*
nor *did we drink milk.*
we didn't drink milk ***either****.*

➢ Attention : parfois l'inversion Auxiliaire-Sujet avec SO n'est pas de mise.

ex. : *"You've left something behind."* — *"****So*** *I have."* (Exact, c'est exact !)

2. Reprises elliptiques : Réponses du co-locuteur

2.1. Réponses brèves après ***Yes*** et ***No*** ou équivalents : Auxiliaire accentué

ex. : . *Does he like her? - Yes, he* ***does****.*
. *Can she close her chatterbox? - Of course, she* ***can't****.* (bien sûr que non)
. *Are you happy with her? - Sure I* ***am****!* (Mais oui !)
- *I certainly* ***am****!* (Absolument !)

2.2. Pour exprimer l'***étonnement*** ou l'***ironie*** :

ex. : . *She never goes out. - Oh,* ***doesn't*** *she?* (Non ? C'est vrai ?)
. *They have finished their homework. -* ***Have*** *they?* (Ah bon ?)
. *Jerry can't play the guitar very well. - Oh he* ***can't, can't*** *he?*
(Vous voulez rire ?)
. *He pretends he has never smoked. - Oh he* ***does, does*** *he?*
(Ah vraiment ? Et vous le croyez ?)

↬ Pour les deux dernières reprises (marquant l'ironie), le tag est dans la modalité (affirmative ou négative) d'origine.

2.3. Pour marquer une ***insistance*** : Auxiliaire accentué

ex. : *They are a great band.* - *Yes, **aren't** they?*

- *They **are**, **aren't** they?* (C'est certain !)

B- APPLICATIONS : TOEFL/TOEIC (voir corrections page **224**)

1- My husband lived in Toronto before we got married, and so ________.

a) did I b) I had c) I did d) had I

2- Let's go out for a cigarette, ________?

a) shan't we b) don't we c) shall we d) will we

3- The children have had their breakfast, ________?

a) don't they b) aren't they c) haven't they d) didn't they

4- She's gone to the theater with one of her roommates, ________?

a) doesn't she b) didn't she c) isn't she d) hasn't she

5- The man who was standing in a queue did not admit that he had been trying to fraud, and ________.

a) neither had the other man b) neither did the other man
c) neither the other man d) the other man did either

6- The two brothers used to travel together, ________?

a) didn't they b) is it c) hadn't they d) don't they

7- There is no oxygen on Mars, nor ________ life on it.

a) there is not b) is it c) is there d) there is

8- You know, John can play any tune now. — Oh he can, ________?

a) he can b) can he c) cannot he d) he can't

9- Take this letter to the manager immediately, ________?

a) don't you b) shall we c) will you d) do you

10- He hardly watches any TV, ________?

a) doesn't he b) hasn't he c) does he d) does it

LE SUBJONCTIF

A- EXPLICATION :

➢ Le subjonctif **américain** se forme de la plus simple des manières : **S + B.V.** (verbe ou auxiliaire à l'état " brut ") à toutes les personnes. **Jamais** d'**S** à la 3e personne du singulier que le verbe de la principale soit au *présent* ou au *passé*, et **aucun** modal ne le précède.
Attention, un subjonctif en français ne se traduit pas forcément en anglais par un subjonctif.

ex. : Je préférerais que tu viennes. ⇨ *I wish you came.*
↳ pour les expressions en I WISH, I'D RATHER... cf. Le prétérit modal.

➢ Au TOEFL/TOEIC, le subjonctif se rencontre lorsque les valeurs de **contrainte**, d'**hypothèse**, de **jugement critique** (réaction du locuteur), de **surprise** et d'**incrédulité** sont soulevées par les verbes, expressions et noms suivants :

- **Verbes** et **expressions** + Subjonctif :

it is advisable that	I don't see why	ask	recommend
it is essential that	I don't understand why	advise	request
it is imperative that	it is (not) normal that	command	require
it is important that	it is extraordinary that	demand	suggest
it is necessary that	it is incredible that	desire	urge
it is vital that	it is strange that	insist	
it is natural	it is surprising that	order	
it is right/wrong that	there's no reason why	prefer	
it is a pity		propose	

ex. : *It is important that she **be** there on time for the exam.*
*The Chairman insisted that John Parker **come** to his party.*
*It is surprising that Professor Healey **accept** such a junior position.*

- **Noms** + Subjonctif :

demand	recommendation
insistence	request
preference	requirement
proposal	suggestion

ex. : *There was an insistence that he **go** there alone.*

➢ La négation se forme à l'aide de NOT placé avant le verbe, sauf pour BE où NOT se place après :

ex. : *It is essential that he **not** go with you.*
*I suggest that he be **not** here on Friday.* (THAT peut être supprimé)

➢ Ces structures, avant tout américaines, sont très souvent abordées au TOEFL et au TOEIC. L'anglais britannique utilise plutôt SHOULD (ex. : *It is essential that he should [not] come with us*). **Mais ne l'oubliez pas, TOEFL et TOEIC sont d'un point de vue culturel et linguistique (vocabulaire, orthographe, expressions idiomatiques, accent) des tests américains !**

B- APPLICATIONS : TOEFL/TOEIC (voir corrections page 225)

1- It is essential that the booking office ________ your registration.
a) confirms b) confirm c) confirming d) must confirm

2- Neither the quality department nor the production department in our company requires that the employees must work on Sundays in order to be promoted.

3- It is important that influenza is diagnosed in its early stages so as to prevent further development.

4- They keep telling him that it is imperative that he ________ his protective clothing at work.

a) wore b) wears c) wear d) shall wear

5- It is vital that the water temperature is not elevated to the stage where it may cause injury to the skin.

6- It is necessary that the team captain waits for the referee to give him the signal before he gives the first kick.

7- The company requires that everyone who enters the premises reports to the manager's office before 2:00 pm.

8- Some people suggested that the accountant is responsible for keyboarding all the balance sheets in the central files.

9- When purchasing new shoes, it is important that one tries them on wearing thick socks.

10- The President asked that the meeting ________ delayed.

a) was b) is c) be d) will be

11- The doctor insists __________ in bed for a couple of days.

a) that he is staying b) his staying c) him to stay d) that he stay

12- His Math teacher recommends that he __________ an advanced geometry class.

a) start b) starts c) will start d) is starting

13- It is imperative that he __________ there promptly at 8:00.

a) be b) is c) will be d) are

14- His mother insisted that he __________ until he graduates.

a) must study b) shall study c) studied d) study

15- The officials asked that each guest presents his membership card and a valid ID before entering the mall.

16- His request that the board investigates the site was approved by the manager and applauded by the staff.

17- It is necessary that the students will take all of the exams, not just their major subjects.

18- Our policy includes a requirement that you __________ by two senior employees.

a) must recommend b) recommended
c) be recommended d) for recommendation

19- It is essential that oxygen is present in the air for us to breathe.

20- More and more smokers agree that it is vital that they had their lungs checked regularly.

BE + -EN (LE PASSIF)

A- EXPLICATION

➢ Le passif n'est pas un temps mais une voix qui s'utilise à tous les temps. Au passif (en anglais comme en français), le sujet n'est pas l'auteur de l'action, et l'agent peut ne pas être mentionné. Toutefois, il peut l'être à l'aide de **BY** (agent doué de *volonté*) ou de **WITH** (le *moyen*). Pour la définition de -EN, cf. pages 37 ou 277.

➢ Au TOEIC, vous aurez souvent affaire à des énoncés où il faudra choisir entre un verbe à la voix active et un autre à la voix passive. Il faut alors se demander si le sujet grammatical est l'auteur de l'action commandée par le verbe (voix active), ou s'il est l'objet du verbe (voix passive).

ex. : ① Invoices in the shipping department must _______ into two folders.

a) be classifying b) classify c) be classified d) classifying

↳ La solution correcte est c. Le sens passif est de rigueur car les factures ne vont pas se classer toutes seules !

② Vitamins _____________ to your diet.

a) need added b) need to add c) need to be add d) need to be added

↳ La solution correcte est d. Au passif, lorsque BE est suivi d'un verbe, celui-ci sera au -EN (participe passé) même si l'agent est absent (ici sous-jacent / sous-entendu).

➢ Au TOEFL/TOEIC, lorsque vous avez repéré le complément d'agent introduit par BY (ou WITH), il se peut que la phrase soit au passif ; dans ce cas, vous rechercherez BE + -EN, c'est-à-dire, l'auxiliaire BE (conjugué) suivi de son participe passé (-EN).

ex. : ① In the sixties, the "Café de Flore" ________ as a meeting place by French artists.

a) used b) was used c) was use d) was using

↳ La bonne réponse est b : **WAS USED**

② Scene 2 _______ when the producer called the director on the phone.

a) is shot b) was shoot c) has been shot d) was being shot

↳ Attention : la bonne réponse est d : **WAS BEING SHOT** car il y a simultanéité entre une action qui dure (BE + -ING) et une action ponctuelle (*called* : V + -ED). Ne pas oublier **BEING** entre BE et -EN (= BE + **BE**ING + **-EN**).

➢ Avec BE + -EN, nous avons affaire à un passif d'état ou d'action ; alors qu'avec GOT + -EN, il ne s'agit que d'action.

ex. : - *He got hit by a car* (focalisation sur l'action).
- *He was hit by a car* (focalisation sur le résultat).
- *The car got broken* (action). ≠ *The car was broken* (état).

➢ Le passif peut être aussi utilisé pour lier le verbe à son complément (attribut) :

ex. : . Mohandas Karamchand Gandhi **was considered** a pacifist opponent and regarded as the embodiment of human rights.

↳ On notera que le verbe **CONSIDER** (avec le sens de *considérer*) n'est **jamais** suivi de **AS** à la différence du verbe REGARD.

. Gandhi has **been called** the Mahatma, the Great Soul.

B- APPLICATIONS : TOEFL/TOEIC (voir corrections page 226)

1- Digestion ____________________ by the stomach.

a) controlled b) which is controlled c) being controlled d) is controlled

2- The most important things in the world are, unfortunately, being control by the most unworthy people.

3- Californian wine, which was once somehow despised, is now much appreciate by connoisseurs.

4- The psychological school of psychoanalysis was found by Sigmund Freud.

5- The capital of the United States is situating between the states of Maryland and Virginia.

6- Although many buildings have been build in Paris, none characterizes the city better than the Eiffel Tower.

7- The university, including both administration and academics, is better reach through email.

8- During the two centuries of colonization, relatively little is learned about the ancient Tchako tribe.

9- The manor was being fill with people.

10- I think Arthur ________ to ________ give us a call around 9:00 tonight.

a) is suppose / ∅ b) is supposed / be c) is supposed / ∅ d) suppose / ∅

11- It is essential that bird flu be diagnosed and treat in its early stages so as to prevent further development.

12- I think we must do something for Sharon, don't you think? Something must be ________ quickly!

a) do b) does c) done d) did

13- Both American and English soccer fields _________ in yards, feet, and inches.

a) measured b) being measured c) are measured d) measuring

14- Unspoilt forests are find in fewer and fewer parts of the world.

15- Two weeks ago, a new hygiene-related policy _______ by the Quality Manager.

a) proposed b) to propose c) was proposed d) was propose

16- Haley Joel Osment _________ a promising young actor.

a) be is to said b) to be is said c) is to be said d) is said to be

17- If you want to take your dog for a walk, it must be kept on a leash and muzzle.

18- Bread is thought _________ an essential food in most countries.

a) being b) to be c) as be d) it is

19- The American Revolution, led by George Washington in 1776, was established the independence of what was to become the United States of America.

20- The sixties marked by the advent of rock music, as the twenties were by that of jazz.

"*Of course, America had often been discovered before Columbus, but it has always been hushed up.*"

(Oscar Wilde) d'après *L'humour anglo-saxon.*

V + [TO + V] OU V + [V-ING]

A- EXPLICATION :

- Dans un énoncé anglais, lorsqu'un verbe dirige un autre verbe, il peut lui imposer une structure spécifique. Nous avons recensé trois problèmes principaux de constructions verbales au TOEFL/TOEIC : **V + [TO V] / V + [V-ING] / expressions** suivies de **V-ING** (+ cf. <u>Les causatives</u>).
  Il faut faire attention à certains verbes qui peuvent admettre plusieurs constructions. On remarquera aussi qu'un GN (COD humain ou non-humain) peut s'intercaler entre les deux verbes de la structure (cf. <u>La proposition infinitive</u> et <u>Les causatives</u>).
  Comment savoir si un verbe est suivi de l'infinitif : **V + [TO + V]**, ou du gérondif **V + [V-ING]** ? En fait, nous vous conseillons de vous concentrer plutôt sur les structures **V + [V-ING]** qui sont la plus fréquente cause d'erreurs. VOUS AUREZ INTÉRÊT À RÉVISER SOUVENT CE CHAPITRE.

① V TO V — *verbe + opérateur TO + base verbale*

Les verbes comme ***WANT, ASK, EXPECT, ADVISE, ORDER, HELP…***
Voici une liste non exhaustive : *les plus courants au TOEFL/TOEIC*

1-1- V+ [TO V] :

agree	decide	learn (HOW TO)	refuse
appear	demand	manage	seem
arrange	deserve	mean	tend
ask	expect	need	threaten
attempt	fail	offer	try
care	forget	plan	wait
claim	help (TO V / ∅ V)	prefer	want
command	hesitate	pretend	
consent	hope	prepare	
continue	intend (TO V / V-ING)	promise	

ex. : - *I <u>want</u>* ***TO*** *<u>come</u> with you.*
- *She regrets* ***TO*** *have to say that you are fired.*
- *It's started* ***TO*** *rain.*
- *They're waiting for the director* ***TO*** *apologize.*
- *He agreed* ***TO*** *go with them after all.*

1-2- V+ sb/sth/this… + [TO V] :

advise	get	persuade	want
ask	help (TO V / ∅ V)	remind	warn
cause	instruct (TO / HOW TO)	teach (TO / HOW TO)	
encourage	invite	tell	
force	order	urge	

ex. : - *I expect/want* ***YOU to*** *come with me.*
- *The supervisor helped* ***ALL THE CHILDREN (to)*** *finish their homework.*
- *He told* ***HER*** *(NOT)* ***to*** *tell the whole truth.*

② V + [V-ING] — *(verbe suivi d'un verbe en -ING)*

2-1 V + [V-ING] : ***avoid, enjoy, go on, keep (on), etc.*** (cf tableau 2-4)

ex. : - *She enjoyed stroll**ing** in the streets of Dublin.*
- *They all went on mak**ing** fun of him when he came in.*

2-2 V to V ou V + [V-ING] :

*Certains verbes admettent les **2** constructions avec toutefois des différences d'emploi.*

◆ Expression de la **PREFERENCE** : *like, love, hate, dislike, prefer, adore*

➥ préférence générique (en général)

ex. : - *I like play**ing** baseball. / I prefer go**ing** to the cinema. (GB)*
- *I like **to** play baseball. / I prefer **to** go to the cinema. (USA)*

➥ préférence spécifique (aujourd'hui)

ex. : - *I'd like **to** play football this afternoon.*
- *I'd prefer **to** go to the cinema tonight.*

◆ ***STOP*** :

➥ On emploie **V + [V-ING]** lorsqu'il y a **cessation** d'une **activité** :

ex. : - *We stopped listen**ing** to the radio.*
↳ *Nous nous sommes arrêtés d'écouter la radio.*

➥ On emploie **V to V** lorsque l'on veut définir un **but**, une intention :

ex. : - *We stopped **to** fill the tank on the highway.*
↳ *Nous nous sommes arrêtés **pour** faire le plein sur l'autoroute.*

➥ STOP/PREVENT sb **FROM** V-ING sth = *empêcher qqn de faire qqch*

ex. : - *He stopped/prevented his sister from buying that old car.*

◆ ***REGRET*** :

➥ Lorsque *regret* renvoie à une **action à venir**, on emploie **V to V** :

ex. : - *I regret **to** inform you that we have to lay some people off.*
↳ *J'ai le regret de vous informer que nous devons procéder à des licenciements.*

➥ Lorsque *regret* renvoie à une **action passée**, on emploie **V + [V-ING]** :

ex. : - *I regret hav**ing** told you the naked truth.*
↳ *Je regrette de t'avoir dit toute la vérité.*

◆ ***REMEMBER*** :

➥ On emploie **V to V** après *remember* lorsque l'action a lieu après (voire est déclenchée par) le souvenir :

ex. : - *I remembered **to** buy a book.*
↳ *Je me suis souvenu d'acheter un livre.*

➥ On emploie **V + [V-ING]** après *remember* lorsque l'action est l'objet du souvenir :

ex. : - *I remember buy**ing** a book here.*
↳ *Je me souviens avoir acheté un livre ici.*

◆ ***TRY*** :

➥ **Effort** non forcément couronné de succès : **V to V**

ex. : - *I tried **to** give up smoking but I failed.* ("faire un effort pour, tenter de")

➥ **Tentative,** simple essai : **V + [V-ING]**

ex. : - *Why don't you try giv**ing** up smoking?* ("faire le test/l'expérience de")

2-3 V to V et V + [V-ING] : *2 formes possibles (sans nuance de sens)*

◆ ***BEGIN / START, CONTINUE*** :

ex. : - *The lecturer **started/began** talk**ing** / **to** talk to…*
- *They **continued** play**ing** / **to** play cards in the middle of the night.*

◆ ***WANT, NEED*** : **V + [V-ING]** suggère une action accomplie sur le sujet.

ex. : - *Your hair needs trimm**ing** / cutt**ing**. [to be trimmed / cut]*

- *The brakes need repair**ing**. [to be repaired]*
- *The plant wants water**ing**. [to be watered* = a besoin d'être arrosée*]*

2-4 Voici une liste non exhaustive des **V + [V-ING]** les plus courants au TOEFL/TOEIC :

appreciate	enjoy	neglect	resent
avoid	escape	postpone	resist
complete	finish	practice	risk
consider	imagine	prefer	stop
continue	intend	quit	suggest
delay	keep	recall	tolerate
deny	mention	recommend	understand
discuss	miss	regret	

③ Autres expressions suivies de V-ING

➢ On utilise **V-ING** après certaines expressions qui décrivent une **activité** :

◆ ***BE BUSY*** : *"être occupé à"*

ex. : *I am too busy work**ing** in the garden to come with you.*

◆ ***BE WORTH*** : *"valoir la peine de"*

ex. : *This book is/isn't worth read**ing**.*

◆ ***CAN'T STAND / CAN'T BEAR*** : *"ne pas supporter"*

ex. : *He can't bear/stand do**ing** the housework.*

↳ MAIS on peut aussi avoir *He can't bear/stand **TO DO** the housework.*

◆ ***CAN'T HELP*** : *"ne pas pouvoir s'empêcher de"*

ex. : *He can't help be**ing** awkward/stupid!*

◆ ***HAVE DIFFICULTY (IN)*** : *"avoir du mal à"*

ex. : *He had difficulty keep**ing** up with the toddler's hyperactivity!*

◆ ***IT'S NO USE / THERE'S NO USE (NO POINT IN) / IT'S NO GOOD / IT'S LITTLE USE / IT'S HARDLY ANY USE*** : *"cela ne sert à rien de"*

ex. : *It's no use / There's no use / no point in read**ing** this article.*

◆ ***LOOK LIKE*** : *"cela promet de"* (familier)

ex. : *It looks like be**ing** fun / interesting.*

◆ ***MIND*** : *"cela vous dérange…"*

ex. : *Would you mind (MY*) open**ing** the window?* (****ME*** est correct mais préférez ***MY*** dans les tests).

◆ ***SPEND time*** : *"passer du temps à…"*

ex. : *Could you spend more time proofread**ing** your papers?*

➢ On utilise aussi la forme **V-ING** après certaines expressions suivies de la préposition **TO** [et non pas TO en tant que particule marquant le but] :

◆ ***in addition to / to admit to / to object to / to take to / to look forward to / to submit to / to devote time to / to resort to / to confess to / to face up to*** :

ex. : *He's taken **to** smok**ing**/wear**ing** a hat.* (Il s'est mis à…)

*He admits **to** steal**ing** the necklace.* (il reconnaît avoir volé le collier)

*I look (am looking) forward **to** see**ing** you soon.*

◆ ***to be used to / to get used to / to be accustomed to / to be given to / to be reduced to / to be subject to / to be near to*** :

ex. : - *The students were very **near to** finding the solution.*

↳ ATTENTION : ne pas confondre avec **NEAR + ∅** (préposition zéro).

④ V + V — *verbe suivi d'une base verbale*

4-1 Les verbes comme HAVE, MAKE, LET ou HELP (cf. Les causatives) seront suivis d'un verbe à l'*infinitif sans to.* S'ajoutent à cette liste les **verbes de perception** comme *SEE, HEAR, FEEL, WATCH…* qui peuvent se construire de deux manières : **V+V** et **V + [V–ING]** (non testé à l'examen).

ex. : - *I'll have him do the dishes.*

- *The teacher let the students work in pairs.*
- *They could all help us [to] sell the last tickets for the lottery.*
- *I **saw** the best striker **run** along the sideline and take a shot at goal.*

↳ action terminée ou succession d'actions

- *I **saw** the best striker **running** along the sideline.*

↳ action terminée ou non + possibilité d'imaginer l'action en cours de déroulement.

4-2 Expression du **CONSEIL** et de la **PREFERENCE** :

Les formules du *conseil* **HAD BETTER + V** et de la *préférence* **WOULD RATHER + V / HAD RATHER** (désuet) **+ V** sont toutes deux suivies de l'*infinitif sans to.*

ex. : - *She**'d better** turn in her assignment in five days' time.*

- ***I'd rather** ask for a loan to pay the gas and telephone bills.*

4-3 V + THAT + S + Subjonctif :

◆ Certains verbes comme ***ask*** (sb + TO + v), ***urge*** (sb + TO + v), ***suggest*** (+ V-ING), ***recommend*** (+ V-ING), et ***insist*** (+ ON V-ING) peuvent être suivis d'une conjonctive en THAT (COD) entraînant l'utilisation du **subjonctif** (cf. ce chapitre) :

The judge asked	***THAT** the defendant (should*) acknowledge the facts.* (pas de **-s** – Subjonctif)
The teacher urged	***THAT** they (should*) be there next week.*
He suggested / recommended	***going** for a walk.* ***that** she (should*) **go*** (pas goes – subjonctif) *for a walk.*
He insisted	***on (her) going** for a walk.* ***that** she **go*** (pas goes – Subjonctif) *for a walk.*

* ***Should*** s'emploie en anglais britannique. En américain, une base verbale suffit.

B- APPLICATIONS : TOEFL/TOEIC (voir corrections page 227)

1- After the party had ended, Timothy continued ________ for hours.

a) dance b) dancing c) to dance d) to dancing

2- Although my twins used to look exactly the same, they do not tend resembling each other any more.

3- I managed ________ an appointment with the CEO.

a) obtaining b) obtained c) to obtain d) obtain

4- <u>Columbus</u> was attempting <u>finding</u> <u>a</u> western route to India when he <u>reached</u> the West Indies.

5- <u>Our</u> friend Bob <u>helped</u> me <u>writing</u> my <u>final</u> dissertation.

6- We all prefer <u>have</u> <u>a</u> meeting before <u>the</u> Easter break <u>starts</u>.

7- You should tell us now if you'd rather ________ with us tomorrow.

a) not go b) not going c) not to go d) not to going

8- The facts proved my theory ________ correct.

a) being b) to be c) to being d) be

9- His exceptional wealth prevented him ________ affected by the 1929 depression.

a) to be b) being c) from being d) be

10- She'd better ________ to speak to him again after what she told him on the phone.

a) try not b) not try c) trying not d) not trying

11- The policeman <u>commanded</u> the car <u>stop</u> <u>to fine</u> the driver <u>for</u> going beyond the speed limit.

12- Programs <u>such as</u> *Scared Straight* <u>were developed</u> to prevent children from <u>deprived</u> areas from entering the cycle of violence and repression without <u>experience</u> some limits.

13- Would you mind _________ the window, please?

a) to close b) closing c) close d) as to close

14- I'd _________ a meeting tomorrow if we can avoid it.

a) rather not have b) rather not having c) rather not had d) rather not to have

15- We are looking forward _________ you on Monday.

a) to see b) for see c) see d) to seeing

16- I think the saddle of your old bike needs _________.

a) to adjust b) to adjustment c) adjusted d) adjusting

17- Many people fail _________ the test on the first go.

a) to have passed b) at passed c) to pass d) passing

18- You had better _________ on time.

a) started to get up b) to getting up c) start getting up d) to start to get up

19- They all wanted <u>to go back</u>, but Mike insisted that they <u>continue</u> <u>do</u> everything possible <u>to win</u> the race.

20- <u>We</u> students often fail <u>taking</u> advantage <u>of</u> all the equipment available <u>at</u> our <u>university</u>.

BY

A- EXPLICATION :

① **BY** : Le moyen / manière / itinéraire

ex. : - *He improved his English **by** listen**ing** to WBAL.*

- *They came **by** train, **by** bus, **by** car...*

- ***By dint of*** = à force de / ***By means of*** = au moyen de

② **BY** : Sens de " près de " / " à la hauteur de " / " devant "

ex. : - *She was sitting **by** the window.*

- *He rushed **by** me (= past me) without seeing me.*

③ **BY** + quantité / pourcentage / mesure :

ex. : - *We won **by** two points.* (Nous avons gagné de deux points)

- *Prices have risen/increased **by** 20%.* (Les prix ont augmenté de 20%)

<u>**Mais**</u> : Avec les **noms** *increase, rise, fall* suivis d'un pourcentage, on a la préposition **OF** : *The figures showed <u>a rise</u> **in** rates **OF** 0.5% last week.*

- *He's taller than me **by** only one inch.* (Il ne me dépasse que de 2 centimètres et demi)

④ **BY** : "d'ici" / "dès" / "pas plus tard que" (date butoir) - SOUVENT TESTÉ

ex. : - *Could you do it **by** Tuesday?*

- *She must be back **by** 10 pm.*

= *She must be back **before** 10 pm.*

Au futur antérieur : **WILL + HAVE + -EN**. Bilan d'une action dans le futur d'ici une date fixée (fréquent au TOEFL/TOEIC).

ex. : - *He'<u>ll have done</u> it **by** Saturday.*

⇨ Il l'aura fait **d'ici** samedi.

- ***By the time** you arrive, I'<u>ll have finished</u> my assignment.*

⇨ **Le temps que** tu arrives, j'aurai terminé mon devoir.

Au passé : **HAD + -EN**

- ***By the time** he was ten, Mozart <u>had composed</u> his first symphonies.*

⑤ **BY FAR** renforce un <u>superlatif</u> :

ex. : - *He is **by far** <u>the best</u> musician in his class.* ("de loin")

⑥ **BY** + complément d'agent (cf. <u>**BE + -EN**</u> = *passif*).

B- APPLICATIONS : TOEFL/TOEIC (voir corrections page **228**)

1- He earned his money by ________ music.

a) teach b) teaching c) dint d) means

2- They climbed on the tree by ________ a rope.

a) means of b) go up c) dint of d) climb

3- In the evenings, my family used to sit ________ the fireside.

a) at b) in c) by d) on

4- <u>In</u> the time you <u>get</u> there, <u>everyone</u> <u>will be</u> at work.

5- By this time next Thursday, I ________ the whole file.

a) will have b) will corrected c) will have correct d) will have corrected

6- ________ the end of the year, we will have driven over 10,000 miles with this car.

a) By b) Out c) Before d) On

7- According to the report, the Chairman lost ________ only 4 votes.

a) in b) by c) with d) against

8- The company is very interested ________ part of the new economy.

a) in being b) be c) by being d) at being

9- Our salaries have increased ________ 10 per cent this year.

a) of b) from c) by d) in

10- Beef consumption has gone down ________ an estimated 20% due to the mad cow crisis.

a) of b) by c) in d) for

11- I ________ finished my essay by this time tomorrow.

a) will have been b) will have c) have d) will

12- We <u>won't</u> be able to travel <u>in</u> plane from Dallas to Houston <u>as</u> we had planned; the company has just <u>canceled</u> the flight.

13- By the end of the year I will ________ lots of Japanese.

a) have learnt b) had learnt c) be learn d) learning

14- We ________ by eleven tonight.

a) will leaving b) had leave c) will left d) will have left

15- ________ 1:00 p.m., Mr Park had been working seven hours.

a) On b) For c) By d) In

Petits plus

AMERICAN	*UK ENGLISH*	FRENCH
busy	*engaged*	occupé (téléphone)
busy signal	*engaged tone*	sonnerie (occupé)
can	*tin*	boîte de conserve
candy	*sweets*	bonbons
car rental	*car-hire*	location de voiture
cart	*trolley*	chariot (supermarché)
diaper	*nappy*	couche (bébé)
drugstore	*chemist's*	pharmacie
elevator	*lift*	ascenseur
the fall	*autumn*	automne

-ING ≠ -EN

A- EXPLICATION :

➢ Dans les tests, vous serez **souvent** induits en erreur par un simple suffixe erroné : vous trouverez un mot en **-ING** au lieu d'un mot en **-ED** ou **-EN**, ou l'inverse.

Voici un petit rappel des principaux usages de **-ING, -ED, -EN** :

- Après BE, une forme en **-ING** peut être la trace de la forme dite **progressive** (*Are you sleeping?*), ou d'un **adjectif** attribut en **-ING** *(It was pretty interesting)*.

- Une forme en **-EN** est la marque du participe passé en anglais comme au **HAVE + -EN** ou au **passif** (**BE + -EN**).

  ex. : *The thieves were CAUGHT by the police.*
  ⇨ **BE + -EN**
  The thieves have BEEN CAUGHT by the police.
  ⇨ **HAVE + -EN + BE + -EN** : HAVE + BEEN + -EN

  ou d'un adjectif attribut :

  ex. : *He wasn't **interested**.* (Attention, on dit *to be interested **in** sth*)

  NOTE : Bien faire la différence entre par exemple *interest**ing*** : intéressant, et *interest**ed*** : intéressé. Les erreurs et confusions sur ce point sont nombreuses.

- Les formes participiales doivent également être analysées de cette façon.

  ex. : *Constituted of 50 states, the US is a very big nation.* (verbe : *constitute*)
  ↳ **Mais** : *Consisting of 50 states, the US is a very big nation.* (verbe : *consist*)

☞ UN PASSAGE PAR LA TRADUCTION PEUT GRANDEMENT FACILITER LA TÂCHE.

B- APPLICATIONS : TOEFL/TOEIC (voir corrections page **229**)

1- It costs about thirty dollars to have my watch __________.
a) repairing b) to repair c) repaired d) repair

2- The chemistry course is particularly interested because of the experiments we can carry out in the lab.

3- Thanks to his excellent education, he has been leading to adopt very good manners.

4- The Republican government may cancel its new policy consisted of tax cuts.

5- In Argentina, the cowboys, who are call gauchos, start riding as soon as they are old enough to walk.

6- The capital of the United States is situating in the district of Columbia.

7- The very first full-speed TGV from Paris to Marseilles setted out from Paris in June 2001.

8- Everything that was said during the seminar was very of interesting.

9- The article he wrote was extremely confused.

LES ADVERBES

A- EXPLICATION :

❶ LA FORME :

➢ Les adverbes peuvent avoir des formes très diverses. La plus courante consiste à ajouter le suffixe **-LY** aux adjectifs *:*
ex. : *sharp, sharp**ly** / interesting, interesting**ly** / dry, dry**ly***

Mais ATTENTION :

- Certains mots en -LY sont uniquement adjectifs, on ne peut les "suffixer" à nouveau.
  ex. : *costly, deadly, friendly, lonely, lovely, sickly*

- D'autres mots en –LY peuvent être adjectifs ou adverbes suivant le cas :
  ex. : *daily, weekly, monthly … our daily bread* (adj.) / *I work daily* (adv.)

- Certains **adverbes** peuvent prendre deux formes :
  ex. : *close, closely / fair, fairly / high, highly*

- Certains mots n'ayant pas de suffixe **–LY** peuvent être parfois adjectifs, parfois adverbes. Attention, Le suffixe peut leur donner un sens différent[15].
  ex. : ***fast*** (≠ *fastly* n'existe pas) / ***late*** (≠ *lately* = récemment)
  low (≠ *lowly* = modeste) / ***hard*** (≠ *hardly* = à peine)

- Enfin, les adverbes semi-négatifs comme ***barely, scarcely, hardly*** (= guère, à peine, presque pas), ***hardly…any***, ***hardly…ever***, ***rarely, seldom*** et l'adverbe négatif ***never*** n'acceptent aucune négation supplémentaire dans la phrase.
  ex. : *He ~~doesn't~~ barely know how to read and write.* ⇨ FAUX
  ↳ CORRECT : *He barely know**s** how to read and write.*

❷ LA PLACE :

➢ La question de la place de l'adverbe est relativement complexe. Simplifions en disant que l'on trouve trois positions principales : **initiale**, **finale** ou encore **médiane**.

- Dans ce dernier cas, il sera **entre** l'auxiliaire et le verbe :
  ex. : - *I've greatly improved my French.*
  ou **après** le premier auxiliaire :
  - *I will soon have to go.*
  ≠ *I will speak to you **shortly / promptly*** (bientôt, sous peu). Position finale.

- Pour éviter toute confusion dans la phrase, il est préférable d'accoler l'adverbe au verbe, à l'adjectif ou encore à l'adverbe dont il veut modifier le sens. Il **précède** donc le mot sur lequel il porte :
  ex. : *I'm highly interested.*
  She only said she helped them (= elle n'a rien dit d'autre).
  She said she helped only them (= elle n'a aidé personne d'autre qu'eux).

---

[15] cf. P. LARREYA & C. RIVIÈRE. *Grammaire explicative de l'anglais*. Longman Université.

Très souvent testé au TOEIC :

- L'adverbe de fréquence **indéfinie** *(never / scarcely / rarely / seldom / sometimes / often / usually / always)* a une place réservée juste après BE, avant le verbe, ou encore entre l'auxiliaire et le verbe :

  ex. : *I am **seldom** tired.* (je suis rarement fatigué)
  *I **never** get tired of reading. / I have **often** been to America.*

- Les adverbes de fréquence **définie** comme *every day / once a week / every other week* (toutes les deux semaines) / *twice a month* ou les adverbes de temps comme *yesterday / tomorrow* se placent en **début** ou en **fin** de phrase. En revanche, les adverbes comme *daily, weekly, monthly* ou *quarterly* se mettent de préférence en fin d'énoncé.

  ex. : *He polishes his football shoes **twice a week**.*
  ***Yesterday** he went to pay a visit to his grandpa.*
  *I pay a visit to my parents **monthly**.*

- Lorsque dans un énoncé on trouve plusieurs adverbes, il y a un ordre à respecter : **maniere**, FRÉQUENCE, ***lieu*** et <u>temps</u>.

  ex. : *Mike would **meticulously** polish his soccer shoes* EVERY FRIDAY ***in the stadium's locker rooms*** *after the training session <u>at 10 pm</u>.*

- Lorsqu'un énoncé est à l'impératif négatif, l'adverbe se place après la négation.

  ex. : *Do not **ever** accept any bribe from him.*

- Notons que l'adverbe *enough* se place après l'adjectif :

  ex. : *He wasn't tall <u>enough</u>.* **SOUVENT TESTE**

➢ Théoriquement, un adverbe peut se placer entre l'opérateur TO et la base verbale dans une proposition infinitive. Cela est assez controversé par les puristes, du reste au TOEFL et au TOEIC cela vous sera compté comme faux ! (voir <u>La proposition infinitive</u>)

ex. : *I want you to understand this question **perfectly**.*
et non *I want you to perfectly understand this question.*

➢ En principe, la langue anglaise préfère passer par un adverbe plutôt que par une tournure avec ***WAY*** (certes grammaticalement correcte mais syntaxiquement lourde, de l'ordre de la périphrase) qui vous sera comptée fausse à l'examen : *(souvent rencontré dans les tests)*

ex. : *He was snapping his fingers in class **IN A CONSTANT WAY**.*
↳ tournure peu élégante mais correcte ; toutefois, on préfèrera ***constantly*** avant le verbe.

➢ Après un verbe de sensation, de perception : *feel, smell, taste, sound…* on aura un **adjectif** et non un adverbe.

ex. : ***FAUX*** = *It smells well.* / ***CORRECT*** = *It smells good.*

➢ Les traductions de **DÉJÀ** :

▪ **ALREADY** : • Dans les phrases **affirmatives** : *I've **already** finished.*
• Dans les **questions** concernant une action passée : *Have you **already** finished*?

▪ **EVER** : • Dans un contexte **négatif** (termes <u>négatifs</u> et <u>semi-négatifs</u>) :
- *<u>Nobody</u> has **ever** seen him. / He <u>hardly</u> **ever** sees his girlfriend.*

• Dans les **questions**, on s'interroge sur la <u>possibilité</u> d'une occurrence dans le passé :
- *Have you **ever** wanted to be someone else?*
⇨ T'est-il déjà / jamais arrivé de désirer être quelqu'un d'autre ?
↬ Question qui appelle une réponse. Attention à ne pas confondre avec NEVER, *jamais*, qui nie toute occurrence dans le temps (présent, passé, futur).
- *Did you **ever** see such a stupid boy?*
⇨ As-tu déjà vu un garçon aussi bête que ça ?
↬ Question n'appelant pas une réponse.
- *Who **ever** told you such nonsense?*
⇨ Qui a bien pu vous dire une chose pareille ?
↬ Ici *ever* renforce le doute.
- ***ever** so nice / **ever** such a long time*
↬ précède SO ou SUCH pour accentuer l'exclamation.

• Dans certaines **expressions**, *EVER* prendra le sens de *always* :
- *for **ever*** (à jamais) / ***ever** since* (depuis lors) / ***ever** more* (à tout jamais)

• Avec des **superlatifs, only, first** :
- *This is the <u>best</u> trip we've **ever** made. / It's the <u>first</u> time I've **ever** swum.*

▪ **YET** : • Dans une **interrogation**, cela concerne une action dont on a prévu la manifestation :
- *Has he arrived **yet**?*
⇨ Est-il déjà arrivé ? (on l'attend)
↬ Très différent de *Has he arrived <u>already</u>?* qui traduit la surprise (Comment ? Il est déjà arrivé ?).

• Dans une **négation**, *NOT...YET* signifie *pas encore*. Comparons :
- *My father hasn't **(yet)** bought my present **(yet)**.*
↬ simple constat (<u>place</u> : soit en fin d'énoncé, soit entre l'auxiliaire et le verbe).
- *My father **still** hasn't bought my present.*
↬ jugement sous-jacent de l'énonciateur (impatience, irritation..). <u>Place</u> : toujours avant l'auxiliaire.

• Dans une **affirmation**, *YET* prend le sens d'une <u>incertitude</u>.
- *The manager <u>doubts</u> whether his secretary has sent the report **yet**.*

• Dans une **emphase**, *YET* est équivalent à *encore*.
- *It will take me days **yet** before I finish that book.*
⇨ Il va **encore** me falloir des jours avant que je finisse ce livre.
- *His arriving late was **yet** another example of his lack of concern.*
⇨ Son retard était **encore** un exemple de son insouciance.

➲ **Attention**, dans les tests, vous trouverez très souvent des adjectifs là où il faudrait un adverbe. Vous rencontrerez également des adverbes mal placés ou sémantiquement incorrects.

B- APPLICATIONS : TOEFL/TOEIC (voir corrections page **230**)

1- At sixteen, one is not __________ to take his driving license in Europe.
a) old enough b) as enough old c) enough old as d) enough old

2- When you get a rail pass, you can travel __________ from town to town.
a) very rapidly b) in a fast way c) with speed d) fastly

3- I ______________ on audits before being hired at NCT's.
a) had worked rarely b) rarely had worked
c) had rarely worked d) am rarely working

4- I <u>will speak</u> only once; so you must listen <u>very careful</u> <u>to understand</u> what you <u>are expected</u> to do.

5- She is not a professional, but her bouquets always look nicely.

6- Although an engineer may be able to analyze a problem perfect, he still may not be able to find a relevant alternative.

7- Although our belts were very secure fastened, we felt a great shock when the accident happened.

8- From his point of view, the psychoanalyst is able to clearly see the pattern of his patient's problem.

9- It is said that Nobel felt very badly about the use of dynamite as a weapon.

10- Interest in the internet has grown rapid in the last ten years.

11- The FBI and other intelligence agencies use high sophisticated communication systems.

12- This problem can be easy worked out if you apply your brains to it!

13- Although Ireland is a predominant English-speaking country, it has a large Gaelic-speaking community.

14- Before computers, one seldom never had a chance to store huge loads of data in a container the size of a shoe box!

15- The purpose of any business, broad speaking, is to make profit, not to secure jobs.

16- They listened attentive while the teacher spoke out the directions of the assignment.

17- BCC has been able to develop a practical, _________ and accurate selection of resources to ensure a safe, secure workplace.

a) rapidly b) timely c) cheaply d) sharply

18- If your plane is lately, you will surely miss your train to DC.

19- The change from the dry season to the monsoon occurs very rapid in the south of India.

20- Wholely, we were all very happy with what we had learnt during the seminar.

Illustration : *Jean-Luc Servais*

Citation de Winston Churchill tirée de *The Little Book of Insults*

LES ACCORDS SUJET-VERBE

A- EXPLICATION :

① OMISSION DU VERBE :

➢ Au TOEFL et au TOEIC, il arrive très souvent que le **verbe** de la phrase, et même parfois le **sujet**, soient *délibérément* **omis**, et que l'on ait simplement besoin de rétablir l'équilibre en rajoutant un verbe principal (et/ou un sujet).

ex. : . *Email servers* __________ *in a few seconds.*

a) sending messages b) to send messages c) send messages d) messages

↳ la bonne réponse est la **C**. Sujet pluriel *(Email servers)* donc verbe pluriel *send*.

. *All people have pride, but not always shown.*

↳ [..., *but **it is** not always....*]

② APPOSITIVES :

➢ Il vous est aussi souvent proposé des phrases longues et complexes qui ont pour but de vous "mener en bateau" puis de vous induire en erreur.
Le piège consiste en fait à placer un sujet au singulier puis, par le biais d'une appositive ("entre virgules"), longue de préférence, ou d'une proposition informationnelle, on essaie de vous faire croire que le verbe doit être au pluriel au lieu d'être **logiquement** au singulier (ou vice versa si le sujet est pluriel). Il faut donc faire abstraction de ce qui se trouve entre les virgules.

ex. : . *One-penny coins, which have been issued in the UK for ages, **IS** made of a copper alloy* (un alliage de cuivre).

↳ **ARE car le sujet est pluriel :** *one-penny coin**s**.*

. *Many American TV channels, such as CNN, **HAS** journalists all over the world.*

↳ **HAVE car le sujet est pluriel :** ***many** American TV channel**s**.*

. *Mike, along with his two brothers, **ARE** studying his lesson.*

↳ **IS** car lorsqu'un sujet est suivi d'une appositive, il faut ignorer ce qui se trouve entre les virgules afin d'accorder correctement le verbe à son sujet (attention aussi à l'adjectif possessif).

③ NOMS COLLECTIFS / NOMS DE PAYS :

➢ Le problème d'accord sujet-verbe se pose aussi avec les **noms collectifs facultatifs**. Ces noms peuvent être suivis soit d'un verbe pluriel, soit d'un verbe singulier (cf. Le nom, point n°4) :

ex. : *family / crowd / public / party / army / enemy / staff / government / Parliament / jury / team / committee / couple...*

=> On emploie le **singulier** quand le groupe est pris comme un TOUT.

ex. : *My family **has** its origins in Scotland.*

=> On emploie le **pluriel** quand on considère les différents membres du groupe.

ex. : *My family **are** fond of all sports.*

➢ Les noms de **pays**, d'**entreprises**, d'**organisations**, ou encore les **titres** de **films**, de **livres**, ou d'**articles** prennent le **singulier** :

ex. : *The Others **is** a very thrilling and disturbing movie.*
*France / The Netherlands / The USA **IS**...*

④ UNITÉ DE MESURE / POURCENTAGE / FRACTION :

- Lorsque le sujet est une **unité de mesure** (distance, poids, quantité, hauteur…) ou un **montant** et qu'il renvoie à un **tout**, le verbe est au **singulier** :

  ex. : . ***Five miles is*** *too long a distance for the children to walk.*
  . ***Two months is*** *enough to carry out the plan.*
  . ***Two thousand dollars is*** *too high for such a wreck (old car).*

  Quand on prend chaque **élément** en compte, le verbe est au **pluriel** :

  ex. : . *These last two days* ***have*** *been wonderful.*

- Lorsqu'un **pourcentage** ou une **fraction** est en position sujet, le verbe se met au singulier ou au pluriel selon ce qui suit la tournure en **OF** :

  ex. : . ***Two-thirds of*** *the* ***harvest is*** *ruined.* (*harvest* = singulier)
  . ***Two-thirds of*** *the* ***students are*** *here to register.* (*students* = pluriel)

- Le problème d'accord sujet-verbe se pose aussi avec la tournure ***number of*** en position sujet :

  THE NUMBER OF + singulier (= le nombre de)
  A NUMBER OF + pluriel (= beaucoup de)

  ex. : . ***The*** *number of students who have registered this year* ***has*** *dropped by half.*
  . ***A*** *number of students* ***have*** *been caught cheating in the exam.*

⑤ SUJETS COORDONNÉS :

- Des éléments formant un **TOUT** coordonnés par **AND** sont suivis d'un verbe au **singulier** :

  ex. : . *FRUIT* ***AND*** *CEREAL* ***is*** *what I like to eat for breakfast.*

- Lorsque les éléments, coordonnés par **AND**, ne forment pas un tout mais sont bien séparés, on appliquera alors la règle du 1 + 1 = 2 :

  ex. : . *FRANCE* ***AND*** *GERMANY, which were the first countries to promote the Euro,* ***have*** *opened the way to the rest of Europe.*

- Lorsque les deux sujets sont coordonnés par **OR** ou **NOR**, le verbe s'accorde avec le sujet le plus proche :

  ex. : . *Neither the students* ***nor*** *the professor* ***arrives*** *on time.*
  . *Either Michael* ***or*** *his friends* ***are*** *coming to our 35th wedding anniversary.*

⑥ HERE/THERE + BE :

- Les termes ***HERE*** et ***THERE*** ne sont jamais les sujets de la phrase. Le sujet réel est ce qui suit :

  ex. : . *There* ***is*** *one* ***bottle*** *on the shelf. / There* ***are*** *three* ***bottles*** *on the shelf.*
  . *Here* ***is*** *the* ***book*** *you've ordered. / Here* ***are*** *the* ***books*** *you've ordered.*

⑦ PRONOMS et ADJECTIFS :

- Le problème ne se pose pas tout le temps au niveau du sujet ou du verbe, mais aussi parfois au niveau des **adjectifs possessifs** et **pronoms** (cf. Les pronoms) :

  ex. : . *Pr. Stuart's web pages, which he carefully designed, have become increasingly popular among the students who attend* ***THEIR*** *classes.* ⇒ ***HIS***

- Avec les pronoms indéfinis comme ***some, any, none, all*** et ***most***, le verbe se conjugue soit au pluriel, soit au singulier selon la nature du nom qui le suit (dénombrable ou indénombrable) :

  ex. : . ***Most*** *of our* ***customers DEFER*** *their payment.* (customers = ND)
  . ***None*** *of our* ***grain HAS*** *ever been genetically modified.* (grain = NI)

B- APPLICATIONS : TOEFL/TOEIC (voir corrections page 231)

1- The two teenagers who kidnapped the two-year-old James Bulger was paroled in June 2001.

2- A web site, a series of web pages linked to one another, are written in html format.

3- Not one in one hundred people exposed to foot-and-mouth are likely to contract its symptoms.

4- Lots of computers have a few minor bugs though technicians try to check most of its applications before they are launched on the market.

5- Those of us who eat too much fat should have their cholesterol checked.

6- One of the most important purposes of an army are to protect people when the country is at war.

7- Gandhi, in many ways the most effective pacifist rebel of all times, were a man who refused the injustice of cast system.

8- A self-made man is someone who has learnt and succeeded on their own.

9- The British and Irish governments have agreed that it is her duty to let Northern Ireland decide of its future.

10- The great depression of 1929 were the result of an economic crisis worldwide.

11- The president, along with his government, are trying to define a new policy.

12- Those of us who wish to vote next month should have their cards renewed before Monday.

13- Both Chemistry 110 and 117 is required for Biochemistry 207.

14- Neither our salary nor the money that we have borrowed are enough to pay for our shopping frenzies.

15- There have been little money left for anything more than food and rent.

16- In order to be healthy, urban children, like any children, needs lots of exercise and fresh air.

17- In southern Florida, __________ more sunshine than in the rest of the state.
a) is there b) there are c) there is d) it is

18- We __________ 100 thousand dollars to buy our house last year.
a) borrow b) lent c) spend d) borrowed

19- Each of you remain the same after all those years!

20- Countries that speak more than one language including Canada, Belgium, and Switzerland.

PROBLÈME DE SUJET LOGIQUE

A- EXPLICATION :

- Dans les phrases longues, le sujet peut être séparé de son verbe par un groupe important de mots (propositions relatives, participiales etc.). Il est alors aisé de perdre le fil et de tomber dans les pièges tendus par les concepteurs des tests. Dans tous les cas de figure, une règle est de mise : faites abstraction des éléments qui séparent le verbe du sujet et demandez-vous si cet ensemble sujet / verbe est grammaticalement cohérent.
- Nous avons recensé **quatre** principaux types de pièges à éviter :

① Ajout d'un deuxième sujet inutile (voir chapitre sur <u>Les redondances</u>).

ex. : *The man whom I saw yesterday he is my neighbor.*

↳ Ici, *he* n'a pas lieu d'être.

② Le verbe est au pluriel alors que le sujet est au singulier, ou vice-versa (voir chapitre sur les <u>Les accords sujet-verbe</u>).

N.B. : *someone, somebody, anyone, anybody, everyone, everybody, no one, nobody* sont suivis d'un verbe au **singulier**[16]. Les formes partitives de type : ***one*** *of my friends* également.

③ S'il y a reprise d'un sujet après une subordonnée, interrogez-vous sur la nature du sujet.

ex. : *When the fox came out of the hen-house, he was smeared with blood and feathers.*

↳ Ici, il s'agit d'un animal (un renard), il faut donc **IT** et non **HE**. On peut conserver le pronom personnel sujet ou encore l'adjectif possessif associé aux humains lorsque l'animal est un *"pet"* (animal domestique, familier, de compagnie).

④ Le sujet n'est pas en adéquation avec la proposition précédente placée en appositive. Il s'agit ici d'une confusion volontaire entre le sujet proposé et le sujet logique (sujet réel) de la phrase.

ex. : *When living in New York, my flat was very expensive.*

↳ Ici, le sujet *my flat* n'est pas le sujet logique de la participiale *When living in New York*. Il aurait fallu écrire : *When living in New York, <u>I</u> had a very expensive flat.*

B- APPLICATIONS : TOEFL/TOEIC (voir corrections page **232**)

1- __________ censored in English-speaking countries for more than 25 years, influenced the writers of the beat generation.

a) Henry Miller's books, were   b) Henry Miller's books,
c) Henry Miller were books,   d) That Henry Miller wrote,

2- Foot and Mouth, a disease which affects sheep and other livestock, __________ affected the British economy.

a) having   b) has   c) have   d) are

3- The dream <u>of having</u> an <u>immediate</u> means of communicating all sorts of data <u>it</u> is becoming <u>a reality</u>.

---

[16] Par contre, leur adjectif possessif est *their* (et leur pronom *theirs*) : *Has someone got their ticket?*

4- When America was discovered by Columbus in 1492, he was believed to be the western coast of India.

5- The psychological school of psychoanalysis it was founded by S. Freud.

6- The Gaelic language it is spoken in Gaeltachts, the Gaelic-speaking areas of Ireland.

7- We are delighted to announce to the world that our beautiful baby, named Mani Seraphim, he was born on May 24th, 2001.

8- One out of every five students in our university are trying to get an internship abroad.

9- A web site, a series of web pages which are linked to one another, are written in html format.

10- After reading J.K. Rowling's *Harry Potter and The Chamber of Secrets*, ____________________.

a) the film attracted the crowds
b) it was interested to see the film
c) the shooting was interesting
d) I looked forward to seeing the film

11- As the demand decreases, companies which previously produced on a large scale is starting to consider making some of their employees redundant.

12- Although support for our technological programs are much less than it used to be, more funds can be applied for at the National Board for Development.

13- Anyone entering the premises without permission of the landlord are bound to be prosecuted.

14- The president, accompanied by his spouse and children, were trying to spend his holiday in Florida away from the usual crowd of journalists.

15- This sweater, like most of our products, are composed mostly of wool and polyester.

16- Some important characteristics of the speech was a wide range of convincing arguments and a talented use of both tone and gestures.

17- A martial art, contenders must use the katas they have learnt in the dojo when engaged in competition.

18- After fighting the fire, the forest was completely destroyed.

19- According to the manager, after they are done with their internships, the company will be employed for three years.

20- By traveling to a new country every year, boredom is avoided during the holiday.

SYNTAGME NOMINAL

LE NOM (SINGULIER/PLURIEL)

A- EXPLICATION :

IL N'EST PAS NÉCESSAIRE D'APPRENDRE "PAR CŒUR" TOUS LES DÉTAILS DE CE CHAPITRE. RETENEZ LES GRANDES LIGNES. PLUSIEURS RELECTURES POURRONT TOUTEFOIS ÊTRE UTILES.

➢ En anglais, il existe 2 grandes catégories de noms :

❶ Noms **dénombrables [ND]** : "*bottle*"

❷ Noms **indénombrables [NI]** : "*bread*" / "*intelligence*"

(Comptables et *incomptables* sont des synonymes de *dénombrables* et *indénombrables. Dans les dictionnaires anglais, on trouve C (Countable) pour ND et U (Uncountable) ou NonC pour NI)*

➢ Si un nom fait déjà partie d'une catégorie, il peut néanmoins en changer.

- ***beer*** = nom indénombrable (*some beer* : de la bière)

  ex. : *3 beers, please!* ⇒ ici fonctionne comme un ND.

LES PIÈGES DU TOEFL / TOEIC

Vous trouverez des NI suivis d'un verbe au pluriel, ou précédés d'un quantifieur réservé aux ND (ex. : ~~*many*~~ *furniture* ⇨ *much*), un verbe là où il faudrait un nom, etc. En bref, il vous sera demandé de catégoriser les noms correctement.

1 NOMS DÉNOMBRABLES :

➢ Les noms **dénombrables** possèdent un singulier et un pluriel. Au singulier, ils peuvent être précédés de *a/an*, *the*, *this/that*, *some*, et *no*. Au pluriel, ils peuvent être précédés de ∅, *the*, *some*, *many*, *few*, *a few*, *lots of*, *these/those* et d'un adjectif numéral.

ex. : *a bottle* ⇒ *bottle**s*** / *a boy* ⇒ *two boy**s*** / *a car* ⇒ *three thousand car**s***.

1-1 Pluriel régulier :

ex. : *dog* → *dog**s*** / *bed* → *bed**s***

1-2 Pluriels irréguliers :

Terminaisons	*Exemples*	Pluriels normaux
-ES après S, X, Z, CH ou SH	box → box**es**, bus → bus**es** quiz → quizz**es**, beach → beach**es** witch → witch**es**, dish → dish**es**	bath → baths birth → births axe → axes
-IES après consonne + **Y**	baby → bab**ies**, city → cit**ies** fly → fl**ies**, cherry → cherr**ies** *(cerises)* quarry *(carrière)* → quarr**ies**	boy → boys key → keys toy → toys
-OES précédé d'une consonne (**2** solutions possibles parfois)	tomato → tomat**oes**, hero → her**oes** potato → potat**oes**, echo → ech**oes** volcano → volcan**oes** cargo → carg**oes**, cargos mosquito → mosquit**oes**, mosquitos	<u>mots techniques ou étrangers</u> : dynamos, fiascos, infernos, ghettos, photos, pianos, kilos

Terminaisons	*Exemples*	Pluriels normaux
-VES singulier en –F ou –FE (certains ont les 2 formes)	leaf → lea**ves**, thief → thie**ves** wife → wi**ves**, half → hal**ves** wolf → wol**ves**, shelf → shel**ves** dwarf *(nain)* → dwarfs , dwarves hoof *(sabot)* → hoofs, hooves scarf *(foulard)* → scarfs, scarves wharf *(quai)* → wharfs, wharves staff → staffs, staves *(portée musicale)*	beliefs, chiefs, roofs handkerchiefs
Pluriels étrangers ou classiques **(R) = rare**	analysis → analyses, crisis → crises criterion → criteria, datum **(R)**→ data medium **(R)**→ media, oasis → oases phenomenon → phenomena	formulas, dogmas, indexes/indices
Pluriel des noms composés	Le **second** terme prend la marque du pluriel dans la mesure où le premier fait office d'adjectif (voir N1-N2 dans N1's N2). *A trade-union → trade-union**s***	Quand 1 seul nom : *brother**s**-in-law* Quand aucun nom : *the have-not**s***
Pluriel et singulier identiques (voir 1-3)	series, species, means craft, aircraft, spacecraft sheep, deer, swine *(porc)*, grouse fish, trout, salmon, cod, pike *(brochet)*	
Pluriel germanique	brother *(religieux)* → brethren child → children, goose → geese foot → feet, louse *(pou)* → lice man → men, mouse → mice ox → oxen, tooth → teeth woman → women	
Pluriel des noms propres	On ajoute un **S** ou **ES** au pluriel des noms de famille en anglais. *The Steven**s** and the Jones**es***	
Pluriel des lettres et abréviations	On ajoute **'S** ou **S** (après des majuscules) *UFO**s*** *The 3 R's* (***R**eading, w**R**iting and a**R**ithmetic)*	
Changement de morphologie	die → dice, penny → pence	

1-3 Noms invariables :

➢ Au singulier ou au pluriel, ces noms restent invariables :

barracks, data, crossroads, headquarters, means (moyens), *series, species* (liste non exhaustive).

ex. : *This series **is** fun. / Too many series **are** aired every day.*

1-4 Quantité et mesure :

➢ **Quantité + mesure** considérée comme un **TOUT** = VERBE **SINGULIER** :

ex. : *Seventy pounds **is** too much for you to carry.*
*Two miles **is** not that long a distance.*
*Seventy students **is** too much for only one proctor* (surveillant d'examen).
⇒ le fait d'avoir une grande quantité = **singulier**.

➢ **Quantité** prenant en compte chaque **élément** = VERBE **PLURIEL** :

ex. : *Seventy students **have** registered for the biology class.*

2 NOMS INDÉNOMBRABLES :

➢ Les noms **indénombrables** sont invariables. Ces noms ne peuvent pas être précédés de ***a(n)***. Certains admettent la quantification par le biais d'un dénombreur visant à les individualiser.

ex. : *advice ⇒ a piece of / a word of advice / two pieces / words of advice.*

2-1 Noms indénombrables singuliers (☺ dénombreurs) :

➢ Voici une liste des noms **indénombrables** (les noms les plus rencontrés dans les tests sont en gras). Ils sont invariables et sont suivis d'un verbe au **SINGULIER**. Ils peuvent être précédés de ∅, *the, this/that, some, no, much, a lot of, a good deal of, a little, little.*

	LISTE	RECATEGORISATION
Nourriture	**bread**, **cheese**, **fruit**, **meat**, **toast**, **rice**, **poultry** *(la volaille)*, butter, cream, jam (GB), jelly (US), sugar, lamb, beef, pork, flour, salt, pepper, lettuce, corn…	***a loaf of / a slice of** bread* ***a lump of** sugar / **a piece of** toast* ***a pot of** jelly / **a head of** lettuce* ***an ear of** corn / **a fowl*** (une volaille)
Matériaux	**wood**, **glass**, **paper**, **steel…**	***a pane of** glass / **a sheet of** paper*
Liquides	**oil**, **tea**, **milk**, **water**, coffee, wine, juice, beer…	***a bottle of / a glass of** water (wine…)* ***a cup of** tea (coffee) / **a pint of** beer* ***a drop of** oil*
Substances naturelles	**dust**, **soap**, **cloth**, **ice**, **thunder**, **lightning**, **wind**, **smoke**, sand, oxygen, mud, snow, rain, stone, steam, wool, silk, cotton, iron, gold, silver…	***a bar of** soap / **a speck of** dust* ***a piece of** cloth / **a grain of** sand* ***a bolt of** lightning / **a clap of** thunder* ***a flash of** lightning* ***a gust of** wind / **a bale of** cotton*
Noms constituant des ensembles d'éléments (à traduire au pluriel)	**advice**, **information**, **luggage**, **baggage**, **furniture**, ***travel**, **clothing**, **progress**, **evidence**, **software**, ***damage**, **equipment**, ***trouble**, **news**, **jewelry**, ***labor**, ***business**, transport, *hair, produce, leisure, homework, *care, sportswear…	***a piece of** information / **little** progress* ***a piece of** advice / **a piece of** evidence* ***an article / an item of** clothing* ***a piece of** software* **business** (les affaires) → *a deal, a bargain* **labor** (les travailleurs) → *a worker* **produce** (fruits et légumes) → *a product*
Notions abstraites	***accommodation**, **knowledge**, **laughter**, **money**, **participation**, **experience**, **luck**, **applause**, **waste**, **weather**, ***work**, horror, beauty, charity, anger, *fiction, fun, death, courage, ignorance, patience, music, life, poverty, poetry, hatred, peace, love, truth, fear, pity, help, relief, permission	***a round of** applause / **a lot of** trouble* ***a stroke of** luck / **a roar of** laughter* ***a bit of** courage / **much** participation* **work** (le travail) → *a job* **fiction** (la fiction) → *a novel, a short story* → ***a work of** fiction*

➲ Les noms précédés d'une * peuvent fonctionner comme des dénombrables selon le sens (cf. dictionnaire, comme par exemple **hairs** = *poils* ≠ hair = *cheveux*).

2-2 Noms indénombrables singuliers (☹ dénombreurs) :

➢ Ces noms, suivis d'un verbe au singulier, n'acceptent pas les dénombreurs.

	LISTE	EXEMPLES
Sciences en **-S / -ICS**	maths, mathematics, athletics, linguistics, economics, physics, classics, phonetics, politics, civics, ethics, statistics…	**+ Verbe SINGULIER** *Physics **is** easier than I expected.* *Linguistics **is** my son's strong subject.*

Langues	French, Dutch *(hollandais)*, German...	**+ Verbe SINGULIER** *English **is** becoming universal.*
Jeux	billiards, chess, checkers *(dames :* US, GB = draughts), darts *(fléchettes)*, dominoes…	**+ Verbe SINGULIER** *Chess **is** much harder than checkers.*
Maladies	measles *(rougeole),* mumps *(oreillons),* shingles *(zona)*...	**+ Verbe SINGULIER** *Mumps **is** more painful than measles.*
Nominalisation de verbes	learning, working, shopping...	**+ Verbe SINGULIER** *Reading **is** a basic skill..*

2-3 Noms indénombrables pluriels :

➢ Voici un tableau des noms **indénombrables** pluriels (sans singulier) terminés par un **S** qui s'emploient avec un **VERBE** au **PLURIEL.** Ces noms peuvent être dénombrés :

	LISTE	EXEMPLES
Outils (parties symétriques)	tweezers *(pince à épiler)*, scissors, tongs *(pince)*, scales *(balance)*, compasses *(compas)*, bellows *(soufflet)*, nutcrackers *(casse-noix)*, clippers *(tondeuse)*	**+ Verbe PLURIEL** *My scissors **are** broken, I have to buy a new pair.* ⇒Le singulier s'exprime avec *" **a pair of** "*.
Vêtements (2 jambes)	jeans, shorts, panties, overalls, pants (US), pyjamas *(pajamas = US),* trousers (GB)	**+ Verbe PLURIEL** *My shorts **are** getting old, I must get a new pair.* ⇒Le singulier s'exprime avec *" **a pair of** "*.
Divers	**goods** *(marchandises),* **clothes, savings, customs** *(douane),* **accounts, wages, belongings, proceeds** *(finance = recette),* remains *(vestiges),* contents, riches *(richesses),* brains, morals, surroundings, grapes, stairs, banisters *(rampe)*, railings *(grille)*, bagpipes *(cornemuse)*…	**+ Verbe PLURIEL** *The accounts **show** a profit of 15 million dollars.*

Ne pas oublier : pour les *outils* et les *vêtements*, on **ne** peut **pas** compter par unité : ~~*one scissors*~~ **mais** *a pair of scissors* ou *two pairs of scissors* / ~~*three clothes*~~ **mais** *three items of clothing.*

2-4 Noms à double catégorie :

➢ Certains noms indénombrables peuvent être **re-catégorisés** en noms **dénombrables**.

ex. : ***agreement*** (concept abstrait) ⇒ ***an*** *agreement / agreement**s***

glass (matière = le verre) ⇒ ***a*** *glass* (contenant) / *some glasse**s***

pleasure (concept abstrait) ⇒ ***a*** *pleasure* (*specific*) / *few pleasure**s***

Voici la liste des **NI** qui peuvent changer de catégorie *(en **gras** les plus récurrents)* :

***agreement**, **noise**, **work**, **cloth**, **glass**, **success**, bone, pain, business, paper, pleasure, decision, silence, education, space, fire, stone, honor, thought, language, time, life, war, light…* (*"a work"* est impossible, par contre, on dit *"a work of art"* ou *"a work of fiction"*).

3 NOMS PROPRES :

➢ Les noms de **personnes**, de **pays**, de **villes**, et généralement les noms **géographiques** (lacs, montagnes…) ne prennent pas de déterminant et sont suivis d'un verbe au singulier.

ex. : ***Is** France still a leading country in Europe?*
*Lake Michigan **has** many resorts.*

Attention : *the USA, the Netherlands* (Pays-Bas), *the United Kingdom* **+ v singulier**
Pour de plus amples détails, voir Les articles.

4 NOMS COLLECTIFS :

➢ Il s'agit de noms de **groupes d'êtres animés, humains ou animaux.** Il y a deux types de noms collectifs[17] :

- Les collectifs facultatifs : ils peuvent se comporter comme des ND classiques (*a couple **IS**…, two couple**s**, a few gang**s**, many team**s** **ARE**…*), mais également, **en restant au singulier**, ils peuvent être suivis d'un verbe au singulier **ou au pluriel** selon le point de vue envisagé :

ex. : *The couple **is** walking down the street.*
↳ groupe considéré dans sa globalité

*The couple **are** speaking to each other.*
↳ individus formant le groupe

Ceci est valable pour les mots : *army, audience, committee, company, congress, council, couple, crew, crowd, enemy, family, party, gang, government, group, herd, pair, public, school, staff, team, university...*

- Les collectifs obligatoires : leur forme est toujours au singulier, mais **ils peuvent être dénombrés à l'aide des quantifieurs des ND pluriels**, et le verbe qui suit est toujours au **pluriel**.
Avec les mots : ***cattle, clergy, people, police***.

ex. : *Seven **people are** speaking at the same time!*
↳ *people* = pluriel de *a person.* Attention, avec le sens de "peuple", *people* peut prendre un –s au pluriel : *the people**s** of the world.*

*The outfit forded three thousand **cattle** through the river.*
↳ L'équipe (de cow-boys) a fait traverser la rivière à 3000 têtes de bétail. On peut dire aussi : *a head of cattle.*

*Twelve/many **police are** surrounding the building.*
↳ Douze/beaucoup de policiers encerclent le bâtiment.

Attention : ***crew*** et ***staff***, acceptent aussi ce comportement : *ten staff* = dix employés, *eight crew* = huit hommes d'équipage.

5 MAJUSCULES :

➢ Les **MOIS** et les **JOURS** prennent une majuscule :

ex. : - *In **A**pril, in **J**anuary*
- *I met Terry on **T**uesday.*

➢ Les adjectifs et les noms de nationalité prennent TOUJOURS une majuscule :

ex. : *a **F**rench magazine, a **J**apanese car, an **E**nglish teacher…*
*Do you speak **F**rench? / He'd like to learn **R**ussian.*

---

17 Classification et terminologie empruntées à P. LARREYA et C. RIVIERE, *Grammaire explicative de l'anglais.*

☛ **voir aussi :** les noms composés dans N1's N2 (III N1 N2), et les adjectifs substantivés dans Les adjectifs, point ⑤.

B- APPLICATIONS : TOEFL/TOEIC (voir corrections page **234**)

1- The company tries to encourage the participations of the staff by giving them all kinds of advantages.

2- None of this behave will be admitted in our premises.

3- Most Chineses are said to confess Buddhism on their death bed.

4- Such fishes as salmon and trout are still abundant in Northern Ireland.

5- In some countries, it is difficult to have nonsmoker accept the idea of non-smoking areas in public buildings.

6- Noise, disturbing from the neighbors, and problems in the vicinity have all convinced them to move out to a better neighborhood.

7- _______ good enough a challenge for someone who doesn't play chess.

a) Checker are b) Checker is c) Checkers is d) Checkers are

8- Most of the Northern Irish have the capable to live together peacefully despite the Troubles.

9- The mother told her children that each and every toy lying around the house were to be put back in their bedrooms.

10- The United States are such a large country you will need a few visits to get a fair idea of it.

11- The Foot and Mouth disease spreads among such livestock as cattles and sheep.

12- One of the most important purpose of an army is to protect the population in case of war.

13- In western France, people are fond of such seafood as shrimp and oysters.

14- How are the news today? I have a piece of news that will make you laugh.

15- Never listen to him, the advices he gives is always wrong.

16- One hundred and sixty pounds are as much as I can lift.

17- An understand of what both sides have to say is essential before taking a decision.

18- One hundred square feet of space are enough to build two small rooms.

19- In order to reduce the cost of our computer network, our technology department is launching a new wiring systems.

20- The three-hundred-mile highway join northern New-York state to DC.

"TV's biggest problem is to kill time between commercials."
d'après *L'humour anglo-saxon.*

LES ARTICLES

A- EXPLICATION :

L'EMPLOI DES ARTICLES EN ANGLAIS EST COMPLEXE ET POSE PROBLEME A DE NOMBREUX FRANCOPHONES. NOUS AVONS TENTE D'ETRE AUSSI COMPLETS QUE POSSIBLE POUR EVITER LES SIMPLIFICATIONS TROP RADICALES. AUSSI, NOUS VOUS CONSEILLONS DE PRENDRE VOTRE TEMPS AVEC CE CHAPITRE ET D'Y REVENIR REGULIEREMENT.

➢ Le choix d'un article dépend souvent du nom qui le suit. Comme nous l'avons déjà vu, il existe deux grandes catégories de noms :

❶ **noms dénombrables** *(table, bottle, friend, bird...)*

❷ **noms indénombrables** *(water, light, love, butter, electricity…).*

➢ Les **noms dénombrables** ont un *singulier* et un *pluriel*, alors que les **indénombrables** n'acceptent qu'une seule forme.

> **N.B.** Parfois un dénombrable en français peut correspondre à un indénombrable en anglais.
> ex. : - des meubles = *furniture*
> - un meuble = *a piece of furniture*
> - des renseignements = *information*
> - un renseignement = *a piece of information*

➢ En anglais, il existe **3** articles : ❶ A ou AN / ❷ ∅ (article " zéro ") / ❸ THE

A(N)

article indéfini

① FORMATION ET PRONONCIATION :

- **A** devient **AN** devant tout mot commençant par un **son** voyelle ou devant un "h" muet (non aspiré). Il sera prononcé /ən/ ou /æn/ quand il porte un accent tonique.

ex. : ***an M****TV show* [M = /em/]

*an **a**nimal / an **h**our, an **h**eir, an **h**onor, an **h**onest man* (4 exceptions à retenir)

- **A** sera prononcé /ə/ devant tout mot commençant par un **son** consonne ou devant un "h" aspiré ; et /ei/ s'il porte l'accent tonique.

ex. : *a car, a **u**niversity /ju:.../, a hat, a hospital*

② EMPLOIS :

A(N) s'emploie principalement devant les noms dénombrables au singulier.

● **Emploi générique**

- *Nom dénombrable* : **A + ND sing.**

ex. : - ***A*** *hen can lay eggs.*
↳ 1 élément représentatif de la classe des poules, qui vaut pour toute la classe.

- ***A*** *man is not supposed to cry.*
↳ consensus (quelque peu dépassé) à valeur de vérité générale.

● **Emploi spécifique indéfini** (situation particulière)

① *Nom dénombrable* : **A + ND sing.**

ex. : - *She has **a** teacher who told her she could succeed.*
↳ **extraction unique** (un élément pris dans le groupe de ses professeurs)

- *Can you lend me **a** blue pen?*
  ↳ **extraction unique** (un élément de la classe "stylos bleus")

② Comme en français, un nom introduit une première fois par A(N) est précédé les fois suivantes de THE.

ex. : - *There are **a** big mall and several small supermarkets in our town. **The** mall was built two years ago.*

③ LES PIÈGES DU TOEFL / TOEIC :

❶ A(N) n'est **jamais** associé à des *noms indénombrables* comme **LUGGAGE**, **BAGGAGE** *(USA)*, **INFORMATION**, **ADVICE**, **TRAVEL**, **TOAST** *(pain grillé)*. On utilise les dénombreurs comme "***a piece of***" pour les quantifier individuellement.

Sauf = *fuss, hurry, shame, pity, disgrace, relief, mess, waste, rush.*
↳ Noms abstraits

ex. : - *What **a** relief! / What **a** mess! / It's **a** pity! / It's (such) **a** shame!*
- *They have made such **a** fuss!*
- *She's in **a** hurry / in **a** rush!*

❷ **A(N)** s'utilise avec des *intensifieurs* comme **SUCH**, **TOO**, **QUITE** et **RATHER** mais aussi avec **AS**, **HALF** et **HOW** :

ex. : - *Why did you call me that late? You gave me **such a*** (ou ∅) *fright!*
⇨ Pourquoi as-tu appelé aussi tard ? Tu m'as fait une de ces peurs !
- *This is **too** small **a** supermarket for **such a** big town.*
- *AC DC is **quite a** good rock band.*
⇨ AC DC est un très bon groupe de rock.
- *"I want you back in **half an** hour, got it?"*
⇨ "Je veux que tu sois rentré dans une demi-heure, compris ?"
- *He is **rather a** bore when he gets to speak of his job.*
- *I didn't know **how** hardworking **a** boy you were.*
⇨ Je ne savais pas à quel point tu étais travailleur.
- *He is **as** clever **a** boy **as** you are.*

❸ **A(N)** s'emploie pour introduire un *nom dénombrable* dans une **exclamative** avec **WHAT** ainsi qu'avec les termes comme *fuss, hurry, shame, pity, disgrace, relief, mess, waste* et *rush*.

ex. : - *What **a** nice man he is!*
- *What **a** pity! / What **a** waste! / What **a** shame!*

❹ **A(N)** s'emploie avec une **unité** de temps et de mesure.

ex. : - *We do the shopping twice **a week**.*
- *It is dangerous to drive at 100 miles **an hour*** (160 km/h) *on the highway.*
- *"Potatoes are one dollar fifty **a kilo**."*

❺ **A(N)** s'emploie *après* une **préposition**.

ex. : - *She entered the mall* WITHOUT ***a** shopping cart.*
- *He was* IN ***a** bad mood after the rout.*
- *My duty* AS ***a** policeman is to impose order.*

❻ **A(N)** s'emploie devant un *nom singulier* en position d'**attribut** (après BE), ou en position d'**appositive** (entre virgules) pour définir un nouvel élément dans l'énoncé, et devant un nom de **métier**.

ex. : - *His cousin,* ***a*** *former football player, used to play for his country.*
⇨ Son cousin, (qui est) ancien joueur de football (de métier), faisait partie de l'équipe nationale.

- *He would take his favourite cane,* ***a*** *very old stick that belonged to his grandfather, to go for his everyday walk.*

- *When I was* ***a*** *boy, I used to go fishing with my grandpa.*
⇨ Quand j'étais petit....

- *I am* ***a*** *mechanic /* ***a*** *doctor /* ***an*** *architect…*

❼ Il faut faire la différence entre **A(N)** et **ONE** :

ex. : - *I have* ***a*** *brother who plays basketball.*

- *I have* ***one*** *brother and two sisters.* (adjectif numeral)

Pour exprimer " **un certain** " devant un nom propre :

A(N) ⇒ style formel + le nom en sujet.

ONE ⇒ style officiel + le nom en appositive.

ex. : - ***A*** *Mrs. Peterson is waiting for you in the lounge.*
⇨ Une certaine Mrs. Peterson vous attend dans le salon.

- *A cousin of his,* ***one*** *Ian McHugh, had told him about it.*

❽ **A(N)** s'emploie dans diverses **expressions idiomatiques** qui sont testées dans les examens du TOEIC / TOEFL.

ex. : - *I have* ***a*** *headache and* ***a*** *sore throat.*

- *He has* ***a*** *sense of humor* (avoir de l'humour).

- *Don't make* ***a*** *noise if you go into the baby's room.*

∅
article zéro

① EMPLOIS :

- **Emploi générique** : renvoi à la **NOTION**

❶ *Noms indénombrables ou abstraits :* ∅ + nom singulier.

ex. : *- I like ∅ coffee.*
- We had ∅ chicken for lunch.
- He never drinks ∅ wine.
- ∅ Philosophy is a fascinating subject.

❷ *Noms dénombrables :* ∅ + nom pluriel.

ex. : *- Rabbits eat carrots.*
↳ **tous les éléments** de la classe des lapins (caractéristiques communes).

≠ A + Nom dén. sing. (1 élément représentatif de la classe)
≠ THE + nom dén. pluriel (opposition de 2 classes par éléments interposés)

- **Emploi spécifique** (situation particulière)

❶ *Noms indénombrables* = ∅ + nom.

ex. : *- We are having nice **weather** for this time of year.*

❷ *Noms dénombrables :* ∅ + nom pluriel.

ex. : *- You can eat **insects** in this restaurant.*
↳ ∅ = marque d'une **extraction multiple** d'un nombre non précisé.

- **Auto-détermination** (noms propres, toponymes : noms de rues, de lacs, de monts)

ex. : *∅ Queen Elizabeth*
↳ renvoie à la personne désignée par le nom propre

≠ *The Queen of England*
↳ renvoie à la fonction

② LES PIEGES DU TOEFL / TOEIC :

❶ ∅ plutôt que THE :

a- Si on parle des choses en général – **notion abstraite** ① – ou, avec des noms dénombrables pluriels, que l'on renvoie à une classe ②, ou procède à une extraction multiple [pluriel de **A**(**N**)] ③ :

ex. : ①- *∅ Water is heavier than ∅ oil. / life, death, truth, youth, old age…*
②- *∅ Children are sometimes difficult to handle. / cats / books…*
③- *∅ Children were smiling at him.* (extraction multiple, **indéfinie**, en situation)

alors que THE fait référence à des éléments repérés en situation specifique :

ex. : *The water in my tank is good quality. / The chidren were smiling at him.*
↳ eau clairement repérée ↳ ≠ ③, enfants connus, repérés

b- Si on fait référence à une **langue** ou à un **sport** :

ex. : *- She doesn't speak ∅ English well.*
- I play ∅ soccer but I also practice ∅ judo.

c- Dans des expressions verbales ou avec des **prépositions** :

ex. : *- at ∅ university / at ∅ school / from ∅ beginning to ∅ end.*
- to have ∅ time to
- to make / wage ∅ war

❷ La présence d'adjectifs avant le nom ne change en rien l'utilisation de ∅.

ex. : *- I like ∅ fast cars.*
- I like ∅ fast expensive Italian cars.

THE
article défini

① PRONONCIATION :

THE se prononce :

❶ /ðə/ devant les *consonnes*, ainsi que les sons / **j** / ou / **w** /, et devant un " h " aspiré.

ex. : - *The cat*

- *The use of the hammer is....*

❷ /ðɪ/ devant toute *voyelle* et devant un " h " muet.

ex. : - *The* ***a****nimal* / *The* ***h****our*

❸ /ði:/ quand THE est *accentué*.

② EMPLOIS :

- **Emploi générique** :

* *Nom dénombrable* = THE + ND **singulier**.

ex. : - *She has studied the behavior of* ***the*** *gorilla for years.*
↳ classe dans son ensemble, *ou* opposition de 2 classes par éléments interposés.

[≠ ∅ + nom pluriel (tous les éléments de la classe)
≠ A + nom singulier (1 élément de la classe)

- **Emploi spécifique défini** (situation particulière)

* *Nom indénombrable ou dénombrable* = THE + nom singulier ou pluriel.

ex. : - ***The*** *sun is shining.*
↳ référence au connu, élément unique.

- *A man was approaching me.* ***The*** *man looked drunk.*
↳ reprise de l'élément déjà rencontré, **repérage** : l'élément est clairement défini.

[≠ **this** and **that**

③ LES PIÈGES DU TOEFL / TOEIC :

3-1 THE s'utilise avec :

a- tous les noms, quels que soient leur genre ou leur nombre, ainsi qu'avec des **superlatifs** (fréquent au TOEFL / TOEIC) :

ex. : - ***The*** *radio,* ***the*** *cinema,* ***the*** *telephone,* ***the*** *H bomb…* sauf : ∅ ***television***

- ***The*** *government* sauf : ∅ ***Congress***

- *Pat Metheny is one of* ***the*** *greatest guitar players I have ever heard.*

b- des **adjectifs substantivés** (adjectifs employés comme des noms) : les noms de nationalités ou décrivant des catégories de personnes. Ils ont **toujours** un sens **pluriel**. Problème très fréquemment rencontré dans les tests :

ex. : - ***The*** *Scottish (ou Scottish people)*

- ***The*** *French => les français* **alors que** *the Dane****s****, the American****s*** = **noms**

- ***The*** *destitute (destitute people)* / ***The*** *poor (poor people)*
= **les** démunis = **les** pauvres

c- les **toponymes** – lieux ou sites géographiques comme les noms de *cours d'eau*, les *chaînes de montagnes* et les noms de *mers* :

ex. :
- *The Atlantic*
- *The Caribbean*
- *The Pacific*
- *The Channel*

MERS

- *The Riviera* (la côte d'azur)
- *The City* (centre des affaires à Londres - *GB*) (ville de New York - *USA*)

LIEUX

- *The Thames*
- *The Rhone*

COURS D'EAU **mais** plans d'eau : ∅ *Lake Michigan*

- *The Alps*
- *The Himalayas*

MONTAGNES **mais** sommets : ∅ *Mount Everest*

Mais on dira : *The South **of** England / The Cape **of** Good Hope*
The West Indies / The North Pole / The Middle East

d- des éléments reconnus comme étant uniques :

ex. : ***the** moon / **the** rain / **the** sky / **the** sun / **the** earth / **the** wind...*
<u>sauf</u> : ***Mars*** (<u>ou</u> ***the** planet Mars*), ***Venus**...*

e- des ensembles (orchestres, journaux, bateaux) :

ex. : ***The** Beatles / **The** France (navire) / **The** Herald Tribune / **The** London Orchestra*

f- un instrument de musique :

ex. : *Thelonius Monk played **the** piano better than anyone else.* ("jouait <u>du piano</u>")
<u>Mais</u> : *He plays ∅ piano in a band* (Il est <u>pianiste</u> dans un groupe).

g- un *sens démonstratif* et se traduit alors par un démonstratif en français :

ex. : - *I was at school at **the** time.*
⇨ J'étais à l'école en ce temps-là.

- ***A** man came to me* [...] ***The** man tried to tell me something* [...]. *But **the** man was quite different from my friend.*
⇨ Un homme ... L'homme .... Mais **cet** homme.

3-2 <u>THE</u> NE s'emploie PAS devant :

a- les *noms dénombrables pluriels* quand les termes prennent un sens générique (cf. article zéro) :

ex. : *Cats are lovely creatures.*

b- les *noms indénombrables.* **Attention**, THE peut réapparaître en situation (emploi **spécifique**) :

ex. : **glass** ⇨ le verre / **wood** ⇨ le bois (matériaux)
bread ⇨ le pain / **milk** ⇨ le lait (aliments)
red ⇨ le rouge / **black** ⇨ le noir (couleurs)
football ⇨ le football / **war** ⇨ la guerre (activités humaines)
English ⇨ l'anglais / **German** ⇨ l'allemand (les langues)
love ⇨ l'amour / **peace** ⇨ la paix (notions abstraites)

<u>**mais**</u> : *Pass me **the** bread, please.* (situation spécifique)
***The** love **of** nature (that) he nurtures seems boundless.*
↳ ici amour spécifique déterminé par le complément *(that) he nurtures*.
*∅ Love **of** nature is capital in Thoreau's works.*
↳ il s'agit ici d'une notion (cf. article zéro).

c- une *fonction* / un *titre* suivi du nom propre. **Attention**, THE peut réapparaître avec la tournure en **OF** :

ex. : - *Prince Charles* **<u>mais</u>** The Prince **of** Wales
- *President Kennedy* The President **of** the U.S.A.

(cf. <u>Article zéro ∅</u>, ①, Auto-détermination)

d- les noms de *pays*. Attention aux exceptions !

ex. : *France => la France / Canada => le Canada*

<u>sauf</u> : ***the*** *United States,* ***the*** *U.S.A.,* ***the*** *Netherlands,* ***the*** *U.K.* (les principaux à retenir au TOEFL / TOEIC), ***the*** *Czech Republic, (the) Vatican…*

e- une **unité** de temps et de mesure. On utilisera plutôt **A(N)** :

ex. : - *It is dangerous to drive at 100 miles* ***<u>an</u> hour*** *(160 km/h) on the highway.*
- *"Potatoes are one dollar fifty* ***<u>a</u> kilo.****"*

f- les noms de *saisons*, de *jours*, de *repas*, de *jeux*, et de *maladies* :

ex. : - *I don't like autumn* sauf : *(in)* ***the*** *fall* = en automne (USA)
- *In Garfield's opinion, Monday is the worst day ever!*
- *Breakfast / lunch / dinner is ready.*
- *Rugby, Baseball, Soccer, Football...*
- *AIDS, cancer, measles, leprosy ..*

<u>sauf</u> : on peut utiliser **THE** quand le nom est qualifié par un adjectif ou un complément. Il s'agit donc d'un emploi spécifique.

ex. : ***The best*** *basketball tie I saw was between the Lakers and the Bulls.*

g- l'adjectif **LAST** :

ex. : **FAUX** : *I went to the library ~~the~~ last week.*
CORRECT : *I went to the library ∅ last week.* (= la semaine dernière)

<u>MAIS</u> l'article peut réapparaître avec la tournure en **OF** :

ex. : *I went to the library* ***the*** *last week of June.* (= la dernière semaine de juin)

h- un génitif avec un nom propre (ou un prénom) : cf. <u>Le génitif</u>

ex. : **FAUX** : ***~~The~~*** *Peter's car is red.* **CORRECT** : *∅ Peter's car is red.*
FAUX : ***~~The~~*** *Mr. Hugh's suitcase.* **CORRECT** : *∅ Mr. Hugh's suitcase.*

> **À RETENIR**
>
> **<u>Générique</u>** : **A(N)** + ND singulier / **∅** + ND plur. / **∅** + NI / **THE** + ND singulier
> ➥ ex. : *A man likes his drink / ∅ Men like to drink / ∅ Water is a fluid / The cheetah is fast.*
>
> **<u>Extraction</u>** (élément indéfini en situation) : **A(N)** + ND singulier (pluriel : ∅ + ND plur.)
> ➥ ex. : *A man was walking down the street (∅ Men were ordering drinks).*
> ➥ pour un NI, on ne parle pas d'extraction, on aura ∅ + NI :
> ex. : *There was ∅ wine on the table.*
>
> **<u>Spécifique</u>** (élément défini en situation) : **THE** + N (NI / ND, sing. ou plur.)
> ➥ ex. : *The man (the men) sitting next to me / The water in my tank*

B- APPLICATIONS : TOEFL/TOEIC (voir corrections page **235**)

1- This is truly ____________ incredible event.
a) an b) ∅ c) a d) the

2- <u>First</u> American <u>bombs</u> <u>were</u> dropped on Kabul <u>on</u> October 7, 2001.

3- Dogs that are trained to find drugs are chosen at a very early age.

4- Some specialists disagree on an authenticity of this Picasso.

5- The adventures of a poor gold digger in the Alaska were the subject of one of Charlie Chaplin's movies.

6- The restaurant still serves dishes that you liked so much.

7- Remember, only a few years ago, a fastest way to send information was through a fax machine.

8- The selfish attitude of the West slows down a development of African countries.

9- Progressive states should take care of a destitute.

10- The man in a street does not care for the politicians' airs and graces.

11- Chinese area in Manhattan is called Chinatown.

12- Paris was most beautiful city we had the opportunity to visit.

13- _____________ election of George W. Bush has been much commented upon.
a) A b) ∅ c) The d) An

14- Water is to wine what ________ fire is to wood: the former simply annihilates the latter.
a) no b) ∅ c) the d) a

15- ___________ American border with Canada includes fourteen states.
a) There are b) ∅ c) An d) The

16- Your blue and ___________ red scarf is in the washing machine.
a) the b) ∅ c) a d) our

17- Mont Blanc is France's ____________________.
a) highest peak b) the high peak c) the highest peak d) high peak

18- It is a river Thames that goes through the city of London.

19- First time we met was at a concert in the City Hall.

20- When exposed to smoke, nonsmoker inhales seventy five per cent of it

Petits plus

UNIVERSITY*

Bachelor's degree (4 ans) : ≈ Licence
Freshman year : première année
Sophomore year : 2e année
Junior year : 3e année
Senior year : 4e année
Master's degree (2 ans) : Master
Ph.D [piː-eɪtʃ-diː] : doctorat
faculty : le corps enseignant
fraternity : association d'étudiants
roommate : colocataire
scholarship : bourse
sorority : association d'étudiantes
syllabus : le programme
tuition : frais de scolarité

*indispensable pour le TOEFL

« He played too much (American) football without a helmet. »
Lyndon B. Johnson of Gerald Ford (from *The Little Book of Insults*)

LES DÉMONSTRATIFS

A- EXPLICATION :

- Lorsque l'on parle de démonstratifs, il s'agit de **THIS** (pluriel **THESE**) et de **THAT** (pluriel **THOSE**).

  Ils possèdent **3** grandes fonctions :

  ❶ **Déterminants :** THIS / THAT + ND sing. ou NI, THESE / THOSE + ND plur.

  ex. : - *I've never seen **that** girl.*

  - *In **this** country, people are very kind to foreigners.*

  ❷ **Pronoms**

  ex. : *Look at **this**!* / *Look at **that**!*

  ⇨ Associé à **OF**, **THAT / THOSE** remplacent le génitif ('S) : souvent abordé au TOEFL/TOEIC.

  ex. : *Our house is bigger than **that of** Terry. (= than **Terry's**)*
  ⇨ Notre maison est plus grande que celle de Terry.

  ❸ **Adverbes intensifieurs** (langue fam.)

  ex. : *Tony Parker isn't **that** tall for a basketball player but he's so gifted…*
  ⇨ Tony Parker n'est pas aussi grand que cela pour un basketteur mais il est tellement doué...

  ⇨ **ATTENTION :** ne pas confondre **THAT** pronom démonstratif avec THAT pronom relatif ou conjonction de subordination.

FONCTIONNEMENT DE THIS / THAT

1- PROXIMITÉ et ÉLOIGNEMENT :

- **THIS** et **THESE** ont une valeur de **proximité**.
  THAT et **THOSE** ont une valeur d'**éloignement**.
  On notera que ces valeurs sont en relation directe avec l'*énonciateur* (celui qui parle).

  Proximité et distance peuvent être de 3 types :

  ❶ *dans l'**espace** :*

  ex. : - *We have two houses, **this** one and another in Baltimore County.*
  - *In **that** country, foreigners are not welcome.*

  ❷ *dans le **temps** :*

  ex. : - *I'm so tired **these** days (en ce moment).*
  - *She hated grammar in **those** days / at **that** time (en ce temps-là, à l'époque).*

  ❸ dans le ***discours*** (valeur modale, affective) = **THAT**

  * *Jugement négatif :*

  ex. : - *Don't tell me he married **that** girl in the end! She was so despicable.*
  ⇨ Ne me dis pas qu'il a épousé **cette fille-là** finalement ! Elle était tellement détestable.

  - *Do not ever say **that** name in front of me again!*
  ⇨ Ne prononce jamais plus **ce nom-là** devant moi !

2- ANAPHORE et CATAPHORE :

- Quand on se réfère à des paroles ou à du texte, **THIS** annonce *ce qui suit* (cataphore) et **THAT** renvoie à *ce qui précède* (anaphore).

THAT = **renvoi** à du *déjà dit.* / **THIS** = **annonce** des *paroles à venir.*

ex. : - *Enough! I don't want to hear **that** again.*

- *Let me tell you **this**: all pupils love grammar.*
- ***This** is the reason why I left her.*
  ⇨ Voici (Je vais vous donner) la raison pour laquelle je l'ai quittée.
- *Is **that** what you really told her? — Of course not, dummy!*
  ⇨ C'est vraiment ce que tu lui as dit ? — Bien sûr que non, andouille !

3- EMPLOI AVEC OPÉRATEURS EN WH- :

- **THIS** et **THAT** s'associent avec les opérateurs en WH- comme *WHY, WHEN, WHERE, WHAT, HOW…*

ex. : - *This is **where** I used to live.*
  ⇨ C'est ici que j'habitais.

- *That was **when** she decided to go there on her own.*
  ⇨ C'est alors qu'elle décida d'y aller toute seule.
- *That's **why** she made up her mind to set off at once.*
  ⇨ C'est pour cela qu'elle se décida à partir sur le champ.
- *That was **how** he succeeded in passing the exam.*
  ⇨ C'est ainsi qu'il a réussi l'examen.

4- EMPLOI AVEC OF et UNE PROPOSITION RELATIVE :

- Lorsqu'une **PROPOSITION RELATIVE** est introduite par un démonstratif (ici pronom), on utilisera THAT / THOSE (et non *this* / *these*) :

ex. : ***Those** who are qualified for the next event must train harder.*
⇨ Ceux qui sont qualifiés pour la prochaine épreuve doivent s'entraîner encore plus.

5- SUBSTITUTS DE THIS / THAT : *ONE / THE*

- **ONE** associé à **THIS** et **THAT** permet de remplacer un nom déjà utilisé dans le contexte avant (économie lexicale).

ex. : - *I have bought two sweaters. The first **one** is blue and the other one green.*

- *Do you prefer these (ones) or those (ones)?*
  ↳ Au pluriel, **ONES** n'est pas indispensable.

- On remplacera **THAT / THOSE** par **the one(s)** si l'on a affaire à des noms dénombrables.

ex. : *The figure in the first box is smaller than **the one** in the second box.*

- L'article **THE** peut aussi avoir la valeur d'un démonstratif.

ex. : - *"A man was falling asleep on a bench. **The** man looked exhausted."*
  ⇨ "Un homme s'endormait sur un banc. **Cet** homme semblait épuisé."

- *I swam there a lot at **the** time.*
  ⇨ **A cette époque-là / A l'époque**, je nageais beaucoup à cet endroit.
- *She's trying to make a lot of effort at **the** moment.*
  ⇨ Elle essaie de faire beaucoup d'efforts **en ce moment**.

(cf. Les articles, THE 3-1, g)

6- ADVERBE INTENSIFIEUR :

- **THIS** et **THAT** s'emploient aussi à l'oral comme **adverbes**. Ils jouent alors le rôle d'**intensifieurs** tout comme *SO*, *SUCH* ou *VERY*.

ex. : - *"We didn't work **that** long yesterday, did we?"*
⇨ "Nous n'avons pas travaillé **aussi** longtemps **que ça** hier, non ?"

- *"The algebra problem wasn't **that** hard after all."*
⇨ "Le problème d'algèbre n'était pas **aussi** dur **que ça** finalement."

- *The news was **so** unbearable that he started trembling.*
⇨ La nouvelle était **tellement** insupportable qu'il se mit à trembler.

- *I have never heard **such** rubbish!*
⇨ Je n'ai jamais entendu une **telle** ânerie !

Two people speaking :

- *You know, my cousin is **this** tall. — No, he's not **that** tall.*
↳ Paroles accompagnées d'un geste (THIS) / THAT = dépréciatif.

B- APPLICATIONS : TOEFL/TOEIC (voir corrections page **237**)

1- __________ are extremely popular with young people.
a) These artist b) These artists c) That artist d) This artist

2- Children raised in the country are much happier ________ who grow up in a city.
a) these b) than that c) than those d) those

3- I shall never understand __________ of art.
a) this kind b) these kind c) these kinds d) that kinds

4- To __________ day I have always hated __________ author.
a) this / that b) what / that c) which / this d) that / this

5- The species are endangered by __________ of all curses, namely pollution.
a) those worse b) that worse c) that worst d) those worst

6- Why should __________ generations be less talented than __________ of previous times?
a) These / those b) Those / those c) Those / these d) These / these

"Will you love me when I am old and gray?"
"Why must I wait that long?"
d'après *L'humour anglo-saxon*.

LES PRONOMS

LES PRONOMS PERSONNELS **SUJETS** et **COMPLÉMENTS**

① **FORMATION :**

- Pronoms sujets : I - YOU - HE - SHE - IT - WE - YOU - THEY
- Pronoms compléments : ME - YOU - HIM - HER - IT - US - YOU - THEM

② **EMPLOIS :** *Pièges récurrents au TOEFL / TOEIC*

a) Attribut de **BE** : après BE, on utilise le pronom sujet. Forme canonique et un peu **désuète**, utile pour le TOEFL.

ex. : - *She was convinced that it was* ***he*** *whom they expelled.*

↳ Au TOEFL, HIM n'est pas possible.

- *Who's knocking? It is* ***I****.*

↳ Désuet. A usage TOEFL. Dans la vie courante préférez ME.

b) **ONE** : pronom de généralité / "philosophique" :

ex. : - *If one has serious problems,* **one** *should not face them alone.*

↳ Au TOEFL / TOEIC, on aurait tenté de vous faire croire que YOU était possible.

c) Le **genre** masculin ou féminin du sujet :

ex. : - *Since* ***he*** *is a hard-working and dynamic employee,* ***Ms*** *Potter must have drawn up this outstanding report.* ⇨ **SHE**

↳ Cela ne peut être **HE** car il s'agit de ***Ms*** qui est l'équivalent **féminin** de ***Mr***.

d) Fonction sujet ou complément : *très courant dans les deux tests.*

ex. : - *My sister and* **I** *went to the movies yesterday.*

↳ Pas ME car **I** est sujet.

- *My mother bought my sister and* **me** *two tickets for the match due on Sunday.*

↳ Pas I car **me** est complément.

e) Pronom sujet et appositives :

ex. : *We* ***boys*** *would rather watch* Friends *than do our homework.*

↳ Un pronom sujet peut être apposé à un nom.

f) "Celui qui, celle qui..." :

ex. : ***He*** *who trains on his own must be persistent.*

↳ Au pluriel, cela donnera : ***Those*** *who train on* ***their*** *own...*

LES PRONOMS **RÉFLÉCHIS** et **RÉCIPROQUES**

① FORMATION :

- Pronoms réfléchis : MYSELF - YOURSELF - HIMSELF - HERSELF - ITSELF - ONESELF - OURSELVES - YOURSELVES - THEMSELVES
- Pronoms réciproques : *EACH OTHER – ONE ANOTHER*

② EMPLOI : Voici les principaux problèmes recensés dans les tests

a) Emphase :

ex. : *He **himself** mended his toy.*

b) Associé à (**ALL**) **BY**, un pronom réfléchi signifie "***seul, tout seul*** ou ***soi-même, par soi-même***".

ex. : *He mended his toy (**all**) **by** himself. (= **on his own**)*

c) Sens de *"en personne"* :

ex. : *I have met the president **himself**.*

d) **Attention**, un pronom réfléchi ne peut occuper la fonction de sujet.

ex. : - *~~Herself~~ is the cause of your problems.*
↳ **SHE** *is the cause...*
- *Paul and ~~myself~~ are working on a new application program.*
↳ *Paul and **I**...*

e) Théoriquement : **EACH OTHER** avec **2** éléments et **ONE ANOTHER** avec **plus** de 2 éléments, cette distinction a tendance à disparaître :

ex. : *His two roommates hated each other / The five young women helped one another.*

LES PRONOMS POSSESSIFS

P.P. + ∅

① FORMATION :

- Comme l'adjectif possessif, le pronom possessif est invariable, qu'il renvoie à du masculin, du féminin, du singulier ou du pluriel. Le pronom, par nature, remplace le groupe nominal et ne peut donc être suivi d'un nom (**P.P. + ∅**).

MINE - YOURS - HIS - HERS - OURS - YOURS - THEIRS

<u>**ATTENTION**</u> : Le pronom possessif neutre n'existe pas. **ITS** ne peut être qu'adjectif possessif.

② EMPLOI :

a) Les pronoms possessifs ne sont pas précédés, comme en français, d'un article défini.

ex. : *It's theirs :* c'est le leur, c'est à eux.

b) Noter la construction : **NOM + OF + P.P.**

ex. : - *He's a friend **of mine** :* c'est un ami à moi.
c'est un de mes amis.

- *It's another trick **of theirs** :* c'est encore un tour à eux.
c'est encore un de leurs tours.

c) Les pronoms indéfinis comme *everybody, everyone, somebody, someone, anyone, nobody, no one,* etc. sont suivis d'un verbe au singulier. Paradoxalement, leur adjectif possessif est *THEIR*, et leur pronom possessif *THEIRS* (utilisation canonique). Vous trouverez parfois *"his/her"* mais pas au TOEFL/TOEIC.

ex. : - *Somebody has forgotten **their** book.*
⇨ Quelqu'un a oublié son livre.

- *Nobody has got **theirs.***
⇨ Personne n'a le sien.

d) Le pronom interrogatif correspondant est ***WHOSE***. Attention, ne pas le confondre avec **WHO'S**. Il peut être :

❶ déterminant : ***Whose** car is this?* (*Whose* + nom)
⇨ It's my car / mine.

❷ pronom : ***Whose** is it?*
⇨ It's mine.

LES ADJECTIFS POSSESSIFS

A.P. + NOM

① FORMATION :

➢ Les adjectifs possessifs ne sont pas des pronoms mais des déterminants Ils n'ont qu'une seule forme, englobant masculin, féminin, singulier et pluriel. Ils se placent en tête du groupe nominal.

MY - YOUR - HIS - HER - ITS - OUR - YOUR - THEIR

<u>ATTENTION</u> : ITS ≠ IT'S (= it is)

➢ **ONE'S** (génitif du pronom ONE) est l'équivalent du français "son, sa" dans les tournures impersonnelles.

ex. : - *to give **one's** opinion.*
- *to make up **one's** mind.*

② EMPLOI :

a) Contrairement au français, l'emploi de *his* ou de *her* dépend du genre du possesseur.

français ➲ objet possédé : *une* table ⇒ *sa* table (homme ou femme)

anglais ➲ possesseur **homme** ⇒ ***HIS** table*
possesseur **femme** ⇒ ***HER** table*
possesseur **non humain** ⇒ *I like your table because **its** size is so unusual.*

b) **HIS** est tantôt adjectif possessif (A.P. + Nom), tantôt pronom possessif (quand il n'est pas suivi d'un nom : P.P. + ∅).

ex. : - *This is **his** house, isn't it?* (A.P.) = sa maison
- *This house is **his**, isn't it?* (P.P.) = la sienne

③ Les pièges du TOEFL / TOEIC :

a) Les adjectifs possessifs sont utilisés pour désigner les parties du corps (ou le port d'un vêtement : article défini en français) – problème testé aux examens.

ex. : - *She washed* | ***her** hands.* les mains.

- *He had a hat* | *on **his** head.* sur la tête.

- *He broke* | ***his** leg last year.* la jambe.

Attention à quelques exceptions : *He was wounded in **the** leg.*
*He hit him on **the** head.*

b) En anglais, l'adjectif possessif peut être sujet d'une proposisiton en **–ING** qui a été nominalisée : *fréquent au TOEFL/TOEIC.*

ex. : - *I don't mind **his** com**ing** with us.*
- *She objects to **their** leav**ing** with her.*

c) Adjectif possessif et appositive : *fréquent au TOEFL/TOEIC.*

ex. : *Alan**, along with his two brothers,** is studying **HIS** lesson.*

↳ Quand un nom sujet est suivi d'une appositive, il faut ignorer ce qui se trouve entre les virgules afin de choisir l'adjectif possessif qui convient. On remarquera que le verbe est lui aussi au singulier (*his* = *Alan*).

d) Noms sujets liés par **AND** ou **OR/NOR** : *fréquent au TOEFL/TOEIC.*

ex. : *Harry **and** Mike have just finished digging **THEIR** hole in the garden.*

↳ Quand des noms sujets sont liés par AND, l'adjectif possessif est au pluriel ainsi que le verbe.

Mais **attention** :

- *Neither Mike nor **Kathy** has dug **HER** hole in the garden.*
- *Either Mike or **the children** have dug **THEIR** hole in the garden.*

↳ Verbe et adjectif possessif s'accordent en genre et en nombre avec le dernier nom sujet.

➢ Petit rappel sur EITHER / NEITHER

EITHER = *" l'un ou l'autre "* renvoie à un **choix** entre **2** éléments.

ex. : *Tea or coffee? — **EITHER** will do.*
↳ L'un ou l'autre fera l'affaire.

NEITHER = *" ni l'un ni l'autre "*

ex. : *Tea or coffee? — **NEITHER**, thank you.*

➢ Les structures *EITHER* N_1 *...**OR*** N_2 / *NEITHER* N_1 *...**NOR*** N_2 (ici déterminants) marquent une ***opposition*** entre deux éléments. (cf. aussi Les conjonctions paires)

ex. : *You should choose **EITHER** solution A **OR** solution B.*

B- APPLICATIONS : TOEFL/TOEIC (voir corrections page **237**)

1- You must show your passport to the <u>customs</u> officer <u>prior to</u> <u>him</u> giving you permission <u>to</u> enter the country.

2- <u>A</u> hen <u>lay</u> an egg a day and feeds <u>itself</u> with small stones in order <u>to produce</u> the shell.

3- People started rubbing <u>the</u> hands <u>together</u> as <u>a</u> gust of wind <u>chilled</u> the room.

4- When one moves to a new country, the first thing you may experience is a culture shock.

5- Some of Sherman Alexie's poems were published during theirs college years.

6- It is good to know about a country's geography and her history before visiting it.

7- The success Jack Kerouac encountered with his novel *On The Road* helped he become a symbol of the beat generation.

8- We wanted to thank their by offering them flowers, but they wouldn't accept any present.

9- The company will reward all those who support it's policy.

10- A cousin of her stayed with us at the cottage for the week-end.

11- We have spent so much time preparing for the TOEIC test that I feel we have greatly improved ours skills.

12- Shirley and me used to go to the gym together.

13- They were told by the secretary and I not to disturb the meeting.

14- It was his from the very beginning, trying to warn me not to go.

15- Whoever called me yesterday forgot to leave his phone number on the answering machine.

16- If one knew about the details of the situation, you would never say such things.

17- I earn mine living by driving a cab at night.

18- Before Paul Simon started a solo career, Art Garfunkel and him had sung together for many years.

19- XIXth century European settlers deprived native Americans from theirs land.

20- He entered the room, the hands in his pockets, smiling and humming to himself.

Petits plus

INDIFFERENCE

Don't bother! : Ce n'est pas la peine ! Ne te donne pas de mal !
It doesn't bother me! : Cela ne m'inquiète pas
It doesn't matter! : Cela n'a pas d'importance
It hardly matters at all : Cela n'a pas d'importance / c'est un détail
So what? / Big deal! : Et alors ? / On s'en fiche !
No big deal : Ce n'est pas grave
Who cares? : On s'en fiche !
Forget it! : Laisse tomber
It's none of your business : Cela ne te regarde pas
Mind your own business : Mêle-toi de tes affaires

« As brief as a husband's kiss. »
Spanish Saying (from *The Little Book of Insults*)

LES QUANTIFIEURS

ENCORE UN CHAPITRE QUI DE PAR SA DENSITÉ NÉCESSITERA SANS DOUTE PLUSIEURS LECTURES. NE NÉGLIGEZ PAS LES POINTS PARTICULIERS (**MANY A** + N / **A NUMBER OF**...) : ILS VOUS SEMBLERONT PEUT-ÊTRE INSIGNIFIANTS OU TROP SPÉCIFIQUES, MAIS ILS FONT TOUTE LA DIFFÉRENCE !

Les quantifieurs se placent avant un groupe nominal pour exprimer une quantité approximative.

I- LES QUANTIFIEURS DE BASE

I.I- SOME / ANY / NO (NOT ANY) :

Points TOEFL/TOEIC	Sens QUANTITATIF	Sens QUALITATIF
SOME + ND / NI *"du, de la, des"* *"quelque"*	⇨ dans **affirmation** : ex. : *I need some pens.* ⇨ dans **interrogation** : cf. figure n°1  Il utilise **SOME** car il sait qu'il y a du café ! *Demande polie / **Présupposition d'existence***	⇨ dans **affirmation** : *He's **some** writer!* *= a very good writer.* (*SOME* est accentué)
ANY + ND / NI	⇨ dans négation et interrogation : cf. figure n°2  Il utilise **ANY** car il ne sait pas s'il y a du café ! ⇨ **ANY** peut aussi apparaître dans une phrase négative avec un terme (semi-) négatif autre que *not*, comme *hardly*, *barely*, *scarcely* (guère, à peine, presque pas) ou *without* (sans). Problème plusieurs fois rencontré dans les tests du TOEFL/TOEIC. ex. : *I have hardly any money left.* ⇨ Je n'ai presque plus d'argent.	⇨ dans **affirmation** : ex. : - *I'll have **ANY** tea.* ⇨ indétermination = *n'importe lequel* (*ANY* est accentué) ≠ *I want SOME tea.* ⇨ quantité indéfinie = *du thé* cf. figure n°3 = **Indifférentiation***

	*He left the restaurant **without** leaving **ANY** tip / **ANY**thing.* *She had **hardly ANY** change to tip the waiter.*	
NO + ND / NI (rejet total)	⇨ dans **négation** : ex. : *Jerry has NO bicycle. / There is NO bicycle in the garage.* ↳ rejet quantitatif cf. figure n°4 = **rejet total**** ⇨ **Expressions** à connaître : ***in no time*** = en très peu de temps ***at no time*** = à aucun moment	⇨ dans **négation** : ex. : *Your wife is NO beauty queen!* ↳ rejet qualitatif (*NO* est accentué) *He's **no** musician.* = C'est un mauvais musicien. ≠ *He's **not** a musician.* = Il n'est pas musicien.
NOT ANY + ND / NI (envisage la possibilité)	⇨ dans **négation** : ex. : *I have**n't** got **any** money to pay the bill.* cf. figure n°5 = **possibilité envisagée***** ⇨ **NOT A SINGLE** + N = *"pas un seul"* ex. : *There wasn't a **single** student in the room.*	

***figure n°3**

"I play <u>any</u> sports" — *"I don't play just <u>any</u> sports"* — *"I don't play any sports"*

Quand <u>**ANY**</u> est accentué, il se traduit par "n'importe lequel".

****figure n°4** — *****figure n°5**

NO	NOT ANY
figure n°4	**figure n°5**

*Il n'a pas d'argent, et il le sait ! Avec **NO** il procède à un <u>rejet</u> total de la possibilité.*

*Il pense avoir de l'argent, en cherche mais n'en trouve pas. Avec **NOT ANY** il <u>envisage</u> la possibilité.*

Illustrations : *Jean-Luc Servais*

I.II- Autres quantifieurs de base :

Points TOEFL/TOEIC	Quantifieurs de base	Cas particuliers
Quantité Zéro	**NONE** = *"aucun"* **NONE**, à différencier de NO ONE (*"personne"*), est issu de la combinaison **NOT + ONE** et renvoie à un choix au-delà de 2 éléments (≠ *either, neither*). - *My parents and I are fond of hiking. But **NONE** of us enjoy**s** rambling in the rain.* - *Why did you talk rubbish? — It's **NONE** of your business!*	**NONE TOO** (cf. Les intensifieurs : **TOO**)
Unicité	**ONE** (numéral) ➢ **ONE** souligne l'**unicité** (à la différence de ALL), et se retrouve souvent dans les constructions partitives en **OF** et dans des expressions. - *ONE OF the **men** has a Ferrari.* (souvent testé à l'examen) ↳ **ONE OF** the + nom **pluriel** + verbe singulier - ***ONE OF** the most memorable and momentous **days** of my life is the birth of my son.* ↳ A l'examen, les concepteurs rajoutent une longue liste d'adjectifs pour vous faire oublier que le nom [ici ***days***] doit être au pluriel. - *One by one / one at a time…* **ONE** (substitut) ➢ **ONE** a le rôle de pronom : - ***ONE** does what one can!* (on fait ce qu'on peut !) - ***ONE** must do **one's** best.* = *You must do **your** best.* ↳ On notera au passage la présence de ONE'S (cas possessif) - *Which pen do you like best? - I'd rather buy the blue **ONE**[18].*	**- ANOTHER / OTHER** ex. : - *Two foxes rushed through the field. **ONE** was thin and fast, and the **OTHER** was smaller but ran fast enough. Suddenly, **ANOTHER** (fox) ran into the bush.* ↳ *OTHER* = l'autre / *ANOTHER* = un autre *(an + other)* **- ONE ANOTHER** (cf. each other) - Dans une forme génitive, ONE / ONES ne peuvent apparaître à droite de N1's[19]. ex. : - *My bike is cheaper than my sister's.* ↳ *my sister's one* = **impossible**
Quantité faible	**∅ LITTLE + NI** = "peu de" = *not much* - *I drank **little** beer at Beth's party yesterday.* - *I gained **little** advantage from this experience.* **∅ FEW + ND** = "peu de" = *not many* - ***Few** workers will be made redundant.*	**TOO LITTLE** - *We have **too little** money to pay the bill.* (pas assez, trop peu) ↳ A la différence de A LITTLE, **LITTLE** exprime une quantité insuffisante : *not enough.* **TOO FEW** - *There are **too few** women who have a position of responsibility.* ↳ pas assez, trop peu

18 Pour cet emploi de ONE, les éléments doivent appartenir à la même classe (ici : *pens*). cf. J. BOUSCAREN, M. MOULIN & H. ODIN. *Pratique raisonnée de la langue.* Éditions Ophrys.

19 "On ne peut utiliser ONE si le nom à reprendre est trop déterminé." cf. ibid, p 101. Or, N1's joue déjà le rôle d'un déterminant. Pour les mêmes raisons, on n'utilise pas ONE après des pronoms et adjectifs possessifs.

Petite quantité

➢ **A LITTLE + NI (ou adjectif)** : "un peu (de)"
- *I'll take **a little** tea. / I'll have **a bit of** butter with my toast.*
- *She feels **a little** better.*
  ⇨ comparatif de supériorité

➢ **A FEW + ND** = "quelques"
- *She's leaving for the USA for **a few** months.*
- ***A few** people walked about the city center.*

Grande quantité

➢ **A LOT OF + ND / NI** = "beaucoup"
- *a lot of books (ND)*
- *a lot of money (NI)*

LOTS OF, **A GREAT (GOOD) DEAL OF** ou **PLENTY OF**, quant à eux, se construisent de la même manière que A LOT OF.

➢ **MANY** et **MUCH** sont utilisés de préférence en contexte **négatif** ou **interrogatif.** A la forme **affirmative**, préférer *a lot of / a good deal of* :

• **MANY + ND** = *MANY beers* (les verres bus) / *MANY times* (les fois)…
- *Were there **many** people at the meeting last week?*
  ⇨ Y avait-il beaucoup de gens à la réunion la semaine dernière ?

• **MUCH + NI** = *MUCH beer* (la boisson)
MUCH time (le temps)…
- *There isn't **much** butter left in the fridge.*
  ⇨ Il ne reste pas beaucoup de beurre dans le frigo.

➢ **MUCH** adverbe (≠ quantifieur) :
- *I haven't worked **much** today.*
  ⇨ Je n'ai pas beaucoup travaillé aujourd'hui.

Il arrive fréquemment qu'au TOEFL/TOEIC **MUCH** soit suivi d'un comparatif ; et certains voient cette construction d'un mauvais œil alors qu'elle est tout à fait correcte grammaticalement.

- *My brother is MUCH bigger than I am.*
  ↳ " beaucoup plus "

↳ Suite de MUCH et MANY dans ***II- Les Quantifieurs particuliers***

➢ **AS MUCH** (…) **AS + NI / + ∅** : autant
- *She loves him **as much as** his former wife (does).*

➢ **AS MANY (…) AS + ND** : autant que
- *I bought **as many** books **as** she did.*

➢ **TOO MUCH / TOO MANY** (trop de) se construisent de la même manière que MUCH et MANY. **MUCH TOO MUCH** met l'accent sur l'*excès* (= beaucoup trop).

➢ **A LARGE NUMBER OF** + ND pluriel
- *A large number of **people** came to the meeting.*

➢ **A LARGE AMOUNT OF** + NI
- *A large amount of **money** was locked in the safe.*

➢ **<u>Attention</u>** :

•**THE** NUMBER OF + N + V **singulier** :
- ***The** number of voters **was** ridiculously low.* (= le nombre de)

•**A** NUMBER OF + N + V **pluriel** :
- ***A** number of marchers **were** carrying red flags.* (= beaucoup de)

Quantité suffisante

ENOUGH

➢ Ce quantifieur indique une quantité **suffisante**. Il peut être utilisé seul, porter sur un adjectif ou un adverbe et permettre une **évaluation quantitative**.

ex. : - *I can't speak well **enough**.*
- *You are a fast **enough** typist.*
- *You've had **enough** sweets for today, haven't you?*

➢ Attention, ENOUGH se place **avant le nom** mais **après l'adjectif** ou **l'adverbe**. Ces **2** constructions s'opposent très souvent au TOEFL / TOEIC :

⊙ ENOUGH + **<u>NOM</u>** :
ex. : - *Have you had ENOUGH <u>coffee</u>?*
↳ quantification simple

⊙ **<u>ADJ</u>**. + ENOUGH :
ex. : - *They all worked <u>hard</u> ENOUGH to pass the exam.*

<table>
<tr><td rowspan="2">Quasi-totalité</td><td>
➢ Cas générique :
MOST + <u>ND</u> = "la plupart des Ns"
- MOST <u>people</u> go to the seaside in (the) summer.
➢ Cas spécifique :
MOST OF THE/ADJ. POSS + <u>ND</u>
- MOST OF OUR <u>friends</u> drink Irish beer.
- MOST OF THE <u>people</u> who live in a seaside village spend their holidays in the mountains. (spécifique car il s'agit de ceux qui vivent au bord de la mer)
➢ Cas générique :
MOST + NI
- The Wham! Final Tour had MOST success in 1986.
➢ Cas spécifique :
Most of the + NI
- He spends MOST OF HIS time working on his computer.
➢ N.B. :
in SOME cases < in MOST cases < in ALL cases.
</td></tr>
<tr><td>
➢ ALMOST n'a rien à voir avec les quantifieurs, mais il arrive fréquemment qu'au TOEFL/TOEIC MOST et ALMOST soient opposés. ALMOST est un adverbe qui a pour sens "faillir" / "presque" (nearly). L'adverbe all but a aussi le sens de presque, pratiquement.
- The exam is almost finished.
- She almost fell down. ⇨ Elle a failli tomber.
- We almost (nearly) missed our train.
- They all but perished from cancer. ⇨ Ils sont presque tous morts du cancer.
N.B. : Almost n'est pas précédé de VERY à la différence de NEARLY.
</td></tr>
<tr><td>Totalité</td><td>
➢ ALL a une valeur globalisante (ensemble des éléments pris dans sa totalité). Il s'utilise avec des adjectifs, des adverbes, des noms et des pronoms[20] :
- ALL children like potatoes. ⇨ DÉTERMINANT = emploi générique
- ALL the pupils of her class were obedient. ⇨ PRÉ-DÉTERMINANT = emploi spécifique
- They ALL began to laugh at me. ⇨ PRONOM
- ALL OF them came to the party. ⇨ PRONOM
- He was ALL tired and strained. ⇨ INTENSIFIEUR
➢ ALL peut être remplacé par whole / entire (= completely) quand il précède un ND.
- all her life = her whole life (whole : adjectif = tout, en entier) = her entire life
➢ ALL + expressions figées :
ALL peut être précédé de NOT AT et prendre le sens de “ rien du tout / pas du tout ” ou de AT = “ vraiment / encore / toujours ” et s'utilise avec des expressions figées :
- I didn't understand AT ALL. ⇨ “ du tout ”
- You're lucky to be alive AT ALL! ⇨ “ encore / toujours ”
- First of ALL / ALL at once / That's ALL! / Once and for ALL
</td></tr>
</table>

I.III- EACH / EVERY :

Points TOEFL/TOEIC	SENS	Expressions
EACH + ND Singulier + V sing *"chaque"*	⇨ **Individualise** (focalisation sur un élément) ex. : ***EACH** student work**s** hard to succeed.* ↳ Chaque étudiant du groupe, ce qui revient à dire *tout le groupe*.	➢ Théoriquement : **EACH OTHER** avec **2** éléments / **ONE ANOTHER** avec **plus** de 2 éléments (cette distinction a tendance à disparaître) : ex. : *His parents hated each other. / The ten students helped one another.*

[20] cf. J-R. LAPAIRE & W. ROTGÉ. *Réussir le commentaire grammatical de textes*. Ellipse.

Points TOEFL/TOEIC	SENS	Expressions
EVERY + ND Singulier + V sing *"tous / chaque"*	⇨ **Globalise** (+ individualise) (Plus focalisé sur l'ensemble que sur chacun des éléments) ex. : ***EVERY** student work**s** hard to succeed.* ↳ Tous les étudiants du groupe.	➢ **EVERY** peut être aussi accompagné de ONE (≠ EVERYONE) pour renforcer l'idée d'**unicité** dans un groupe : ex. : *EVERY man is born to die.* — *Sure, EVERY **ONE** is.* (verbe au **singulier**) = chacun d'entre eux. - *Every day / Every week / Every* year / *Every* month - *Every two years / Every other day* (un jour sur deux) / *Every few minutes* (toutes les cinq minutes). - *Every now and then* (de temps en temps)

I.IV- THE TWO / BOTH :

THE TWO	ex. : 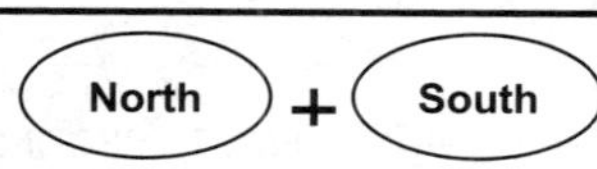 ***THE TWO** Irelands used to be one country.* ↳ The two fait la différence entre les deux éléments = 1 + 1. ***THE TWO** books cost $10.00.* ⇨ Les deux livres coûtent $10 en tout. ↳ $ 5 + $ 5 = $ 10 <u>ou</u> $ 6 + $ 4 = $ 10
BOTH	ex. : 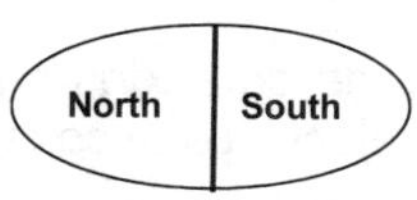 ***BOTH** Irelands celebrate Saint Patrick's Day.* ↳ **BOTH** <u>regroupe</u> les deux éléments en un seul = **1.** ***BOTH** books cost $10.00.* (Tous les deux ont le même prix) ⇨ Les deux livres coûtent chacun $10. ↳ prix total = $20

II- LES QUANTIFIEURS PARTICULIERS

Avec MANY	Avec MUCH
➢ **A GREAT/GOOD MANY + ND** pluriel *(formule rare)* **MANY A + ND** singulier *(formule rare)* - ***MANY** tourists visit Paris every year.* - ***A good/great many** tourists visit…* ↳ Bon nombre de / Énormément de touristes… -***MANY a** tourist visit**s** Paris.* (verbe au **singulier**) ↳ Maint touriste - ***MANY** a time* = " maintes fois "	➢ **MUCH OF + N** - *He isn't MUCH OF a guitarist.* ⇨ Il n'est pas très doué pour la guitare. ➢ **MUCH + COMPARATIF** : (cf. MUCH/MANY) - *This book is MUCH **better** than expected.* = *This book is **by far** the better of the two.* (de loin le meilleur)

Deux fois plus, Deux fois moins

- **TWICE AS <u>MANY</u> AS** + ND : *deux fois plus*
  - *I have **twice as** <u>many</u> DVDs **as** you (have).*
    ⇨ J'ai deux fois plus de DVD que toi.
  - *I have **twice as** <u>many</u> cars **as** you have.*
- **HALF AS <u>MANY</u> AS** + ND : *deux fois moins*
  - *I have **half as** <u>many</u> DVDs **as** you (have).*
    ⇨ J'ai deux fois moins de DVD que toi.
- **THREE (...TEN) TIMES AS <u>MANY</u> + ND + AS**
  - *He has **three times as** <u>many</u> cars **as** you have.*
- **TWICE AS + <u>ADJ</u> + AS / HALF AS + <u>ADJ</u> + AS**
  - *She is **twice as** <u>rich</u> **as** you (are).*
  - *This box is **half as** <u>heavy</u> **as** this one.*

- **TWICE AS <u>MUCH</u> AS** + NI *: deux fois plus*
  - *He earns **twice as** <u>much</u> (money) **as** I do.*
    ⇨ Il gagne deux fois plus que moi.
  - *I have **twice as** <u>much</u> work **as** you do.*
- **HALF AS <u>MUCH</u> AS** + NI *: deux fois moins*
  - *He earns **half as** <u>much</u> (money) **as** I do.*
    ⇨ Il gagne deux fois moins que moi.
- **THREE (...TEN) TIMES AS <u>MUCH</u> + NI + AS**
  - *He had **four times as** <u>much</u> time **as** you had.*
- **THREE (...TEN) TIMES AS + <u>ADJ</u> + AS**
  - *This pipe is **five times as** <u>long</u> **as** this one.*
  - *= This pipe is **five times** long**er than** this one.*

III- CHIFFRES & DATES

① ONE ≠ FIRST

- Chapter ONE / TWO / THREE...= The FIRST / SECOND / THIRD chapter
  ex. : - *Act **one**, scene **two** = **The** second scene of **the** first act.*
- A la différence du français, FIRST et LAST s'emploient **avant** un chiffre :
  ex. : - *What are the **first** two things that come to mind?*
  ⇨ Quelles sont les deux premières choses qui vous viennent à l'esprit ?

② CHIFFRES ADJECTIVÉS

- En anglais, il est possible de créer des adjectifs à partir d'un nom ou d'un numéral ; et comme tout adjectif, cette construction nouvelle sera **invariable**.
  ex. : - *A ten-year-old boy* / *a five-minute break*
  ↳ Pas de S à *year / minute* puisqu'ils font office d'adjectifs. Respecter les **traits d'union**.

③ PRÉCISION / INDÉTERMINATION

CHIFFRES PRÉCIS (déterminés)		CHIFFRES VAGUES (indéterminés - approximatifs)	
A **DOZEN** Two **HUNDRED** Several **THOUSAND** Ten **MILLION** Twenty **BILLION**	+ **ND** pluriel	**DOZEN<u>S</u>** **HUNDRED<u>S</u>** **THOUSAND<u>S</u>** **MILLION<u>S</u>** **BILLION<u>S</u>**	+ **<u>OF</u>** + **ND** pluriel

- Attention, le système métrique étant relativement nouveau dans les pays anglophones, on ne parle pas en dizaines mais en douzaines : ***dozens of*** + ***ND***.

④ DATES : *L'article THE devant le jour n'apparaît qu'à l'oral !*

ON February 25th, 2002. **ON December 21st.** ➥ **ON** + mois + jour + (année)	**IN July 2002.** **IN January.** ➥ **IN** + mois + (année)	**IN 2002.** ➥ **IN** + année

early (in) October / late (in) November / (in) mid-May

BC = *Before Christ* / **AD** = *anno domini* (après J.-C.)

B- APPLICATIONS : TOEFL/TOEIC (voir corrections page **239**)

1- John Lennon was __________ Beatle to die.
a) the first b) first c) the one d) third

2- Not president but FDR was ever elected four times.

3- Many married people go on living together although they are not longer in love.

4- I will not be able to treat you to dinner because I have __________ money left.
a) none b) not many c) not d) no

5- In England, __________ minors have been unemployed for many a year.
a) large amount of b) large number of c) a large number of d) a large amount of

6- The ECU, the former European currency, is __________ longer in use
a) nought b) not c) no d) none

7- Not much people acknowledge that doctors can be sick too.

8- Much American legends have an Irish background to them .

9- A two-bedroom apartment is too much small for a family of six.

10- The French love using irony more than most another Europeans do.

11- Thousand of Nationalists protested against the Orange marches in Northern Ireland.

12- John's wife presents the picture of a woman with almost not sign of imperfection.

13- Each of the students have brought his or her ID card.

14- Almost Hispanics living in Florida come from Cuba.

15- France's immigration policy is the same as both Germany's, Italy's, and Spain's.

16- Whitman was __________ a nurse and a poet.
a) second b) the two c) both d) two

17- All of people, actors are certainly among the most self-centered.

18- One of the first and eventually the most important aim of a Hollywood movie is to make as much money as possible.

19- __________ of Mozart's *Nozze de Figaro* contains all the arias I prefer.
a) First Act b) Act first c) Act one d) The act one

20- Your vacation will be over on September five, which means you'd better get ready to go back to work, psychologically speaking.

21- Instead of daydreaming all the time, you should try either fencing and water skiing.

22- Much American doctors keep telling their patients they should quit smoking.

23- When the homeless protested peacefully, they felt they were regaining a certain number of power.

24- I have found any significant change in this student's attitude.

25- Only __________ people are allowed to meet the president.
a) a little b) few c) little d) a few

LE GÉNITIF : N1'S N2

" Cas possessif "

A- EXPLICATION :

Un peu abusivement réduit au "cas possessif", le génitif anglais se réalise à l'aide d'un **'S** (génitif dit *germanique*) qui permet d'établir une relation entre deux groupes nominaux – on le notera **N1 'S N2**. Il existe également une forme s'apparentant davantage à celle que nous connaissons en français et que l'on note **N2 OF N1**. Les deux formes sont-elles équivalentes ou interchangeables ? La marque **'S** peut-elle s'utiliser avec n'importe quel type de nom ? C'est ce que nous allons voir dans ce chapitre.

I- N1 'S N2

I.1- UN EMPLOI RESTREINT À CERTAINS NOMS (N_1) :

- Une erreur trop commune consiste à employer ce génitif avec tous les types de noms, or si *John's car / My boss's wife / the cat's teeth / France's government / His car's brakes* sont corrects, on **ne** peut théoriquement **pas** dire *the chair's legs / the room's furniture / the TV'S remote control…*

  Certains grammairiens font une classification très minutieuse[21] – mais parfois fastidieuse pour l'étudiant pressé – des noms acceptant la marque **'S**.

Noms propres et **communs** (désignant des **êtres vivants**)	*John's car / My boss's wife / the cat's teeth…*
Institutions	*government / school / church…*
Valeurs ou **notions abstraites**	*love / peace / goodness…*
Activités humaines ou leurs **produits** (et tout ce qui d'une manière ou d'une autre touche l'homme de près)	*poetry / industry… // book / play…* A cela s'ajoutent *ship* et *car* désignés par **SHE**.
Divisions du temps	*two years' work / a day's trip / three hours' walk…*
Noms **géographiques**	villes, pays, monts, rivières, quartiers, rues, planètes…
Pronoms **réciproques** et **indéfinis** [Rappelons au passage que l'adjectif possessif correspondant aux pronoms indéfinis est **THEIR** (à l'exception de ONE : ONE'S)]	- *each other / one another* - *someone / somebody / anyone / anybody / everyone / everybody / no one / nobody / one* [*Everyone / Someone has* (singulier) *forgotten **their** book.*]

  Toutefois, au grand dam des puristes, des inanimés n'appartenant pas à cette classification acceptent parfois **'S** s'ils sont très clairement déterminés par le contexte[22] (très fréquent en anglais journalistique).

- Souvenez-vous que tous les noms singuliers (terminés ou non par un -s) et les noms pluriels irréguliers (qui ne se terminent pas par un -s) s'emploient avec **'S**, alors que les noms pluriels réguliers (terminés par -s) ne sont suivis que d'une apostrophe :

---

21 C'est pourquoi, par souci d'efficacité, nous avons adopté celle, plus concise, proposée par J-R. LAPAIRE et W. ROTGÉ dans *Réussir le commentaire grammatical de textes*. Ellipse.

22 cf. J. BOUSCAREN, M. MOULIN & H. ODIN. *Pratique raisonnée de la langue.* Éditions Ophrys.

ex. : *Arthur's garden / Seamus's house / The boss's car / The children's book...* **Mais** *My parents' boat / The bosses' cars...*

I.2- LES EMPLOIS DU GÉNITIF :

- RAPPORT D'APPARTENANCE :

C'est l'un des rôles principaux du génitif. C'est uniquement dans ce sens que l'on peut parler de "cas possessif".

➢ Pour éviter une répétition, ou quand il n'y a aucun doute possible sur l'élément de base (N2), celui-ci est souvent élidé :

ex. : *John's car and Jim's are parked in front of the gym.*
I'm sleeping at my sister's (house).
I'll stop at the baker's (shop).
I went to the doctor's (office) [ou *to the doctor*].

Même chose après un complément de nom en "**of**" :

ex. : *He's a friend of Jane's. (= a friend of **hers**)*

➢ Dans les structures comparatives **N1'S N2 // N3'S N2**, **THAT OF** OU **THE ONE OF** peuvent remplacer le second **N2**. Au TOEFL / TOEIC, vous devrez faire attention au nombre de N2 : N2 singulier → THAT OF / N2 pluriel → THOSE OF / THE ONE**S** OF :

ex. : *My sister's house is bigger than my brother's.*
N1 'S N2 — N3'S (N2 élidé)
My sister's house is bigger than that of my brother.
*My sister's house**s** are bigger than **those** of my brother.*
My sister's houses are bigger than the ones over there.

➢ Attention à la distributivité du génitif :

ex. : *John and Mary**'s** house* = la maison du couple
*John**'s** and Mary**'s** houses* = chacun la sienne

- EXPRESSION D'UNE **DURÉE** OU D'UNE **DISTANCE** :

ex. : *I lost a year's wages*, ou *a year's **worth of** wages.* (expression d'une valeur)
It's a three miles' highway.
It's a nice five hundred yards' walk.

➢ Noter qu'on préférera souvent un nom composé (ne pas oublier alors le **trait d'union** entre le chiffre et le nom de mesure qui se mettra alors au **singulier**) :

ex. : *It's a three-mile highway.*
It's a nice five-hundred-yard walk.

➢ Pour une mesure autre que la durée ou la distance, seul le nom composé est possible[23] :

ex. : *A two-dollar bill. / A three-inch nail.*

- EXPRESSION DANS LE **TEMPS** :

ex. : ***Yesterday's** lecture was so dull that I couldn't help yawning.*
⇨ Le cours d'**hier** était tellement ennuyeux que je ne pouvais pas m'empêcher de bâiller.

---

[23] cf. P. LARREYA & C. RIVIÈRE. *Grammaire Explicative de l'anglais*. Longman Université.

- EXPRESSIONS **IDIOMATIQUES** FIGÉES :

  ex. : *for God'**s** sake / for Heaven'**s** sake* (pour l'amour de Dieu) / *a Master'**s** degree* (Master) / *a Bachelor'**s** degree* (≈ Licence).

- Noter également les expressions du type : *in a **day's** time* (d'ici une journée)

  ex. : *In a **year's** time, she'll have recovered.*

  Avec *time, work, imprisonment* (NI), les noms composés sont impossibles[24].

  ex. : *three years' imprisonment.*

I.3- LES GÉNITIFS SPÉCIFIQUE & GÉNÉRIQUE :

Par rapport à **N2**, **N1'S** peut jouer soit le rôle d'un **déterminant**, soit celui d'un **adjectif** :

*The **boys' bicycles** are in the shed.*

↳ Cet énoncé peut en effet se traduire par "Les vélos des garçons sont dans l'abri", sous-entendu les vélos de Fred et de George. Dans ce cas, N1 a pour fonction de spécifier N2 de façon précise : ce sont les vélos d'individus spécifiques connus des interlocuteurs. N1 pourrait être remplacé par un déterminant comme THEIR, on parle ici de **génitif spécifique** (identification précise dans une situation donnée).

↳ Dans un contexte différent, la phrase pourrait se traduire par "Les vélos de garçon sont dans l'abri". **N1'S** ne renvoie plus ici à des individus particuliers mais à une catégorie (qui s'oppose à **girls'**). On pourrait le remplacer par un adjectif : *The **blue** bicycles are in the shed but the **red** ones are in the garage / The **boys'** bikes are in the shed but the **girls'** are in the garage*[25]. On parle ici de **génitif générique** (créateur de classes et de sous-classes : *women's clubs / all boys' school*...). Le contexte seul permet de lever l'ambiguité quand celle-ci apparaît.

Les génitifs spécifique et générique ont cependant des comportements différents :

	Spécifique	**Générique**
● L'**ARTICLE**	*A boy's bicycle* le déterminant s'applique à N1 ↳le vélo d'un garçon	*A boys' bicycle* le déterminant s'applique à N2 (N1's ≅ adj.) ↳un vélo de garçon
● L'**ADJECTIF**	*A young boy's new bicycle* adj→N1 's adj→N2 ↳le nouveau vélo d'un jeune garçon	*A nice boys' bicycle* L'adjectif *nice* s' applique à N2 ↳ un beau vélo de garçon
● **DOUBLE GÉNITIF**	*My friend's boys ' bicycle* GN1 peut être composé d'un génitif ↳le vélo des garçons de mon ami(e)	***My friend's** boys ' bicycle* **GN1's**= spécifique / GN1^{bis} 's= générique ↳le vélo de garçon de mon ami(e)

II- N2 OF N1

II.1- N2 OF N1, SUBSTITUT DE N1'S N2 :

Il est des cas de figure où **N2 OF N1** doit remplacer le génitif germanique.

- N1 est très long :

  ex. : *We booed the performance of the thoroughly boring and distateful actor* (N1).
  ~~*We booed the thoroughly boring and distateful actor's performance*~~.

---

[24] cf. P. LARREYA & C. RIVIÈRE. *Grammaire Explicative de l'anglais*. Longman Université.

[25] A ncter que l'on ne peut pas dire *the girls' **ones**, cf.* **Les quantifieurs**, I-II, unicité, one.

- N1 est antécédent d'une **relative** ou est suivi d'une <u>préposition</u> :

  ex. : *He's driving my friend's car.*
  He's driving the car of my friend ***who is sitting over there****.*
  He's driving the car of my friend <u>with</u> the blue cap.

- N1 est un adjectif substantivé (utilisé comme un nom) :

  ex. : *The poor* (les pauvres) */ the rich / the young / the violent…*

  ↳ Bien que suivis d'un verbe au pluriel, ils gardent leur caractéristique adjectivale et sont invariables. De plus, n'étant pas des noms[26], ils ne peuvent accepter la construction en **'S**.

  ex. : *The attitude of the violent* mais PAS ~~*The violent's attitude*~~
  ⇨ L'attitude des gens violents

II.2- N2 OF N1, VALEURS SPÉCIFIQUES :

- **'S** et **OF** ne posent pas la relation entre N1 et N2 exactement de la même façon. Les linguistes s'accordent à dire qu'avec **'S**, les liens sont plus serrés, le ciment plus fort, la relation plus construite. En d'autres termes, l'énonciateur a déjà intégré la relation N1-N2. Avec **OF**, il semble la découvrir au moment où il l'énonce, la relation N1-N2 ne va pas (encore) de soi. Par extension, N2 OF N1 sera préféré lorsqu'un événement n'est pas encore arrivé et sera remplacé par N1's N2 après sa réalisation.

  ex. : *The decision* ***of*** *the jury is yet to be announced.* (décision attendue)
  *The jury'****s*** *decision remains unclear to me.* (décision déjà connue)

  "They had been introduced to Robinson, factory manager, in the hall ***of*** *the house* ***of*** *the secretary* ***of*** *the tennis club."* (Elizabeth Bowen – <u>Summer Night</u>)

  ↳ Dans cet exemple, le protagoniste, étranger à la ville, rencontre des personnes nouvelles dans un lieu inconnu. Ces découvertes successives sont marquées par une abondance de **OF**.

- **OF** sera utilisé pour faire des extractions (en nombre ou en quantité) :

  ex. : *a handful of / two boxes of / loads of sweets.*
  a cup of / a mug of / a pot of / a tanker of tea.

- **OF** pour les titres ou fonctions :

  ex. : *the Queen of England / the president of the United States / the CEO* (= PDG) *of our group…*

  ↳ Rappelons que l'article disparaît dès que l'on fait suivre le titre d'un nom propre. C'est la personne humaine qui est désignée :

  ex. : ∅ *Queen Elizabeth /* ∅ *President Clinton /* ∅ *Chairman Jones*

III- N1 N2

(Nom Composé)

- Alors que N1 OF N2 pose une relation en discours, N1'S N2 et N1-N2 expriment une relation déjà construite et intégrée. Le génitif germanique ('S) marque une relation de type OF ou FOR (*the man's car = the car of the man / a boys' school = a*

---

26 'S ne s'applique qu'à des noms (ND ou NI), c'est-à-dire des mots susceptibles d'être quantifiés (critère permettant d'établir le statut du nom). Si un adjectif substantivé joue le rôle d'un nom, il n'en est pas un pour autant. La quantification lui est étrangère et le génitif germanique est à proscrire.

school for boys), tandis que les noms composés peuvent traduire des relations de types très divers[27] :

ex. : *an alligator farm* = a farm **that raises** alligators.
a night shift = a shift **that takes place** at night.
a flower market = a market **that sells** flowers.
etc.

➢ Précisons que N1'S N2 et N1-N2 peuvent parfois entrer en concurrence :

ex. : *Jacques Lacan's lectures* / *a Jacques Lacan lecture.*
↳ Avec le génitif, l'accent est mis sur N1, ici la personne de Lacan, on pourrait changer N2 et parler de ses théories, de ses livres, de son influence sur la critique littéraire… Avec le **nom composé**, N2 est le mot clé, on s'intéresse à la conférence, que l'on pourrait opposer à celles de Derrida, de Barthes ou autres en changeant de N1[28].

● Il est impératif de se souvenir que :

➢ N1-N2 crée une sous-catégorie de N2. **N1**, jouant le rôle d'un **adjectif** par rapport à N2, ne portera pas la marque du pluriel (pas de -S).

ex. : - *a car rental* = une location de voiture ≠ *a rental car* = une voiture de location
- *a teacup* **qualifie** *cup* (une tasse **à** thé, utilisée pour boire du thé) et ne désigne pas le **contenu** (*a cup of tea* = une tasse **de** thé, pleine de thé, cf. N2 OF N1, extractions).
- *a wage earner* (salarié) / *an apple tree*
alors que : *wage**s*** (salaire) / *apple**s***

➢ Sauf **cas particuliers** où N1 portera la marque du **pluriel** :

ex. : *a saving**s** account / a benefit**s** counselor / a clothe**s** store / a custom**s** officer / a sale**s** manager / a sale**s** representative / a system**s** analysis / a Trade**s** Union* (ou *the Trade Union*) / *a sport**s** car / a good**s**-train / a brain**s** trust / the arm**s**-race / an oversea**s** call / an econom**ics** teacher…*

➢ Quand il y a expression d'une mesure, il faut un **trait d'union** entre le chiffre et le nom de mesure au singulier (voir ce chapitre, I.2- Les emplois du génitif) :

ex. : *a three-day trip / a ten-year-old boy / a two-mile beltway…*

● Différents types de mots entrent dans la composition des noms composés : noms, bien sûr, mais aussi particules, gérondifs et adjectifs. Voici une petite liste de NC courants au TOEFL/TOEIC (–**s** en gras pour indiquer la formation du pluriel) :

*step-father(**s**)* : beau-père (mari de la mère)
*father(**s**)-in-law* : beau-père (père du conjoint) mais *the in-law**s*** : les beaux- parents
*Sunday school(**s**)* ≅ catéchisme
*careers advisor(**s**)* : conseiller d'orientation
*waiting room(**s**)* : salle d'attente
*breakdown(**s**)* : panne
*breakthrough(**s**)* : avancée (scientifique / technologique)
*check-in(**s**)* : enregistrement (aéroport)
*check-out(**s**)* : caisse (magasin)
*lay-by(**s**)* : aire de repos
*outbreak(**s**)* : déclaration (épidémie)

---

27 cf. P. LARREYA & C. RIVIÈRE. *Grammaire Explicative de l'anglais*, 18-4. Longman Université.
28 cf. J. BOUSCAREN, M. MOULIN & H. ODIN. *Pratique raisonnée de la langue*, p. 95. Éditions Ophrys.

B- APPLICATIONS : TOEFL/TOEIC (voir corrections page **241**)

(voir corrections page 241)

1- Vampires are supposed to feed on human's blood.

2- From a terrestrian point of view, a moon's shape varies all the time.

3- I went to Joseph's party, and at about 2:00 am, we all drove to Alfred.

4- I am happy about Eugene joining us at the restaurant.

5- Should they ask me, I would vote against the government policy.

6- Some __________ sell fresh ready-to-cook pasta to their customers.

a) Italian's restaurants b) Italians restaurant
c) Italian restaurants d) Italian restaurant

7- The company's__________ are meeting in Detroit tomorrow morning.

a) project managers b) project's managers
c) projects' managers d) managers of projects

8- France's government has decided to accept American's involvement.

9- We are leaving for a ____________ cruise on the Mediterranean.
a) two-week b) two week c) two weeks d) two week's

10- England has spent as much as £ 15,000,000 on the ______________ welfare operations.

a) country's inner cities' b) country-inner city
c) inner cities' country d) inner's country's cities

11- My cellar is not as big as __________.

a) those of my neighbor b) that my neighbor c) my neighbor's d) my neighbor is

12- I gave __________ notice to my landlord before I left.

a) month's b) a month c) month d) a month's

13- Please put your suitcase on __________.

a) the luggage rack b) the rack of the luggage
c) luggage rack d) the luggage's rack

14- You need to add two __________ to complete the recipe.

a) teaspoons of sugar b) teaspoon's sugar
c) sugar teaspoons d) tea's spoons of sugar

15- Pineapples and orange trees grow in warm places, such as Florida and Georgia.

16- The concentration of humidity during the Monsoon is higher in Delhi than on the Indian state of Rajasthan.

17- The definitions given in class may be slightly different from that of the textbook.

18- Sweating heavily is one's bodies' way of eliminating toxins.

19- Do you remember that picture of Freud saying "What's on a man mind?"?

20- Why should present generations be less talented than that of previous times?

IT

A- EXPLICATION :

L'**opérateur** IT fonctionne un peu comme une coquille vide que l'énonciateur remplit lui-même de sens chaque fois qu'il lui attribue un **référent** (nom ou prédicat) dans le discours.

I. SUBSTITUT :

- IT, pronom *neutre – sujet* ou *complément* – se réfère au non humain (cf. Les pronoms). Il peut se substituer à un nom déjà énoncé dans le discours (**anaphore**), et peut également annoncer le nom qui lui sert de référent avant qu'il n'apparaisse dans la phrase (**cataphore**).

ex. : ① *She bought **the book** her teacher had advised her and read **IT** at once.*

② *"**IT**'s great!", said my brother looking at **the picture** I had drawn.*

↳ dans les 2 cas, IT est un substitut nominal et participe à une économie lexicale.

- Si IT reprend ou annonce un nom, il peut aussi le faire pour tout un **prédicat**.

ex. : ① *You missed your exams but you can't blame **IT** on me!*

↳ IT reprend ici *You / miss your exams.*

Ce IT de substitution prédicative est très courant après les verbes de perception, d'état, d'expression de sentiments : *FIND, THINK, FEEL, KNOW, SAY, TASTE, UNDERSTAND…* ou après *MAKE.* On l'appelle **IT** d'**anticipation**.

ex. : ② ***IT** is no use cheating when you play cards with him.*

③ *She thought **IT** a pity that Paul be there at the party.*

④ *I find **IT** hard to understand why he left suddenly.*

⑤ *The internet has made **IT** easier for most people to communicate.*

↳ En ②, IT occupe la place de sujet, et en ③, ④ et ⑤ la place de complément du verbe principal. On remarque en fait que le **sujet** et les **compléments réels** *[cheating when you play cards with him], [that Paul be there at the party], [why he left suddenly]* et *[for most people to communicate]* *trop longs, sont déplacés vers la droite (Problème très souvent testé au TOEFL / TOEIC).*

⑥ ***IT** is incredible how you passed your exam.*

⑦ ***IT** is said that doping has side-effects.* (voix passive : BE + -EN)

↳ cf. La proposition infinitive, Les conjonctives en THAT, La proposition en –ING, Les clivées

II. IT sans référent[29]

- Avec les 2 fonctions précédentes, on constate que IT possède des référents (éléments auxquels il vient se référer et qui le "remplissent de sens").

Toutefois, il existe aussi un IT sans référent que l'on nomme **IT non-spécifique**. Ce IT est utilisé principalement avec les locutions ayant trait au temps qu'il fait, et avec les jours, les mois, les heures, la distance :

ex. : ***IT** is hot today.*

***IT** is Wednesday tomorrow.*

*How far is **IT** from here?*

---

[29] cf. J-R. LAPAIRE & W. ROTGÉ. *Linguistique et grammaire de l'anglais.* PUM.

- Il existe aussi un IT à **référent problématique** :

  ex. : *He blew **IT** all!*

  ↳ *Il a tout fait rater !* On peut imaginer que l'énonciateur fait référence à la *vie* du sujet en général, à son *travail*, à ses *amours*, à une *activité* particulière... Seul le travail de **déduction** par rapport au contexte peut nous guider sur le référent de IT.

- IT dans les tournures idiomatiques[30] :

  Quelques exemples :

  *He's got what **it** takes* : Il est à la hauteur
  *He's not got **it** in him* : c'est un incapable
  *We'll make **it*** : Nous réussirons
  *Let's make **it** up* : Réconcilions-nous
  *Keep at **it**!* : Persévère
  *He's had **it*** : Il en a assez / Il est cuit
  *She's with **it*** : Elle est dans le vent
  *She's got **it** bad for him* : Elle l'a dans la peau
  *Get with **it*** : Mets-toi au courant
  *He thinks he's **it*** : Il se prend pour le nombril du monde

---

B- APPLICATIONS : TOEFL/TOEIC (voir corrections page **242**)

1- Many people like it better to see movies on the cinema rather than on TV.

2- It is the wish of every sailors to navigate around the world.

3- When Columbus discovered America in 1492, he believed was the eastern coast of India.

4- Tell me when I should begin my report, how long I have to write it, and when I should give to you.

5- Is probably because he hated being deprived of those features that Hitler worshipped blond hair and blue eyes.

6- It said that Lenny Murphy, the United Kingdom's most dreaded mass murderer, slaughtered more than twenty Catholics in sectarian West Belfast.

7- The mechanic was not able to fix my car and suggested I should dump.

8- The company has made __________ for me to choose my own schedule as long as I work forty hours a week.

a) is it possible b) it possible c) possibility d) possible

9- I like driving this car because __________ to my old sedan.

a) it is similar b) is similar c) it similar d) is it similar

10- It accepted that children shouldn't leave school before they are sixteen.

11- This work of art is made of wood, cloth, and clay, and they belong to the Smithsonian museum in Washington DC.

12- The hungrier a fox happens to be, the more dangerous ____________.

a) that becomes b) it became c) become d) it becomes.

---

30 Exemples tirés du *Robert et Collins Senior*, 4e édition, Paris, 1996.

13- At the end of the XIXth century, Andrew Taylor Still created the science called Osteopathy, making us possible for therapists to treat patients manually rather than through the use of drugs.

14- Despite great effort, I found impossible to understand any of these great theories.

15- Mr. Jones had traveled up from Charleston on the slow morning train, with only one change on the way, and by the time he got to Columbus there was about two o'clock in the afternoon.

Petits plus

ECONOMY AND BUSINESS* (1)

bank statement : relevé de compte
benefits : allocations, indemnités
currency : monnaie, devise
income, earnings : revenus
(a) loan : prêt (un)
(a) loss : perte
(to) merge : fusionner (entreprises)
mortgage : hypothèque
(an) overdraft : découvert (un)
(to) owe : devoir de l'argent
profits : bénéfices
(to) withdraw : retirer (argent)

*Indispensable pour le TOEIC

WEATHER (1)

(to) clear up : s'éclaircir, se dissiper
(to) melt : fondre
chilly : frais, frisquet
cloudy : nuageux
damp, wet, humid : humide
drought [draʊt] : sécheresse
frost : gel, givre
icy : glacial, glacé, verglacé
snowstorm, blizzard : tempête de neige
soaked, soggy : trempé
sunny spell : éclaircie
thaw [θɔː] : dégel, fonte des neiges

LES ADJECTIFS

A- EXPLICATION :

① FONCTION :

➢ Les adjectifs servent à qualifier les noms. Ils peuvent avoir des origines différentes.
Vous aurez souvent dans les tests à choisir entre des adjectifs d'origine :

- VERBALE

ex. : *It was a* ____________ *situation.*   a) *terrified*   b) *terrifying*

↳ Solution : b) Comme en français, ces adjectifs, formés à partir de participes passés et présents, prennent un sens *passif* pour le premier (terrifié), *actif* pour le second (terrifiant). Si vous hésitez, faites un petit passage par la traduction.

- NOMINALE : des **noms** peuvent également être utilisés comme adjectifs. Ils n'admettent alors que la position épithète (avant le nom).

ex. : *a **tennis** lesson / a **computer** wizard / an **iron** bridge*

➢ Les adjectifs peuvent être précédés d'un adverbe.

ex. : - *It was **incredibly** interesting.*
- ***However** strong he was, he couldn't lift the engine.*
⇨ Bien qu'il fût très fort, il ne pouvait pas soulever le moteur.
≈ *Even though he was very strong…*

➢ Attention : Les **verbes inchoatifs**, verbes de "devenir", comme *BECOME*, *GET* et *GROW* sont suivis d'un ***adjectif*** (la forme comparative étant possible) : ***get*** + ADJ. / ***grow*** + ADJ / ***become*** + ADJ ou + GN. **Seuls** les **adverbes** impliquant une **progression** (*increasingly*, *gradually*, *progressively, more…*) peuvent modifier l'adjectif après ce type de verbes.

ex. : *When athletes are on the way out and grow extremely old, they often resort to excessive solutions such as doping so as to keep up with the younger competitors.*

↳ ***extremely*** est à supprimer car il s'agit d'un **adverbe** de **degré** indiquant la portée maximum atteinte par l'adjectif (donc pas de progression possible, même chose pour *greatly*, *perfectly*, *very…*).

The exercises are getting harder and harder. (avec un adjectif au comparatif)
The Lord of the Rings has become fashionable / a fashionable book.

Certains verbes normaux comme *COME*, *GO*, *TURN, FALL et RUN* deviennent des verbes inchoatifs lorsqu'ils sont utilisés dans des expressions idiomatiques :

ex. : *He **went** mad when he realized that his plan couldn't **come** true.*
*The weather is **turning** cold.*

② PLACE :

➢ Les adjectifs sont en principe placés soit en position **épithète** (*a **big** boy*), soit en position **attribut** (*he was **old***).

- Attention, l'adjectif épithète se place **après** un pronom indéfini et **après** un nom lorsque l'on numérote à l'aide d'un chiffre cardinal.

ex. : *something special / anything new? / nothing great.*
Act two, scene four, line fifteen.

- Certains adjectifs ne peuvent se placer qu'en position attribut. Ils ont généralement un homonyme épithète leur correspondant.
Soyez vigilants dans les tests !

☹	☺
*an **asleep** man*	*a sleeping man / the man is asleep*
an alive man → vivant	*a living man / he's alive*
an alone man → seul	*a lonely man / he's alone*

➢ On peut placer certains adjectifs directement **après** le nom. Il s'agit en fait d'attributs appartenant à une **relative élidée** :

ex. : *All the people **present** at the meeting elected a new chairperson.*
⇨ *(who were) present at…*

③ ORDRE :

➢ L'ordre des adjectifs obéit à **deux** lois principales :

A- L'adjectif qui correspond à la caractéristique la plus objective est placé au plus près du nom, tandis que celui qui renvoie le plus à un jugement subjectif s'en éloigne. Ce qui donne l'ordre suivant :

Appréciation **T**aille **Â**ge **F**orme **C**ouleur **O**rigine **M**atière **NOM**

ex. : *This is a nice sweater* → A + N
This is a nice woolen sweater → A + M + N
This is a nice Irish woolen sweater → A + O + M + N

B- Pour des raisons d'euphonie, les **adjectifs courts** se placent en général **avant** les adjectifs longs.
ex. : *a nice comfortable chair.*

➢ Une **virgule** peut séparer des épithètes de même rang. Dans le cas d'une série longue, le dernier adjectif sera précédé de **AND** :

ex. : *James Joyce's Portrait of the Artist as a Young Man is a startling, mesmerizing **and** most memorable novel.*

④ ADJECTIFS COMPOSÉS :

➢ Les adjectifs composés sont formés de deux éléments **reliés par un trait d'union** : **ADJ.1-ADJ.2 + NOM**. Toutes sortes de mots peuvent remplir une fonction adjectivale : **noms**, **V-ING** (sens actif), **V-EN** (sens passif), **N-ED**…

ex. : *deep-blue* : bleu foncé
chain-smoking : qui fume cigarette sur cigarette
gloomy-looking : à l'air lugubre
far-fetched : recherché / tiré par les cheveux
well-driven : bien mené
home-made : fait maison
short-sighted : myope
well-geared : bien équipé
egg-headed : avec une tête en forme d'œuf

⑤ ADJECTIFS SUBSTANTIVÉS :

➢ Les adjectifs substantivés sont utilisés comme des noms. Attention, ils sont toujours précédés de l'article **THE**, sont invariables, et sont suivis d'un verbe au pluriel.

ex. : *the young* : les jeunes / *the hard of hearing* : les malentendants / *the sick* : les malades / *the disabled* : les handicapés…

Ils n'admettent pas la construction génitive :

ex. : *the struggle of the poor.*

↳ **NON PAS** *the poor's struggle* (impossible).

⑥ PRÉPOSITIONS :

➢ Il faut veiller à utiliser la préposition adéquate exigée par l'adjectif afin d'introduire le complément. Certains adjectifs possèdent des prépositions spécifiques. Il s'agit d'un **problème extrêmement récurrent** au TOEFL/TOEIC. De plus, lorsqu'une préposition est suivie d'un verbe, ce dernier se met très souvent à la forme en **-ING**. Nous vous proposons ici une liste des plus rencontrés (Par ailleurs, il est à noter que des prépositions différentes de celles proposées ci-dessous peuvent être possibles) :

anxious	**ABOUT**	*fond*	**OF**
pleased	**ABOUT**	*jealous*	**OF**
happy	**ABOUT / WITH**	*conscious*	**OF**
angry	**AT / WITH**	*(in)capable*	**OF**
bad	**AT**	*composed*	**OF**
good	**AT**	*keen*	**ON**
surprised	**AT / BY**	*close*	**TO**
famous	**FOR**	*equal*	**TO**
late	**FOR**	*due*	**TO**
ready	**FOR**	*prone*	**TO**
responsible	**FOR**	*grateful*	**TO**
sorry	**FOR / ABOUT**	*inferior*	**TO**
safe	**FROM**	*prior*	**TO**
absent	**FROM**	*related*	**TO**
different	**FROM / TO**	*similar*	**TO**
interested	**IN / TO** *(hear, see, know)*	*liable*	**TO / FOR** (= responsable)
afraid	**OF**	*bored*	**WITH**
aware	**OF**	*concerned*	**WITH**

⑦ LES INTENSIFIEURS :

➢ Un intensifieur est un outil grammatical qui permet de modifier la qualité d'un **adjectif** ou la portée d'un **nom**.

7.1- RATHER / QUITE

- Ce sont des adverbes de degré de sens assez proche. QUITE a deux sens différents :

  ex. : *She's **quite** tall* : Elle est assez grande. / *I **quite** agree* : Je suis tout à fait d'accord.

Contexte et intonation permettent souvent de trancher entre les interprétations. Certains jouent malgré tout sur l'ambiguïté pour masquer leurs sentiments.

ex. : *Did you like it? – **Quite**.*

↳ Pas évident d'interpréter ce QUITE qui ressemble davantage à une concession polie qu'à un débordement d'enthousiasme.

Parfois, QUITE et RATHER peuvent avoir des nuances de sens[31] :

ex. : *It's **quite** warm today.*	*It's **rather** warm today.*
Il fait bon aujourd'hui : sens positif	Il fait un peu chaud aujourd'hui : sens négatif

- **RATHER / QUITE + A + ADJ. + N**

A RATHER + ADJ. + N

ex. : - *André Ceccarelli is **quite** a good drummer. / She is **quite** gorgeous.*
- *What you did was **rather** shrewd!*
- *This is **rather** a good explanation.* (= a rather good explanation)

- QUITE et RATHER peuvent porter sur un verbe :

ex. : - *Jan Garbarek QUITE excels in playing the alto sax.* (= vraiment)
- *He RATHER approved.* (= Il était tout à fait d'accord)

7.2- VERY / SUCH

- **VERY** se place devant un **ADJ**. / **ADV** / et **MUCH** :

ex. : - *It's a VERY cold day.*
- *He speaks VERY freely about it.*
- *He's VERY **much** depressed.*
- *Granny is VERY safely seated in her wheelchair.*

↳ l'adverbe sépare le -EN de *VERY* = construction moins lourde.

- **THE / THAT / THIS + VERY + N → emploi spécifique**

ex. : - *At that VERY moment* (= à ce moment précis), *my sister was very surprised when he told her the truth.*
- *He is the VERY man* (= exactement l'homme) *I wanted to meet this VERY day* (= aujourd'hui même).

- Quant à **SUCH**, il intensifie la **portée** d'un **nom** (limité ou non par un adjectif) :

ex. : - *It was SUCH a scary movie.*
- *It was SUCH nice weather that they went hiking.*
- *There were SUCH interesting films on TV that I decided to stay at home.*

SUCH + A/AN + (ADJ.) + ND sing

SUCH + ∅ + ADJ. + NI

SUCH + ADJ. + ND pluriel (cf. subordonnées en So / Such)

7-3- SO / TOO / HOW

- **SO** porte **l'adjectif** à son degré maximum :

ex. : - *She was **so** tiresome and obnoxious THAT we refused to argue!*

[31] exemples empruntés à J. MARCELIN, F. FAIVRE, C. GARNER & M. RATIE, *Grammaire de l'anglais*, p. 300.

- *It was **so** <u>boring</u> THAT I couldn't stay another ten minutes.*

SO + ADJ. + THAT (cf. subordonnées en <u>So / Such</u>)

- **TOO**, en tant qu'intensifieur, amplifie la portée de l'adjectif :

ex. : - *These shoes are getting **too** small for me!*

- *This is **too** big a station for such a small town.*

TOO + <u>ADJ</u>. (+ A/AN + ND)

- **NONE TOO** = *not very / not enough* :

ex. : - *This team is **none too** good.*

⇨ Cette équipe n'est pas très forte.

- **HOW** joue aussi un rôle d'intensifieur :

ex. : - *It's amazing **how** stubborn a teenager can be!*

- *We had never noticed **how** hard-working a girl she was!*

HOW + <u>ADJ</u>. + A/AN + ND

- **HOWEVER** joue un rôle d'adverbe intensifieur modifiant la portée de l'adjectif (différent de *however* = conjonction = cependant) :

ex. : - ***However** clever a robot may be, it still cannot have real feelings.*

HOWEVER + <u>ADJ</u>. + A/AN + ND + MAY / MIGHT + BE

B- APPLICATIONS : TOEFL/TOEIC (voir corrections page **243**)

1- The <u>boring</u> audience <u>reacted</u> to the show <u>by</u> falling <u>asleep</u>.

2- <u>The</u> <u>confusing</u> secretary didn't understand <u>what</u> <u>had been written</u>.

3- I didn't <u>expect</u> the manager <u>to call</u> me <u>back</u>, it was really <u>surprised</u>!

4- Please <u>put</u> <u>the</u> <u>typing</u> letters <u>on</u> my desk.

5- Working in <u>the</u> conditioning department <u>can get</u> extremely <u>tired</u> <u>at times</u>.

6- I never go shopping on Friday evenings, all the shops are much too ________.
a) crowd b) crowded c) crowding d) crowds

7- I want all the __________ reports in my office by tomorrow.
a) sorted b) sorts c) sorting d) sort

8- Getting better work conditions should be an __________ issue for all them.
a) interested b) interessant c) interesting d) interest

9- He was a __________-behaved gentleman.
a) right b) good c) well d) high

10- It's a __________ cat you've got here.
a) nice, gentle b) nice-gentle c) gentle, nice d) gentle-nice

11- Mr. Weaver is not very fond <u>with</u> jazz because he's been <u>used to</u> listening <u>to</u> rock'n'roll music <u>since</u> the age of sixteen.

12- <u>As far as</u> <u>home-make</u> meals are concerned, Anne's mother still follows the <u>useful</u> words of <u>advice</u> her grandmother gave her when she was a child.

13- The <u>disabled's everyday fight</u> to have access <u>to</u> movie theaters is no longer an issue <u>in so far as</u> most of the buildings have been equipped <u>with</u> up-to-date ramps and elevators.

14- It was such a nice weather that we couldn't help going rambling in the mountains.

15- The tune they played together was so amazement that we insisted on their performing it again.

Petits plus

SUGGESTING AND NOTING

Have you considered + V-ING?	As-tu songé à… ?
How about + V-ING / + STH?	Que dirais-tu de… ?
How do you fancy + sth / + V-ING?	Cela te dirait de… ?
He didn't deliver.	Il n'a pas tenu parole.
I have been there/around!	J'ai déjà donné / j'ai connu ça !
I wouldn't dream of V-ING / sth!	Il ne me viendrait pas à l'idée de…
I'm just saying!	Je dis ça comme ça !

A **penny** is a one-cent coin,
a **nickel** is a five-cent coin,
a **dime** is a ten-cent coin,
and a **quarter** is a twenty-five-cent coin.

LA COMPARAISON

COMPARATIFS et SUPERLATIFS

A- EXPLICATION :

Comparatifs et superlatifs servent tous deux à exprimer une comparaison :

COMPARATIF : mise en rapport d'un élément A et d'un élément B.
SUPERLATIF : mise en relation d'un élément avec tous les éléments de sa classe.

① LA SUPÉRIORITÉ :

1-1 Formation :

- On ajoute les désinences **-ER** au **comparatif** et **-EST** au **superlatif** aux adjectifs dits courts, c'est-à-dire, à ceux qui sont composés d'une syllabe, ou de deux syllabes s'ils se terminent par **-Y**, **-ER**, **-OW** ou **-LE**.

  ex. : *happy / shallow / gentle*...

  Les adjectifs de deux syllabes se terminant par un **-Y** ont une désinence en **-IER / IEST** (ex. : *tiny / tinier / the tiniest, pretty / prettier / the prettiest*).

  <u>Attention</u> : Vous devez **redoubler** la consonne de l'adjectif monosyllabique (ou même du verbe monosyllabique dans des cas autres que la comparaison) si vous rencontrer le schéma **C**onsonne **V**oyelle **C**onsonne (en partant de la fin du mot), ou si la syllabe finale est accentuée :

  ex. : BIG = *bi**gg**er, bi**gg**est* / DROP = *dro**pp**ed, dro**pp**ing*

  ↳ **<u>Attention</u>** à l'orthographe américaine des verbes terminés en –EL (comme TRAVEL : *trave**ll**ed, trave**ll**ing* en anglais britannique **mais** un seul L en américain : *trave**l**ed, trave**l**ing*).

- Les autres adjectifs, dits longs, sont précédés de **MORE** au comparatif, de **THE MOST** au superlatif.

  ex. : *comfortable / more comfortable / the most comfortable*

- Les adjectifs en **-FUL**, **-LESS** et **-ED** sont considérés comme adjectifs longs et acceptent donc les structures **MORE** et **THE MOST** :

  ex. : *more (the most) thought**ful*** / *more (the most) care**less*** / *more (the most) gift**ed***

- Certains adjectifs comme ***clever***, ***common***, ***narrow***, ***pleasant***, ***quiet***, ***simple***, ***stupid*** peuvent prendre les <u>deux</u> formes :

  ex. : *common / commoner / the commonest*
  common / more common / the most common

- Les adverbes d'une syllabe suivent les mêmes règles que les adjectifs courts, les adverbes se terminant par **-LY** suivent les règles des adjectifs longs, sauf *early* qui se comporte comme un adjectif court.

  ex. : *pleasantly / more pleasantly / the most pleasantly*
  early / earlier / the earliest

1-2 Emploi :

- L'opérateur **THAN** introduit habituellement le deuxième élément de la comparaison :

  ex. : *She's bigger* **THAN** *her husband.*

  ↳ Noter que l'on peut dire *She's bigger than* ***he is*** (plus relevé).

  Cependant, THAN peut être parfois élidé :

  ex. : *She's* ***the bigger*** *of the two sisters.*

  Of the two rivers, the Mississippi is ***the longer****.*

  ↳ Noter que l'on ne dit pas *the biggest* ou *the longest* car il n'y a que **2 éléments** à comparer dans ces deux énoncés.

- Le superlatif de tous les adjectifs et des adverbes est habituellement précédé de l'article **THE** :

  ex. : *She's* ***the biggest*** *of the three sisters.*

  Of the four rivers, the Mississippi is ***the longest****.*

  ↳ Noter que l'on ne dit pas *the bigger* ou *the longer* car il y a **plus** de **2 éléments** à comparer dans les deux énoncés.

- Lorsque l'on procède à une comparaison, il faut veiller à ne pas omettre un élément de la phrase comme par exemple ***'S*** (cf. génitif elliptique) :

  ex. : *Oddly enough, the worker's car is bigger than the CEO.*

  ↳ **FAUX** : la comparaison se fait au niveau des deux véhicules. Il manque donc un élément pour rétablir l'équilibre de la comparaison. (Bien sûr que la voiture de l'ouvrier est plus grosse que le directeur général !)

  ⇨ *Oddly enough, the worker's car is bigger than the CEO****'S (car)****.*

  ⇨ *Oddly enough, the worker's car is bigger than* ***THAT OF*** *the CEO.*

  The salary of an engineer is higher than **THAT OF** *a teacher.*

  ↳ et **NON** pas : *The salary of an engineer is higher than a teacher.*

- Lorsque l'on compare les membres d'un même groupe, il ne faut pas oublier de rajouter les termes ***other*** ou ***else*** au comparatif, et ***all*** au superlatif afin d'éviter toute confusion.

  ex. : *Mike is bigger than any student in the class.*

  ↳ **FAUX** : Mike fait partie de la classe, et ne peut être comparé à lui-même ; aussi, il faut l'exclure du groupe en rajoutant ***other***.

  ⇨ *Mike is bigger than any* ***OTHER*** *student in the class.*

  ⇨ *Mike is bigger than anyone* ***ELSE*** *in the class.*

  Mike is the biggest student in the class.

  ↳ **FAUX** : même problème.

  ⇨ *Mike is the biggest of* ***ALL*** *the students in the class.*

- En principe, certains adjectifs dits **adjectifs absolus** (ex. : *perfect, total*) n'admettent pas de comparatif. On ne peut pas dire ~~*more perfect*~~. Afin de définir le degré d'absolu qu'un adjectif ou un adverbe peut atteindre, il est possible d'utiliser des termes comme ***nearly***, ***almost*** ou ***not quite***.

  ex. : *Of all the tables, the one Peter has made is the most nearly square.*

  ↳ et **non** pas *the squarest.*

  Voici une liste de quelques **adjectifs** dits **absolus** :

absolute	first, second, third…	pregnant	single
blind	full, empty	right, wrong	straight
dead	horizontal, vertical	round	unique

- Quand on compare deux adjectifs, la désinence **-ER** est à proscrire, il faut la remplacer par **MORE** .

  ex. : *It's more sad than funny,* et non pas *It's sadder than funny.*

➢ L'expression *different from* est utilisée pour exprimer une comparaison (la préposition *from* est la plus courante, mais on peut voir aussi *to*).

ex. : *You're no different FROM them.*

The climate here is quite different FROM the one I'm used to.

② L'INFÉRIORITÉ :

➢ Les adjectifs / adverbes, courts ou longs, sont précédés de **LESS** (moins) / **THE LEAST** (le moins).

ex. : - *It's **less** expensive over there.* (on dira plus naturellement ***cheaper***)

- *This dress is **less** expensive **than** that one.* (***cheaper***)

- *It's **the least** expensive in the shop.* (***the cheapest***)

↳ Cette forme superlative d'infériorité s'emploie surtout avec les adjectifs longs. On dira davantage *It's the most expensive* que *It's the least cheap.* (→ emploi de **MOST** + l'adjectif antonyme [sens contraire]).

➢ Les comparatifs de supériorité et d'infériorité s'emploient aussi avec des verbes et des noms.

ex. : - *He **works** more/less than his sister.*

- *They have more/less **money** than I do.*

➢ Progressions croissantes et décroissantes s'exprimeront différemment selon la "taille" des adjectifs :

ADJ. COURTS : *It's getting better and better. / It's getting hotter and hotter.*

ADJ. LONGS : *It's getting more and more / less and less difficult.*

③ L'ÉGALITÉ / INÉGALITÉ : AS...AS / SO...AS

➢ Tous les adjectifs/adverbes, courts ou longs, sont suivis de **AS**, et précédés de **AS** (égalité), **NOT AS** ou **NOT SO** (inégalité).

ex. : - *It's **as** easy **as** yesterday. / It's not **so** easy **as** yesterday.*

- *It's **just** as easy as yesterday.* (c'est tout aussi facile qu'hier)

- *It's **twice** as easy as yesterday.* (c'est **deux** fois plus facile qu'hier)

➔ Pour plus de précisions voir Les quantifieurs, II.

↳ Parfois, on peut trouver des comparatifs d'égalité du type **ADJ. + AS + Nom** : *"Yes I know Mr. Davis. He is ambitious as Lucifer, cold as a snake, and what he touches will not prosper."* Sam Houston à propos de Jefferson Davis (tiré de The Little Book of Insults). Mais au TOEFL et au TOEIC, préférez la forme **AS + ADJ. + AS**.

➢ Noter que le **comparatif** d'**inégalité** s'emploie plus volontiers que le comparatif d'infériorité pour exprimer la même idée.

ex. : *He isn't **as** intelligent **as** his wife (= He's **less** intelligent **than** his wife).*

➢ Si deux types de comparatifs sont en concurrence, le dernier l'emporte :

ex. : *It is **as** expensive, if not **more** so, **THAN** last year.* (THAN et non AS)

④ COMPARATIFS ET SUPERLATIFS IRRÉGULIERS :

➢ **GOOD** / **WELL** → *better / the best*

BAD, badly / **ILL** → *worse / the worst*

FAR → *farther* ou *further / the farthest* ou *the furthest*.

↳ Notez que FARTHER et FARTHEST s'emploient pour une *distance* ou un *éloignement* dans l'**espace** (distance physique), alors que FURTHER et FURTHEST font plutôt référence à une *distance* dans le **temps**, le **degré**, la **mesure** (ampleur) ou la **quantité**.

ex. : - *Please give me FURTHER information.*

⇨ Donnez moi, s'il vous plaît, davantage de précisions.

OLD *older / the oldest* : comparatif régulier habituel.
elder / the eldest : pour les membres d'une fratrie.

ex. : - *His elder brother lives in Norway.*

⇨ Son frère aîné vit en Norvège. (1 seul frère aîné)
Noter que *elder* sera toujours épithète.

- *Who's the **eldest**?*

⇨ Qui est l'aîné ?
↳ sous-entendu " de vous tous frères et sœurs ? ".

B- APPLICATIONS : TOEFL/TOEIC (voir corrections page **244**)

1- The builders said that their new product was more faster than the old one.

2- After meeting lots of people, the managers decided Mr. Yang was the good person of all.

3- This program is more easy than the one we worked on last year.

4- The President lives much closest to the company than she does.

5- Using an E-mail is much __________ than writing regular letters.
a) more convenient b) the more convenient c) convenient d) most convenient

6- __________ way to travel is by plane.
a) The best than b) The better c) The best d) The gooder

7- Call our Office Manager back __________ you arrive at your hotel.
a) soon as b) as soon than c) sooner as d) as soon as

8- This list is __________ accurate.
a) no long b) no longest c) no longer d) no more long

9- They all hope much as I do that our plan works out.

10- This line of action is __________ than the shape of a wild potato.
a) as defined b) most defined c) less defined d) the defined

11- The manager drives __________ car in the company.
a) as best b) the better c) the best d) a best

12- Our line of products is the more expensive you can get on the market.

13- Next time, we shall send you the invoice much earliest.

14- This engine is the __________ we got in store.
a) bigger b) bigger than c) more big d) biggest

15- I am sorry I couldn't phone back, I got __________ than I had expected.
a) busiest b) the more busy c) as busy d) busier

LES PRÉPOSITIONS

A- EXPLICATION :

Les prépositions s'emploient principalement avec les compléments de lieu et de temps. IL EST NÉCESSAIRE DE BIEN LES CONNAÎTRE CAR LES EXERCICES DE PRÉPOSITIONS SONT FRÉQUENTS AU TOEFL/TOEIC.

① Prépositions de temps :

- ***mois / saisons / années / siècles*** : **IN**
  ex. : *I'll be there **in** July / **in** spring / **in** 2002 / **in** the 21st century.*
- ***jour et date*** : **ON**
  ex. : *I'm coming **on** Friday / **on** the fifth of April.*
- ***l'heure*** : **AT**
  ex. : *I'll be expecting you **at** five thirty.*
- ***les fêtes*** : **AT / FOR**
  ex. : *I'll be home **for** Christmas. / **at** Xmas time.*

Attention : on dit ***IN** the morning / **IN** the afternoon / **IN** the evening*, mais ***AT** night / **AT** dawn* (aube) / ***AT** sunset* (crépuscule) et ***DURING** the day.* Egalement : ***AT** the weekend / **AT** weekends.*

② Prépositions de lieu :

Comme vous le savez, il existe deux types de prépositions de lieu : les **statiques**, qui servent à désigner un emplacement, et les **dynamiques**, qui indiquent un mouvement ou un déplacement.

Prépositions statiques

ABOVE	*au-dessus*	IN	*dans*
ACROSS	*de l'autre côté*	IN FRONT OF	*devant*
ALONG	*le long de*	INSIDE / WITHIN	*dans / à l'intérieur de*
AMONG	*parmi* (+ de 2 éléments)	NEAR	*près de*
AT	*à*	NEXT TO	*à côté de*
BEHIND	*derrière*	OFF	*au large de*
BELOW	*au-dessous de*	ON	*sur*
BENEATH	*sous*	OPPOSITE	*en face de*
BESIDE	*à côté de*	OUTSIDE	*à l'extérieur de*
BETWEEN	*entre* (2 éléments)	OVER	*au-dessus de*
BY	*près de*	UNDER / UNDERNEATH	*sous / en dessous*
DOWN	*en bas de*	UP	*en haut de*

Attention : ***next to*** et ***near*** sont souvent opposés dans les tests. Ne pas confondre ***beside*** et ***besides*** (adverbe = en outre, outre).

A retenir : on dit ***ON** a train / **ON** a plane / **ON** a bus / **IN** a car* mais ***BY** train / **BY** plane / **BY** car.* Egalement ***ON** foot / to go/come/arrive/get Ø home.*
***IN** time* = à temps ≠ ***ON** time* = à l'heure. ***IN** the end = finally, eventually* (finalement) ≠ ***AT** the end* = à la fin, au bout (ex. : *at the end of the month*).

Prépositions dynamiques

ACROSS	*à travers*	OVER	*par dessus*
ALONG	*le long de*	PAST	*devant* (dépasser)
BY	*à côté de*	ROUND	*autour de*
DOWN	*vers le bas*	THROUGH	*à travers*
FROM	*de* (origine)	TO	*à* (lieu d'arrivée)
INTO	(mouvement) *dans*	TOWARDS	*vers*
OFF	(rupture) ex. : *turn off*	UNDER	*sous*
ONTO	= *on* = sur	UP	*vers le haut*
OUT OF / OUTSIDE (US)	*en dehors de*		

③ Expresssions idiomatiques avec prépositions :

*He's **above** petty jealousy.*
⇨ Il a dépassé le stade de la jalousie mesquine.

*I came / ran **across** him the other day.*
⇨ Je l'ai rencontré par hasard l'autre jour.

*That's **beside** the point!*
⇨ Là n'est pas la question !

*This report must be finished **by** Friday.*
⇨ Il faut que ce rapport soit fini d'ici Vendredi (au plus tard), voir <u>By</u> : date limite.

*To live **off** sb.*
⇨ se faire entretenir par qn, vivre aux crochets de

*He's **off** drugs.*
⇨ Il a arrêté la drogue.

*We have met about twenty times **over** the last few weeks.*
⇨ Nous nous sommes rencontrés une vingtaine de fois au cours des dernières semaines.

*He did it **through** anger.*
⇨ Il l'a fait par colère.

*I went **through** many a challenge*
⇨ J'ai traversé beaucoup d'épreuves.

④ Expressions prépositionnelles :

➢ Ces expressions formées à partir d'un **pronom**, d'un **adverbe** ou encore d'une **préposition** s'associent très souvent à une autre préposition :

nothing	**BUT** (= except)	*according*	**TO** (= selon)
but	**FOR** (= without)	*in addition*	**TO** (= en plus de)
except	**FOR**	*along*	**WITH** (= avec)

ex. : *They did **NOTHING BUT** cheat during the game.*
⇨ Ils **n'**ont fait **que** tricher pendant la partie.

***BUT FOR** you, we would have lost the match.*
⇨ **Sans toi** nous aurions perdu le match.

⑤ ATTENTION au calque sur le français :

L'emploi des prépositions anglaises n'est pas calqué sur le français :

~~*I entered into the room.*~~ MAIS *I entered ∅ the room.*
~~*I have changed of coats.*~~ MAIS *I have changed ∅ coats.*
~~*We discussed about the problem.*~~ MAIS *We discussed ∅ the problem.*

⑥ **Prépositions** associées à certains **verbes** et **adjectifs** :

apologize FOR	**s'excuser :** *He apologized for being late.*	*consist OF + **GN***	**composé de** : *The TOEFL test consists of three sections.*
approve OF (approve ∅ : quand style officiel – gouvernement)	**approuver :** *I didn't approve of his behavior.*	*consist IN + **V-ING***	**consister à** : *This plan consists in extending the room.*
belong TO	*My heart belongs to Daddy.* (chanson de Marylin Monroe)	*deter sb FROM + **V-ING***	**dissuader** : *Her friend tried to deter her from resigning.*
be ashamed ABOUT sth OF oneself	**avoir honte :** *He felt ashamed about his attitude.*	*different FROM*	**différent de** : *This girl is very different from her friends.*
be cross WITH sb	**être fâché, en colère :** *She was cross with him because of his attitude.*	*make OF*	**comprendre** : *What do you make of that?* **penser** : *I don't know what to make of it.*
*be disappointed IN sb WITH sth/sb ABOUT + **V-ING***	**être déçu :** *The mother was disappointed in/with her son / with his bad grades.*	*made OF*	**fait à partir de** : *Pipes are made of wood.*

B- APPLICATIONS : TOEFL/TOEIC (voir corrections page **245**)

1- The plane will be landing __________ New York in less than ten minutes.
a) into b) in c) to d) for

2- The lesson has been postponed __________ tomorrow, 8:15.
a) by b) in c) to d) at

3- The bathroom door is __________ the copy machine and the phone booth.
a) between b) among c) through d) into

4- The managing department is just __________ the hall.
a) between b) into c) from d) across

5- There is a letter for you __________ your desk.
a) in b) on c) for d) at

6- The 9 o'clock train __________ Denver has been slightly delayed.
a) to b) for c) by d) at

7- You will be sitting __________ the president at the meeting.
a) by b) from c) next d) to

8- The next meeting will be held __________ the seventh of December.
a) in b) on c) at d) for

9- The stapler is __________ the drawer.
a) into b) on c) in d) at

10- All the reports are due __________ Monday.
a) on b) at c) until d) for

11- Our guests will arrive __________ ten thirty and eleven.
a) through b) between c) from d) at

12- Please don't leave your luggage __________ the doors.
a) among b) on c) from d) beside

13- Passengers may check in at gates 8 __________ 15.
a) through b) from c) at d) between

14- The telephone directory is on the table, __________ the other books.
a) next b) among c) from d to

15- We shall meet __________ 3:00.
a) on b) to c) between d) at

16- I have booked you a room __________ three nights in Paris.
a) for b) from c) to d) in

17- The Quality Controller is one step __________ the Quality Manager in the hierarchy.
a) over b) beneath c) between d) into

18- The <u>library</u> is open <u>to</u> the public from 10:00 <u>through</u> 5:00, Monday <u>through</u> Friday.

19- <u>Under</u> other things, don't forget <u>to</u> lock the <u>front door</u> when you <u>leave</u>.

20- In this company, no one <u>gets</u> paid <u>extra</u> when they work <u>over</u> <u>their</u> limits.

Petits plus

LOVE AND HATE

(not to / to) be big on sth : (ne pas) apprécier qqch
(to) be fond of : bien aimer
(to) be keen on sth : être passionné de
(to) be sick of V-ING : en avoir assez de
can't bear + V-ING : ne pas supporter
can't put up with sb/sth : ne pas supporter qqn/qqch
can't stand + V-ING : ne pas supporter
(to) fancy + V-ING : avoir envie de
(to) feel like + V-ING : avoir envie de
(to) go for sth : être un fana de
(to) have a crush on someone : avoir le béguin pour
(to) loathe : détester, exécrer

When asked at a party if he was enjoying himself, Bernard Shaw answered:
« Certainly there is nothing else here to enjoy. »
(from *The Little Book of Insults*)

LA SYNTAXE

L'ÉNONCÉ COMPLEXE

➢ Pourquoi ce chapitre ?

Face aux exercices de la partie grammaticale, une majorité d'étudiants a tendance à se lancer d'emblée dans la recherche des solutions sans avoir au préalable étudié la nature de l'énoncé, en pensant que le fameux "feeling" fera l'affaire. Pour les problèmes de syntaxe, il vaut mieux "perdre" un peu de temps et se demander si l'on est en présence d'un énoncé simple ou complexe, c'est-à-dire si l'on a 1 ou 2 propositions, 1 ou 2 verbes conjugués. Cette très courte et très simple analyse permet souvent d'éviter bon nombre d'erreurs **mais** requiert beaucoup d'entraînement. De plus, le problème récurrent dans l'analyse de ces phrases reste quand même la méconnaissance du lexique et surtout des mots de liaison. Alors, vous savez ce qu'il vous reste à faire ; en apprendre un maximum afin de ne pas être pris au dépourvu lors de l'examen.

A- EXPLICATION :

➢ Un énoncé dit <u>complexe</u> comprend **au moins** 2 propositions. L'association de ces propositions met en œuvre des phénomènes comme la coordination, la subordination et la juxtaposition. Les termes *complexe* et *simple* n'ont rien à voir avec la difficulté ou la simplicité de la phrase. Les 2 exemples suivants en témoignent :

ex. : ① *She should have been listening to her teacher more carefully.*

② *He thinks she loves him.*

↳ La phrase ① est dite "simple" malgré la longueur et la richesse des opérateurs, en effet elle n'a qu'un seul verbe, *listen* ; alors que la phrase ② présente 2 propositions (*he thinks / she loves*) et est dite "complexe".

➢ Un énoncé est composé au moins d'un sujet et d'un **prédicat**[32].

ex. : ① *She always gets lost.*

② *I really feel **<u>that</u>** my life should create something larger than myself.*

↳ La phrase ① est une phrase simple : elle ne contient qu'une seule **<u>relation prédicative</u>**[33] : *She / always get lost* ; alors que la phrase ② en contient deux (phrase complexe) :

② 1- **Principale** <u>I</u> / <u>really feel</u> [something] = <u>S</u> / <u>P</u>

2- **Subordonnée en THAT** <u>my life</u> / <u>create (...) myself</u> = <u>S</u> / <u>P</u>

➢ Il faut faire la différence entre la **phrase complexe** proprement dite et la **phrase composée** (qui toutes deux, contrairement à la phrase simple, possèdent **au moins** 2 propositions).

ex. : ① *On Tuesday, he went to the hairdresser's **<u>and</u>** she went to the bank.*

↳ phrase composée : deux propositions mises sur le même plan grâce à la conjonction de coordination **AND**.

---

32 **Prédicat** : base verbale et compléments. [Sont exclus du prédicat, les marqueurs de temps et d'aspects ainsi que les auxiliaires qui eux servent à composer grammaticalement la relation prédicative S / P.].

33 **Relation prédicative** : association d'un sujet (grammatical) et d'un prédicat, symbolisés respectivement par <u>S</u> et <u>P</u> = S / P. ex. : *She must have gone to the bank.* Le modal MUST, et l'aspect HAVE + -EN nous renseignent sur la relation S / P : <u>She</u> / <u>go to the bank</u>

② *He opened the newspaper, began to read, closed it a few minutes later and threw it away.*

↳ On peut relever 4 relations prédicatives dans le cas présent (phrase composée) :

1- he / open + COD　　2- he / begin + TO B.V

3- he / close + COD + CCT　　4- he / throw + COD + préposition

③ *I really feel __**that**__ the birth of my sons contributed to create something larger than myself.*

↳ phrase complexe : la proposition subordonnée en **THAT** vient s'imbriquer dans la principale en prenant la place d'un de ses constituants, ici le COD :

*I really feel **something** (= THAT THE BIRTH OF MY SONS CONTRIBUTED…)*

➢ Pour renforcer vos acquis et connaissances sur l'<u>Enoncé complexe</u> en anglais, il serait intéressant de vous plonger dans l'étude des conjonctions de **coordination** et de **subordination**, des **subordonnées**, des différentes **relatives**, **clivées**, **extrapositions**, **conjonctives en** THAT et de la **nominalisation** en THAT, en **FOR** et en **-ING**.

SAVOIR RECONNAÎTRE LA STRUCTURE D'UNE PHRASE, C'EST POUVOIR S'Y ORIENTER ET FACILITER LE REPÉRAGE DES SOLUTIONS.

B- EXERCICES DE RECONNAISSANCE : (voir corrections page **246**)

❶ Énoncés simples ou complexes ?

1- The Irish physicist George FitzGerald and the Dutch physicist Hendrick Lorentz both asserted that bodies moving through the ether would contract and that clocks would slow down.

⇨

2- From 1905, Albert Einstein had always been searching for the whole notion of an ether.

⇨

❷ Phrases complexes ou composées ?

1- They all took the matter too seriously and did not manage to seize the whole and very meaning of her clever tall story.

⇨

2- She said that the game was over.

⇨

3- When Mr. Jenkins got up that day, his wife noticed at once that he had forgotten to take off his clothes before going to bed and that he still had his shoes on.

⇨

LES MARQUEURS DE COORDINATION

A- EXPLICATION :

- Les phrases *complexes* ou *composées* obligent l'énonciateur à utiliser des marqueurs de coordination et de subordination. Les conjonctions de coordination de base sont **AND**, **BUT** et **OR**.
  Ces derniers et les autres marqueurs de coordination permettent de **relier,** de **coordonner** 2 phrases simples (qui pourraient être énoncées séparément) en les mettant sur le même plan syntaxique (même niveau). La coordination peut non seulement intervenir entre 2 phrases, mais également entre **2 éléments plus courts** (2 noms, 2 verbes, 2 adjectifs, 2 adverbes…).

- **AND** *relie* 2 éléments de même nature :

  ex. : . *My sister* AND *me. / He shouted* AND *ran away. / She was sweet* AND *pretty.*
  . *They don't like him* AND *they don't want him to go with them.*
  . ***Go*** AND ***answer*** *the phone. / Lunch is ready,* ***come*** AND ***get*** *it! /* ***Try*** AND ***do*** *it.*
  ↳ *actions liées par* ***AND*** *(très souvent dans la langue parlée américaine le* ***and*** *est élidé, omis).*

- **BUT** et **OR** créent un *déséquilibre* entre 2 éléments de même nature :

  ex. : . *You can come with your brother* OR *your sister.*
  . *He was small* BUT *strong.*
  . *They didn't like him* BUT *they allowed him to go with them.*

  Avec AND, BUT et OR, on peut très bien construire une relation prédicative incomplète alors que c'est impossible avec les subordonnées.

  ex. : . *He packed his things up* ***and*** *went out furiously.*
  ↳ ellipse du sujet donc la relation prédicative est **tronquée** :
  1- *He / pack his things up*
  2- *[**he**] / go out furiously*

- Il existe des **adverbes** qui font office de conjonctions de coordination :

ACCORDINGLY *("en conséquence / donc")* :
ex. : *If you go to a formal dinner, you have to dress* ***accordingly****.*

ALSO *("aussi, de même")*, **LIKEWISE** *("également, de même")* :
ex. : *Her brother is studying for the exam; I suggest she do* ***likewise****.*

ANYWAY *("de toute façon, quand même, bon, en tout cas")* :
ex. : *It was late; he was planning to go there* ***anyway****.*
It's not late; ***anyway****, we'd better be off now, see you soon!*

BESIDES, **FURTHERMORE**, **MOREOVER** *("de plus, en outre")*, **IN ADDITION** *("par ailleurs, en outre, d'autre part")* :
ex. : *She couldn't stay any longer;* ***besides****, she wasn't supposed to be there.*

CONSEQUENTLY *("par conséquent")*,
ex. : *There wasn't any butter left;* ***consequently*** *he had to go and buy some.*

HOWEVER, **NEVERTHELESS** *("mais, cependant, pourtant, néanmoins")* :
ex. : *My company hasn't been doing very well lately;* ***however****, I haven't made anyone redundant yet.*

IN FACT, AS A MATTER OF FACT *("en fait")*, **INDEED** *("effectivement, en effet")* :
ex. : *You said the parcel would be ready;* ***in fact****, you said it'd be shipped today.*

INSTEAD *("au lieu de, plutôt, à la place")* :

ex. : *She didn't go to Jenny's — she went to the movies **instead**.*

MEANWHILE *("pendant ce temps, en attendant, entre-temps")* :

ex. : *The game was going on. The goalkeeper, **meanwhile**, was twiddling his thumbs.*

ON THE ONE HAND *("d'une part")*, **ON THE OTHER HAND** *("d'autre part, par contre")*, **ON THE CONTRARY** *("au contraire")* :

ex. : ***On the one hand** he was an honest man when dealing with money, but **on the other hand** he was an out-and-out cheat when playing cards.*

*It is true that he is an honest man when playing board games; **on the contrary**, he is a downright cheat when playing cards.*

OTHERWISE *("sinon")* :

ex. : *You must finish your homework first, **otherwise** you won't be allowed to go out tonight.*

SO, THEREFORE *("alors, aussi, donc")*, **HENCE** *("d'où, donc")* :

ex. : *She couldn't afford to buy a car, **so** she decided to rent one.*

*He got fatter and **hence** less active.* (hence + adjectif = *donc*)

*There was an accident on the highway, **hence** the tailback.* (hence + nom = *d'où*)

STILL, YET, THOUGH *("néanmoins, cependant, pourtant")* :

ex. : *I really like Paul, **still** I wouldn't like to live in such a mess.*

*It is pelting with rain, **yet** the weather forecast said it would be sunny today.*

*I can't get hold of her, I'll keep trying **though*** (notez ici la place de THOUGH. *(to) get hold of sb* = contacter qqn).

THEN *("puis")* :

ex. : *He had his regular bubble bath **then** watched his favorite program.*

THUS *("ainsi, donc")* :

ex. : *He worked like a dog on this book, **thus** he passed his exam with honors.*

➢ Pour étudier d'autres conjonctions de coordination, vous pouvez aussi vous référer au chapitre suivant sur <u>Les conjonctions paires</u> (cas particuliers).

B- APPLICATIONS : TOEFL/TOEIC (voir corrections page **246**)

1- Sign Language is <u>fast</u> and beautiful <u>also</u> <u>enables</u> deaf people <u>to communicate</u>.

2- All <u>my</u> students are under twenty-five, <u>and</u> not <u>all</u> people under twenty-five <u>are</u> students.

3- Whales are not fish at all, __________ mammals.
a) and b) also c) but d) even

4- Although Jim Morrison died thirty years ago, __________ is still revered by young people.
a) for he b) and he c) he d) but he

5- The Mahatma Gandhi was India's national hero, __________ Britain considered him an enemy for a long time.
a) but b) even c) that d) such as

6- It is true that it is agony having to learn English for some of you; __________, it will allow you to enrich your résumé.
a) and b) on the other hand c) then d) on the one hand

7- It is often said that American children, aged from 6 to 12, spend too much time watching television. __________, many people are convinced that television has a leading educational and cultural mission.
a) Otherwise b) However c) Thus d) Therefore

8- I grealty appreciate your helping me sort the mail, __________ I find your remark about my work unjustified.
a) moreover b) yet c) likewise d) still

Illustration : *Jean-Luc Servais*
Citation de Groucho Marx tirée de *The Little Book of Insults*

LES CONJONCTIONS PAIRES

A- EXPLICATION :

- Les conjonctions (de coordination) paires permettent de mettre en parallèle ou sur le même plan syntaxique toutes sortes de syntagmes (nominaux, verbaux), voire des propositions entières.

Deux choses sont à retenir :

① **L'appariement** des conjonctions **ne se fait pas au hasard**, il faut donc connaître les paires consacrées par l'usage (voir liste ci-dessous). Au TOEFL/TOEIC, vous serez fréquemment testés sur votre connaissance des conjonctions paires, ce chapitre n'est donc pas à négliger.

② Il faut respecter le **parallélisme** des structures introduites par les conjonctions :

ex. : CONJ° 1 + [TO +V], CONJ° 2 + [TO + V]
CONJ° 1 + N, CONJ° 2 + N

➲ Vous serez induits en erreur par des phrases du type : **CONJ° 1 + V, CONJ° 2 + N.**

- Liste non exhaustive de conjonctions paires :

◆ **NOT ONLY - BUT ALSO** : *"non seulement - mais aussi"*

NOT ONLY - BUT (sans ALSO) n'est pas fondamentalement inacceptable ; **toutefois**, cette structure sera considérée comme fausse au TOEFL ou au TOEIC. Il existe aussi des tournures équivalentes comme ***NOT ONLY - BUT EVEN*** et ***NOT ONLY – BUT [...] AS WELL***.

ex. : *The cake she made was* NOT ONLY *pleasing to the eye,* BUT ALSO *tasty.*

◆ **EITHER - OR** : *"soit -soit / ou -ou"* / **NEITHER - NOR** : *"ni - ni"*

NEITHER - NOR sont porteurs de *négation*, il n'y aura donc pas besoin de négation accolée au verbe. Si la phrase comporte déjà une négation, se contenter de OR.

ex. : *That meeting was* NEITHER *important* NOR *interesting.*
It was NOT *important* OR *interesting.*

◆ **BOTH - AND** : *"à la fois - et"*

ex. : *He's* BOTH *athletic* AND *intelligent.*
↬ Au TOEFL/TOEIC, le **piège** à éviter est BOTH [...] AS WELL AS.

◆ **NOT UNTIL - THAT** : *"pas avant - que"*

ex. : *It was* NOT UNTIL *he came back* THAT *I realized he had been away.*
↬ On procède *différemment* lorsque **NOT UNTIL** se trouve seul en tête de phrase ; il y a alors inversion auxiliaire-sujet (cf. Les inversions).

◆ **NO SOONER - THAN** : *"A peine - que"*

Si NO SOONER est en tête de phrase, l'inversion auxiliaire-sujet est de mise dans la proposition qu'il introduit.

ex. : *NO SOONER had she heard from him* THAN *she started crying.*
↬ Au TOEFL/TOEIC, le **piège** à éviter est NO SOONER [...] THAT ou WHEN.

◆ **HARDLY - WHEN** : *"A peine - que"*

Si HARDLY est en début d'énoncé, il y aura inversion auxiliaire-sujet.

ex. : *HARDLY had I closed the door WHEN he fell asleep.*

◆ **WHETHER - OR** : *"si –ou"*

WHETHER - OR peuvent corréler deux termes contenus dans une interrogative indirecte, ou les termes positif et négatif d'une même alternative. WHETHER est alors remplaçable par **IF** :

ex. : *I wonder WHETHER he'll come OR stay home.*
I wonder ***whether / if*** *he is coming or not.*

Ils peuvent également présenter en même temps deux possibilités "rivales" :

ex. : *Whether you agree or not, I'm leaving!*

↪ Ici, *if* n'est pas possible. Remarquez par ailleurs la traduction par "*que*" : *Que tu sois d'accord ou non, je m'en vais !*

◆ **IF - THEN** :

ex. : *IF it's a problem for you, THEN say so.*

◆ **THE MORE - THE MORE** : structure comparative

Il faut savoir que **MORE** peut être remplacé par un autre comparatif, et **non pas** par un superlatif !

ex. : *THE OLDER I get, THE LESS I know.*
THE MORE I eat, THE FATTER I get (et **non pas** *the fattest).*

B- APPLICATIONS : TOEFL/TOEIC (voir corrections page **247**)

1- The French Loire Valley is well known not only for its Rosé wines __________ for its chateaux.

a) but b) also c) but also d) with

2- Not only do the English drink beer __________.

a) but they also produce it b) also they produce it
c) but they produce it d) as well they produce it

3- You must decide whether to buy less __________ to sell more!

a) and b) or c) whether d) also

4- Juggling requires from learners that they have not only good skills __________ lots of patience.

a) and b) but c) but also d) also

5- A company will neither hire personnel nor __________ without making some profit out of it.

a) lower its costs b) lowering its costs
c) costs are lowered d) the costs are lowering

6- It was not <u>until</u> 2001 <u>when</u> the TGV <u>linked</u> Paris <u>to</u> Marseilles.

7- Since you can speak both French as well as Arabic, I guess you could learn a third foreign language in no time.

8- My new car not only goes faster but also better.

9- If you go and see this movie, you will both waste your time or get bored.

10- Linguistics is concerned not only with traditional grammar, but with logic and psychology.

11- Both you also I are invited to Tom's birthday party.

12- The more I learn about computers, the worst I feel about them!

13- Walt Whitman was both a poet as well as a nurse during the Civil War.

14- Either the French team and the Italian team could destroy the Brazilian soccer team, once the best in the world.

15- No other judo champion as David Douillet won as many gold medals as he did.

16- Georges Brassens was not only a singer and a musician but also was one of the best contemporary French poets.

17- Both Joey and Sarah, __________ their daughter Emily, will be staying at my place next summer.

a) as well as b) as well c) and well as d) so as well

18- I believe that TV shouldn't merely entertain people but teach them as well as.

19- We were both sad __________ horrified to learn about the accident.

a) like b) and c) as d) or

20- Friendship building plays a big part in education not only at school __________ in institutes for the mentally impaired.

a) but then b) but even c) but as well as d) also

LES MARQUEURS DE SUBORDINATION

A- EXPLICATION :

➢ On appelle subordonnée une proposition qui vient **s'imbriquer**, **se loger** dans une principale pour occuper la place de l'un de ses constituants.

ex. : *He remains a mystery* = Sujet + V + COD.
How he became a doctor remains a mystery.
↳ Subordonnée interrogative indirecte occupant la place du sujet de la principale (sujet du verbe *remain*).
He remains what I call a mystery.
↳ Subordonnée en WH- occupant la place du COD de la principale.

La relation entre **principale** et **subordonnée** est très forte. Celles-ci ne peuvent être énoncées séparément sans que l'équilibre et le sens de l'énoncé n'en souffrent. La subordination s'établit à l'aide de marqueurs.

➢ Les marqueurs de subordination peuvent apparaître **seuls** comme AS, BECAUSE, BEFORE, IF, ONCE, SINCE, (AL)THOUGH, WHEN, WHILE ...ou se combiner avec plusieurs termes comme dans :

a- AS soon as / AS long as / AS far as / just AS / insomuch AS - inasmuch AS – in so far AS *(= vu que, dans la mesure où)*

b- As IF/THOUGH / even IF / IF only...

c- Rather THAN / sooner THAN ...

d- In THAT / so THAT / such THAT...

e- NOW (that) / PROVIDED (that)

Certains marqueurs peuvent être **prépositions** ou **conjonctions** selon le contexte.

ex. : . *BEFORE breakfast ≠ BEFORE she has breakfast.*
. *SINCE January ≠ SINCE he won the tournament.*
. *UNTIL (= TILL) Tuesday ≠ UNTIL it is broad day light.*
↳ PRÉPOSITION + [PRO]-NOM ≠ CONJONCTION + PROPOSITION

. *AS FAR AS (= UP TO, TO)* + **LIEU** ≠ *UNTIL (= TILL)* + **TEMPS**
as far as *France* ≠ ***until*** *November* 14th.

➢ Faisons la distinction entre les subordonnées **nominales** et **circonstancielles** :

① Les **propositions subordonnées circonstancielles** apportent des compléments informationnels sur le temps, la cause, la manière, le but...

CAUSE / RAISON **AS / BECAUSE / FOR / IN THAT** *(dans la mesure où)* **/ SINCE** *(puisque)*

ex. : *He was compelled to work harder* ***for*** *his English was useless* (***for*** = car).

TEMPS **AFTER / AS / AS SOON AS / AS LONG AS / BEFORE / NO MATTER WHEN / ONCE / SINCE / TILL, UNTIL / WHEN / WHILE / NOW THAT /** conjonctions paires

ex. : ***When*** *she heard the terrible piece of news, she went out crying.*
While *he was digging a hole, she was lazing in the sun.*
She entered the room ***as*** *he was painting the door. (****as*** = alors que)

MANIÈRE **AS / AS IF / AS THOUGH**

ex. : *Do **as** you please, but I won't shed any tears over you then!*

*I felt **as if** I were in a dream.*

↳ fait irréel, imaginaire (hypothèse, d'où le prétérit modal)

BUT / CONSÉQUENCE **TO + V / SO THAT / SO / IN ORDER TO / SO AS TO**

ex. : *We both bought some bait **so that** we could go fishing the next day.*
*We both bought some bait [in order] **to** go fishing the next day.*

CONTRASTE **(AL)THOUGH** *(bien que)* **/ WHILE / EVEN IF** *(même si)* **/ EVEN THOUGH** *(bien que)* **/ WHEREAS** *(tandis que, alors que)* **/ WHENEVER, WHOEVER... / NO MATTER WHAT, WHICH, HOW, WHEN... / +** conjonctions paires

↳ Le suffixe **-EVER** permet d'envisager tous les éléments possibles de la situation comme dans *whoever* (identité humaine : n'importe qui), *whatever* (identité objet : n'importe lequel), *whenever* (temps : n'importe quand), *however* (manière : n'importe comment)...etc.

ex. : *He went fishing with us, **although** he wasn't fond of it.*
***Even though** he doesn't like fishing much, he came with us after all.*
***No matter how** hard he tried to help her, he was at a loss to solve the problem.* (Il a eu beau essayer de l'aider, mais...)

CONDITION **IF** (+ dérivés : voir **Irréel** du présent et du passé) / **Inversions** (Les inversions AUXILIAIRE – SUJET peuvent être considérées comme des subordinations dans certaines propositions de **conditions**.)

ex. : ***If** you had come earlier, you could have met her.*
***Had I known** you were there, I would have come at once.*

② Les **propositions subordonnées nominales** (nominalisations) prennent la place d'un GN (groupe nominal) comme avec :

❶ Les opérateurs en **WH-** (WHO / HOW / WHAT / WHICH) **créent** un rapport de subordination entre 2 relations sujet/prédicat (question indirecte).

ex. : *They all wondered* | ***WHO** could be behind the curtain.*
= COD

*She asked **HOW** he managed to get rid of his old things.*

↳ She asked **WHAT**? (***HOW** he managed to get rid of his old things* = COD)

❷ Les conjonctives zéro (∅) et en **THAT** nominales (∅ = zéro = sans THAT). Voir aussi le chapitre sur <u>Les conjonctives en THAT</u>.

ex. : *I said THAT/∅ I couldn't give her a ride.*
+ [something] = COD

She warned him THAT/∅ she would be late.

B- EXERCICES DE RECONNAISSANCE : (voir corrections page **248**)

❶ Marqueurs de subordination :

➢ S'agit-il d'opérateurs en **WH-**, de relatives en **THAT** ou en **WH-**, de **conjonctives** ou de **relatives** ∅, de proposition en **-ING** ou encore d'**inversions** ou d'autres marqueurs de subordination ?

1- She was astonished how fast he came up the hill.

⇨

2- Mr. Parker asserted he didn't want to go to the lecture.

⇨

3- Noticing it was nearly time to go, he stood up, took his leather jacket and left the room.

⇨

4- Mr. Parker is the man I've just told you about, who doesn't want to attend the lecture.

⇨

5- Were it not for her, I wouldn't do it.

⇨

6- She wondered who could come and help her move house.

⇨

7- Should you want to come with us, please contact us as soon as possible.

⇨

8- She didn't mind their coming to the party with her.

⇨

9- Since he is an expert, he will be able to pull through this plight easily.

⇨

10- Even though he is an expert, he won't be able to overcome this plight.

⇨

❷ Traduire les phrases suivantes :

1- As he was playing on his computer thinking he was alone in the house, his little brother burst in and gave him the fright of his life.

⇨

2- Puisque vous ne voulez pas venir, nous irons là-bas tout seuls.

⇨

3- When the bomb went off, we were having dinner in the restaurant next door.

⇨

4- Bien qu'elle ne semblait pas sérieuse, certains ont pris ces propos à la lettre.

⇨

5- He guzzled on the fatty food his mother had prepared, for he hadn't had any for days.

⇨

C- APPLICATIONS : TOEFL/TOEIC (voir corrections page 248)

1- We had an argument __________ we disagreed on the causes of World War II.
a) cause   b) caused from   c) because   d) causing

2- __________ bruised the boxer was, being punched in the face over and over, he showed no sign of exhaustion.
a) Then   b) No matter how   c) But   d) Somehow

3- Trained soldiers have better reflexes because of they are taught to stay calm in all kinds of situations.

4- __________ two persons can't perceive things the same way, we will never know exactly how other people think or feel.
a) Since   b) When   c) Because of   d) So

5- Peter is different from most managers __________ he is not interested in money.
a) even   b) so that   c) although   d) in that

6- The Robinsons are moving out to Florida __________ the weather.
a) cause   b) because   c) because of   d) cause of

7- You should consider buying a laptop because of it is much more convenient than a desktop for a traveling businessman.

8- __________ she smiles, his heart leaps.
a) Sometimes   b) For   c) Whenever   d) Then

9- Because the admiration they had for FDR, progressive democrats defended his ideas throughout the troubled years of the fifties.

10- __________ hurricanes hit many countries every year, they are most violent in Central America.
a) Yet   b) Although   c) As   d) Then

11- It has been observed that more babies are born when the full moon.

12- Because of people live older nowadays, Senior Citizens are a growing target for companies.

13- However kind of fruit you use for your juices, I believe you will benefit from their high vitamin rate.

14- My house is constructed so air can circulate freely from one end to the other.

15- __________ working as a night watchman, William Faulkner wrote *Sanctuary*.
a) When   b) While   c) As soon   d) For

16- You can take up a secondary job, ________ you remain efficient in the main one.
a) as long as   b) when that   c) even though   d) and yet

17- __________ most deaf people can't speak, they communicate through Sign Language.
a) Although b) Yet c) In spite of d) However

18- __________ get older, they need more time to recover from intense effort.
a) For athletes b) Athletes c) As athletes d) So that athletes

19- __________ people know them as "Navajo", the Dineh tribe has earned the right to be called by their traditional tribal name.
a) Although b) But c) However d) Just

20- Although we used the same car that yesterday, I was not able to recognize it.

EVEN / EVEN IF / EVEN THOUGH / ALTHOUGH

A- EXPLICATION :

➢ Attention à ne pas confondre ces marqueurs :

EVEN : *Even you can succeed*
⇨ Même toi, tu peux réussir. (EVEN = adverbe de modalité)

EVEN IF : *Even if you try, you won't find me.*
⇨ Même si tu essaies, tu ne réussiras pas à me trouver.

EVEN THOUGH : *Even though he tried, he didn't find me.*
⇨ Bien qu'il ait essayé, il ne m'a pas trouvé.

Remarques : - **THOUGH** employé seul, ainsi que **ALTHOUGH**, en tête de subordonnée, ont le même sens que **EVEN THOUGH**. **Attention :** ne pas confondre *although* et *also* (aussi).
- **EVEN IF** et **EVEN THOUGH** sont des opérateurs de ce qu'il est convenu d'appeler subordonnées concessives ou de **contraste**. En tant que tels, ils appellent **nécessairement** une proposition principale :

ex. : *Even though you lied, I still trust you.*
subordonnée — principale

➲ Attention, vous trouverez souvent dans les tests des propositions en "EVEN" qui devraient être en "EVEN IF" ou "EVEN THOUGH".

B- APPLICATIONS : TOEFL/TOEIC (voir corrections page 249)

1- __________ the merger takes place in December, we will never be ready in time.
a) Even b) But c) That d) Even if

2- __________ French restaurant is opening at the harbor on Friday.
a) It is a nice b) A nice c) Even though a nice d) Though a nice

3- __________ trusted by his manager, he decided to resign in September.
a) He was b) Because c) Although d) Even

4- Even a saint might experience difficulty remaining nicely and calm with this kind of hooligan.

5- Even you speak English every day, you must study your grammar in order to improve your score.

6- Even he loved her more than anyone else, he was not able to convince her to marry him.

DESPITE / IN SPITE OF

A- EXPLICATION :

➢ Un tout petit mot sur un piège récurrent dans les tests TOEFL/TOEIC. Les deux marqueurs de subordination ***DESPITE*** et ***IN SPITE OF*** signifient la même chose : *malgré*, et sont interchangeables dans la plupart des cas. Cependant, on trouve souvent dans les tests un *despite of* **qui n'existe pas**. So…Watch out
Il faut retenir que *despite* et *in spite of* sont toujours suivis d'un **groupe nominal** ; le piège étant de vous faire croire qu'un groupe verbal est possible comme dans l'exemple agrammatical suivant :

ex. : ***Despite*** *he is a big boy now, he won't come to the party.* (**FAUX**)

↳ *[**He is** a big boy now]* est une proposition (sujet + groupe verbal), on aura donc : ***Although*** *he is a big boy now, he won't come to the party.* On aurait pu aussi avoir *[**Despite/In spite of the fact that** he is a big boy now, he won't come to the party.]* puisque ***the fact*** est un groupe nominal.
Prenez garde à l'**incorrection**, courante en français, qui fait employer ***malgré que*** là où il faudrait ***bien que***.

B- APPLICATIONS : TOEFL/TOEIC (voir corrections page **250**)

1- Despite of the bad weather, there are always more than one thousand people waiting outside the *Taj Mahal Bar* on New Year's eve.

2- In spite his experience, he wasn't chosen by the committee to lead the new project.

3- Despite of the increasing interest rates, most people still want to buy their own houses.

4- Despite of general protest, many country authorities still consider cloning humans in a near future.

AS vs LIKE

A- EXPLICATION :

➢ Ces deux marqueurs peuvent entrer en concurrence de deux façons :

① Dans les subordonnées de manière ou de comparaison, **AS** et **LIKE** sont des **conjonctions de subordination**. Ils introduisent des propositions subordonnées, c'est-à-dire des phrases généralement composées d'un sujet, d'un groupe verbal et d'un complément.

ex. : *Act AS / LIKE you've been told.*

⇨ Fais ce que l'on t'a dit.

➲ Noter que, dans la langue parlée, LIKE a tendance à prendre le pas sur AS, au grand dam des puristes. Fondamentalement, la seule différence réside dans le niveau de langue, mais à l'écrit, et dans les tests de type TOEFL/TOEIC, il faut choisir la forme la plus grammaticale et donc opter pour **AS**.

② En tant que **prépositions**, AS et LIKE introduisent des groupes nominaux. Parfois les deux sont possibles, mais la différence de sens est notoire :

ex. : *He acted* LIKE *a man* ⇨ il a agi **comme** un homme.

↳ **Comparaison** avec un autre élément.

He acted AS *a man* ⇨ il a agi **en tant qu'**homme.

↳ Ici, **statut** de la personne.

➲ **ASTUCE** : Quand vous hésitez entre les deux prépositions, essayez de traduire par "en tant que", et si c'est le sens de la phrase, optez pour **AS**.

Noter que la préposition **UNLIKE** *(= contrairement à, à la différence de)* est le contraire de LIKE.

ex. : *UNLIKE his brother, he's a heavy drinker.*

⇨ Contrairement à son frère, il boit beaucoup.

That's very UNLIKE you!

⇨ Cela m'étonne de toi !

ATTENTION !!!

◆ **SUCH AS** est utilisé pour donner des exemples.

ex. : - *I don't like **SUCH** vegetables **AS** celeri and cauliflower.*

- *He loves all winter sports, **SUCH AS** skiing, ice-skating and so on.*

◆ **THE SAME (+ NOM +) AS** est utilisé dans certaines structures comparatives.

ex. : - *He's **THE SAME AS** before.*

- *She made **THE SAME** stupid mistake **AS** her brother did.*

◆ **ALIKE** ne peut être utilisé que comme adjectif attribut.

ex. : - *He's **LIKE** his sister.* (préposition)

- *His sister and he are **ALIKE**.* (adjectif)

B- APPLICATIONS : TOEFL/TOEIC (voir corrections page **250**)

1- __________ geese or nightingales, parrots are birds.

a) As b) Then c) Like d) Not

2- The Bretons play a small bagpipe, which sounds very much __________ those you find in Scotland.

a) like b) similar c) same d) as

3- In the fifties and sixties, the *Café de Flore* was used __________ a meeting place by Parisian intellectuals.

a) like b) as c) to d) for

4- Lakota is <u>the</u> real name of <u>the</u> Indian tribe <u>known</u> <u>such as</u> "Sioux".

5- <u>If</u> we want <u>them</u> to respect us, children <u>ought to</u> be respected, <u>as</u> adults.

6- Although <u>no musician</u> has exactly the same sound <u>like</u> <u>that</u> of any other, it is interesting to notice that <u>some</u> develop exactly the same techniques.

7- Alike any form of art, cubic art may be interpreted in many different ways according to place, time, and other parameters.

8- As most companies, BFA Ltd. is used to defining its quality policy in terms of hygiene, safety, and environment.

9- English that we know it derives from old Germanic languages.

10- My car keys are almost the same __________ yours, let's be very careful not to mix them up.

a) to b) for c) as d) like

11- The real test will be __________ the mock one.

a) similar b) like c) alike d) same

12- In 1992, our company manager appointed me __________ special sales representative for the whole midwest.

a) for b) as c) to d) like

13- Alike English people, German and Scandinavian people are very fond of beer.

14- Techno music is the most fashionable sound of the moment just like Rock'n'Roll was the newest thing in the fifties.

15- You will follow the same basic training as both the second, third, and fourth groups as far as business management is concerned.

16- One person will not have the same fingerprint than any other human being on earth.

17- You will never find one DNA exactly __________ another.

a) like b) the same c) similar d) alike

18- If you register, you will be taken in __________ hundredth customer of the day and will be entitled to a present from our new line of products.

a) the b) like the c) to the d) as the

19- Alike Belgium, where both French and Dutch are spoken, Canada has two official languages.

20- In the first centuries AD, Rome emerged __________ the political and cultural center of the western world.

a) as b) such as c) like d) at

Petits plus

LA DATE EN AMERICAIN

A l'écrit : le mois d'abord, suivi du chiffre ordinal, puis de l'année, ex. : *April 29th 1982 – October 31st 2004* ou *04 / 29 / 82 – 10 / 31 / 04* (l'ordinal disparaît). Le 11 septembre (2001) = *9/11*.

A l'oral : *April (the) twenty-ninth / October (the) thirty-first.*

LES PRONOMS RELATIFS

WHO, THAT, WHICH, WHOSE, WHOM

A- EXPLICATION :

➢ Le choix d'un pronom relatif dépend de la nature de l'antécédent. Celui-ci peut être un nom ou une phrase entière. Nous nous intéresserons ici au cas de l'antécédent nom ou groupe nominal. Pour les relatives de phrase, voir WHICH (*ce qui*, *ce dont*) ci-dessous, et <u>Les relatives</u>, chapitre suivant.

❶ Si le nom se réfère à un être "animé" **HUMAIN** (noté **[+HUMAIN]**),

a) on emploiera **WHO** (ou à la rigueur **THAT**) quand l'antécédent est sujet logique de la relative.

ex. : ① *My brother is the man **WHO** dropped by yesterday.* (*drop by* = passer voir)

ex. : ② *The old woman **THAT** sold hats on the market died yesterday.*

b) **WHOM** s'emploie lorsque l'antécédent (animé **HUMAIN**) n'est plus en position de sujet mais d'objet logique de la proposition relative.

ex. : ③ *My brother is the man **WHOM** you saw yesterday.*

Pour décider du choix entre WHO et WHOM, l'étudiant aura intérêt à isoler la relative de la principale et à distinguer le rôle de l'antécédent dans la principale et celui du relatif dans la subordonnée.

➲ Comparons l'ex. ① et l'ex. ③ en soulignant les éléments de la proposition principale :

ex1 : *<u>The man</u> **WHO** came yesterday <u>is my brother</u>.*

↳ S_1 + ***WHO*** + V_1 + [...] + V'_1

ex3 : *<u>The man</u> **WHOM** <u>you saw</u> yesterday <u>is my brother</u>.*

↳ S_1 + ***WHOM*** + S_2 + V_2 + [...] + V_1

↳ En ①, "*the man*" est sujet de "*is my brother*" (principale) et sujet logique de "*came yesterday*" (relative). En ③, "*the man*" est sujet de "*is my brother*" (principale), mais est complément d'objet direct (SN2) de la relative : "*You saw **a man** yesterday*". L'emploi de WHOM relève de la langue écrite et marque un niveau élevé de langue orale. Il a tendance à disparaître dans la langue parlée. Pour info, le suffixe **"m"** de WHOM, marque de l'accusatif (cas objet), est une des rares subsistances en anglais moderne des déclinaisons de type germanique. **<u>Astuce</u>** : si **S2** après WHO ⇨ **WHO<u>M</u>**.

ex. : ④ *The man **to** WHOM I gave money is my brother.*

ex. : ⑤ *The man **with** WHOM I went to France is my brother.*

↳ WHOM également quand l'antécédent est complément prépositionnel de la relative (datif) :

④bis *I gave money **to** <u>the man</u>.*
⑤bis *I went to France **with** <u>the man</u>.*

❷ Si l'antécédent est un nom se référant à un être animé **NON HUMAIN** ([-HUMAIN] = animal, végétal) ou inanimé (choses), on emploiera **THAT** ou **WHICH**. <u>A retenir</u> : **THAT** ne peut **jamais** être précédé d'une **virgule**.

ex. : *The pictures* **THAT** / **WHICH** *<u>we</u> saw on the table were really nice.*

↳ mais on peut aussi avoir relatif zéro (langue parlée) car un S_2 *(we)* est présent.

This is the building **THAT** / **WHICH** *was built four years ago.*

↳ **IMPOSSIBLE** d'avoir **relatif zéro** (∅) car pas de S_2 avant *was built.*

This is the building **THAT** / **WHICH** / ∅ *<u>he</u> built four years ago.*

↳ possibilité d'avoir **relatif zéro** (langue parlée) car un S_2 *(he)* est présent.

➢ Noter que **WHICH** peut être **précédé** d'une préposition (*in, at, from, to, of…*) alors que cela est **impossible** avec **THAT** :

IN WHICH : *This is the house* IN WHICH *I lived.* / *This is the house* ~~IN THAT~~ *I lived.*
This is the house WHICH / ∅ *I lived* IN.
↳ La préposition peut être rejetée après le verbe (ou en fin d'énoncé). Dans les tests, les concepteurs ont tendance à enlever la préposition ou à écrire ***which in*** au lieu de ***in which***.

FROM WHICH : *This is the town* FROM WHICH *I come.*
This is the town WHICH / ∅ *I come* FROM.

OUT OF WHICH : *See the window* OUT OF WHICH *I fell.*

OF WHICH (souvent associé à un chiffre ou à un quantifieur) :
Shakespeare wrote many plays, few OF WHICH *are comedies.*

❸ **WHOSE** s'emploie pour tous les types de noms : *animés*, **HUMAINS** ou **NON HUMAINS**, et *inanimés*, et exprime une relation de type appartenance (génitif). La tournure **OF WHICH** *(noms inanimés)* est désuète (utilisée surtout à l'écrit) mais on peut encore la rencontrer dans les tests.

ex. : - *The man* ***WHOSE*** *car is parked in front of mine is my teacher.*
⇨ L'homme dont la voiture est garée en face de la mienne est mon professeur.
- *The building* ***WHOSE*** *roof fell down was not a church but a mall.*
↳ Il se traduit en général par "**DONT**".
- *The building* ***THE*** *roof* ***OF WHICH*** *fell down was not a church but a mall.*

➢ Traductions de ***DONT*** :

a) " *Dont* " peut se traduire par **WHOSE** s'il y a un rapport de possession (au sens large) entre les deux noms.

ex. : *The man* ***whose*** *car is parked in front of the store is my brother.*

b) Sens de *"à propos duquel, lequel"* : employer **WHICH** ou **WHOM** (ou **THAT** ou ∅)

ex. :- *The Guitar Trio's third album* ***about which*** *I told you hasn't been released yet.*
⇨ Le troisième album du Guitar Trio, dont je t'ai parlé, n'est pas encore sorti.
↳ **mieux** : *The Guitar Trio's third album (that) I told you* ***about*** *hasn't been released yet.*

- *The girl* ***with whom*** *he fell in love is so pretty.*
↳ *The girl,* ***whom / ∅*** *he fell in love* ***with****, is so pretty.*

- *Take all the things* ***which / that / ∅*** *she won't use.*
⇨ Prends toutes les affaires dont elle ne se servira pas.

c) Sens de "parmi lesquels" avec **some / several / most / all / none / many** / un **superlatif** ou un **nombre**.

ex. : - *He has six girlfriends,* ***most of*** WHOM *are extremely pretty.*
⇨ Il a six petites amies, dont la plupart sont extrêmement jolies.
- *She bought him five books,* ***three of*** WHICH *were by Toni Morrison.*
⇨ Elle lui a acheté cinq livres, dont trois de Toni Morrison.

À RETENIR :

RELATIVE / ANTÉCÉDENT	+ HUMAIN	- HUMAIN	+/- HUMAIN
Sujet	WHO	WHICH	THAT
Objet	WHOM	WHICH	THAT
Génitif	WHOSE	WHOSE	WHOSE

WHAT / WHICH

ce qui, ce que, ce dont[34]

➢ Propositions en **WHAT** (≈ *that which*) : WHAT comprend son antécédent. Il peut être sujet ou complément. Il **annonce** ce qui suit (≠ pronom relatif).

ex. : - *What surprised me was the way he looked down on his father's activities.*
⇨ Ce qui m'a frappé, c'est sa manière de mépriser les agissements de son père.
↳ **WHAT** ⇒ *sujet* de *"surprised"*.

- *What he said was insane.*
⇨ Ce qu'il a dit était insensé.
↳ **WHAT** ⇒ *complément de "said"*.

- *What I hated* | *was the waiter.* / *were the waiters.*
⇨ Ce que j'ai détesté, | c'est le serveur. / ce sont les serveurs.
↳ *What I hated* est sujet de *was/were*.
Ici **be** s'accorde en nombre avec le nom qui le suit.

- *I'll always remember **what** she said about my career.*
⇨ Je me souviendrai toujours de ce qu'elle a dit sur ma carrière.

- *Look at **what** he is doing.*
⇨ Regardez ce qu'il fait.

➢ **WHICH** a pour antécédent un *membre de phrase* ; il **résume** ce qui précède et apporte un complément d'information ; noter la **virgule** avec WHICH (≠ **WHAT**).

ex. : - *I stumbled on a broken branch**, which** they thought was very funny.*
⇨ J'ai trébuché sur une branche cassée, ce qu'ils trouvèrent très drôle.

Comparons **WHAT** et **WHICH** :

❶ ***What** made us laugh was that he was at a loss when the teacher tested him on the assignment.*
⇨ Ce qui nous a fait rire, c'est qu'il avait l'air embarrassé quand le professeur l'a interrogé sur le devoir à rendre. (proposition en WHAT sujet)

❷ *He was at a loss when the teacher tested him on the assignment**, which** made us laugh a lot.*
⇨ Il avait l'air embarrassé quand le professeur l'a interrogé sur le devoir à rendre, ce qui nous a fait beaucoup rire. (relative de phrase. L'antécédent = *he was [...] assignment*)

➢ Traductions de ***ce dont*** :

a) **WHAT** quand il n'y a *pas d'antécédent*.

ex. : - ***What** I fancy is a long trip.*
⇨ Ce dont j'ai envie, c'est d'un long voyage.

b) **WHICH** quand l'antécédent est un *membre de phrase*.

ex. : - *He once ran a marathon, **which** he never stopped boasting about.*
⇨ Un jour, il a couru un marathon, ce dont il n'a jamais cessé de se vanter.

c) **ALL THAT** = *tout ce dont*.

ex. : - ***All (that)** we need is love.*
⇨ Tout ce dont nous avons besoin, c'est d'amour.

- ***All (that)** we need in this area is heavy showers for the crops.*
⇨ Tout ce dont nous avons besoin dans cette région, c'est de bonnes averses pour les récoltes.

---

34 cf. S. BERLAND-DELÉPINE. *La grammaire anglaise de l'étudiant*. Éditions Ophrys.

B- APPLICATIONS : TOEFL/TOEIC (voir corrections page 251)

1- One of the most original Jewish American specialties is the bagel, a donut-shaped roll __________ eaten at any time of day.

a) which can be b) whom can be c) who can be d) can be

2- A pronoun is an operator __________ as a substitute to a noun.

a) that be used b) it is used c) that is used d) being it used

3- Double decker buses, which can seat more than a hundred people, is typical of London.

4- There is a mystery as to whom actually was the man with the iron mask.

5- Those of us which read a lot should have our eyes checked every year.

6- It was Frédérique Jossinet which represented French judo in the 2004 Olympics.

7- After the war, my grandmother hosted North-African soldiers who had been injure on the battlefields and whom she had visited at the hospital.

8- Because a translation is an interpretation, the original meaning of a text which is very easily lost.

9- After trying to find out with who the product would prove successful, the staff decided to have it manufactured.

10- The Prime Minister which was known as the Iron Lady is Magaret Thatcher.

11- The scenario include shallow characters and a boring plot, in which "déjà vu" competes with utter nonsense.

12- Gilbert and Sullivan, who many people have now forgotten, wrote the famous *Mikado* at the end of the XIXth century.

13- I bought five books yesterday, two of which is by Sherman Alexie, a gifted Spokane Indian writer.

14- The Constitution of the United States sets out the principles that has founded the nation's identity throughout the centuries.

15- Linguistics involve analyzing units of which sentences are made.

16- Each of the participants must defend his home base which into nothing is supposed to sneak.

17- Old data has been safeguarded on disks what are stored in the secretary's office.

18- That I mean is that you could work faster.

19- The prince is constantly surrounded by admirers whom hope he will notice them.

20- Every sound what whales produce has a meaning which can be interpreted.

LES RELATIVES

A- EXPLICATION :

➢ On distingue *a priori* **deux** types de propositions relatives :

❶ Celles qui apportent un **élément essentiel** à la définition de l'antécédent, pouvant créer ainsi une sous-catégorie (relatives **restrictives**) :

ex. : *People **who play tennis** may develop elbow problems.*

↳ A partir de la donnée "*people*", on crée bien ici une catégorie de gens : ceux qui jouent au tennis.

❷ Celles qui apportent une information sans créer de sous-catégorie. Ces relatives sont généralement encadrées par des **virgules**, et sont appelées **appositives** :

ex. : *Kids**, who generally like watching cartoons on TV,** are extremely fond of the last Disney production.*

☞ Attention, ces simples virgules peuvent changer le sens d'une phrase :

ex. 1 : - *The Americans **who eat too many hamburgers** develop heart diseases.*
ex. 2 : - *The Americans**, who eat too many hamburgers,** develop heart diseases.*

↳ En 1, on crée une sous-catégorie d'américains : seuls ceux qui se gavent de hamburgers ont des problèmes cardiaques. En 2, la relative s'applique à l'ensemble des américains ; on pourrait sur-traduire un peu de cette manière : les Américains, qui, *on le sait bien*, mangent trop de hamburgers…

➢ Il existe également des propositions dites **relatives de phrase** qui reprennent à l'aide de **WHICH** l'ensemble de la proposition qui la précède. Une **virgule** sépare là aussi la principale de la relative :

ex. : *He didn't drink tea, **which** was rather unusual for an Englishman.*
⇨ Il ne buvait pas de thé, ce qui était plutôt rare pour un anglais.
↳ Traduction à l'aide de **CE QUI**.
WHICH reprend bien la proposition *"he didn't drink tea"*.

➲ Vous rencontrerez parfois ces types de propositions relatives au TOEFL/TOEIC. Il est important pour ne pas se faire piéger de :

1- Isoler la relative de la principale.
2- Chercher l'antécédent : NOM, GROUPE NOMINAL, PHRASE.
3- Décider si le pronom relatif correspond bien à la nature de l'antécédent.

ex. : *The man in the street**,** which is not extremely educated**,** is not overly interested in the fall of the Dow Jones, which we can understand.*

↳ Nous avons ici une principale et deux relatives encadrées de virgules et introduites par WHICH :

① Isolons d'abord la principale. Il suffit de se débarrasser des segments de phrases introduits par WHICH, nous obtenons :

The man in the street is not overly interested in the fall of the Dow Jones.
⇨ L'homme de la rue ne s'intéresse pas particulièrement à la chute du Dow Jones.

② Cherchons maintenant les antécédents de nos deux WHICH. L'antécédent du premier ne peut être que le groupe nominal précédant la virgule "*The man in the street*" , en effet, il ne peut s'agir de "*street*" uniquement car on voit mal comment une rue pourrait être plus ou moins bien éduquée. Le 2e WHICH a pour antécédent la proposition en entier, il s'agit d'un commentaire sur ce qui vient d'être dit.

③ Le 1er WHICH ne convient pas car l'antécédent est de nature + humain, il faut donc le remplacer par WHO, le 2e WHICH convient car il est le seul relatif de phrase correct.

➲ **UN PETIT TRUC** pour vous aider à dépister les relatifs de phrase : essayez de traduire par **CE QUI**.

B- APPLICATIONS : TOEFL/TOEIC (voir corrections page 253)

(pour ces exemples, pratiquer comme ci-dessus, et déterminer s'il s'agit de relatives appositives ou de phrases)

1- Before she died, Alexandra David-Neel's secretary, which lived with the writer, used to take visitors around the house.

2- Psychology is the study of man's mind, who includes thoughts, desires, frustrations, inner conflicts, and so on.

3- There are six classrooms in the building, all of whom are equipped with computers, which usually do not work.

4- The staff consists of academics, which grade the students, give them advice, and help them with administrative problems.

5- Germany, whom is a major country in the EEC, is facing serious problems of unemployment.

6- Our program, which intensive learning, first rate teachers, and outstanding facilities, is among the best our University has to offer.

7- Harrison Ford, which started in TV commercials, became famous with *The Raiders of the Lost Ark.*

8- The company wants you to provide them with the contacts are needed to develop their industry in South America.

9- The HIV test, __________ method to track AIDS through blood sampling, is cheap and effective.

a) which b) that is c) which it is d) a

10- Our music festivals are a period of intense activity __________ from June to September.

a) take place b) that takes place c) it takes place d) for take place

Petits plus

AMERICAN	*UK ENGLISH*	FRENCH
first floor	*ground floor*	rez-de-chaussée
freight train	*goods-train*	train de marchandises
French fries	*chips*	frites
garbage / trash	*rubbish*	ordures ménagères
gas	*petrol*	essence
hood	*bonnet*	capot de voiture
janitor	*doorkeeper*	concierge
line	*queue*	file d'attente
mail box/booth	*letter box*	boîte aux lettres
pants	*trousers*	pantalon

LA PROPOSITION INFINITIVE

A- EXPLICATION :

➢ Il existe deux sortes de propositions infinitives, celles introduites par **FOR** et celles qui dépendent d'un verbe.

ex. : . *It is difficult for him to speak English.*
↳ **FOR** + Pronom Complément + **TO** V, *FOR HIM* dépend de l'adjectif.

. *He compelled me to stay at home.*
↳ Les verbes d'action, de volonté... + Pronom Complément + (NOT) TO V.

. *They wanted us to wait.*
↳ S + V + Pronom Complément + TO V.

. *Paul told me to buzz off.*

. *He advised me (not) to register in this class.*

➢ Le point grammatical suivant est fréquemment rencontré dans les tests. Prenons l'exemple ci-dessous :

ex. : *Mr. Phillips's new secretary does not know to type and is not really efficient.*
↳ l'erreur se situe en B car il faut écrire *[...does not know **HOW** to type...]*

On a affaire ici à une **proposition** à valeur **nominale** en **WH-** dont la fonction est **COD**. Les verbes ayant trait à la connaissance ou à l'apprentissage (*know, learn, teach*) sont transitifs directs lorsqu'ils sont suivis d'un GN :

ex. : *I (don't) know **Paul / the way to the station.***
who? → *Paul* / **what**?→ *the way to the station* = **COD = GN**

Lorsque le COD est un groupe verbal, faire précéder le verbe de HOW :

ex. *She doesn't know **how to type.***
what?→ *how to type* = **COD** = **GV**

➢ Le problème de "split infinitive" concerne la place accordée à un **adverbe** entre **TO** et la base verbale (BV). Grammaticalement parlant, cette opération est considérée comme incorrecte par les puristes ; toutefois, il est possible de la rencontrer en anglais journalistique (USA / GB). Au TOEFL/TOEIC, l'emplacement correct est le suivant :

ex. : *It is not that easy to translate poetry properly* (et NON pas : "*to properly translate poetry*").

➲ **TO** ne doit donc pas être séparé de sa base verbale au TOEFL/TOEIC !

B- APPLICATIONS : TOEFL/TOEIC (voir corrections page **253**)

1- It is essential for he to go back to California before the end of the year.

2- My manager advised me finish my report before the next meeting.

3- He wanted to entirely pay for my traveling expenses.

4- Little Joe's mother ordered him ________ immediately.
a) coming b) to come c) for to come d) come

5- It is essential for us to immediately warn you about the problems at stake.

6- Most ambassadors realize that it is essential for them and know much about the culture of their host country if they want to establish quality relationships.

7- Do you know if Mr. Wang __________ use this software?
a) knows b) knows how c) knows how to d) knows to

8- You will graduate when you know to apply the tools you have learnt in class.

LA PROPOSITION EN -ING

A- EXPLICATION :

- Rappelons que la forme **V-ING** peut très bien s'utiliser sans pour autant être associée à **BE**.

ex. : . *Can you picture him **dancing** on the classroom tables?* (participe présent)
. *She started **writing** when he entered the room.* (gérondif)
. ***Writing** is a basic skill.* (nom verbal en -ING)
. *It is **interesting**.* (adjectif)

① -ING associé à BE :

A- Déroulement de situation :

ex. : *Hey! They **are** runnING away!*

↳ Situation ponctuelle et particulière. S'oppose nettement au V-∅/-s (présent simple de généralité, habitude).

B- Action prévue / intention :

ex. : - *We **are** goING to the United States next month.*

↳ Énoncé se référant à l'avenir (valeur de futur) avec un élément temporel. L'information principale ici n'est pas *WE ARE GOING* **mais** *NEXT MONTH*.

- *We **are** meetING them in front of Peter's house.*

↳ Action déjà envisagée par l'énonciateur – son intention.

C- Valeur modale de jugement :

ex. : *My mother **is** always readING those soppy love stories!*

↳ Énoncé à valeur générale (*always*) **mais** exprimant un **jugement** (ici : reproche, énervement) porté par le locuteur sur sa mère.

② -ING et le processus de Nominalisation :

- -ING peut être, dans certains cas, un outil "nominalisateur" permettant de faire jouer à un pan de phrase le rôle normalement attribué à un **nom**. Cette proposition peut fonctionner comme[35] :
  - SUJET : *Writing in English helps you enrich your vocabulary.*
  - COD : *I can't help laughing when I see her.*
  - ATTRIBUT DU **SUJET** : ***The ultimate chic** is taking a trip to Greenland.*
  - COMPLÉMENT DE L' **ADJECTIF** : *I'm **happy** living on my own.*
  - COMPLÉMENT PRÉPOSITIONNEL : *I look forward **to** hearing from you soon.*

- Le sujet d'une proposition en –ING peut être ou non un génitif. Dans les tests, préférez toujours le génitif.

ex. : . *Do you mind Peter's opening the window?*

↳ *= Do you mind his / him / Peter opening the window?*

[35] cf. J-R. LAPAIRE & W. ROTGÉ. *Réussir le commentaire grammatical de textes*. Ellipse.

③ -ING : Repérage anaphorique

➢ Définissons d'abord ce qu'est une **anaphore**. Il s'agit d'un terme qui renvoie à une notion *déjà acquise, déjà exprimée, ou déjà pensée* par l'énonciateur.

ex. : - *I can picture him throw**ing** stones at her.*

- *I decided to quit smok**ing** on Christmas eve.*

↳ Dans ces 2 exemples, l'énonciateur évoque des pensées et des souvenirs. -ING rend compte ici du *déjà pensé / déjà vécu / déjà exprimé*.

➢ La proposition en -ING peut être aussi un **complément informationnel** reprenant l'énoncé qui le précède.

ex. : *The word jungle comes from the Hindi "Jangel"**, standing for** thick forest.*

↳ Il y a bien ici anaphore puisque la proposition subordonnée en -ING reprend le terme *Jangel* pour l'expliciter (repérer la **virgule**).

④ -ING : Proposition adverbiale

❶ La proposition adverbiale de cause ou de raison en -ING :

➢ Cette proposition est équivalente à la proposition adverbiale de cause ou de raison introduite par une **conjonction** comme *BECAUSE, SINCE* (puisque) ou *AS*. Cette proposition en -ING peut être introduite par **-ING** ou **WITH -ING.**

ex. : - ***Being*** *(= As she is a…* = Etant / Comme elle est*) a newcomer in the USA, she has not succeeded in getting used to the American way of life yet.*

- ***With** John **trying** to talk me into retiring, I eventually followed his suggestion.*

❷ La proposition adverbiale de temps en -ING :

➢ Introduite par une conjonction de temps, elle sert à situer deux actions l'une par rapport à l'autre dans le temps. La relation peut exprimer :

- une **simultanéité** avec ***WHEN, WHILE, SINCE*** et ***UNTIL***.

ex. : *She wrote a letter to her parents **WHILE** [she was] wait**ing** for him.*

- un **décalage** temporel avec ***BEFORE*** et ***AFTER***.

ex. : *He had made up his mind **BEFORE** [he spoke] speak**ing** to me.*

⑤ Attention :

➢ Il ne faut pas confondre une proposition subordonnée en -ING avec une *relative elliptique en -ING* (= qui enlève, omet un élément). Comparons ces 2 énoncés :

① *The man **walking** on the opposite sidewalk is the manager of the company I work for.*

② *The word jungle comes from the Hindi "Jangel"**, standing for** thick forest.*

↳ Dans la ①, on peut reformuler l'énoncé en faisant apparaître un pronom relatif : *The man **[who/that is]** walking…*, ce qui nous donne une relative elliptique en -ING (= dont le pronom relatif et l'auxiliaire ont été supprimés).

Procéder de la même manière dans la ② est impossible :
*The word jungle comes from the Hindi "Jangel", **[that is]** standing for thick forest* = **IMPOSSIBLE**.

↳ Il s'agit de l'énoncé d'une **vérité générale** (présent simple : ***which stands for***) et non d'un énoncé situationnel (BE + -ING). Ainsi, si l'on fait apparaître un relatif et que cette transformation nous oblige à passer au présent simple pour conserver l'équilibre logique et syntaxique de la phrase, cela signifie que l'on a affaire à une proposition en -ING (présence de la **virgule** = complément d'information) et non à une relative elliptique en BE + -ING.

B- APPLICATIONS : TOEFL/TOEIC (voir corrections page **254**)

1- The world's sense of what it is like to be American is captured by images of millions of couch-potatoes __________ on French fries, ice-cream and soft drinks in front of television.

a) who is pigging out b) who pigging out c) pigging out d) that pigs out

2- The people of many areas rose in armed rebellion, __________ their independence from the state and a government they thought had deprived them from their lands.

a) that was proclaiming b) proclaiming c) had proclaimed d) proclaimed

3- In a crowded country of nearly 900 million people, there are still hundreds of small ethnic groups who avoid civilization, __________ to isolate themselves in uneven and bushy lands.

a) preferred b) and prefers c) prefer d) preferring

4- Some Indian wildlife specialists now agree to the fact that __________ tribesmen out of their lands was a terrible mistake.

a) chasing b) chased c) the chasing d) chasing of

5- Many conventioneers assert that some of their friends signed up with American companies because __________ overseas phone bills was still cheaper than connecting to the Web from Paris.

a) paying for b) paid for c) the paying d) they are paying for

6- It was in 1945 that Dr. Klaus Maertens, __________ from an accident, made up the famous air-cushioned sole using salvaged Luftwaffe rubber and old soldiers' uniforms.

a) while he is recovering b) he recovered c) recovering d) he was recovering

7- When Julius Caesar forced an entrance into any city from 45 to 40 BC, he celebrated __________ a feast at which thousands of fellows guzzled on poultry, seafood and wine.

a) by giving b) and he was giving c) giving d) and giving

8- Since its launch on Feb. 3, 1997, the Football Fund, a mutual fund __________ mainly of football-related leisure stocks, has drawn small investors' attention.

a) consists b) consisted c) that was consisting d) consisting

9- A great deal of talented players have spent several weeks on the bench with injuries, __________ strikers are a risky investment.

a) which proved b) proving that c) which is proving that d) that proves that

10- When a comet happens to fall in toward the sun, the ice begins to vaporize, __________ the solid core with a nebulous cloud of dusty gas.

a) and surround b) surrounds c) surrounding d) which is surrounding

Illustration : *Jean-Luc Servais*

Petits plus

HEALTH

contagious, catching : contagieux
(to) cure, (to) heal : guérir
(to) develop, (to) contract : attraper, contracter
(an) epidemic : une épidémie
(to) faint,(to) pass out : s'évanouir
(a) fit : un accès (fièvre), une quinte (toux), une attaque, une crise
medicine, drug : médicament
pain : douleur
(a) physician : un généraliste (≠ *physicist* = physicien)
prescription : ordonnance
(to) relieve : soulager
sore : plaie (nom), endolori (adjectif)
sorethroat : mal de gorge
tablet : comprimé
(to) treat : soigner, traiter

LES CAUSATIVES : *Make / Have / Get*

A- EXPLICATION :

➢ On parle de CAUSATIVES lorsqu'un **SUJET 1** entraîne un **SUJET 2** (**sb** = somebody <u>ou</u> **sth** = something) à accomplir ou subir une action. Il s'agit en fait de la tournure ***faire faire quelque chose à quelqu'un***.

ex. : *I made him rehearse his speech* (= Je lui ai fait répéter son discours).

↳ *he / rehearse his speech* est une subordonnée de résultat qui occupe la place du complément d'objet de MAKE (d'où *him* pronom complément).

<u>**ATTENTION**</u> : On rencontre trois types de structures dans les tests : certains verbes causatifs (VCAUS = MAKE / HAVE) sont suivis d'une base verbale, d'autres de TO + V (GET / CAUSE / FORCE). HAVE et GET admettent également une forme où le verbe de la subordonnée sera au participe passé (V-EN). Il est impératif de connaître les formes liées aux différents causatifs car :

1- Il n'y a pas de règles.
2- Les problèmes de causatives reviennent **très régulièrement** dans les tests.
3- Les erreurs sont malheureusement très fréquentes.

Apprenez les différentes formes et révisez-les souvent.

- **Cas où S2 agit en V**

  S1 VCAUS S2 V (MAKE / HAVE) *I made him speak.*

  S1 VCAUS S2 TO V (GET / CAUSE / FORCE) *I forced him to work.*

- **Cas où S2 est objet de l'action décrite par V-EN**

  S1 VCAUS S2 V-EN (HAVE / GET) *I had my picture taken.*

I- VERBES DES STRUCTURES CAUSATIVES

① MAKE + sb/sth + V

=> Sujet 1 humain ou non humain (**contrainte** avec MAKE)

ex. : *<u>I</u> **made** <u>her</u> <u>do</u> her homework on the spot.*
S1 S2 V

② HAVE + sb + V / HAVE + sth/sb + V-EN

=> Sujet 1 humain + volonté

ex. : *<u>She / Anger</u> **had** <u>him</u> <u>blow up</u> at her.*
Sujet 1 S2 V

*<u>I</u> **had** <u>my car</u> <u>repaired</u> (by sb) last week* (J'ai fait réparer ma voiture).
Sujet 1 sth (S2) V–EN

↳ Dans cette phrase, S2 est l'objet de l'action *repair* (l'acteur, le mécanicien, n'est pas mentionné). Le verbe est au participe passé, trace d'un schéma de type passif (attention, pas d'auxiliaire BE).

*<u>I'll</u> **have** <u>them</u> <u>shot down</u> (by sb) if they don't submit to the rules.*
S1 sb (S2) V–EN

↳ Le S1 ne fait pas l'action ici. Ils (S2) seront exécutés par quelqu'un d'autre.

Attention, dans certains cas, nous aurons la même structure, mais il ne s'agira pas d'une causative, la volonté du sujet étant absente :

*I **had** my car stolen* (Je me suis fait voler ma voiture).

⇨ Une erreur très fréquente consiste à confondre le causatif HAVE avec l'aspect HAVE + -EN. Une astuce pour s'en sortir :

ex. : *John **has repaired** my car* = John a réparé ma voiture.
↳ Pas de sujet 2 inséré entre HAVE et V-EN, John est auteur de l'action. Phrase active au HAVE + -EN (*present perfect*).

*John **had** him **repair** my car* = John lui a fait réparer ma voiture.
↳ Sujet 2 inséré entre HAVE et V : causative.

*John **had** my car **repaired** (by sb)* = John a fait réparer ma voiture.
↳ Sujet 2, objet de l'action, inséré entre HAVE et V-EN : causative V-EN.

HAVE + ∅ + V-EN = ***perfect tense***
HAVE + sb + V = ***causative***
HAVE + sth/sb + V-EN = ***causative V-EN***

③ GET + sb + TO V / GET + sth/sb + V-EN

=> Sujet 1 humain + volonté (**obtenir** de qqn qu'il fasse qch / que qch soit fait ≠ HAVE)

ex. : *I'll **get** the intruders **to** apologize.*
S1 — Sujet 2 — to V

*They're **getting** their television delivered (by sb).*
Sujet 1 — sth (S2) — V-EN

*French kings used to **get** traitors executed (by sb) on the spot.*
Sujet 1 — sb (S2) — V-EN

Astuce : voici un moyen mnémotechnique que nous donnons à nos étudiants pour qu'ils se souviennent qu'avec GET on doit avoir TO : GE**T** + sb + **TO** V.

Rappel : avec HAVE et GET, le verbe de la subordonnée sera au participe passé (**-EN**) si S2 n'est pas l'auteur mais l'objet de l'action du verbe de la subordonnée.
ex. : *They had the car fixed* (by a mechanic).

④ CAUSE / FORCE + sb + TO V

ex. : *The drought **caused** farmers to ask for allowances.*
↳ sujet rarement humain avec CAUSE.
*His parents **forced** him to work for his exams.*

⑤ Autres types de structures causatives (schéma résultatif)[36]

N1 V (N2) + **Adjectif / Adverbe / Préposition + N3**

ex. : *He kicked the door **open**.*	*The door burst **open**.*
*They chased the man **away**.*	*They tiptoed **away**.*
*They pushed him **into the house**.*	*She walked **across town**.*

[36] cf. P. LARREYA, C. RIVIERE, *Grammaire explicative de l'anglais*. Longman Université.

II- VERBES OBÉISSANT AUX STRUCTURES CAUSATIVES

Pour qu'un verbe soit causatif, il faut que l'action représentée par la subordonnée se réalise[37], ce qui n'est pas forcément le cas avec les verbes suivants. Cependant leur sémantisme et leur structure les apparentent aux causatives.

① ORDER / URGE / WANT + sb + TO V
WANT + sth + (TO BE) + V-EN

ex. : *I **want** you **to** work.* / *I **want** the work (to be) **done** by Friday.*
*I **urge** you to start working at once.*
*I **order** you to start working at once.*

Autres verbes voir <u>V + [TO + V] OU V + [V- ING]</u>, 1-2.

② LET+ sb / sth + V / HELP + sb + V / TO V (accepte les 2 formes)

=> Sujet humain ou non humain

ex. : *I **let** them **have** some candy.*

*He / This book **helped** his ten-year-old sister Susan **(to) finish** her homework.*

➢ HAVE, HELP, FORCE, GET, LET, MAKE, ORDER, et URGE acceptent l'impératif (Sujet 1 implicite = YOU) :

ex. : *Have it finished by Friday.* / *Make him work.*
Get things done. / *Let her go.*

➢ FORCE, HELP, LET, MAKE, ORDER, et URGE peuvent être employés à la voix passive. Dans ce cas, il n'y aura pas de second sujet, et le deuxième verbe sera précédé de TO.

ex. : *He **was made** <u>to</u> tidy up his room.* (On l'a obligé à ranger sa chambre)

☛ Cette partie est aussi utile pour la grammaire que pour la *Listening Comprehension*.

B- APPLICATIONS : TOEFL/TOEIC (voir corrections page 255)

1- Kathy got John ________ her a ride yesterday evening.
a) giving b) give c) to give d) and give

2- Pam let Richard ________ her sandwich.
a) eaten b) eating c) to eat d) eat

3- Jane's mother made her ________ her bedroom.
a) cleaning b) well clean c) clean d) to clean

4- Heather caused Arthur ________ in the stairs.
a) to fall b) fall c) fell d) falling

5- Did you ________________ by a mechanic?
a) make your car repaired b) got your car repaired
c) have your car repaired d) make your car repairing

6- I heard Amber got Steve ________ her.
a) to marry b) marrying c) marry d) married

---

37 cf. P. LARREYA, C. RIVIERE, *Grammaire explicative de l'anglais*. Longman Université.

7- They always made their children ________ their homework before dinner.
a) doing b) do c) well to do d) to do

8- We would be very grateful indeed if you helped us to solving this problem.

9- When I made the house built, I didn't think about how many children I would end up having.

10- The smoke caused him caughing again and again; as he nearly choked, he remembered to open the window!

11- The teacher wants some work to do before the end of the term.

12- If you don't trust your managing ability, have your accounts dealing with by an expert.

13- My wife had me ________ her in front of her favorite shoe store!
a) meeting b) to meet c) meet d) met

14- The thief made the people ________ on the floor while his accomplice put the banknotes in his bag.
a) lying b) lie c) to lie d) have lied

15- The Marine Sergeant ________ ten miles every morning at 5:00.
a) makes his men run b) makes the running of his men
c) makes his men to run d) makes his men running

16- Those of us who like reading should have our eyes check once a year.

17- Vinoba, a famous disciple of Gandhi's, got his followers walk around India, asking the rich Zamindars to give the poor some of their land.

18- I had my son, Loïc, ________ soccer for two years.
a) practice b) practiced c) to practice d) practical

19- Jerry got his dad ________ him a new racket.
a) to buy b) bought c) buy d) buying

20- Excuse me, but I have already told you I wanted you ________ your car.
a) moving b) to move c) move d) moved

She made him schlep her schlocky suitcase to the shabby shed
while schmoozing about the upcoming Shrek *movie.*

schlep (verbe) fam. : porter avec beaucoup d'effort / *schlocky* (adj.) fam. : de mauvaise qualité
shabby (adj.) : miteux / *shed* (nom) : abri de jardin / *schmooze* (verbe) fam. : pérorer

CLIVÉES / EXTRAPOSITIONS

A- EXPLICATION :

➢ Voici deux types de phrase à ne pas confondre. La confusion est facile dans la mesure où toutes deux commencent par **IT**.

① **L'EXTRAPOSITION** : c'est à dire **positionner** le sujet (ou le COD) de la phrase **après** la place qui lui revient normalement.

⇨ **En anglais, une proposition tout entière peut occuper la place du sujet ; en voici une liste non exhaustive[38] :**

- une proposition infinitive : *TO BE A WOMAN is easier nowadays.*
- une participiale en -ING : *BEING A CHILD is nice, isn't it?*
- une conjonctive en THAT : *THAT YOU ARE INTELLIGENT makes no doubt.*
- une interrogative indirecte : *WHY SHE LOVES ME remains a wonder.*
- une proposition introduite par WHAT : *WHAT HE DID is amazing!*

⇨ Quand le sujet est **long**, on a souvent tendance à *l'extraposer* à l'aide de **IT** :

ex. : *It is easier to be a woman nowadays.*
It's nice being a child, isn't it?
It makes no doubt that you are intelligent.
It remains a wonder why she loves me.
It's amazing what he did!

N.B. : Dans les tests, vous aurez rarement à vous occuper des phénomènes d'extraposition ; par contre, vous rencontrerez des phrases avec une proposition entière occupant la place du sujet (proposition non extraposée). Comme vous utilisez rarement ces constructions, il est utile de savoir qu'elles existent et de pouvoir les reconnaître.

② **LES CLIVÉES** : Quand on veut mettre l'accent sur l'un des éléments de la phrase, on le place en tête de proposition à l'aide de **IT** + **BE** + un pronom relatif (souvent THAT ou WHO).

⇨ Prenons la phrase : *Mike played the guitar in his room.*

1- *It was **Mike** who played the guitar in his room.*
↳ mise en relief du **sujet** : *Mike*, et non pas une autre personne !

2- *It was the **guitar** that Mike played in his room.*
↳ mise en relief du complément d'**objet** : *the guitar*, et non pas de la clarinette !

3- *It was in his **room** that Mike played the guitar.*
↳ mise en relief du complément de **lieu** : *in his room*, et non pas dans la cuisine !

⇨ Les formes clivées permettent ainsi d'**insister** sur l'un des éléments de la phrase quand celui-ci est sujet de désaccord.

---

38 cf. J-R. LAPAIRE & W. ROTGÉ. *Réussir le commentaire grammatical de textes*. Ellipse.

B- APPLICATIONS : TOEFL/TOEIC (voir corrections page 256)

1- __________ is essential for the good development of teeth.
a) It is fluoride b) That fluoride c) Fluoride d) There is fluoride

2- That you be able to communicate your feelings to each other __________ to build a strong relationship.
a) it is vital b) is vital c) vital is d) a vital

3- __________ that the French soccer team won the World Cup.
a) For in 1998 b) That in 1998 c) In 1998 that it was d) It was in 1998

4- __________ that we moved out of California.
a) In January that it was b) That in January
c) Since January d) It was in January

5- __________ in our new product has increased in the past few weeks is only but natural.
a) That interest b) It was interest c) Although interest d) Interest

6- __________ that Arthur Rimbaud won eternal fame but one must not forget he was also a great traveler and adventurer.
a) It was as a poet b) He was a poet c) A poet d) When he was a poet

7- __________ living in Paris that the American writer Henry Miller wrote most of his books.
a) He was b) While he was c) It was while d) That he was

8- __________ who decided to set the meter as a measure unit.
a) Napoleon b) he was Napoleon c) Napoleon was d) It was Napoleon

9- __________ is considered a genius is due to his discovery of the theory of relativity.
a) Albert Einstein b) Albert Einstein, who
c) That Albert Einstein d) For Albert Einstein

10- __________ novel *Roots*, writer Alex Haley reconnected African-Americans with their origins.
a) His b) With his c) It was with his d) For his

LES CONJONCTIVES EN THAT

A- EXPLICATION :

➢ **Une proposition subordonnée est une phrase qui vient se loger dans la principale en occupant la place de l'un de ses constituants.**

ex. : *They suggest* | *something.* (something = **COD**)
| THAT *you come early tomorrow.*
↳ la subordonnée introduite par THAT occupe la place du COD

➢ On appelle *conjonctive en THAT* une **subordonnée** introduite par la conjonction THAT. Ces subordonnées peuvent occuper différentes places dans la principale[39] :

① **SUJET** : *That he is smart makes no doubt.* (= le fait que...)
↳ Avec la subordonnée en position sujet, le verbe de la principale est au singulier. Ce type de subordonnée est souvent extraposé à l'aide de **IT** :
⇨ *It makes no doubt that he is smart.* (voir chapitre Clivées / Extrapositions)

② **COD** : *They saw that he didn't want to come.*

③ **ATTRIBUT** du sujet : *The fact is that he's stupid.*

④ **COMPLÉMENT** de l'adjectif :
⇨ *It is true that he never had a chance to assess himself.*

⑤ **COMPLÉMENT** du nom :
⇨ *The belief that he wanted to hurt her still haunts me.*
↳ Dans ce dernier cas, attention à ne pas confondre **THAT** = conjonction de subordination avec **THAT** = pronom relatif. Si vous hésitez, essayez de remplacer THAT par WHICH ; si cela ne marche pas, THAT est conjonction.

➢ Les conjonctives en THAT sont des subordonnées, ce qui veut dire que la phrase comportera au minimum deux verbes, celui de la principale, et celui de la conjonctive. Ne vous laissez pas piéger par des propositions non finies du type :
That the class worked remarkably during the year.
↳ IMPOSSIBLE : une conjonctive en position sujet appelle une suite, par exemple :
That the class worked remarkably during the year has been acknowledged by the faculty.

➢ Attention également à ne pas confondre **THAT** et **WHAT** :
I know that you like horses : Je sais que tu aimes les chevaux.
I know what I want : Je sais ce que je veux.
(en cas de doute, WHAT = *ce que*)

B- APPLICATIONS : TOEFL/TOEIC (voir corrections page **256**)

1- __________ in Carnac remains a mystery.

a) Who erected the stones b) The stones
c) That the stones d) There are stones

---

[39] cf. J-R. LAPAIRE & W. ROTGÉ. *Réussir le commentaire grammatical de textes.* Ellipse.

2- __________ the idea of humanity being divided into four separate races is totally mistaken.

a) It has been demonstrated that
b) Demonstrated it is
c) Has demonstrated been
d) That is demonstrated

3- __________ children should not leave school before they are sixteen.

a) That it is accepted that
b) Accepted that
c) It is accepted that
d) It accepted

4- Based on the premise that matter is nothing but energy, some scientists claim __________ is simply illusory.

a) which is that its solid appearance
b) solid appearance which
c) that
d) that its solid appearance

5- We hoped __________ the game, but their opponents played very well.

a) American team to win
b) American team's winning
c) that the American team would win
d) that American team win

6- Many people hope <u>what</u> human <u>cloning</u> will bring new medical solutions <u>whereas</u> others picture it as a dangerous <u>piece of</u> modern witchcraft.

7- __________ Nobel, the inventor of dynamite, was primarily a humanist is a well known fact.

a) It is b) What is c) It is that d) That

8- __________ capable of accurate translation is yet to be invented.

a) A machine b) What a machine c) That a machine d) Would a machine be

9- __________ caught in traffic, he arrived on time at the meeting.

a) That he was b) Although he was c) Even though he be d) It was that he be

10- __________ war veterans can never go back to normal life is the subject of the book.

a) If b) But also c) That d) Any

11- __________ go through a "no" period should reassure most parents.

a) All children knowing
b) Knowing that all children
c) knowing what all children
d) But all knowing children

12- __________ parents are responsible for helping children with their homework.

a) Teachers that are agreeing
b) Teachers that agree
c) Teachers agreeing that
d) Teachers agree that

13- __________ he sprained his ankle forced him to withdraw from the Olympic games.

a) Like b) As c) That d) If

14- __________, the Robinsons realized their house had been burgled during their holiday.

a) In home b) At home c) Just home d) That they arrived home

15- <u>That</u> physical exercise is the <u>only</u> way to remain fit <u>once</u> you are <u>over</u> forty.

SO / SUCH

A- EXPLICATION :

➢ Nous étudierons ici les valeurs essentielles des marqueurs SO et SUCH (pour SO AS TO et SUCH AS, voir <u>Les marqueurs de subordination</u>).

① Evocation d'une **qualité particulière** à l'aide de SUCH :

- SUCH + A + ND : *I've never met **such** a person.* (une personne de ce genre)

- SUCH + Ø + NI : *I've never had **such** weather.*

- SUCH + Ø ND Plur. : *I've never seen **such** boys.*

② **Intensification** à l'aide de SO et SUCH :

- SO + ADJ. : *He's **so** nice!*

➲ <u>Attention</u> : **SO + ADJ. + A + ND** est désuet. A éviter.

- SUCH + A + ADJ. + ND : *He's **such** a nice fellow!*

- SUCH + ADJ. + NI / ND Plur. : *It's **such** bad weather!*
*They're **such** nice kids!*

➲ Attention aux noms indénombrables (comme ***weather***...) qui ne prennent pas d'article.

➲ EVER peut précéder SO et SUCH pour appuyer une exclamation (préférer toutefois la formule en ***so***) :

*He's **ever** so nice!* = Il est tellement gentil !
*He's **ever** such a nice fellow!* = C'est un type tellement chic !

Noter que l'on ne peut avoir :
*He's ever so nice / ever such a nice fellow **that I gave him a present.***

③ Subordonnées de **degré** :

- SO + ADJ. + THAT

ex. : *He's **so** nice that I gave him all I had.*

- SUCH + A + ADJ. + ND [...] THAT

ex. : *He's **such** a nice fellow that I gave him all I had.*

- SUCH + Ø ADJ. + NI / ND Plur. [...] THAT

ex. : *They're **such** nice people that I invited them home.*

➲ Là également, faire attention à l'ordre des mots. Attention, avec SUCH, il faut obligatoirement un NOM (NI / ND).

④ Deux autres valeurs de **SO** rencontrées dans les tests :

a- Le **SO** de reprise qui monte à la place du sujet et rejette celui-ci après l'auxiliaire.

ex. : *He went to the beach and **so** did I.* (cf. <u>Reprises elliptiques</u> 1-2)

b- Le **SO THAT** de subordonnée de **but** sera suivi d'un auxiliaire de modalité comme *CAN/COULD*, *MAY/MIGHT* ou *WOULD*.

ex. : *Gandhi and his followers organized peaceful strikes **so that** there <u>could</u> be maximum impact on the British without drawing blood.*

*The athlete dieted strictly **so that** he would keep fit for the next competition.*

Lorsque SO THAT exprime la *conséquence* ou le *résultat*, il ne sera pas suivi d'un modal.

ex. : *He had forgotten to take his laptop **so (that)** he got muddled in his talk.*

⇨ Il avait oublié son ordinateur portable si bien qu'il s'est embrouillé pendant l'exposé.

➲ ATTENTION, dans la langue parlée, THAT est fréquemment supprimé des **subordonnées de but**. Il est par contre obligatoire à l'écrit. Dans les tests, vous trouverez souvent des phrases de ce type sans THAT. Si SO est souligné, il vous faudra le compter faux.

ex. : *He wanted to see me **so (that)** I could explain the situation to him.*

➲ N'oubliez jamais que les tests grammaticaux évaluent vos capacités à exprimer un anglais "canonique" !

B- APPLICATIONS : TOEFL/TOEIC (voir corrections page **257**)

1- The theater is such an old building _____ necessary to destroy it sooner or later.
a) that b) that is c) it was d) that it will be

2- The students were __________ that they decided not to attend the last lecture.
a) so tired b) such tired c) more tired d) as tired

3- My colleague has decided to postpone his business trip to Hungary, ________.
a) and we have so b) and also we have c) and so we have d) and so have we

4- An anesthetic such as morphine is used so patients will not feel any pain.

5- Manpower is used to pick up grapes so they won't suffer from mechanically induced damage.

6- Some naive people think that products deriving from such research human cloning will be widely available as soon as economic problems are solved.

7- Flats are as expensive in Manhattan that only the extremely wealthy can afford to buy them.

8- Legalizing cannabis is so controversial as it is not even conceivable in many countries.

9- The university requires that students register before the beginning of the semester so administrative work can be completed in time.

10- He is such idiot that it is impossible for him to understand the slightest bit of what we told him.

11- I don't see why you should act in __________.
a) such extraordinary way b) such an extraordinary way
c) so an extraordinary way d) so extraordinary way

12- The smell of that coffee was __________ tempting that I couldn't resist pouring myself a cup.
a) so b) such c) very d) only

13- It was __________ day that we decided to put off our departure.
a) so rainy b) such rainy c) such a rainy d) so a rainy

14- We had __________ that we swore never to see each other again.
a) such a terrible evening b) so terrible an evening
c) very terrible evening d) terrible evening

15- I am __________ hungry that I could eat a horse.
a) so b) much c) such d) also

16- They have __________ that they want him to become a model.
a) so beautiful son b) such a beautiful son
c) such beautiful a son d) so beautiful a son

17- He had to work at night __________ he could feed his seven children properly.
a) as then b) so as c) so that d) in view of

18- We entered the shop __________ we could escape the rain for a while.
a) such as b) so that c) so d) for

19- The secretary <u>checked</u> all invitations <u>so</u> no <u>one</u> could enter the premises <u>unwanted</u>.

20- Beverley Hills is <u>so</u> a <u>famous</u> place that <u>it is</u> impossible not to associate it <u>with</u> the glamour of Hollywood.

Petits plus

SCIENTIFIC FIELD

(to) carry out : mener à bien (expérience)
chemicals : produits chimiques
(to) drill / drilling platform : forer / plateforme de forage
experiment : expérience (scientifique)
global warming : réchauffement de l'atmosphère
greenhouse effect : effet de serre
oil slick : marée noire
(to) pollute : polluer
a shortage of, a lack of : un manque de, une pénurie de
waste (NI) : déchet<u>s</u>

"*A school is a place where children go to catch cold from other children so that they can stay home.*"

d'après *L'humour anglo-saxon.*

L'EXPRESSION DU BUT : *TO VS FOR*

A- EXPLICATION :

➢ Pour exprimer le but, on utilisera :

- **FOR** pour un groupe nominal

ex.**1** : *I have made some coffee* ***FOR*** *the boys.*

- **TO** pour un groupe verbal

ex.**2** : *I have made some coffee* ***TO*** *please you.*

↳ Dans ce cas, **TO** est équivalent à la forme **IN ORDER TO**.

➢ Noter la forme combinée :
Cette forme s'emploie quand on introduit un sujet dans la circonstancielle.

ex.**3** : *I have made some coffee* ***FOR*** *you* ***TO*** *drink.*

↳ Dans l'exemple 2, ***I*** est sujet de *"make some coffee"*, et est également sujet **sémantique** de *"please you"* (**je** fais du café parce que **je** veux te faire plaisir). Dans l'exemple 3, **je** fais du café pour que **tu** le boives. Le sujet de la circonstantielle est différent de celui de la principale et doit être introduit à l'aide de **FOR**.

➢ **FOR + V-ING** est employé pour décrire la manière dont on utilise quelque chose et aussi pour exprimer la **cause**.

ex. : *This key is* ***for*** *open****ing*** *the back door.* (servir à, fait pour)
These shoes are made ***for*** *runn****ing****. (made* ***to*** *run, not to walk)*
He was punished ***for*** *ly****ing*** *to the headmaster.* (cause)

B- APPLICATIONS : TOEFL/TOEIC (voir corrections page **258**)

1- Everyone wants __________ as long as possible.
a) for live b) to live c) to have lived d) living

2- __________ a democracy, a government has to be elected by the people.
a) Having called b) To be called c) Called d) For to be called

3- The school regulations are here __________ .
a) to be applied b) for to be applied c) applying d) for applying

4- The cement for use in the brick-laying trade is not the same as the one I have buy.

5- A new policy for foreign countries abroad is currently being set up.

6- Statistics for hospital personnel have shown that newborn babies need love as much as they need milk.

7- It is time Peter to show us his skills.

8- You have been chosen for to participate in our final lottery.

9- The company hasn't plan any new investment for this semester.

10- For this man to win the Olympics will be quiet impossible.

11- This band is not capable to perform such standards as *Summer time* or *Ain't Misbehavin'*.

12- Antibiotics, they are used to treat bacterial infection but have strictly no effect on viruses.

13- After the exam, all the students gathered for to compare their results.

14- They wants to take their children to Disneyland for Christmas.

15- All of you must have your driving licence ready for facilitate identification.

16- The knowledges of Greek and Hebrew is a prerequisite for studying the primary sources of both the Old and the New Testaments.

17- Students must work very hard in order get their degree.

18- John married Amber for make her happy.

19- A decoy is used for attract birds so that hunters can get to shoot them easily.

20- Without traffic lights, city roads would be impossible for use.

Petits plus

ECONOMY AND BUSINESS* (2)

(to) bid : faire une offre, mettre une enchère, enchérir
(to) collapse, (to) plummet : s'effondrer, dégringoler (prix, ventes…)
(to) curb : freiner, juguler
(to) cut down, (to) reduce, (to) bring down : réduire (dépenses, budget)
(to) decrease, (to) cut, (to) fall : baisser, diminuer
(to) expand : (se) développer
(to) file for bankruptcy : déposer le bilan
(to) give an impetus to sth, (to) boost : stimuler (économie, productivité)
(to) go bankrupt : faire faillite
growth : croissance
(to) increase, (to) go up, (to) rise : augmenter
(to) skyrocket : monter en flèche
(a) slump : effondrement, forte baisse
(to) thrive : prospérer (marché, affaires)

*Indispensable pour le TOEIC

LES INVERSIONS AUXILIAIRE-SUJET

A- EXPLICATION :

❶ QUESTIONS DIRECTE ET INDIRECTE :

QD- Avec pronom interrogatif ⇒ « *When did he come?* » — ***Inversion***.

QI- Avec adverbe interrogatif : Très testé au TOEFL/TOEIC — ***Ordre normal***.

⇒ *I wanted to know when ~~**WOULD**~~ he **WOULD** come.*
*Do you happen to know where ~~**IS**~~ the station **IS**?*
↬ **JAMAIS** d'inversion quand il s'agit d'une question indirecte.

❷ INVERSION pour exprimer une emphase :

① On aura inversion Auxiliaire-Sujet lorsqu'un terme (semi-)négatif, restrictif ou intensifieur (style littéraire*) se trouve en **début de phrase** pour mettre une emphase sur l'énoncé :

• TERMES NEGATIFS :

***NEVER** have I seen such rubbish on TV!*

NOT ONLY *did she do her homework, but she also did the housework.*

NOT UNTIL *1990 did Joe start playing the saxophone.*

NOT ONCE *did the lieutenant find a piece of evidence.*

NO SOONER *had the team come back on the field* **THAN** *it started pouring.*

NOWHERE *was the murderer to be found.* ⇒Nulle part on ne put retrouver le meurtrier.

NOR (reprise négative) : *The CEO hadn't reported to his staff that he had to lay some people off,* **NOR** *had he even told his right hand man.*

• TERMES RESTRICTIFS :

HARDLY / SCARCELY *had the train left the station* **WHEN** *there was an explosion.*

***SELDOM / *RARELY** *has the team given a worse performance.*

***LITTLE** *did she realize that she had had her watch stolen. (little =* guère*)*

ONLY AFTER *posting the letter did I remember that I had forgotten to write down the zip code.* [avec **V-ED**]

ONLY THEN *did he realize what was going to happen to him.* [avec **V-ED**]

ONLY WHEN *he entered the room did we notice that he had had his hair cut.* [avec **V-ED**]

ONLY THUS *can you guess the meaning of the short story.* ⇒C'est seulement ainsi que vous pouvez deviner le sens de la nouvelle.

• TERMES INTENSIFIEURS :

***WELL** *do they remember your laughter!*

***OFTEN** *does she forget to switch off the light.*

② On aura aussi inversion Auxiliaire-Sujet ou Verbe-Sujet :

- Quand un **CC Lieu**, un **CC Temps**, ou un **CC Manière**... se trouve en tête de phrase (= surtout avec **BE** et ses synonymes : **stand** / **lie**, ou **live**) ➲ emphase
  . ***In the forest** stood / lay the den of the giant.* (= l'antre du géant)
  . ***In this house** lived H.D. Thoreau.*

- Quand un **adjectif attribut** est en début de phrase :
  . ***Great** was his joy when he saw his name on the graduation list.*
  ⇒ Grande fut sa joie quand il vit son nom sur la liste des diplômés.

- Après **SO** + adjectif ⇒ cause / **SUCH** pour intensifier :
  . *I rang him up every ten minutes* ***so anxious*** *was I to hear the news.* = as I was so anxious
  . ***So excited*** *was he that he could hardly speak.*
  . ***Such*** *was his anger that he blew up at her at once!*
- Après **AS** ou **THAN** :
  . *He behaves as did his father a long time ago.*
  . *Noise pollution generally receives less attention than does air pollution.*
- Après une **préposition** ou une **particule adverbiale** :
  . ***Off*** *they went!* ⇒ Les voilà partis ! / Ça y est, ils sont partis !
  . ***Down*** *with tyrants/the dictator!* ⇒ A bas les tyrans / le dictateur !

❸ INVERSION pour exprimer une supposition : *Valeur modale d'irréel*

ex. : . *Were I to tell you the whole story...* = **IF** I were to tell you...
. *Had I known the whole truth...* = **IF** I had known...
. *Should this happen again...* = **IF** this should happen... **souvent testé**
. *Should he / Should the manager make up his mind to hire a new employee, we'd better agree with him.* = **IF** the manager makes up his...

❹ INVERSION avec les reprises elliptiques :

ex. : . *I must hurry up,* ***so*** *must you.*
. *He is very fond of novels,* ***so*** *am I.*
. *He can't swim,* ***neither*** *can his sister.*
. *They aren't hungry,* ***neither*** *am I.*
. *We don't eat much bread,* ***neither*** *do our children.*
our children don't ***either****.*
nor *do our children.*

cf. Reprises elliptiques 1-2.

❺ INVERSION avec des expressions :

➢ On aura inversion Auxiliaire-Sujet après des expressions à sens négatif, placées en début d'énoncé, comme *under no circumstances, on no account, at no time, in no way, on no condition.*

ex. : ***On no condition*** *are they allowed to enter the room.*
At no time *did she agree to cook for everybody.* (à aucun moment)

➢ On aura aussi inversion Auxiliaire-Sujet ou Verbe-Sujet après **THERE** et **HERE** (avec ***come***, ***go*** et ***be***) et après **NOW** (avec ***be***).

ex. : ***Here*** *is my wife.* => Voici ma femme. / ***Here*** *comes the bus.* => Voici le bus.
Here *we go!* => C'est parti, mon kiki ! / ***There*** *goes the train.* => Voilà le train qui s'en va.
Now *is the best time for you to go to Ireland.*

B- APPLICATIONS : TOEFL/TOEIC (voir corrections page **259**)

1- High in the Himalaya mountains _______________.

a) does an old Tibetan temple stand b) stands an old Tibetan temple
c) is an old Tibetan temple standing d) an old Tibetan temple stands

2- Only if _________ will proper hygiene standards become compulsory.

a) they want ISO certification b) is ISO certification wanted
c) want they ISO certification d) ISO certification being wanted

3- Not until last year ________ to stop smoking at the same time.

a) as they are both trying
b) that they both tried
c) did they both try
d) when they both tried

4- North of Exeter ________, one of the few stone mysteries of the Celtic world.

a) the Stonehenge circle stands
b) where the Stonehenge circle stands
c) the Stonehenge stands circle
d) stands the Stonehenge circle

5- The southern part of France generally gets more sunshine than ________ the northern part.

a) in
b) does
c) it does
d) it does in

6- Not until 1960 ________ elected in the United States.

a) was Catholic president
b) a Catholic president was
c) he was
d) was a Catholic president

7- George W. Bush comes from the Republican Right, as ________ his father.

a) comes
b) does
c) is
d) also

8- I will drive to the convention, ________.

a) and they so will
b) and also they
c) and so they will
d) and so will they

9- They asked me where ________ but I was not able to tell them.

a) the lab is situated
b) the lab is
c) the lab was
d) was the lab

10- Mr. Cheng never missed a single rehearsal. ________.

a) So did I
b) So I didn't
c) Neither did I
d) Neither didn't I

11- One should wonder why ________ that America has so few friends in the third world.

a) this is
b) is this
c) it is
d) is it

12- She wouldn't be able to handle her husband's death, ________ .

a) whether if it happens
b) were it to happen
c) if it happens
d) when it would happen

13- We are thinking about inviting our "strange" neighbors around for we want to find out __________.

a) what kind of people they are
b) what are the kind of people
c) the kind of people that are
d) the people are

14- I don't know what __________ for Christmas, do you?

a) is my daughter wanting
b) my daughter wants
c) does my daughter want
d) wants my daughter

15- Could you please repeat what __________?

a) have just you said
b) you have just said
c) you just have said
d) have you just said

16- Forty five minutes away from Baltimore, MD __________ which was the first capital of the United States.

a) lies the city of Annapolis
b) does lie the city of Annapolis
c) where the city of Annapolis lies
d) Annapolis is

17- Not only __________ spoken at the Russian court in the XIXth century, but it was also used by most educated people around the world as a common language.

a) was French b) has French c) French was d) French being

18- So quick __________ that he managed to answer all twenty questions in less than a minute.

a) that he was b) as he was c) was he d) he was

19- Seldom __________ to give me a call.

a) does he care b) he cares c) he cares that d) cares he

20- It is quite incredible that many university students not know where are important European countries on the map.

Illustration : *Jean-Luc Servais*

Citation de Al Capone tirée de *The Little Book of Insults*

"Life begins at forty but so do lumbago, arthritis, bad eyesight and the habit of telling the same story three times to the same listeners."

d'après *L'humour anglo-saxon.*

POINTS SPÉCIFIQUES TOEFL / TOEIC

LES REDONDANCES

A- EXPLICATION :

➢ Ceci n'est pas à proprement parler un chapitre grammatical. Consacrer une page au thème des redondances nous a cependant paru nécessaire car on en rencontre régulièrement dans les tests du TOEFL et du TOEIC.
De quoi s'agit-il ? On vous proposera des phrases contenant un **élément** rendu **inutile** par la présence d'un autre élément occupant la même fonction grammaticale, ou ayant le même sens. Aussi, vous trouverez :

- des phrases avec **deux sujets**.

  ex. : *The man **HE** went to the shop.*

  ↳ HE est de trop.

- des **adjectifs**, des **adverbes**, ou des groupes de mots ayant le même sens et rendant nécessaire la suppression de l'un d'eux.

  ex. : *The **AGED** old woman… / This is my **ANIMAL** pet. / I've got **PLENTY** a lot to eat. / He was the **FIRST** original inhabitant of… / She had a **SEVERE** serious wound in the head. / etc.*

  ↳ AGED, ANIMAL, PLENTY, FIRST et SEVERE sont redondants.

- des adjectifs courts à la forme **comparative** ou **superlative**, précédés d'un *more* ou d'un *most* inutile.

  ex. : *He's the **MOST** finest boy I know.*
  *Her sister is **MORE** stronger than he is.*

  ↳ MOST et MORE sont de trop ici.

- parfois des **expressions adverbiales** jugées trop lourdes, remplaçables par un adverbe.

  ex. : *He walked **IN A RAPID WAY**.*

  ↳ *RAPIDLY.*

➢ Cette liste n'est pas exhaustive. Il n'est pas véritablement d'autre règle que d'appliquer une vigilance constante aux phrases rencontrées.

B- APPLICATIONS : TOEFL/TOEIC (voir corrections page **261**)

1- <u>The most appropriate</u> form <u>of</u> cure <u>it</u> is a change <u>in</u> diet.

2- His basic salary is not <u>sufficient enough</u> <u>to support</u> <u>a</u> family <u>of</u> four.

3- The <u>original first</u> *Wheeler's* seafood restaurant <u>still</u> stands <u>in</u> Whitstable, Kent, in the <u>south east</u> of England.

4- Hospitals <u>should</u> <u>be</u> <u>the</u> <u>most cleanest</u> places in the world.

5- Heavy rains often <u>happen</u> <u>both together</u> <u>with</u> epidemics during the <u>entire</u> monsoon.

6- French wine is <u>considered</u> <u>by</u> specialists to be <u>more</u> better than any <u>other</u> kind.

7- People don't want to see their domestic inner problems reach the outside ear.

8- Could you please repeat again what you have just said?

9- The FBI it is the intelligence service which takes care of investigations within the US.

10- Please be careful when you buy or purchase items from this company: they are always slightly more expensive than others.

11- After Mr. Wang had been X-rayed, the physician detected a very severe serious lung condition.

12- No system has produced such an economic crisis since the years of the 1920s.

13- That teenagers should be home by 10:00 pm it is the accepted rule.

14- Dr. Epson is knowledgeable and knows a lot about the different schools of southeast Asian Buddhism.

15- According to recent figures, the population of the mediterranean countries is growing with rapidity.

16- Great advances forward were made during the twentieth century.

17- His record is more perfect than those of our own candidates.

18- Ms. Shah thinks she is not sufficiently trained enough for her new position within our company.

19- If some students do not return back their essays before the end of the term, they simply will not be able to graduate.

20- Mr. Arkia, who faxed us new information this morning, he will not be able to attend our meeting.

Petits plus

If somebody hits you in the eye, you might get a **black eye**. When you close both eyes very quickly and open them again, you **blink**. To close one eye quickly and open it again is to **wink**.

from *Oxford American Wordpower Dictionary* (1998)

LES PARALLÉLISMES

A- EXPLICATION :

➢ La règle veut que des éléments mis sur le même plan soient de même nature grammaticale.

Prenons les phrases :

- *He likes art, literature, music and sculpture.*
  ⇨ Série de **NOMS** entre virgules
- *I'd rather fish than hunt.*
  ⇨ Comparaison de deux **VERBES**
- *He's simply good and great.*
  ⇨ Deux **ADJECTIFS** coordonnés

  ⇘ On pourrait également trouver des adverbes, des propositions entières, etc.

➢ Ces éléments doivent également être sous la même forme.

ex. : - *Drinking is worse than smoking.*
  ⇨ **V-ING // V-ING**
- *To try is more important than to win.*
  ⇨ **TO V // TO V**
- *She's the best and the greatest.*
  ⇨ Deux adjectifs à la forme **superlative**.

➢ Un **article** ou une **préposition** qui s'applique à tous les éléments d'une série doit être utilisé avant le premier élément et peut être répété devant chaque terme (ne pas hésiter à répéter la préposition si l'équilibre de la phrase en a besoin).

ex. : - *The mother thought more of her daughter than* ***OF*** *her son.*
  ⇨ Si **OF** avait été omis, il y aurait eu un déséquilibre au niveau du sens de la phrase. Attention, *to think of sb a lot* = penser beaucoup / souvent à qqn, **mais** *to think a lot of sb* = avoir de l'estime pour qqn.
- *Jenny went to the mall, to the drugstore and to the laundromat®.*
- *Jenny went to the mall, the drugstore and the laundromat®.*
- *Jenny went to the mall, drugstore and laundromat®.*
  ⇘ On peut omettre de répéter TO quand on considère la série d'actions comme n'en faisant qu'une (TO distributif).

➢ **Principaux pièges recensés :**

① Changement de nature ou de forme au sein d'une série :

ex. : - *He likes his food, his drink, and sleeping.*
  ⇨ **his sleep**
- *He likes to eat, to drink, and sleeping.*
  ⇨ **to sleep**

② Redondance :

ex. : *My school is big, well-known, and it is nice-looking.*
  ⇨ *it is* = inutile dans la série.

③ Leurre : on insère une série qui va vous leurrer sur les véritables éléments à coordonner.

ex. : *He spent a year in America to improve his English, his flexibility, his adaptability, and learning about a new culture.*
  ⇨ *learning* devrait être **TO LEARN**, structure parallèle à **TO IMPROVE** à laquelle elle est coordonnée. La série leurre est *his English, his flexibility, his adaptability* (une série de noms).

➢ Voir aussi le chapitre Les conjonctions paires.

B- APPLICATIONS : TOEFL/TOEIC (voir corrections page **262**)

1- Arthur Rimbaud devoted his life to __________.
a) poetry and journeys abroad
b) poetry and he went abroad
c) writing poetry and he went abroad
d) a poet and journeys abroad

2- Speaking correct English is more important than __________.
a) three or four languages
b) to utter three or four languages
c) uttering three or four languages
d) you utter three or four languages

3- Ronald Reagan had been an actor and __________ before he became President.
a) was a governor
b) a governor
c) California had him as a governor
d) served as a governor

4- The "Three R's" stand for reading, writing and __________.
a) arithmetic b) knowing how to count c) to count d) for counting

5- To visit the Louvres and climbing to the top of the Eiffel Tower are two possible reasons for taking a trip to Paris.

6- My brother can work for fifteen hours without taking a break and being efficient all the time.

7- Fundamentalism, which can be found in every culture, may appear because of poverty, lack of education, angry, or religious intolerance.

8- In England, teachers often complement their income by working in restaurants, theaters, and also they drive coaches.

9- An applicant is supposed to show his skills, an open mind, and being versatile.

10- Early American settlers were escaping poverty, jail, or persecuting.

11- Leonardo da Vinci was a famous Italian artist, a friend of the king of France, and he invented many outstanding machines.

12- Our hotels provide the best kind of food, shops, and entertaining.

13- *Newsweek* gives interesting information about domestic affairs, foreign politics, and economical.

14- People are now encouraged to use the term "African-American" and asking not to say "Blacks" anymore .

15- The examination will measure your skills in understanding spoken English, discriminating diphthongs, and to read texts of average difficulty.

16- When he was president, Bill Clinton would display a relaxed demeanor, play the saxophone, and speaking to his fellow Americans in a friendly manner.

17- Companies are meant primarily to make a profit and boosting the economy.

18- This essay is the shortest and easy one I have ever written.

19- A good method to learn new vocabulary is to write the words down, to read them aloud, and using them in a sentence.

20- A faithful Muslim prays five times a day, abstains from eating pork and drinking alcohol, and keeping away from adultery.

Petits plus

MEDIA AND WEATHER (2)

anchorperson : présentateur TV actualités
announcer : présentateur radio actualités
commercial : publicité TV ou radio
directory : annuaire
(to) give sb a ring : donner un coup de fil à qqn
(to) put sb through to : passer qqn au téléphone
(to) subscribe : s'abonner
VCR : magnétoscope
drizzle : bruine
flood : inondation
gale : grand vent
(to) let up : se calmer (pluie)
(to) pour down : pleuvoir à verse
shower : averse
storm : orage
(weather) forecast : la météo

Propose is more formal than **suggest** or **offer**. Be careful, **propose to someone** means "*demander quelqu'un en mariage*".

twang [twæŋ] *noun* a tone that sb's voice makes when the sound comes from his/her nose and mouth together, especially if he/she speaks with a southern U.S. accent.

from *Oxford American Wordpower Dictionary* (1998)

CHOIX LEXICAL

A- EXPLICATION :

➢ Très fréquents, surtout au TOEIC, ces exercices consistent à employer un mot à la place d'un autre, ou à suggérer une liste de termes apparentés par le sens ou la morphologie dans le seul but d'évaluer votre capacité à faire le bon choix. Une bonne connaissance du vocabulaire sera donc un atout précieux. Attention, depuis peu, les concepteurs des tests ont tendance à vous tester sur les synonymes et les antonymes, ceci en grammaire et en compréhension écrite (TOEFL, section 3 et TOEIC, reading section). Sans que cette liste soit exhaustive, les **pièges lexicaux** étant **innombrables**, nous vous proposons des exemples parmi les plus classiques et les plus délicats. Vous pourrez rencontrer :

❶ Soit un problème de catégorie **lexicale** :

➢ Vous aurez à choisir entre des termes ayant la même racine. Vous serez amenés à analyser la phrase afin de savoir si vous avez besoin d'un verbe, d'un adjectif, d'un adverbe ou d'un nom (voir aussi **ING ≠ -EN**) :

ex. : - *Communication has changed considerably since the __________ of the cell phone.*

a) inventive b) invention c) invent d) inventor

↳ La réponse **B** semble évidente ; il nous faut un **nom** (non-humain) puisque l'espace vide est précédé d'un article et suivi de la tournure en *OF*.

- *Some countries could __________ their economy if they stopped offshoring their booming companies.* (*to offshore* = délocaliser)

a) strength b) strong c) strengthen d) stronger

↳ La réponse est la **C** (= *renforcer*) car après un modal (*could*), on doit toujours avoir une **Base Verbale** [*strength* (nom) = force et *strong* (adjectif) = fort].

- *He is very __________ about mechanics.*

a) knowing b) known c) knowledge d) knowledgeable

↳ La solution est *knowledgeable (to be knowledgeable about* = s'y connaître*)* car après *very* on doit avoir un **adjectif** ; la réponse A étant la forme en –ING du verbe *know*, la B sa forme –EN et la C le nom formé à partir du verbe.

➢ Il faudra repérer le piège lexical tendu par les concepteurs et remplacer le **verbe** proposé par un **nom**, ou l'**adverbe** par un **adjectif** ou encore l'**adjectif** par un **nom**.

ex. : - *Entomology is the study and the classify of insects.*

↳ La solution est bien entendu de remplacer le verbe *classify* par le nom correspondant, ici ⇒ ***classification***.

- *He lacks self-confident.* → ***self-confidence***

- *The best means of getting ready for successful in the TOEIC test is to attend regular academic preparation classes.* → ***success***

❷ Soit des **PRÉPOSITIONS** qui sont fréquemment confondues l'une avec l'autre :

ABOVE = au-dessus.

OVER = au-dessus **MAIS** seul *over* s'utilise quand il y a un mouvement d'un lieu à un autre ou un contact.

ex. : a- *Our living-room is **above/over** the garage.*

b- *The thief jumped **over** the fence and took to his heels.*

ACROSS implique une traversée d'un point A à un point B.

THROUGH implique un mouvement à travers un lieu.

ex. : a- *Children mustn't run **across** the streets.*

b- *The cyclists rode **through** the town at high speed.*

AMONG est utilisé **au-delà** de 2 éléments = parmi / entre.

BETWEEN est utilisé avec **2** éléments (*between…and…*) = entre.

ex. : a- *Wole Soyinka is **among** the best African writers.*

b- *I live **between** Oxford* AND *London.*

c- *There was excitement ~~between~~ the fans → **among**.*

AS FAR AS = préposition de **lieu** *(jusqu'à).*

UNTIL = préposition de **temps** *(jusqu'à)* **= TILL**.

ex. : a- *He didn't even run **as far as** the corner of the street.*

b- *You have **until** the end of the month to turn in your assignment.*

BELOW = en dessous (contraire de *above*). Décrit la position d'un élément par rapport à un autre élément.

UNDER = sous / en dessous (contraire de *over*). Décrit la position d'un élément qui se trouve **directement** en dessous d'un autre élément ou quand les 2 éléments sont en contact.

ex. : a- *His name was **below** mine on the list. / It is five degrees **below** zero.*

b- *He found a ten-dollar bill **under** the sofa.*

c- *We could see the shadow of a dolphin **under** / **below** the surface.*

❸ Soit des NOMS/PRONOMS/ADJECTIFS/ADVERBES qui sont une source de confusion :

ABILITY = une capacité à faire qch

CAPABILITY = capacité (intellectuelle), force (militaire), aptitude

CAPACITY = un don, une aptitude / contenance

ex. : a- *She will have the **ability** to become a great singer.*

b- *In 2003, Irak's nuclear **capability** was a much debated issue.*

c- *She has a great **capacity** for putting people at their ease.* (= un **don** pour)

ABROAD = à l'étranger (adverbe)

FOREIGN = étranger (adjectif)

ex. : a- *The Fullers have been living in a **foreign** country for 10 years.*

b- *She has always wanted to live ∅ **abroad**.*

ACCOUNT = compte bancaire (nom)

DEPOSIT = acompte, arrhes / caution / dépôt (nom)

ex. : a- *My brother wants to withdraw $200 from his savings **account**.*

b- *A 20% **deposit** is often required to secure the item you order.*

ACTUAL = réel/réelle, même (adjectif)

CURRENT = actuel/-elle (adjectif)

ex. : a- *The **current** policy of the government is not appropriate at all.*

b- *"I don't remember the **actual** figures he's given to the customers."*

AD = (petite) annonce, pub télé/radio (nom)

ADVERT = (petite) annonce, spot publicitaire (nom)

ADVERTISEMENT = (petite) annonce, publicité télé/radio (nom)

ADVERTISING = **LA** publicité (en général + profession) (nom indénombrable)

COMMERCIAL = publicité télé (terme USA - nom)

PUBLICITY = terme indénombrable désignant l'attention que portent les médias sur un événement (nom)

ex. : a- *French **advertisements** often lack humor.*

b- *There is too <u>much</u> **advertising** on American television.*

c- *There are too <u>many</u> **commercials** on American television.*

d- *There has been a lot of **publicity** for Mel Gibson's latest movie.*

ALTOGETHER = complètement / dans l'ensemble / au total (adverbe)

ALL TOGETHER = tous ensemble

ex. : a- ***Altogether**, we enjoyed nice weather.* ("dans l'ensemble")

b- *The opposing team gave up **altogether**.* ("complètement")

c- *I think you still owe me 200 dollars **altogether**.* ("au total, en tout")

ALL = "*the only thing*"

EVERYTHING = "*all the things*"

ex. : a- *"**All** you need is a little rest."* / ***All** is not lost.* (un tout !)

b- *Is **everything** all right?* / *She wants **everything** she sees.*

ALL = tout, toute. S'utilise avec des NI (noms indénombrables) et des ND pluriels (mais quand employé comme déterminant = *the whole of* + ND singulier : *all of Europe = the whole of Europe*).

WHOLE = tout, entier/-ière (adjectif). S'utilise plutôt avec des ND singuliers (mais on peut dire *the whole truth = all the truth*).

ex. : a- *She spent **all ~~the~~ day** working on my computer.*

b- *She spent **the whole day** working on my computer.*

ALUMNA (pluriel -NAE) = ancienne élève, ancienne étudiante

ALUMNUS (pluriel -NI) = ancien élève, ancien étudiant

ex. : a- *You can find only **alumni** in an old all-boys' school yearbook.*

b- *You can find only **alumnae** in an old all-girls' school yearbook.*

ANY MORE = plus (s'associe à une action révolue)

STILL = encore (s'associe à une action présente)

ex. : a- *"I **still** play an active part in my party. And You?"*

b- *"Oh, you know. I don't belong to it **any more**. I quit two years ago."*

ASSURANCE = employé dans le sens de **promesse** (*life assurance* = désuet / *Quality Assurance (QA)* = assurance qualité)

INSURANCE = assurance, police d'assurance, les assurances, protection

ex. : a- *You have my **assurance** that I won't let it happen again.*
b- *As she works in **insurance**, she suggests that I take out fire **insurance**.*
c- *Shareholders see their securities as a form of **insurance** against inflation.*

AT LAST = enfin (marque le **soulagement**)

FINALLY = finalement, enfin (≈ *eventually*)

AT LEAST = au moins, du moins

ex. : a- *"I've finished my assignment **at last!**"* ("J'ai enfin terminé mon devoir")
b- *"They **finally** arrived."* ("Ils ont fini par arriver")
c- *This hi-fi system must have cost **at least** $1,000.*

BARE = nu

BEAR = ours (nom) / supporter (verbe)

ex. : a- *I can't **bear** my job any more.*
b- *Yesterday I saw two cute **bear** cubs at the zoo.*
c- *He was walking with **bare** feet on the rocky ground.*

BENEFITS = avantages sociaux, allocations, indemnités (≈ *compensation*)

PROFITS = bénéfices, profits

ex. : a- *My brother-in-law won't get any unemployment **benefits** this year.*
b- *Yahoo! has been making considerable **profits** since its foundation.*

CANVAS = toile, canevas

CANVASS = sonder, débattre, prospecter, faire du démarchage (verbe)

ex. : a- *Tapestries used to be made on **canvas**.*
b- *The party should start **canvassing** the whole state for the next elections.*

CHEAP = bon marché (adjectif)

CHIP = puce électronique (nom)

ex. : a- *Every little thing is **cheap** in this store.*
b- *You need a **chip** on a System Board if you want it to work.*

CLOTHES = vêtements

CLOTHS = chiffon, torchon, serpillière / tissu (NI) = CLOTH

ex. : a- *He was looking for old **cloths** to wash the floor.*
b- *She had got used to buying fashionable **clothes** since she was 15.*

COMPANY = société, entreprise

SOCIETY = LA société, association

ex. : a- *The **company** he works for has been ailing for six months.*
b- *We all know that we live in a consumer **society**.*

DAMAGE = dégâts / lésions (médical) – NI
DAMAGES = dommages-intérêts

ex. : a- *$500 worth of **damage** was done to the car.*
b- *My company had to claim for **damages** for loss of earnings.*

DECISION-MAKER = décideur/-euse
DECIDER = point ou but décisif

ex. : a- *Our manager is always the **decision-maker** to close a deal.*
b- *David Trezeguet scored the **decider** against Italy in the 2000 Euro final.*

ECONOMIC = économique (adjectif) – fait référence à l'économie
ECONOMICAL = économique (adjectif) – bon marché (produit) <u>ou</u> économe (personne)
ECONOMICS = l'économie (nom) – domaine d'étude
ECONOMY = l'économie d'une nation (nom) – toujours employé avec THE

ex. : a- *The American **economy** took a turn for the worse after the Gulf War.*
b- *Professor O'Brien is an expert in/on **economics**.*
c- *Our brand new machine is quite **economical** on electricity.*
d- *The great depression of 1929 was the result of an **economic** crisis worldwide.*

EFFICIENT = efficace (adjectif **+humain**)
EFFECTIVE = efficace (adjectif **+** ou – **humain**)

ex. : a- *Mr. Chen is a very **efficient** worker.*
b- *Some drugs are not **effective** at all against raging toothaches.*

EVERYDAY = quotidien/-ienne ; de tous les jours (adjectif)
EVERY DAY = tous les jours

ex. : a- *I tend to forget my **everyday** problems when I play basketball.*
b- ***Every day** he would train a lot for the next game.*

EXCEPT = sauf, à l'exception de, excepté, hormis, à part (préposition) / excepter, exclure (verbe - avec sujets inanimés)
ACCEPT = accepter, admettre (verbe) – [cf. page 186]

ex. : a- *"Did the manager **accept** the terms of the contract? Yes, **except** for the last clause."*
b- *Certain risks may be **excepted** from your insurance scheme.*

EXPERIENCE = expérience personnelle (nom) / connaître, éprouver, ressentir (verbe)
EXPERIMENT = expérience scientifique (nom) / expérimenter (verbe)

ex. : a- *Both students have conducted the **experiment** successfully.*
b- *My cousin has gained **experience** in working with computers.*

FORMALLY = officiellement / cérémonieusement

FORMERLY = autrefois, anciennement

ex. : a- *Mr Knight, **formerly** with Stanton's, is now on welfare.*

b- *The referee **formally** announced that the match was canceled.*

FORMER = le premier/la première (nom) / antérieur, initial, original (adjectif)

LATTER = ce dernier/cette dernière (nom) / dernier/-ière, deuxième (adjectif)

ex. : a- *Do you prefer the **former** or the **latter** solution to the problem?* (adjectif)

b- *The **former** is rather straightforward, the **latter** is quite intricate.* (nom)

INSIGHT = aperçu, idée / perspicacité, intuition / compréhension

INCITE = pousser, inciter (verbe)

ex. : a- *The supporter's behavior **incites** violence.*

b- *His books provide much **insight** into the conditions of Native Americans.*

LAST = dernier, dernière d'une série (adjectif, adverbe, pronom)

LATEST = dernier en date, le plus récent (superlatif de *late*)

ex. : a- *His **latest** book:* son dernier livre (dernier paru – il y en aura d'autres).

b- *His **last** book:* son dernier livre (il n'y en aura pas d'autres).

LATE = tard, tardif, en retard, tardivement (adjectif/adverbe) / "feu", défunt

LATELY = récemment, dernièrement (adverbe)

ex. : a- *Have you been to the movies **lately**?*

b- *He had a **late** lunch* (adjectif). / *He arrived **late*** (adverbe).

c- *Her **late** husband* = Feu son mari ou son défunt mari.

LEAST (the) = le moins, moindre (pronom/adjectif/adverbe)

LEST = de peur de, de crainte de/que + **subjonctif** (conjonction)

ex. : a- *She threw the book away **lest** anyone (should* ou *might) read it.*

b- *The police lieutenant didn't have the **least** difficulty in arresting him.*

LOSS = perte (nom)

LOSE = perdre / manquer (verbe)

ex. : *When you **lose** something on a train you have to report the **loss** to lost property (GB) / lost and found (USA).*

MONEY = argent, capitaux

CURRENCY = monnaie, devise

ex. : a- *"What was the former **currency** in Greece?" — "The drachma, I think."*

b- *"Did you find the **money** to finance your plan?"*

NOISY = bruyant (adjectif)

NOSY = fouineur/-euse (adjectif)

ex. : *Some children were too **noisy** in the class, whereas others were too **nosy** and kept asking questions.*

ONLY = seul, le seul, la seule, les seuls / "seul parmi les autres" (ic adjectif)

UNIQUE = l'unique, le seul, la seule / "qui se distingue des autres" (adjectif)

ex. : a- *Kate is the **only** eyewitness of the murder. / She is the **only** one who…*

b- *It's a **unique** case in the history of the world.* (cas unique, isolé)

PERCENTAGE = pourcentage [avec des quantités ou des proportions] (nom)

PER CENT = pour cent [avec un chiffre] (adverbe)

ex. : *There has been a sudden increase of 22 **per cent** in unemployment, and this **percentage** is much higher than last year's.*

PERSONAL = personnel/-elle (adjectif) / petite annonce [USA] (nom)

PERSONNEL = le personnel (nom) / service du personnel

ex. : a- *You'll have to see **personnel** about the rise in pay you're asking for.*

b- *He was packing his **personal** belongings in a box.*

POLICY = une politique, règle [politique, administratif, assurance] (nom)

POLITICS = LA politique (nom)

ex. : a- *The government's domestic **policy** hasn't been enforced cleverly.*

b- *Interest in **politics** has been dramatically decreasing in France.*

PRICE = prix, valeur (nom)

PRIZE = prix, récompense (nom)

ex. : a- *She wanted to know the **price** of the car he had just bought.*

b- *She had just won the race and was given a **prize**.*

SCIENTIST = un scientifique, savant (nom - humain)

SCIENTIFIC = scientifique / analyse intellectuelle (adjectif)

ex. : a- *Every day **scientists** try their hardest to find cures for rare childhood diseases.*

b- *To find these cures, scientists have to test new antibodies using **scientific** methods.*

c- *Sudoku is a very **scientific** game.*

SEAT = place, siège (nom)

SIT = s'asseoir, être assis (verbe)

ex. : a- *The best **seats** are always occupied when you arrive late.*

b- *She always **sits** at the same place in the lecture hall.*

SOMETIME = [temps indéfini] un jour ou l'autre, un de ces jours

SOME TIME = du temps, un moment

ex. : a- *She'll need **some time** to turn in her assignment. (= a few extra hours)*

b- *She'll have to work on it **sometime**.* (= un jour ou l'autre)

SOMETIMES = parfois, quelquefois, de temps en temps

SOME TIMES = certains moments [périodes définies : jours, semaines…]

ex. : a- ***Sometimes** I think I should return to my native country.*

b- ***Some times** are no doubt better than others for returning there.*

STATIONARY = à l'arrêt, bloqué, stationnaire, stable (adjectif)

STATIONERY = papeterie, fournitures, papier à lettres (nom - NI)

ex. : a- *The traffic is **stationary** on the highway because of an accident.*

b- *Since we have run out of pens, ink cartridges and paper, you should order some **stationery**.*

SUCCEED (in) = réussir, parvenir / (to) succéder à (verbe)

SUCCESS = succès, réussite (nom)

ex. : a- *As she works hard she will no doubt **succeed** in passing the exam.*

b- *He has a lot of **success** as a writer.*

TROUBLE = notion abstraite de *"problème, ennui"* (nom)

TROUBLES = notion dénombrable de *"problèmes, ennuis, soucis"* (nom)

ex. : a- *Generally teenagers are in a lot of **trouble** with their parents, but that's not the least of their **troubles**.*

b- *The **Troubles*** (= les troubles) *in Northern Ireland are fading.*

WEATHER = temps [météo] (nom - NI)

WHETHER = si, au cas où (conjonction)

ex. : a- *The **weather** was much too hot in the summer of 2003.*

b- *I still wonder **whether** her story was true or not.*

WORK = travail, du travail (NI) / œuvre d'art (ND) = *works of art*.

JOB = travail, emploi, poste, fonction (ND).

POSITION = poste, fonction (ND).

ex. : a- *She's been looking for **a job** / Ø **work** for 6 months.*

b- *He's got **a** very good **position** in this company.*

c- *Most art collectors would like to have some of Van Gogh's **works**.*

❹ Soit des **VERBES / NOMS** qui sont une source de confusion :

ACCEPT

- accepter *[advice, gift, offer, suggestion, apology, candidate, fate, situation]*
- admettre *[behavior, immigrant, new idea]*
- assumer *[task, role, function]*

WRONG : *He ~~accepted to~~ help us.* RIGHT : *He **agreed to** help us.*

AGREE

- être d'accord *: Do you agree **WITH** me? / He won't agree **TO** her proposal.*
  → **AGREE** + **WITH** sb / that / **TO** sth
- se mettre d'accord sur, convenir de [*date, time,…*], approuver
  → **AGREE** + ON
- accepter de faire : AGREE + TO BV
- être d'accord pour faire : to AGREE about ou ON V-ING

ADVISE = conseiller (verbe)

ADVICE = conseils (NI)

ex. : a- *I need some **advice** to buy this DVD player.*

b- *What I can **advise** you to do is to buy this one. It has all the functions.*

APPLAUSE = applaudissements (NI)

APPLAUD = applaudir (verbe)

ex. : a- *There was a burst of **applause** at the end of each song.*

b- *The audience usually **applauds** at the end of each song.*

DEVISE = concevoir, inventer (verbe)

DEVICE = appareil, périphérique (nom)

ex. : a- *This corkscrew is a very useful **device**.*

b- *He is so cunning that he managed to **devise** a plan to help the company go out of the red.*

DIE = mourir

DYE = teindre

ex. : a- *He made up his mind to **dye** his hair red to please his girlfriend.*

b- *According to his family he **died** a hero during the Gulf War.*

DIFFER FROM = différer, être différent

DIFFER WITH (sb) = différer (d'opinion), être d'un avis différent

ex. : a- *"I'm sorry but my tastes **differ** widely **from** yours."*

b- *From now on we will have to **differ with** her.*

DISCUSS = discuter de *(to discuss Ø a problem* : **Ni** OF, ni ABOUT après *discuss)*

TALK = parler, discuter *(to talk **ABOUT** a problem / talk **TO** sb)* – fait référence à une conversation, très souvent suivi d'un COI avec **TO**

SPEAK = parler, dire, prononcer *(to speak **ABOUT/OF** a topic / speak **TO/WITH** sb)* – plutôt utilisé avec des langues, des salutations et un style formel

ex. : a- *We both have to **discuss** your project before Tuesday.*

b- *We have to **talk** about your behavior in class.*

c- *"Stop **speaking** ill of your mother, will you?"* (dire du mal)

DO - faire ce qu'il y a à faire, s'en occuper : quand activité indéfinie / quand " travail " *(housework, work, cooking, cleaning…).*

ex. : *to **DO** research / an exercise / a favor / a service / an audit / the chores / one's best / sport / business / shopping / good, harm…*

MAKE - faire apparaître qch de nouveau, créer un état de choses différent : idée de création + construction.

ex. : *to **MAKE** a bed / a cake / tea / an effort / (a) noise / a phone call / an offer / a mistake / an excuse / an attempt / an exception / a complaint / a fortune / a fuss / a loss / a suggestion / a success / a decision / arrangements / money / sure / profit / love / war / enquiries / fun of…*

EARN = gagner, toucher, rapporter (argent) / gagner [respect] (sens figuré)

WIN = gagner (aux jeux, en sport), obtenir

ex. : a- *They **earn** just enough to live on.*

b- *France **won** against the All-Blacks in the historic 1999 semi-final.*

FALL *[fall / fell / fallen]* = tomber

FELL *[fell / felled / felled]* = abattre [arbre] / assommer [personne]

ex. : a- *"There's black ice everywhere! Be careful, you might **fall**!"*

b- *The job of a lumberjack is to **fell** trees.*

FEEL = éprouver, ressentir

FILL = remplir

ex. : a- *"If you don't **fill** this form properly, your application will be turned down."*

b- *"Do you **feel** a sense of isolation in this house?"*

FIND [*found, found*] = trouver (le problème se pose surtout avec la forme passée).

FOUND [*founded*] = fonder, créer (ne pas confondre avec le prétérit de *FIND*).

ex. : a- *I **found** it useful to read the* Da Vinci Code *twice.*

b- *Freud **founded** the school of Psychoanalysis.*

LAY + COD (*laid / laid*) = poser à plat, mettre / pondre

LIE + ∅ (*lay / lain*) = s'allonger / être quelque part, demeurer. Aux USA, *lay* est parfois utilisé à la place de ce sens de *lie*.

LIE (*lied / lied*) = mentir

ex. : a- *He **laid** the plates on the table.*

b- *His score **lies** somewhere between 35 and 40.*

c- *Where do salmon **lay** eggs during the spawning season?*

d- *He **lied** to me because he didn't want to be told off.*

LEARN = apprendre, acquérir (*to learn **sth***).

TEACH = enseigner (à) (*to teach **sb sth***).

ex. : a- *We **learned** a lot about this word-processing package yesterday.*

b- *He **taught** <u>us</u> a lot about this word-processing package yesterday.*

c- *The teacher ~~learned~~ me a lot.* → ***taught***

LEAVE + COD (*left / left*) = quitter, laisser

LET + COD = laisser qqn faire qch

ex. : a- *She **left** me with a sore heart.*

b- *He's going to be late for work. **Let** him go now!*

LEAVE = quitter, laisser *[to leave **for** a place / to go **to** a place]*

LIVE = habiter, demeurer

ex. : *It was time for his sister to **leave** home and to **live** on her own.*

LEND = prêter / accorder un prêt *[to lend sth **to** sb]*

BORROW = emprunter (verbe) *[to borrow sth **from** sb/sth]*

LOAN = emprunt, prêt (nom) / prêter (verbe) = le plus souvent financier

ex. : a- *My sister asked for a **loan** to continue her studies.*

b- *He **borrowed** a lot of books from the library yesterday.*

c- *I've **lent** my biology textbook to Joan so that she can attend the course.*

LOOSEN = desserrer *[knot, screw…]* (verbe)

LOOSE = desserré, lâche, branlant, mal fixé… (adjectif)

LOSE= perdre *[object, person, time]* / manquer *[chance]* (verbe)

ex. : *As his safety belt wasn't **loose** enough, he tried to **loosen** it carefully.*

PRODUCE = produire (verbe) / produits agricoles, surtout fruits et légumes (NI)

PRODUCT = produit [toutes sortes de produits] (nom). Attention : ~~to product~~.

ex. : a- *Fresh **produce** is found at your local grocery store.*
b- *Cell phones have become consumer **products**.*

REMEMBER = se souvenir de, se rappeler

REMIND = rappeler *[to remind sb **OF** sth]*

ex. : a- *The secretary forgot to **remind** the manager about the meeting*
b- *Everybody **remembers** him as a very active and honest man.*

RESUME = reprendre [activité] (verbe)

RéSUMé = curriculum vitae (nom) – avec ou sans accents

ex. : a- *The director said that his **résumé** lacked information.*
b- *He **resumed** his reading after a short break.*

RISE (*rose / risen*) **+ ∅** = se lever, s'élever (tout seul) / augmenter

RAISE + COD = lever, hisser, soulever [action d'élever]

ex. : a- *Prices always **rise** (∅) before the sales. / The sun **rises** (∅) in the east.*
b- *Shopkeepers always **raise** the prices of their items before the sales. / He **raised** his hand to answer the question of the teacher.*

SAY - plus fréquent pour introduire le *discours **direct***. – *[to say sth **to** sb]*
- n'exige pas que l'interlocuteur soit mentionné.

TELL - utilisé de préférence pour le *discours **indirect***. – *[to tell sb sth]*
- oblige à mentionner la personne à qui le discours s'adresse.

ex. : a- *He **said** (to me) : " You can't leave her like that."*
b- *He **told** me that I couldn't leave her like that.*

SET = placer, monter, installer, sertir

SIT = s'asseoir, être assis, placer

ex. : a- *The church was **set** among the trees.*
b- *The guests were asked to **sit** comfortably.*

SLEEP = dormir (verbe)

ASLEEP = endormi (adjectif attribut)

ex. : a- *"The baby is sound **asleep**, please don't wake him up."*
b- *When I get back at 9 pm, I go to **sleep** as soon as I have had dinner.*

❺ Soit la formation des mots avec les **préfixes** ou les **suffixes** :

➢ Le problème est ici très délicat car il porte sur une excellente connaissance lexicale de l'anglais, à savoir la formation des mots. Quel préfixe ou suffixe faut-il ajouter pour former tel ou tel mot ? Ce qu'il faut essayer de retenir, c'est le **sens** de ces préfixes ou suffixes. Voici les plus courants :

Préfixes	Sens	*exemples*
DIS-, DE-, NON-, UN-	*négatif, contraire*	***dis**like, **de**forest, **non**-smoker, **un**fair*
FORE-, POST-, RE-	*temps et ordre*	***fore**see, **post**pone, **re**build*

	Suffixes	Valeur / Sens	*exemples*
Nom +	-DOM, -HOOD	*statut, condition, état*	*king**dom**, star**dom**, child**hood**, man**hood**, priest**hood**, knight**hood***
	-SHIP	*qualité, état / relation*	*friend**ship**, scholar**ship**, member**ship**, leader**ship***
	-FUL, -LESS, -OUS	*qualité (plein de / sans)*	*use**ful**, help**less**, cancer**ous***
Adjectif +	-EN, -IFY	*action, processus (verbe)*	*whit**en**, black**en**, deaf**en**, hard**en** simpl**ify**, fals**ify**, ampl**ify***
	-NESS	*état*	*aware**ness**, shy**ness**, sick**ness***
	-TH	*action, état, qualité*	*warm**th**, wid**th**, streng**th**, tru**th**, you**th***
	-EN	*fait de*	*wood**en**, ash**en**, silk**en**, wooll**en***
Verbe +	-AL, -ANCE, -ATION	*action, attitude*	*refus**al**, attend**ance**, explor**ation***
	-ING, -AGE	*activité*	*driv**ing**, draw**ing**, stor**age**, cover**age***
Prép°+	-WARD	*direction, vers*	*up**ward**, for**ward**, in**ward**, on**ward***

ex. : *This wall has the same hard as that one.* *hard (adj.) → **hardness** (nom)*

The athlete ran the whole longness of the track. *long (adj.) → **length** (nom)*

↳ Attention, parfois certains mots se transforment quasi totalement.

❻ Soit des **FAUX-AMIS** :

➢ Pour les deux examens, prenez soin d'apprendre les **faux-amis** incontournables précédés du symbole suivant : ◆.

ENGLISH	FRENCH	FRANÇAIS	*ANGLAIS*
abuse (to)	insulter / agresser	abuser	*take advantage (to)*
accommodate (to)	loger	accommoder	*prepare (to)*
◆ *achieve (to)*	réaliser	achever	*complete (to)*
◆ *actual*	réel, réelle	actuel	*current, present*
◆ *actually*	en fait, vraiment	actuellement	*currently, at present*
advice	conseil	avis	*opinion, warning*
advocate (to)	être partisan de	avocat	*lawyer, barrister*
affluence	richesse	affluence	*rush / crowd*
◆ *agenda*	ordre du jour	agenda	*diary / appointment book*
ancient	très vieux	ancien	*old / former*
◆ *assist (to)*	aider	assister à	*attend (to) / see (to)*
◆ *assume (to)*	supposer, présumer	assumer	*take, hold, meet, accept*
◆ *attend (to)*	assister à	attendre	*wait (to)*

ENGLISH	FRENCH	FRANÇAIS	ANGLAIS
bail	caution	bail	*lease*
◆ *benefit*	avantage	bénéfice	*profit*
bless (to)	bénir	blesser	*injure (to), hurt (to)*
camera	appareil photo	caméra	*movie camera*
caution	prudence	caution	*guarantee, deposit*
cave	grotte	cave	*cellar*
concurrence	coïncidence	concurrence	*competition*
conductor	contrôleur	conducteur	*driver*
confused	embrouillé	confus	*embarrassed*
crime	délit, infraction	crime	*murder / crime*
cry (to)	pleurer	crier	*shout (to) / scream (to)*
◆ *currently*	actuellement	couramment	*fluently*
◆ *deceive (to)*	tromper, duper	décevoir	*disappoint (to)*
◆ *deception*	tromperie, duperie	déception	*disappointment*
delay (to)	différer, retarder	délai (un)	*deadline / extension*
◆ *demand (to)*	exiger, réclamer	demander	*ask (to)*
design (to)	concevoir	désigner	*to refer to, to point out, to name, to designate*
◆ *deter (to)*	dissuader	déterrer	*dig up (to)*
disagreement	désaccord	désagrément	*annoyance, trouble*
◆ *dismiss (to)*	licencier, renvoyer	démissionner	*to resign*
dispose of (to)	se débarrasser de	disposer de	*to have (at one's disposal) to arrange*
dispute	conflit	dispute	*argument*
distraction	inattention	distraction	*entertainment*
dramatic	spectaculaire	dramatique	*terrible, disastrous*
engaged	occupé / fiancé	engagé	*involved, committed*
engine	moteur	engin	*machine*
◆ *eventual*	ultime, final	éventuel	*possible*
◆ *eventually*	finalement	éventuellement	*possibly*
◆ *evidence*	1- preuves / 2- témoignage	évidence, évident	*obviousness / obvious*
◆ *expertise*	compétence	expertise	*expert's report*
◆ *fabric*	tissu, étoffe	fabrique (une)	*factory*
fortunate	chanceux	fortuné	*well-off, wealthy*
◆ *gas (US), petrol (GB)*	essence	pétrole	*oil*
hazard	risque / danger	hasard	*chance*
injure (to)	blesser	injurier	*swear at, insult, abuse*
issue	question, problème	issue	*exit, way out, outcome*
journey	voyage	journée	*day*
large	grand / important	large	*wide*
◆ *lecture (a)*	conférence	lecture (la)	*reading*
◆ *library*	bibliothèque	librairie	*bookshop, bookstore*
licence	permis (conduire)	licence	*bachelor's degree*
location (a)	endroit, emplacement	location (une)	*renting out / rental*

ENGLISH	FRENCH	FRANÇAIS	ANGLAIS
lunatic	dément, fou	lunatique	*moody*
march (to)	défiler	marcher	*walk (to)*
material	matériau, tissu	materiel	*equipment*
mechanic	mécanicien	mécanique	*engineering / mechanics*
moisture	humidité	moisissure	*mould*
novel (a)	un roman	nouvelle	*1- short story / 2- news*
on bail	sous caution	bail (un)	*a lease*
partition	séparation	partition	*score*
◆ *pass an exam (to)*	réussir un examen	passer un examen	*take / sit (to) an exam*
patron (a)	client régulier, habitué	patron (un)	*a boss, a manager*
phrase	expression, locution	phrase	*sentence*
◆ *physician (USA)*	médecin	physicien	*physicist*
◆ *plant*	1- usine / 2- plante	plante	*plant / sole* (pied)
pretend (to)	faire semblant	prétendre	*claim (to) / expect (to)*
prevent (to)	empêcher	prévenir	*warn (to)*
◆ *recipient*	destinataire	récipient	*container*
recover (to)	se rétablir	recouvrir	*to cover*
◆ *refuse*	déchets, ordures	refus	*refusal*
relief	1- soulagement, 2- secours, aide, 3- relief	relief	*relief*
rest (to)	se reposer	rester	*stay (to) / remain (to)*
◆ *resume (to)*	recommencer, reprendre	résumer	*sum up, summarize (to)*
◆ *retire (to)*	prendre sa retraite	(se) retirer	*withdraw (to)*
reunion	retrouvailles	réunion	*meeting*
route	itinéraire	route	*road*
rude	grossier	rude	*rough, hard*
savage	féroce	sauvage	*wild*
scheme	plan, projet	schéma	*diagram, outline, pattern*
◆ *sensible*	raisonnable, sensé	sensible	◆ *sensitive*
site	chantier / site web	site	*place*
stage	étape / scène	stage	*internship / placement*
supply (to)	fournir	supplier	*beg (to) / implore (to)*
support (to)	soutenir, aider	supporter	*put up with, bear (to)*
◆ *surname*	nom de famille	surnom	*nickname*
survey (to)	examiner	surveiller	*supervise (to) / watch (to)*
◆ *sympathetic*	compatissant, compréhensif	sympathique	*friendly, nice*
◆ *sympathy*	compassion / solidarité	avoir de la sympathie	*like (to) / be friendly(to)*
tissue	mouchoir en papier	tissu (étoffe)	*fabric, material*
touchy	susceptible	touché	*moved, struck*
use (to)	utiliser	user	*wear out (to)*
valuable	de valeur, précieux	valable	*valid / viable*
vest	gilet (USA)	veste	*jacket*
virtually (adv.)	quasiment, presque	virtuel	*potential, virtual*

❼ Soit des **PHRASAL VERBS**[40] qui sont testés pour leur particule :

➢ Il est tout d'abord nécessaire de faire la distinction entre V + Particule et V + Préposition en raison de la place que doit prendre le COD.

- Un *phrasal verb* est l'association d'un verbe et d'une **particule adverbiale** (ou **postposition** comme DOWN, UP, IN, OUT…) qui modifie le sens du verbe. Pour l'examen, il faut retenir qu'**en général**, les *phrasal verbs* transitifs (admettant un COD) peuvent être séparés de leur particule.

  ex. : ***Put on*** *your sweater. /* ***Put*** *your sweater* ***on.*** */* ***Put*** *it / this* ***on****.*
  Attention : ***Put on*** *it / this.* = **impossible**

- Un *prepositional verb* associe un verbe à une **préposition** (AFTER, TO, WITH…). Ces verbes n'admettent pas le COD entre verbe et préposition.

  ex. : *I'm* ***looking for*** *the book.*
  (*I'm* ***looking*** *the book / it* ***for****.* = **impossible**)

- Des verbes comme KEEP UP WITH, PUT UP WITH, STAND UP FOR sont considérés comme des *phrasal prepositional verbs* et entrent dans la catégorie des *phrasal verbs*. Des verbes comme LOOK AFTER, LOOK FOR, KEEP AT sont purement prépositionnels.

➢ Les verbes prépositionnels seront suivis d'un P (ex. : *ACCOUNT* FOR P) dans notre sélection des verbes les plus rencontrés au TOEFL/TOEIC. Il se peut que certains possèdent un autre sens que celui proposé. Les verbes considérés comme simples (*GET UP, LOOK AT* ou *LOOK FOR…*) ont été volontairement omis de la liste, alors que les verbes importants et incontournables au TOEFL/TOEIC sont précédés du symbole suivant : ★.

★***ACCOUNT*** **FOR** P = *rendre compte, expliquer, justifier*

ALLOW **FOR** P = *tenir compte de, prendre en compte*

ANSWER **BACK** = *répondre à (irrespect)*

★***APPLY*** **FOR** P = *poser sa candidature à, faire une demande d'inscription à*

ASK **FOR** P = *demander à parler à qqn*

BACK **AWAY** = *prendre ses distances, chercher à éviter*
★***BACK*** **DOWN** = *se dégonfler / chercher à éviter*
BACK **OFF** = *reculer / ne pas insister / céder sur*
★***BACK*** **sb UP** = *soutenir qqn*

★***BREAK*** **DOWN** = *tomber en panne*
BREAK **IN(TO)** = *interrompre / entrer par effraction / forcer (coffre)*
★***BREAK*** **OUT** = *éclater, se déclarer / s'évader*
★***BREAK*** **THROUGH** = *faire une percée / franchir / s'enfoncer*
★***BREAK*** **UP** = *se désagréger / se disperser / craquer / rompre*

★***BRING*** **ABOUT / ON** = *provoquer, causer, entraîner*
★***BRING*** **FORWARD** = *avancer, décaler (réunion, repas, horaire)*
BRING **OFF** = *mener à bien, conclure*

[40] cf. J. BOUSCAREN, M. MOULIN & H. ODIN. *Pratique raisonnée de la langue* (page 125 par Christian Bouscaren).

★***BRING*** **OUT** = *faire ressortir, mettre en valeur, publier*
★***BRING*** **TO / ROUND** = *ranimer / faire revenir (qqn) à soi*
★***BRING*** **UP** = *élever (enfants, animaux...)*

★***CALL*** **sb IN** = *faire venir, faire appel à*
★***CALL*** **OFF** = *décommander, annuler*
CALL **ON TO** P = *rendre visite à, inviter qqn à faire qch*
★***CALL*** **UP** = *évoquer / mobiliser* (*armée* – surtout au passif) */ appeler au téléphone*

CARE **FOR** P = *soigner, s'occuper de / bien aimer*

★***CARRY*** **ON** = *continuer*
★***CARRY*** **OUT / THROUGH** = *exécuter, mener à bien, réaliser*

CATCH **ON** = *devenir populaire*
★***CATCH*** **UP** = *rattraper, combler (retard)*

CLEAR **OUT** = *nettoyer / faire le tri dans / ranger*

★***CLOSE*** **DOWN** = *fermer définitivement*

COME **ABOUT** = *arriver, se produire*
★***COME*** **ACROSS** P = *tomber par hasard sur*
★***COME*** **THROUGH** = *s'en tirer, s'en sortir*
COME **TO** = *reprendre connaissance, revenir à (soi)*
COME **UNDER** P = *être soumis à*

★***COPE*** **WITH** P = *faire face à*

CUT **DOWN** = *réduire, couper, abattre*
★***CUT*** **DOWN ON** = *réduire sa consommation de (alcohol...)*
CUT **OFF** = *amputer, couper, isoler*

★***DO*** **AWAY WITH** = *supprimer, abolir / démolir*
★***DO*** **UP** = *boutonner, fermer, refaire (lacets) / refaire, retaper (maison)*
DO **WITH** P = *avoir besoin, avoir envie*
★***DO*** **WITHOUT** P = *se passer de, se priver de*

★***DROP*** **BY** = *faire un saut chez qqn*
★***DROP*** **IN (ON)** = *passer voir qqn*
★***DROP*** **OUT** = *renoncer, abandonner*

★***FALL*** **APART** = *tomber en morceaux / se désagréger / perdre ses moyens*
★***FALL*** **BEHIND** = *prendre du retard / être à la traîne / se laisser distancer*
★***FALL*** **DOWN** = *s'écrouler, échouer*
FALL **IN WITH** = *faire la connaissance de / se mettre à fréquenter*
FALL **OFF** = *diminuer, baisser, décroître*
FALL **OUT WITH** = *se brouiller, se disputer, se fâcher avec*
★***FALL*** **THROUGH** = *échouer, tomber à l'eau*

★***FIGURE*** **OUT** = *trouver, arriver à comprendre qui/pourquoi/comment*

★***FIND*** **OUT** = *se renseigner, découvrir*

GET **AT** P = *parvenir à / se mettre à / s'en prendre à, attaquer / intimider*

★***GET* BY** = *se débrouiller, s'en sortir / passer*

★***GET* DOWN** = *descendre / déprimer*

★***GET* DOWN TO** = *se mettre à*

★***GET* ON WITH** = *bien s'entendre avec*

★***GET* OVER** = *se remettre, guérir / surmonter (épreuve)*

★***GET* ROUND** (sb) = *convaincre, embobiner qqn (persuader)*

★***GET* THROUGH** = *réussir, être reçu / obtenir la communication (téléphone)*

***GET* UP TO** = *arriver à / rattraper*

***GET* UP TO** sth (familier) = *préparer qch* (souvent un mauvais coup)

★***GIVE* AWAY** = *distribuer / révéler*

★***GIVE* IN** = *céder / renoncer*

★***GIVE* OUT** = *s'épuiser, manquer de*

★***GIVE* UP** = *renoncer, abandonner*

★***GO* ALONG** (with sb/sth) = *aller, avancer / être d'accord avec, accepter*

***GO* FOR** (sb/sth) = *aimer / craquer pour / être valable pour, s'appliquer à*

★***GO* IN FOR** (sth) = *aimer / entrer dans / choisir (comme* profession)

★***GO* OFF** = *exploser / sonner, se déclencher / partir, s'en aller / tourner, s'avarier, rancir / s'éteindre*

★***GO* ON** (sth) = *se passer / continuer / s'allumer*

***GO* OVER** P (sth) = *aller / avoir un grand succès, être bien reçu / passer (qch) en revue / vérifier, revoir / dépasser*

★***GO* THROUGH** P (sth) = *endurer, subir, passer par / examiner / fouiller*

***GO* THROUGH WITH** = *réaliser, mettre (qch) à exécution*

***GO* UNDER** = *couler, sombrer / succomber / faire faillite*

***GO* WITH** P = *aller avec, aller de pair avec / sortir avec*

***GO* WITHOUT** P = *s'en passer, faire sans / se passer de qch*

★***HAND* DOWN / ON** = *transmettre*

★***HAND* OUT** = *distribuer*

***HAND* OVER** = *remettre*

★***HANG* ON** = *attendre, résister / ne pas raccrocher (téléphone – USA)*

★***HANG* OUT (with)** = *traîner avec, fréquenter*

***HANG* UP** = *raccrocher (téléphone)*

★***HOLD* BACK** = *maîtriser, retenir (émotions)*

★***HOLD* ON / OUT** = *tenir bon / ne pas quitter (téléphone – USA)*

★***KEEP* AT** P = *travailler d'arrache pied*

***KEEP* IN WITH** = *rester en bons termes avec*

***KEEP* OFF** = *se tenir éloigné / éloigner*

★***KEEP* ON / UP** = *continuer*

★***KEEP* UP WITH** = *rester en relation avec / suivre* (mouvement) / *se maintenir à la hauteur de*

★***LET (sb)* DOWN** = *dénouer / faire faux bond, laisser tomber qqn*

★***LET (sth)* ON** = *raconter, révéler*

***LET* OUT** = *laisser échapper (un mot, une insulte, un liquide)*
★***LET* UP** = *diminuer, s'adoucir*

★***LIVE* UP TO** = *être fidèle à / répondre à / être à la hauteur de*

★***LOOK* AFTER** P = *s'occuper de / soigner*
★***LOOK* DOWN ON** = *mépriser*
★***LOOK* FORWARD TO** = *attendre avec impatience*
***LOOK* IN** = *passer voir qqn*
★***LOOK* INTO** P = *examiner, étudier (dans le détail)*
★***LOOK* OVER** = *parcourir (document)*
***LOOK* TO** P = *compter sur, faire attention à / surveiller*
★***LOOK* UP** = *s'améliorer / chercher / admirer*

★***MAKE* AWAY WITH** = *supprimer*
***MAKE* OFF** = *décamper*
★***MAKE* OUT** = *se débrouiller, comprendre, reconnaître, distinguer*
***MAKE* OVER** = *céder, transmettre / transformer complètement*
★***MAKE* UP** = *réconcilier / maquiller / inventer / fabriquer*
★***MAKE* UP FOR** = *compenser*

***PICK* OUT** = *choisir*
★***PICK* UP** = *aller chercher / prendre / ramasser*

***PULL* AWAY** = *démarrer, retirer brusquement*
***PULL* DOWN** = *affaiblir, abattre*
***PULL* OFF** = *retirer, mener à bien, démarrer*
***PULL* ROUND** = *reprendre conscience*
★***PULL* THROUGH** = *s'en sortir*
***PULL* UP** = *s'arrêter*

★***PUT* AWAY** = *ranger, mettre en prison*
***PUT* BACK** = *retarder, freiner*
★***PUT* DOWN** = *poser / piquer, abattre / réprimer / inscrire*
***PUT* FORWARD** = *avancer, présenter*
***PUT* IN FOR** = *poser sa candidature (to apply for)*
★***PUT* OFF** = *remettre à plus tard, retarder / écœurer, dégoûter / prendre la mer*
***PUT* ON** = *augmenter / allumer / affecter*
***PUT* OUT** = *déconcerter / déranger / annoncer*
★***PUT* THROUGH** = *conclure, mener à bien / mettre en communication avec*
★***PUT (sb)* UP** = *loger, héberger / se porter candidat / mettre au courant*
★***PUT* UP WITH *(sb)*** = *supporter qqn*

***RUN* AWAY WITH** = *gagner dans un fauteuil*
***RUN* DOWN** = *heurter / restreindre / dénigrer*
★***RUN* INTO** P = *rencontrer par hasard*
★***RUN* OUT (OF sth)** = *expirer / épuiser (stock)*

***SEE* ABOUT / AFTER** P = *s'occuper de*
***SEE* INTO** P = *examiner*

★ ***SEE (sb)*** **OFF** = *accompagner qqn (gare/aéroport)*
★ ***SEE*** **TO** ^{P} = *veiller à*

★ ***SET*** **OFF** = *partir / faire exploser / mettre en valeur / déclencher*
★ ***SET*** **OUT** = *se mettre en route / présenter / formuler*
★ ***SET*** **UP** = *installer / fonder, créer / rétablir*

★ ***SHOW*** **UP** = *arriver, se présenter, se pointer (fam.)*

STAND **BY** = *rester là / se tenir prêt / soutenir / assumer*
★ ***STAND*** **FOR** ^{P} = *représenter / supporter / tolérer*
★ ***STAND*** **OUT** = *ressortir / sortir de l'ordinaire / se détacher / résister*
★ ***STAND (sb)*** **UP** = *poser un lapin*
★ ***STAND*** **UP FOR** = *prendre le parti de / défendre*
★ ***STAND*** **UP TO sb** = *tenir tête à qqn*

STAY **UP** = *veiller (le soir)*

★ ***SUM*** **UP** = *résumer*

TAKE **AWAY** = *emporter*
★ ***TAKE*** **IN** = *rentrer / saisir, comprendre / rouler qqn*
★ ***TAKE*** **OFF** = *décoller / enlever / emmener*
★ ***TAKE*** **ON** = *embaucher / accepter / se charger de*
★ ***TAKE*** **OVER** = *prendre le pouvoir*
TAKE **TO** ^{P} = *se mettre à* (+ V-ING) */ se réfugier dans*
TAKE **UP** = *se mettre à, reprendre (activité) / aborder (sujet) / ramasser*

★ ***TURN*** **DOWN** = *rejeter, refuser (offre)*
★ ***TURN*** **IN** = *rendre (homework, assignment)*
★ ***TURN (sth)*** **INTO** = *transformer qch en*
★ ***TURN*** **OUT** = *s'avérer, se révéler*
★ ***TURN*** **UP** = *arriver, se présenter, se pointer (fam.)*

★ ***WORK*** **OUT** = *aboutir / résoudre / déchiffrer / calculer / s'entraîner*
WORK **UP TO sth** = *s'acheminer vers*

B- APPLICATIONS : TOEFL/TOEIC (voir corrections page **263**)

1- The dollar raises when the yen is supposed to decrease.

2- Roman baths that had been laying under an old coach station were excavated in the west of France.

3- Mr. Chen claims he had an appointment with the chairman but the secretary would not leave him in.

4- As the flag was risen, the troops started saying the pledge of allegiance.

5- The bank borrowed money from the company, which is what banks are made for!

6- Mr and Mrs Auster's children let school before having graduated.

7- The number of new customers each year usually lays between eight and nine thousand.

8- The people who made research about pesticides are far from having solved the mildew disease.

9- There is a clear relationship among the increase in Islamic terrorism and America's foreign policy in Iraq and Palestine.

10- Colia is a unique spell of Kolya, a Russian name meaning "little Nicholas".

11- David Douillet is the alone judo champion to have won the Olympic games twice.

12- This strategy will turn your project into a _______.
a) fail b) failing c) failure d) fails

13- Our costs are expected to ________ by 10% next year.
a) raise b) go upstairs c) ascend d) increase

14- Getting ________ is the key to success.
a) organization b) organism c) organizing d) organized

15- Living outside New York City and working there means a long ________.
a) commune b) commute c) communication d) component

16- _______ applicants will be interviewed later this week.
a) Job b) Task c) Work d) Career

17- You must ________ your application before entering the room.
a) file b) fill c) fear d) feel

18- This job __________ an excellent résumé.
a) requires b) requests c) requisite d) requited

19- He has been of no __________.
a) available b) avail c) availing d) await

20- Please, sit at your ________ seat.
a) assignment b) assigned c) sighed d) signed

21- The names are listed in __________ order.
a) alphabet b) alphabetical c) alphabetically d) alphabetize

22- The music at yesterday's concert was extremely __________.
a) repeated b) repetition c) repetitive d) repeating

23- Mr. Wang has _______________ with the boss at 5:00.
a) a diary b) a dairy c) an agenda d) an appointment

24- They ____________ that he can handle the job.
a) assign b) assist c) assume d) aspect

25- Lots of American Rock singers are ___________ all over the world.
a) poplar b) populated c) popular d) poultry

26- You can __________ this book from your local library.
a) lend b) loan c) borrow d) furrow

27- Mrs. Field has a high degree of _________ as a consultant.
a) expert b) expect c) expertise d) exactly

28- You must phone the bank if you want to know the foreign ________ rates.
a) bills b) coins c) dollars d) currency

29- Our sales manager is very __________ about the internet.
a) known b) knowledgeable c) knowing d) knows

30- The business was so bad when they took it over that none of their shareholders expected them to do such a success of it.

31- If costs ______, the profits will get smaller.
a) raise b) rise c) rising d) raising

32- Let's make __________ and talk about it.
a) a meeting b) an appointment c) a rendezvous d) a together

33- Will you help me with my paper, I need some ________.
a) advise b) advertisement c) advice d) advent

34- The circulation of this publication is expected to _________.
a) increase b) raise c) ascend d) escalate

35- This is _______ ! I thought you had never met him before.
a) surprised b) surprising c) surprise d) an surprise

36- Buying fewer products will help the firm, __________ speaking.
a) economy b) economical c) economize d) economically

37- In the next few months, our company must become more _____________.
a) competitor b) competition c) competitive d) compete

38- Their head manager is both experienced and ___________.
a) industry b) industrial c) industrious d) industrially

39- Our competitive are trying to attract our potential customers.

40- Can I loan this pen from you? Mine is completely out of ink.

41- When they joined the club, they both simply wanted to form friends at all costs.

42- They all huddled together round the fire for warm because there was a chill in the air.

43- The manager of the firm wasn't really ________ of the difficulties his staff could meet.
a) aware b) awake c) await d) awesome

44- American scientists have made their best to find a cure for this very rare childhood disease.

45- Since R. Clegg and P. Cliff work an eight-hour shift, they have ________ essential workers for the firm.
a) broken into b) looked into c) turned into d) run into

46- The board of directors suggested ________ a new factory in New Zealand.
a) filling out b) setting up c) setting off d) staying up

47- To avoid errors, I think you should ________ the company's new directory.
a) look over b) figure out c) set up d) account for

48- Last year Mr Healey, along with Mrs Parker, acquired experiment in working with computers for Shipware.

49- The manager attempted to resume the union representative's comments on the relocation of the Hamburg factory during the meeting.

50- The secretaries attended the new member of staff in sorting the huge amount of mail they had just received.

Petits plus

Compare **series** ['sɪri:z] and **serial** ['sɪriəl].
In a series, each part is a different, complete story involving the same main characters.
In a serial, the same story continues in each part.

from *Oxford American Wordpower Dictionary* (1998)

Select is more formal than **choose** and suggests that a great deal of care is taken when making the decision.

from *Oxford American Wordpower Dictionary* (1998)

Rather than **colleague**, it is more common to say **coworker** nowadays, especially among younger people.

from *Oxford American Wordpower Dictionary* (1998)

*"If a telephone and a piece of paper should run a race, which would win?
The telephone, because the paper would always remain stationery."*
d'après *L'humour anglo-saxon.*

L'ORDRE DES MOTS

➢ Ce chapitre regroupe quelques problèmes très fréquemment rencontrés au TOEIC et déjà abordés dans le manuel, mais il nous a semblé intéressant de les synthétiser.

① L'ORDRE DES **ADJECTIFS** : (cf. Les adjectifs pour de plus amples détails)

➢ En anglais, la règle de l'ordre des adjectifs est :

1- **ADJECTIF** + **NOM** (en position épithète) : *He is a **nice** man.*

2- **BE** + **ADJECTIF** (en position attribut) : *He is **nice**.*

ex. TOEIC : *Miss Gringer, the accountant pleasant, has said that she will take two days off next month.*
↳ *the **pleasant** accountant*

② L'ORDRE DES **ADVERBES** : (cf. Les adverbes pour de plus amples détails)

➢ La question de la place de l'adverbe est assez complexe. Simplifions en disant que l'on trouve trois positions principales : **position initiale**, **finale**, ou encore **médiane**. Il faut surtout retenir que la fonction principale d'un adverbe est de modifier **la portée** d'un **verbe**, d'un **adjectif** ou même d'un **autre adverbe** ; et pour ce faire, il se placera souvent (mais pas toujours) devant l'élément qu'il veut modifier.

ex. : *This is not a very **securely** founded accusation.*
↳ ***securely*** modifie ici la portée de l'adjectif ***founded***.

*He's **actually** a very good judge.*
↳ ***actually*** modifie ici la portée de ***be***.

③ L'ORDRE DES MOTS AVEC **VERY** : (cf. Les adjectifs/les intensifieurs)

➢ VERY + **ADJ** / VERY + **ADV** / VERY + **MUCH**
VERY intensifie la **portée** d'un **adjectif** ou d'un **adverbe** :

ex. : - *It's a VERY cold day / It's VERY early.*
- *He was VERY (much) surprised when he heard from her.*

ex. TOEIC : *The board of directors had decided on a previously untested plan which could be hazardous very but definitely appealing.*
↳ ***very** hazardous*

➢ **THE / THAT / THIS + VERY + (ADJ.) + NOM :** emploi spécifique

ex. : - *He's the VERY man I told you about.*
↳ précisément, exactement, justement, (le) même...
- *We met the VERY next day.*
↳ le lendemain même (emphase).

④ **SO**, **SUCH** et **TOO** : (cf. Les adjectifs/les intensifieurs ou So / Such pour plus de détails)

➢ **SUCH** intensifie la **portée** d'un **nom** limité ou non par un adjectif.

SUCH + A/AN + (ADJ.) + ND sing

SUCH + ADJ. + ND pluriel / SUCH + ∅ + ADJ. + NI

ex. : - *"A River Runs Through It" is **SUCH A** beautiful movie.*
- *"The Mission" and "Mystic River" are **SUCH** thrilling movie**s** that you can't help shedding a tear at the end.*

➢ **SO** + Adjectif = "tellement"

SO + ADJ. + THAT

ex. : - *The joke was **SO** funny **THAT** he bent double with laughter.*

➢ **TOO** en tant qu'intensifieur = "trop"

TOO + <u>ADJ</u> + A/AN + ND

ex. : *Toni Morisson's "Beloved" is **TOO** <u>moving</u> **A** story to make no mention of it.*

⑤ L'ORDRE DES MOTS AVEC LES **ADVERBES INTERROGATIFS** :

➢ Vous devez bien faire la différence entre un **pronom** interrogatif, qui sert à poser des questions **directes**, et un **adverbe** interrogatif qui, lui, est utilisé pour des questions **indirectes** (cf. <u>Les inversions</u>).

ex. : - ***WHEN** will she be there?* ➲ pronom interrogatif

- *I wonder **WHEN** ~~will~~ she will be there.* ➲ adverbe interrogatif

- *Do you know **WHEN** ~~will~~ she will be there?* ➲ adverbe interrogatif

➯ **Jamais** d'inversion Aux-Sujet quand il s'agit d'une question indirecte. La question porte ici sur *<u>Do you</u> know*...

- *We will go **WHEN** he is ready.* ➲ conjonction circonstancielle de temps.

➯ **Attention :** ici WHEN est conjonction (= au moment où) ≠ pronom interrogatif. Pas de WILL après *when* et pas d'inversion.

⑥ L'ORDRE DES MOTS AVEC LES **SUPPOSITIONS** :

➢ Pour exprimer une supposition, à valeur de **IF**, une **inversion** Auxiliaire-Sujet peut être réalisée :

ex. : - ***Should you** be interested, don't hesitate to contact me.* ➲ **IF you are...**

- ***Had he** asked me, I would have come at once.* ➲ **IF he had asked me...**

➯ Dans les tests, les concepteurs auraient tenté de vous faire croire que l'on pouvait commencer ces phrases sans inversion :

<u>FAUX</u> : *You should be interested, don't hesitate to contact me.*
He had asked me, I would have come at once.

Petits plus

ENTERTAINMENT AND SPORTS

bookshop : librairie
(to) give a big hand : applaudir très fort
library : bibliothèque
play : pièce de théâtre
rehearsals : répétitions
reviews / reviewer : critiques / critique (un)
sold out : complet, à guichet fermé
theater : cinéma / théâtre
draw / tie : match nul
dug-out : banc de touche (Baseball)
helmet : casque
push-ups : pompes
roster : composition de l'équipe
sneakers : tennis (des)
stamina : endurance
(to) work out : s'entraîner

A VOS MARQUES !

TEST GRAMMATICAL TYPE TOEFL

SECTION 2
STRUCTURE AND WRITTEN EXPRESSION
Time — 25 minutes

This section is designed to measure your ability to recognize language that is appropriate for standard written English. There are two types of questions in this section, with special directions for each type.

Structure

Directions: Questions 1-15 are incomplete sentences. Beneath each sentence you will see four words or phrases, marked (A), (B), (C), and (D). Choose the one word or phrase that best completes the sentence.

1- ___________ researchers believe that meditation improves creativity and intelligence by integrating different brain functions is now taken into account by some doctors.
a) What b) It is that c) That d) Whatever

2- In 1922, ___________ Eamon De Valera who repudiated the treaty between Britain and Ireland that established the Irish Free State.
a) he was b) that he was c) it was d) as it as

3- France will cut its income tax rate by three percentage points in next year's budget and will _____________ boost its sluggish economy.
a) hence b) although c) nevertheless d) therefore

4- ___________ intricate was the mechanism for regulating prices that a great deal of trainees simply failed to understand it.
a) So b) Very c) Such d) How

5- Many deep-sea animals are detrivores, ____________ on the remains drifting down from the plankton and nekton of the surface waters.
a) that feed b) feeding c) which feeding d) that it is

6- Duke Ellington, one of the most famous African-American jazz pianists and composers, formed a band in 1918 and then _______________ in the jazz idiom.
a) many innovations were made b) he innovated by transforming
c) made many innovations d) many innovations transforming

7- The student was disappointed to learn that his application for a scholarship had been _____________.
a) turned off b) turned out c) turned away d) turned down

8- ___________ the benefits from the cure for illnesses associated with old age are only enjoyed by western societies, where only wealthy citizens can afford the cost of medical treatment.
a) Almost b) Most of c) Most d) Almost of

9- The sightseers wanted the total amount of their hotel bill __________ since there was undoubtedly a mistake.
a) checked b) checking c) check d) to check

10- __________ all scientists agree that HIV-1, the virus which causes AIDS in human beings, has its origin in an endangered sub-species of chimpanzee found in the central African rainforest: some still think that it stems from humans.
a) No b) Not c) Not one d) None

11- Many American couples have decided to buy their own houses now as they want to make the most of current __________ rates.
a) interesting b) interests c) interested d) interest

12- In the late 1990s, cell phones started to compete seriously __________ standard and cordless telephones.
a) with b) to c) on d) for

13- Jim Sheridan's movie, *In the Name of the Father*, __________ the descent into hell of Gerry Conlon, a young Irish petty criminal, was inspired by a true story and was marked by Daniel Day-Lewis's outstanding acting performance.
a) recounts b) recounts it c) which it recounts d) which recounts

14- This year's worth of MTC's manufacturing is much higher than __________.
a) last year b) that of last year c) the last year d) the last year's

15- __________ research has revealed is that the Arctic ice has thinned from 3.5 meters 30 years ago to less than 2 meters today, a trend which has been blamed on global warming.
a) That b) Since c) Which d) What

Written Expression

Directions: In questions 16-40, each sentence has four underlined words or phrases. Identify the one underlined word or phrase that must be changed in order for the sentence to be correct.

16- If both students would have done their job diligently, they would have no doubt gotten a better grade in the Biology exam.

17- The major pollutants — carbon monoxide, nitrogen dioxide, nitrogen oxides, sulfur dioxide and tiny particles called particulate matter — are all released such as fossil fuels are burned.

18- Originally, tobacco was smoked in a pipe, or took as snuff, or chewed; the cigarette was invented in 1825, and when production was industrialized as from 1840, tobacco consumption rocketed.

19- Computer networking and cell phones has made it easier for many people to communicate or work at their own place.

20- Contrary to popular belief, people who sleep six to seven hours a night live longer, and those who sleep eight hours or the more die younger, according to the largest study ever conducted on the subject.

21- In a few countries, Australia and New Zealand in particular, backpackers are encouraged to work as a source of a cheap, seasonal labor in bars and on farms.

22- Although it had been employed in both Quality and Production departments for years, the employee of *Cureall Ltd.* decided to quit his job because of too many occupational hazards.

23- Thanks to a monkey named Godot, and his astounding good health in the face of repeated viral injections, researchers are increasing optimistic about a new AIDS vaccine.

24- The current conflict in Northern Ireland is often traced back to the era of Cromwell, a Protestant fanatic from England who crushes Catholic hopes for independence.

25- In the world of high-speed travel and instantaneous communication, our perception of time and distance is no longer the same that it was.

26- The TOEFL examination will assess the candidate's capacity to understand spoken English, to read basic language, and spotting grammar mistakes.

27- American TV can show films with real people getting kill, but it can't broadcast comedies that use risqué language.

28- Since the late sixties, scientific evidence showing the beneficial effects of meditation on anxiety, depression, blood pressure and the immune system was slowly mounting.

29- Brands are the tools with which companies make a lot of money and make consumers spending more and think they are being provided with a guarantee of reliability and quality.

30- Pixar's five films for Disney, which also include *Monsters Inc* and *Toy Story*, made a combined $2.6bn at the box office so far.

31- Aerospace experts have suggested that the staff uses an experimental version of the engine before launching the new shuttle into space.

32- Compusoft has released new softwares aimed at helping the music industry stop piracy of CDs.

33- Todays' business people live in an over-communicated world in which too many web sites, too many reports and too many bits of information bid for their attention.

34- Developing countries as China, which generates 80 per cent of its energy from coal-fired plants, and India are not concerned with air pollutants.

35- Contemporary Man is able to power himself up to the top of a mountain peak with his Mp3 devise, enjoying the view, while conference-calling the sales force, and playing *Counter Strike* with gamers in Tokyo and Paris.

36- The Knights of the Round Table in *Camelot*, King Arthur proved a mighty and noble ruler who possessed the great sword *Excalibur*, given to him by the mysterious Lady of the Lake.

37- If someone was to travel to infected regions without anti-malaria treatment, they would be very unlikely to find effective medicine if they needed it.

38- The controversial study, <u>which</u> tracked the sleeping habits of 1.1 million Americans <u>for</u> six years, undermines the <u>advices</u> of many sleep doctors who have long <u>recommended</u> that people get eight or nine hours of sleep every night.

39- The tar <u>that contained</u> in tobacco is responsible for <u>one-third</u> of <u>all</u> cancers and, directly or indirectly, tobacco kills 80,000 people <u>a year</u> in France.

40- A bomb <u>explosed</u> in the town of Omagh, <u>killing</u> 27 innocent people; those <u>responsible</u> were members of <u>an</u> extremist faction of the IRA.

(voir corrections page **266** à **269**)

TEST GRAMMATICAL TYPE TOEIC

READING
Part V & VI
Time — 30 minutes

In this section of the test, you will have the chance to show how well you understand written English. There are three parts to this section, with special directions for each part, **BUT HERE** you will **only** deal with parts V and VI of the test.

Part V

Directions: Questions 1-40 are incomplete sentences. Four words or phrases are given beneath each sentence. You are to choose the one word or phrase that best completes the sentence.

1- It is ______________ for all passengers to book their tickets at least thirty-six hours before departure.
a) compulsory b) genuinely c) addicted d) already

2- Ms. Singh has ______________ finished typing the rather long memo she was handed this morning.
a) still b) yet c) already d) always

3- A QM ______________ to adapt his tools to the processes at hand.
a) must b) should c) will d) needs

4- The new regulations need prompt ______________.
a) congratulation b) implementation c) delegation d) expectation

5- The new brochure has been distributed ____________ for the past seven weeks.
a) daily b) dairy c) diary d) lately

6- The drop in interest rates ______________ the last few months has had a major boosting influence on the real estate business.
a) on b) over c) inside d) without

7- Customers will be ______________ an extra twenty dollars for room service and parking facilities.
a) exchanged b) borrowed c) charged d) estimated

8- Visitors must be accompanied ______________ an authorized worker and wear protective clothing at all times.
a) with b) by c) for d) of

9- Simpson & sons Ltd. deals with the ______________ and restoration of old Eastern carpets.
a) purchasing b) purchased c) purchases d) purchase

10- Our accountant keeps all transaction records in this ______________.
a) ledger b) bagger c) mincer d) boulder

11- Have the budget ______________ by the end of the week!
a) to balance b) balancing c) over balance d) balanced

12- It is imperative that commuters to the Northern lines ______________ their tickets from booths 3 and 4.
a) get b) got c) gets d) must get

13- ______________ sewage drains are being replaced on Washington avenue, traffic is expected to be rerouted by midday.
a) Because of b) Because c) Until d) Therefore

14- Although the first draft of the contract has been completed, the merger is ______________ to be announced.
a) yet b) again c) really d) until

15- Please forward ______________ information as soon as possible.
a) a few b) even c) lots d) further

16- The paper industry in Finland ______________ for three years since the advent of the cell phone.
a) is declining b) has been declining c) declined d) declines

17- The advertisement in the newspaper says that MBC's new PC model costs $40, but that is no doubt ______________.
a) an imprint b) a reprint c) a misprint d) a print

18- AMO Airlines hasn't made any profit so far, because of the last and sudden ______________ that took place in April.
a) downpour b) downfall c) downmarket d) downturn

19- Our female CEO sincerely congratulated all of us __________ doing a great job.
a) for b) to c) on d) in

20- Our economic activity has been very slow ______________ the last recession of October.
a) with b) during c) for d) since

21- All the workers expected the CEO and his assistants to come at 10:00 am for the negotiations, but they didn't ______________ until 2:00 pm.
a) show off b) show away c) show on d) show up

22- Ohio State University Extension is committed to ensuring that all citizens have access ____________ its research-based information.
a) with b) to c) for d) in

23- PXP Motors will have to ____________ the exhaust pipe of their new engine to comply with the new regulations.
a) combine b) amalgamate c) alter d) modificate

24- The employees in the Finance department had ______________ opportunity to embezzle money, but they both behaved quite well.
a) often b) a lot c) ample d) substantive

25- It is interesting to note that the French word “le temps” means both “time” ___________ “weather”.
a) or b) and c) if not d) but

26- One should wait to get over jet-lag before _______________ a business deal.
a) to negotiate b) to negotiating c) negotiating d) negotiate

27- In many countries today, the sale of tobacco is strictly controlled, ___________ is prohibited, and smoking is not allowed in certain public places.
a) news ad b) advertisement c) commercial d) advertising

28- __________ a sleeping pill every night increases the risk of death by 25 per cent.
a) To take b) Taking c) Take d) To taking

29- According to some doctors, being exposed to even a small __________ of second-hand tobacco smoke may increase your chances of developing heart disease.
a) sum b) number c) amount d) total

30- ____________ research has shown is that polar bears might disappear from the Arctic before the end of the century as the ice melts away.
a) That b) Since c) Which d) What

31- The merger will ______________ lead to a good many of our staff being made redundant.
a) eventually b) generally c) entirely d) gracefully

32- Corporative projects are currently being ________________ in the main hall.
a) exhausted b) exhibited c) extracted d) extorted

33- When organizing their workday, workers must ________________ their minds about what is important and what is not, and tackle priorities first.
a) make up b) make c) make out d) make in

34- Our R & D manager is used to _________________ complaints from unhappy applicants.
a) receive b) received c) receiving d) receipt

35- The foreman reacted as _________________ as his staff to the decrease in temporary personnel wages.
a) strong b) strongly c) stronger d) strongest

36- The board is ____________ Mr. Abdullah for the position although he is only 25.
a) considering b) convincing c) thinking d) deciphering

37- Mr. Nakazi has always been _______ for the shipping department in our company.
a) responded b) responsible c) respectful d) responsive

38- __________ the nineties, *NYT Ltd.* didn’t make a lot of profits and actually had only one profitable year.
a) During b) While c) Among d) To

39- The telecommunications industry was accused of sabotaging new European legislation on legal CD copying – the Copyright Directive – which would force internet service ______________ to crack down on copyright infringement.
a) delivers b) shippers c) mentors d) providers

40- Michael Moore's film, *Fahrenheit 911*, was screened in the UK ____________ its US release being blocked by Disney.
a) because b) despite c) though d) nevertheless

Part VI

Directions: Read the texts that follow. A word or phrase is missing in some of the sentences. Four answer choices are given below each of the sentences. Select the best answer to complete the text.

Questions 41-44 refer to the following e-mail.

Dear co-workers,

Welcome to ATC's annual luncheon held at the Management Institute in Charleston. I will be glad to be with you and I ____________ everyone will enjoy the

41. A) wish B) need C) hope D) want

delicious meal which *Hippocampus*, our key caterer, will provide us with.

Prior _________ going to the reception, I invite you to browse through the activities

42. A) with B) to C) for D) of

which will await us after lunch and have a look at the short plan attached to this e-mail, showing the layout of the tables and pointing _________ the seat you will occupy during

43. A) out B) on C) off D) up

the luncheon.

Please feel free to contact me, ________ you require any help or further information.

44. A) may B) can C) will D) should

Best wishes,

Derek House
HR Supervisor, ATC Ltd.

Questions 45-48 refer to the following advertisement.

Get rid of viruses!

You already have an antivirus program on your PC, but you are hardly satisfied with it. Therefore, you need a new one. If you try the newest, practical and most innovative software, **KILLEM'ALL**, your computer will be ________________.

45. A) safely B) safer C) safety D) safeness

This application program will protect your hard disk from various viruses since it is directly connected to ________________ database, which is updated every ten minutes.

46. A) our B) your C) their D) ours

It also possesses heuristic search. If you make up your mind to use **KILLEM'ALL**, you will no longer dread losing your data at any time.

Not only is the demo version free, but the complete version is ________________

47. A) as well B) both C) also D) not

available at $15.99 only! Don't wait! Don't miss this wonderful offer! Go to our site and download **KILLEM'ALL** demo version for ________________ period at no charge.

48. A) a two-months B) a two-month C) two month D) two months

Questions 49-52 refer to the following letter.

Dear Mr. O'Driscoll,

Thank you for opening an account with our firm. As one of the leaders in the mass distribution sector, we can assure you that our ___________ products and our services

49. A) manufactured B) manufacturing C) manufacture D) manufacturer

will not disappoint you.

I would like to take advantage of this letter to lay down our terms and conditions for maintaining an open account with our company. Invoices are ___________________

50. A) payment B) paying C) payable D) payday

within 30 days of receipt, with a 2.5% discount available if your payment is remitted within 7 days of the date the item was delivered to you. We regard this inducement as an outstanding opportunity for our customers to boost their profit margin, and ___________ give incentives to use this discount privilege whenever possible.

51. A) nevertheless B) consequently C) yet D) however

I would also like to point out that, at any time ____________ the year, our company

52. A) throughout B) in C) while D) during through

is likely to offer our patrons additional discounts on our goods.

As the Certified Public Accountant, I will be glad to answer any questions you may have concerning your account and payments.

Yours Sincerely,

Greg Townsend
Accounting Manager

(voir corrections pages **269** à **272**)

ANNEXES

CORRECTIONS COMMENTÉES

Le Syntagme Verbal

QUIZ

❶ Combien de temps y a-t-il en anglais ?

⇨ Il y a **deux** temps en anglais : le PRÉSENT et le PASSÉ.

❷ A quel(s) temps sont les phrases suivantes ?

a) *I'm working.* c) *I will work.*

b) *I work.* d) *I have worked.*

⇨ Les quatre phrases sont au PRÉSENT. C'est le premier élément verbal – verbe ou auxiliaire – qui porte le temps : a) BE (au **présent**) + V-ING, b) V. au **présent**, c) WILL (au **présent**) + V, d) HAVE (au **présent**) + V-EN.

❸ Traduisez ces phrases. Quelle est la différence ?

e) *I lived in Seattle for two years.* f) *I have lived in Seattle for two years.*

⇨ J'ai habité Seattle **pendant** deux ans. J'habite Seattle **depuis** deux ans.

⇨ V-ED renvoie à du passé révolu, sans lien avec le présent. Le *present perfect* fait le point "maintenant" (**1-** sur un fait déjà accompli) **2-** avec SINCE + date ou FOR + durée, sur un fait commencé dans le passé qui se prolonge dans le présent. Attention à la traduction de FOR.

g) *Did you meet him?* h) *Have you met him?*

⇨ Les deux phrases pourraient se traduire par : "L'as-tu rencontré ?", d'où la difficulté du choix entre prétérit et *present perfect.* Pourtant la différence est de taille : en g), le prétérit, temps de rupture avec le présent, implique que la question concerne un moment du passé. On pourrait préciser à l'aide d'un marqueur de temps : *"Did you meet him yesterday? / last year? / at the party?".* En h) par contre, on fait un **bilan** présent sur des acquis / expériences / faits passés. On pourrait sur-traduire un tout petit peu : "As-tu eu l'occasion de le rencontrer ?".

❹ Est-il correct de dire ?

i) *The sun shines.*

⇨ Oui, si l'on énonce une vérité générale. Par contre, si l'on évoque le temps qu'il fait en ce moment, on ajoutera l'**aspect** BE + ING (voir <u>Temps et aspects</u>) : *The sun is shining.*

j) *He's always picking at me.*

⇨ Tout à fait correct. Vous avez certainement appris au collège que *always*, adverbe de fréquence, était incompatible avec la forme dite "progressive", ou **aspect** BE + -ING. C'est vrai, mais BE + -ING peut également être la trace d'un commentaire subjectif émis par l'énonciateur, ici, la colère ou le désespoir.

ELLIPSE DE BE

1- Réponses **C** et **A** : *he was* peut être laissé ou omis, sans différence sémantique.

2- Réponse **A** : seule solution possible ici. En B, l'inversion auxiliaire – sujet est erronée, et en D, le temps ne convient pas.

3- Réponse **B** : la subordonnée concessive en THOUGH avec ellipse du Sujet + BE est correcte. Le récit est au passé (*couldn't*) ⇨ *were living*, pour respecter la concordance des temps. Si l'on rétablissait S + BE, on obtiendrait : *Though he was an American*.

4- Réponse **C** : expression à connaître : "le plus tôt sera le mieux". Remarquons que nous avons ici deux ellipses, ex. : *The sooner* [*you go / do it*], *the better* [*it will be*].

5- Réponse **A** : ellipse de *it is* (*until it is needed*).

6- Réponse **D** : passé modal. Phrase piège, car elle ne concerne pas le problème de l'ellipse, voir Le prétérit modal. *Pays* (présent) n'est pas possible car *would* (passé).

7- Réponse **D** : nous avons bien ici l'ellipse de BE (*quand on les frappe*). On aurait pu avoir la réponse B si on avait eu *when they are struck*. La C est vraiment impossible car une grosse caisse (*bass drum*) ne peut se frapper elle même.

8- Réponse **B** : nous avons aussi ici l'ellipse de BE (*si elles sont exposées*). On aurait pu avoir la réponse C si on avait eu *if they are exposed*. La A est inacceptable puisque une voiture ne s'expose pas toute seule, d'où la nécessité du passif (BE + -EN).

9- Réponse **B** : nous avons encore dans le cas présent l'ellipse de BE (*Quand elle est utilisée dans une sauce,...*). Ici *used* vient du verbe USE (= utiliser) et non pas de l'opérateur *used to* (valeur de fréquence).

10- Réponse **A** : le problème est ici inversé dans la mesure où nous avons besoin de rétablir un équilibre en rajoutant : *Unless* ***there are*** *complications,...* Même si une ellipse de BE est possible après *unless*, il manque ici un verbe principal qui gouvernerait la proposition, ex. : *unless complications appear...* De plus, nous n'avons pas affaire au même sujet logique dans les deux propositions ; donc, l'ellipse est à proscrire.

LES VERBES D'ÉTAT

1- Réponse **A** : le verbe *know* ne s'emploie **jamais** avec BE + -ING ⇒ *knew*.

2- Réponse **B** : BE + -ING s'emploie rarement avec *remember* ⇒ *They will remember...*

3- Réponse **B** : nous sommes dans un **bilan** au présent, ce qui implique HAVE + -EN (present perfect simple ou progressif). Le verbe ***become*** préfère généralement se passer de BE + -ING ⇒ *have become*.

4- Réponse **D** : *likes* (n'oubliez pas la marque de la 3e psn du singulier au présent simple). *Like* décrit une caractéristique propre au sujet (vraie à tout moment donc pas de BE + -ING).

5- Réponse **A** : *owns* (voir toutes les précédentes).

LA MODALITÉ

B- EXERCICES DE RECONNAISSANCE :

Valeur radicale ou épistémique ?

1- Valeur radicale : *permission*

2- Valeur épistémique : *possibilité*

3- Valeur radicale : *obligation*

4- Valeur épistémique : *forte probabilité*

5- Valeur radicale : *incapacité*

6- Valeur épistémique : *forte probabilité*

7- Valeur épistémique : *forte probabilité*

8- Valeur radicale : *permission (politesse)*

9- Valeur radicale : *interdiction absolue*

10- Valeur épistémique : *possibilité (50%)*

C- EXERCICES TOEFL/TOEIC :

1- Réponse **A** : auxiliaire + base verbale ⇨ *can travel.*

2- Réponse **C** : nous avons ici l'association de WILL à valeur de prédiction et de HAVE + -EN à valeur d'accompli : *D'ici la deuxième année de formation intensive, le nombre d'étudiants **aura diminué** de façon significative* (Voir <u>By</u>).

3- Réponse **C** : nous avons ici un auxiliaire modal, MIGHT, suivi d'une forme passive : BE + -EN. La règle MODAL + BV vaut toujours, l'auxiliaire BE a alors valeur de BV ⇨ *what might be coined* (= étiqueté, *familier*)...

4- Réponse **C** : la première phrase est au passé (*it was* ...), l'auxiliaire (suivi de BV) doit donc l'être également dans la seconde. Voir <u>Concordance des temps</u>.

5- Réponse **D** : nous avons S + _______ + BV, il ne manque donc que l'auxiliaire.

6- Réponse **C** : MUST à valeur épistémique (probabilité forte) suivi de HAVE + -EN. L'auxiliaire HAVE ne doit pas être conjugué ⇨ *There must **have** been*... (= Il a dû y avoir...).

7- Réponse **D** : appel à la *volonté* du co-locuteur avec **would** : *I would like to + BV.*

8- Réponse **A** : commentaire du locuteur : MUST à valeur épistémique de forte probabilité, d'après le contexte, l'énonciateur pense qu'ils doivent être sur le chemin du retour.

9- Réponse **B** : l'unique solution est **OUGHT** car nous avons **TO** dans la phrase : *OUGHT TO.* Il ne s'agit pas d'un modal mais d'un équivalent.

10- Réponse **D** : *take* et non pas *taking*. On peut parler ici de parallélisme de construction : modal + BV, + BV, + BV. Le modal est distributif, il est inutile de le répéter quand il s'applique à une suite de verbes, ici *file* (classer) / *sort* (trier) / *take.*

11- Réponse **D** : *write* et non pas *writing*. On peut encore parler ici de parallélisme de construction : modal + **neither** BV **nor** BV.

12- Réponse **A** : *learn* et non pas *learning*. Toujours la même structure : **MODAL + BV.**

LE FUTUR

1- Réponse **C** : dans une subordonnée de temps introduite par WHEN (= AS SOON AS), le verbe se conjugue au présent quand le verbe de la principale est au "futur" (WILL).

2- Réponse **D** : un **question tag** se construit ainsi : reprise de l'auxiliaire de la principale (ici : *will*) + Sujet réduit à un pronom (*Mr. Abraham* ⇒ *he*) ; inversion de la modalité de phrase : tag négatif si la phrase est affirmative, et vice versa.

3- Réponse **B** : IF + S + V-∅/-S (présent), S + WILL + BV. Pour rappel : IF + S + V-ED (passé modal), S + WOULD + BV (cf. <u>Le prétérit modal</u>).

4- Réponse **C** : voir question n° 3, prédiction scientifique.

5- Réponse **D** : l'auxiliaire WILL n'a pas lieu d'être ici : d'une part nous sommes dans une subordonnée en WHEN (= IF), d'autre part, le verbe de la principale est au présent ⇒ *when you limit fat and sugar intake.*

6- Réponse **B** : voir question n°5 : subordonnées en WHEN, WHILE, AS, AS SOON AS... + verbe au présent quand le verbe de la principale est au présent ou au futur (WILL).

7- Réponse **B** : WHEN est ici un adverbe interrogatif (= *at what time* = à quel moment), le verbe doit donc être au futur.

8- Réponse **D** : voir questions n° 5 et 6 ⇨ ***has***.

9- Réponse **B** : question tag <u>avec un impératif</u> en **LET'S** (= let + us) : **SHALL** + pronom sujet. Attention, pas d'inversion de la modalité (pas de négation) : *Let's go, shall we?*

10- Réponse **D** : voir questions n° 5, 6 et 8.

11- Réponse **B** : subordonnées en **IF**, WHEN, WHILE, AS, AS SOON AS... + verbe au présent quand le verbe de la principale est au présent ou au **futur** (WILL).

12- Réponse **C** : subordonnées en **AS SOON AS**, WHEN, WHILE, AS, IF... + verbe au présent quand le verbe de la principale est au présent ou au **futur** (WILL).

13- Réponse **A** : avec **BE TO** : idée d'action fortement prévue, voulue (= Si l'on veut sauver...).

14- Réponse **B** : vérité générale, donc présent simple.

15- Réponse **D** : la subordonnée introduite par ***until*** est au présent, aussi la principale doit être au futur (temps de l'auxiliaire = présent). De plus, nous devons utiliser ici une forme passive (BE + -EN) car un remède (*cure*) ne peut pas se trouver par lui-même.

16- Réponse **D** : Ici, WHEN n'est pas un adverbe interrogatif donc pas de futur. Il faut supprimer *will*.

17- Réponse **D** : subordonnées en **AS SOON AS**, WHEN, WHILE, AS, IF... + verbe au présent quand le verbe de la principale est au **présent** (*we are going to NYC...*) ou au futur (WILL).

18- Réponse **C** : subordonnées en **AS SOON AS**, WHEN, WHILE, AS, IF... + verbe au présent quand le verbe de la principale est au présent ou au **futur** (WILL).

19- Réponse **C** : vérité générale, donc présent simple. De plus, pas de futur dans une subordonnée en IF.

20- Réponse **B** : vérité générale, donc présent simple. De plus, pas de futur dans une subordonnée en WHEN.

V-ED vs HAVE + -EN

4 : I have worked (ou I have been working) in the company for four years.
5 : I started in this company four years ago.
6 : I have worked / have been working in this company since 1996.

1- Réponse **C** : éliminons d'abord les indésirables : A incorrect, D impossible car FOR est incompatible avec une date. B impossible car le verbe devrait alors être au passé. HAVE + -EN **et** SINCE indiquent que le propos est toujours valable. *L'intérêt pour la politique [...] **diminue** depuis 1970.*

2- Réponse **C** : on considère la formation de cratères comme établie (= résultat = HAVE + -EN).

3- Réponse **D** : passé de narration ⇨ ***left***. HAVE + -EN au présent n'est compatible avec une date qu'avec SINCE, indiquant alors que l'action se poursuit depuis cette date jusqu'à nos jours.

4- Réponse **D** : les Andes se sont installés dans la région **avant** que la ville ne reçoive son nom actuel ⇨ un passé antérieur : ***had settled*** (HAD + -EN) ou éventuellement un V-ED simple : ***settled***. Noter que *to **name** something **after** someone* signifie donner le nom de quelqu'un à quelque chose.

5- Réponse **C** : la forme passive ne convient pas ici. Deux possibilités : on considère l'attention reçue comme étant révolue (*brought*), ou toujours d'actualité (*has brought*).

6- Réponse **D** : problème de préposition ⇨ *FDR was elected **for** four terms*, FDR a été mandaté quatre fois.

7- Réponse **B** : nous avons ici un passif (BE + -EN) + temps présent. *A few decades ago* appelle un temps passé ⇨ *were issued*.

8- Réponse **D** : HAVE + -EN ne reflète pas un point de vue passé ⇨ *was built*.

9- Réponse **D** : l'énoncé émet un bilan (point de vue présent sur des recherches passées et en cours) ⇨ HAVE + -EN : *has been identified.*

10- Réponse **D** : voir question 9. ⇨ *have not yet been discovered*. Noter la possibilité de placer YET en fin de phrase *: have not been discovered yet*.

11- Réponse **B** : nous avons HAVE + -EN + une durée, il faut ***FOR*** qui se traduit ici par *depuis.*

12- Réponse **D** : nous avons un prétérit (-ED), il nous faut donc ***AGO*** (révolu), *il y a.*

13- Réponse **B** : nous avons HAVE + -EN (*haven't been)*, et *the past six years* est une durée ⇨ ***FOR***

14- Réponse **A** : nous avons SINCE, et *1997* est un point de départ, il faut donc **HAVE + -EN**. Ici WHEN est conjonction circonstencielle de temps = "date à laquelle".

15- Réponse **D** : nous avons HAD + -EN (*hadn't seen*), et *several months* est une durée, ⇨ ***FOR***

16- Réponse **A** : nous avons ici un participe passé erroné (ran = prétérit). Il ne s'agit pas de HAD + -ED mais de **HAD + -EN**, donc *had* ***run.***

17- Réponse **A** : on **ne** peut avoir WOULD après IF (sauf lorsque **would** a le sens de "bien vouloir"). L'équivalent en français serait le célèbre : "Si j'**aurais** su, j'**aurais** pas venu" (*La guerre des boutons)* !
Toutefois, la principale contient un temps composé *(WOULD NOT HAVE HAD*), il faudra donc également un **temps composé** dans la subordonnée. WILL est au passé (WOULD) dans la principale ⇨ temps passé dans la subordonnée : *If she had been…*

18- Réponse **A** : cf. n°17. Nous aurons *If you* ***had*** *checked.*

19- Réponse **A** : nous avons ici une conjugaison erronée d'un –ED irrégulier (prétérit). Il ne s'agit pas de *LEAD* mais de **LED**. Si vous avez commis une erreur ici, il serait peut être temps de revoir vos verbes irréguliers. Il serait vraiment dommage de perdre des points sur ce genre de problème.

20- Réponse **A** : nous avons encore ici une conjugaison erronée d'un –ED irrégulier (prétérit). Il ne s'agit pas de *SPENDED* mais de **SPENT**. Si vous avez commis une erreur ici et en 19, il est grand temps de revoir vos verbes irréguliers !!!

LA FRÉQUENCE

1- Réponse **C** : BE USED TO + V-ING = habitude présente. La réponse A est grammaticalement correcte, mais elle implique qu'il s'agisse d'une habitude passée, qui n'a plus cours, ce qui n'est pas le cas.

2- Réponses **A** ou **D** : BE ACCUSTOMED TO + BV / V-ING = habitude présente.

3- Réponse **A** : attention, BE USED TO + V-ING au <u>passé</u> ⇨ *he wasn't used to driving on the left* : il n'était pas habitué à conduire à gauche, ≠ USED TO + BV : *he didn't* *use to drive on the left* : il ne conduisait pas à gauche (il n'avait pas **pour habitude** de conduire à gauche).

4- Réponse **B** : WOULD + BV comme marqueur de fréquence (BE / GET USED TO + V-ING, donc impossibles ici).

5- Réponse **C** : la proposition coordonnée par BUT NOW indique un contraste entre passé et présent. USED TO + BV exprime une habitude passée et révolue, et convient donc ici.

6- Réponse **C** : BE (ici au passé) + USED TO + V-ING.

7- Réponse **A** : vous hésitez peut-être entre les réponses A et B. La première exprime une habitude passée, elle avait cours quand le sujet habitait en Allemagne. La seconde ne convient pas car elle n'exprime qu'une seule occurrence de l'action "boire de la bière" (Il a bu beaucoup de bière, mais en une seule fois). Le passé de narration décrit des actes uniques, c'est pourquoi on a recours à USED TO ou à WOULD pour exprimer une fréquence passée.

8- Réponse **B** : BE USED TO + V-ING / N. *Hot* = adjectif, *heat* = nom.

9- Réponse **C** : *I us**ed** to go / I didn't us**e** to go / Did you us**e** to go*?

10- Réponse **C** : habitude passée : USED TO + BV.

11- Réponse **A** : WOULD + BV.

12- Réponse **B** : GET USED TO + V-ING.

13- Réponse **A** : le *tag* avec *used to* se construit avec l'auxiliaire du passé, qui est **DID**.

14- Réponse **D** : BE (ici au passé) + USED TO + V-ING = *était habituée à*.

15- Réponse **A** : USED TO + V = fréquence/habitude dans le passé qui n'a plus cours aujourd'hui.

16- Réponse **B** : BE USED TO + **V-ING** = *être habitué à*. Sujet pluriel, donc *are*. Le V-ING est ici *using*, du verbe *use* : utiliser.

17- Réponse **B** : il s'agit ici d'un problème de concordance des temps. Nous avons *Before the advent of cars* et *would* ⇨ passé, nous aurons donc ***used to***. De toutes façons, l'opérateur *used to* est **toujours** au passé.

18- Réponse **B** : il s'agit ici du verbe USE *(utiliser)*, et non pas de l'opérateur *used to*. La phrase est à la voix passive (voix active : *they can't use penicillin to combat viruses*), ⇨ ***can't be used***.

19- Réponse **D** : il s'agit ici d'un problème de passif (BE + -EN), et non de choix d'opérateur. Nous aurons donc *were **used** to* (cf. n°18).

20- Réponse **C** : piège ! *Used to* est correct ici. BEFORE + V-ING : *before **going***.

CONCORDANCE DES TEMPS : Point de vue / Irréel

B a : A quels temps sont les phrases suivantes ? (cf. Temps et aspects pour mieux saisir la correction)

1- passé modal (prétérit modal = conditionnel)
Elle nous donnerait de l'argent si elle en avait.

2- présent + BE + -ING (présent progressif / continu)
Ils vont au cinéma.

3- passé révolu (V-ED)
Hier, je suis allé au théâtre et j'ai acheté deux billets.

4- présent + HAVE + -EN (*present perfect*) bilan, incompatible avec un marqueur de temps.
Je suis allé au théâtre et j'ai acheté deux billets. (En réponse à une question du type : "Mais où étais-tu ?")

5- présent à valeur de futur
Je vais aller chez le dentiste.

b : Traduction :

1- If they **win** this/the match, they **will** be crowned world champions.
2- If you **get** up early, you **will** go fishing with your brother.
3- If the weather **were** warm, we **could** go to the swimming pool.
4- Given the color of the sky, I **think** it'**s** going to snow.
5- I **thought** it **was** going to snow, but actually it merely hailed.
6- The young actress **tells** me she **has** forgotten her lines.
7- The young actress **told** me she **had** forgotten her lines.
8- He **claims** / maintains that they **will** win easily.
9- He **claimed** that they **would** win easily.
10- If they **come** tomorrow, we **will** play baseball.
11- If everybody **were** here, we'**d** (= would) play a baseball game.
12- Everybody **said** she **had** to/**must** make every effort but she **needn't** win at all costs. *(On peut conserver le présent avec MUST et NEED au style indirect).*
13- He **said** he **had** registered at university / at college* in 2002.
14- She **told** me she **was** about to / **was** going to turn in her assignment as quickly as possible.
15- They **would** come as soon as the meal **was** ready.

*Aux USA : *College* = structure universitaire qui prépare jusqu'au *Bachelor's degree* (4 ans d'études) / *University* = prépare jusqu'au *Ph.D* (doctorat).

C. APPLICATIONS :

1- Réponse **C** : la proposition introduite par IF comprend un HAD + -EN modal (temps composé : irréel du passé), la proposition qui suit comportera donc un temps composé comme COULD + HAVE + -EN. Rappel : seul le premier auxiliaire porte le temps.

2- Réponse **C** : le verbe de la circonstancielle de temps est au passé, et sert de repère temporel à la principale : c'est au moment où il a découvert *Herman Hesse* que *John* a pensé qu'il s'agissait du meilleur écrivain de tous les temps ⇨ ***believed***.

3- Réponse **A** : le verbe de la principale (***teach***) est au présent. La conjonctive introduite par THAT occupe la place du COD de ***teach*** : ***Psychology teaches us <u>something</u>*** (*something = it is important to consider….*). Le contenu de la conjonctive a une valeur générale qui n'appartient pas au passé ⇨ ***is***. On pourrait avoir : ***Research teaches us that prehistorical men didn't actually live in caves*** = la recherche nous montre aujourd'hui (***teach*** au présent) que les hommes préhistoriques ne vivaient pas dans les cavernes (donnée passée, ***live*** au prétérit), la différence de temps entre la principale et la conjonctive reflète alors le décalage temporel existant entre le présent de la recherche scientifique et le passé des faits étudiés.

4- Réponse **C** : le present perfect (HAVE + -EN) de la subordonnée concessive en ***although*** reflète un point de vue présent sur un fait passé. Dans cette logique, le verbe de la principale se doit d'être au présent ⇨ ***characterizes***. (le pronom ***none*** se conjugue à la 3e pers. du sing.).

5- Réponse **C** : le verbe de la principale, ***work***, est au V-ED (passé de narration) ; la subordonnée de temps en ***while*** (tandis que) indique que les deux occupations : ***work on the railroad*** et ***compose most of his music***, avaient lieu à la même époque ⇨ ***he composed***. On peut avoir également *while* ***composing*** (cf. La proposition en –ING).

6- Réponse **B** : le sens de la phrase nous indique qu'il s'agit, non pas d'une information qui ne serait plus valable, mais d'une donnée générale ⇨ ***grow***, présent à valeur de généralité (***willow*** = saule / ***for*** = car).

7- Réponse **C** : passé de narration ⇨ ***was***.

8- Réponse **B** : ***had***. L'information contenue dans la conjonctive appartient à un contexte révolu (point de vue passé : *we once thought* = nous pensions autrefois).

9- Réponse **A** : le verbe de la principale, *agree*, est au passé et le contenu de la conjonctive se situe dans les années 1980 : passé. Toutefois, les renards infestaient la ville depuis des années avant qu'on ne les découvre ⇨ *past perfect* **: *had been living* + *FOR*.**

10- Réponse **C** : accent sur l'antériorité ⇨ ***had been*** ou simple passé de narration ⇨ ***was***.

11- Réponse **A** : discours indirect au passé (style direct : *My neighbor said : "I train every day..."*) concordance des temps ⇨ *he said that he* ***trained***... (*he said that he* ***trains*** : acceptable dans une langue plus relâchée, à l'oral).

12- Réponse **D** : voir question n°11. (Style direct : *he told Jane : "I will come as soon as possible."*) le verbe introduisant le discours (*tell*) étant au passé, le verbe du discours indirect doit être au passé ⇨ ***would*** *come*.

13- Réponse **B** : *did not make* et *were* établissent un contexte passé ⇨ ***had***.

14- Réponse **B** : *If there were* = passé modal ⇨ ***would***.

15- Réponse **B** : *last year* et *fired* = passé ⇨ ***had worked***, ici ***FOR*** signifie non pas *depuis* mais ***pendant***.

16- Réponse **B** : *starts shining* = présent de vérité générale ⇨ ***disappears***.

17- Réponse **C** : *was* et *could* = passé ⇨ ***wanted***.

18- Réponse **A** : *thought* = passé ⇨ ***were***. Remarquons que nous avons le **présent** (***has*** *called*) dans la 2e proposition. Cette présence ne gêne nullement l'équilibre temporel de la phrase puisque ***BUT... YET*** vient créer un contraste et établit un décalage temporel entre les deux situations : HAVE + -EN sert ici à faire un *bilan* de la situation dans le présent.

19- Réponse **A** : *yesterday* = passé, ⇨ ***was***. Remarquons que nous avons le **présent** (***thinks***) dans la 2e proposition et que ***BUT*** et ***AGAIN*** établissent un *décalage temporel* entre les deux situations.

20- Réponse **C** : *it is* = présent ⇨ ***includes***. Il s'agit ici d'un présent de généralité.

LE PRÉTÉRIT MODAL

1- Réponse **B** : IF + BE + passé modal ⇨ **WERE** à toutes les personnes.

2- Réponse **B** : voir question n° 1. *I* est ici sujet des deux verbes : *If I were you*... et (*if I*) ***were*** *able to move*.

3- Réponse **C** : voir questions n°1 et 2.

4- Réponse **C** : passé modal dans la subordonnée de condition introduite par IF ⇨ passé modal dans la principale ⇨ *they* ***would*** *surely bloom*...

5- Réponse **A** : il y a un WOULD en trop ⇨ *If FDR (Franklin Delano Roosevelt)* ***had lived***... Pas de WOULD après IF quand il s'agit d'un conditionnel.

6- Réponse **B** : *if I asked you* = passé modal ⇨ passé modal dans la principale.

7- Réponse **A** : ***It's urgent*** + passé modal, de même pour ***I wish***, ***I'd rather***, ***It's time***... Noter qu'en français nous aurions un subjonctif : *il est urgent que nous nous adaptions aux besoins du marché*.

8- Réponse **B** : le tag reprend *it is* ⇨ ***isn't it***.

9- Réponse **D** : la proposition à remplir est introduite par IF et appelle un passé modal car WOULD apparaît dans la principale, ce qui élimine A et C. WOULD ne peut réapparaître dans la proposition en IF, la réponse B est donc exclue. Connaître l'expression de modalité BE TO, ici sens de prévision : *...si le marché devait chuter dans les semaines à venir*.

10- Réponse **C** : la narration se situe au passé (*when I went skiing last month, I wished*...). Les expressions du type ***I wish*** sont suivies d'un passé modal (ou d'un HAD + -EN modal), sans adjonction du modal WOULD. La formule qui convient ici est : *I wished I had had better weather* (prononcer *I'd had*), la double marque du passé (auxiliaire au passé + verbe au participe passé), ou HAD + -EN modal, rend compte des **deux** valeurs du passé en jeu dans cette phrase : valeur *temporelle* et valeur d'*irréel*. WISH-ED convient ici puisque le moment du souhait se situe dans le passé (*last month*).

11- Réponse **C** : prétérit modal : *I'd rather they didn't know* = je préférerais qu'ils ne le sachent pas. On aurait pu avoir : *I'd rather they hadn't known* = j'aurais préféré qu'ils ne le sachent pas, (HAD + -EN modal). Remarquez la différence de comportement entre les deux langues : entre irréel du présent (conditionnel) et irréel du passé (conditionnel passé), le français change de temps dans la principale et l'anglais dans la subordonnée.

12- Réponse **D** : cf. question n° 7 : *It's time* + passé modal (*to get down to* + N / + V-ING = se mettre à).

13- Réponse **A** : Les expressions du type ***I wish*** sont suivies d'un passé modal (ou d'un HAD + -EN modal), sans adjonction du modal WOULD. La formule qui convient ici est : *We wish that you **hadn't been** away* (= Nous regrettons que vous ayez été absent). Nous devons avoir un temps composé dans la solution puisqu'il y a un temps composé dans la subordonnée (*you **would have enjoyed** meeting them).*

14- Réponse **C** : IF + BE + passé modal (ou d'un HAD + -EN modal) ⇨ **WERE** à toutes les personnes.

15- Réponse **B** : *I'd rather* + passé modal. Noter qu'en français nous aurions ici un subjonctif.

16- Réponse **C** : cf. n°13.

17- Réponse **D** : cf. n°14.

18- Réponse **B** : nous devons avoir un temps composé dans la solution dans la mesure où il y a un temps composé dans la subordonnée (*I **would have gone** with you).*

19- Réponse **A** : il s'agit d'un bon exemple de prétérit modal puisque l'on va choisir une réponse au passé alors que toute la phrase est au présent. Ce qui rend compte ici de la valeur d'***irréel*** et non pas ***temporelle*** du PRÉTÉRIT MODAL. Il n'est pas de rigueur ici de procéder à une concordance des temps mais d'exprimer l'irréel (le non réalisé / non réalisable). C'est à dire que la personne aimerait partir avec son frère mais elle n'est pas sûre de pouvoir le faire, d'où cette valeur d'***irréel***. Avec la C, l'action se serait déjà déroulée (temps composé).

20- Réponse **A** : Les expressions du type ***I wish*** sont suivies d'un passé modal (ou d'un HAD + -EN modal) ⇨ ***understood*** (ou ***could*** *understand*) / *lately* (adv.) = récemment.

REPRISES ELLIPTIQUES : Question-tags

1- Réponse **A** : ajout d'idée avec ***so*** : *"Moi aussi".* Le **sujet** sera accentué, et il y aura **inversion** Auxiliaire-Sujet.

2- Réponse **C** : avec *Let's* (= *Let us*), le tag se forme à l'aide de ***SHALL***.

3- Réponse **C** : question-tag normal avec reprise de l'auxiliaire *HAVE*. L'énoncé est affirmatif, donc le tag est négatif.

4- Réponse **D** : question-tag normal avec reprise de l'auxiliaire *HAVE*. Il faut identifier ici le **'S** : *is* ou *has* ? Le *present perfect* (HAVE + -EN) est ici plus logique qu'une forme passive (BE + -EN).

5- Réponse **B** : ajout d'idée avec ***NEITHER*** : ici *"lui non plus"*. Le **sujet** sera accentué, et il y aura **inversion** Aux-Sujet. On aurait pu avoir la D si on avait eu : *[...and the other man **didn't** either.]*.

6- Réponse **A** : question-tag normal avec reprise de l'auxiliaire *DID* car l'opérateur ***used to*** est (toujours !) au passé.

7- Réponse **C** : avec ***NEITHER / NOR*** : *"non plus"*. Il y a **inversion** Auxiliaire – Sujet.

8- Réponse **B** : reprise elliptique à valeur d'étonnement ou d'ironie. On garde dans ce cas là un tag de même modalité que la phrase, exemple un tag positif si elle est positive. Dans un contexte négatif, la C n'aurait pas été possible car la négation du tag doit être contractée (*cannot* ⇨ *can't*).

9- Réponse **C** : avec l'impératif (*Take*), le tag sera formé à l'aide de **WILL** qui fait appel ici à la *volonté* de l'interlocuteur.

10- Réponse **C** : lorsque la phrase contient un terme négatif ou semi-négatif (***hardly***, *barely*, *scarcely*, ...), le "TAG" ne se met pas à la forme négative.

LE SUBJONCTIF

1- Réponse **B** : l'adjectif *essential* implique, par son sens, une forme d'injonction ⇨ on n'ajoute pas d'auxiliaire modal et pas de -S.

2- Réponse **C** : voir question n° 1. De plus, le sens du modal MUST est déjà présent dans le verbe *require* ⇨ *... that the employees **work** on Sundays...*

3- Réponse **A** : subjonctif = S + BV ⇨ *... that influenza (*la grippe*) **be** diagnosed...*

4- Réponse **C** : subjonctif ⇨ *... that he **wear** his protective clothing.*

5- Réponse **A** : subjonctif ⇨ *...that the water temperature be not elevated...* A la forme négative, le subjonctif de BE est BE NOT. Pour tous les autres verbes, l'auxiliaire DO n'intervient pas, la base verbale est alors simplement <u>précédée</u> de NOT, ex. : *They insisted that he not open his mouth* = Ils ont insisté pour qu'il n'ouvre pas la bouche. *Injury* = blessure.

6- Réponse **B** : S + BV ⇨*...that the captain **wait**... / referee* = arbitre.

7- Réponse **B** : *...that everyone (...) **report**...*

8- Réponse **A** : *...that the accountant **be** responsible...* Notons que l'on pourrait également avoir *...that the accountant **was** responsible....* avec une différence de sens notoire : dans le premier cas, subjonctif, il s'agit d'un projet non encore établi : Des personnes ont proposé que le comptable soit responsable de la saisie des feuilles de bilan..., sous-entendu : dans l'avenir, à partir d'aujourd'hui. Dans le second cas, il s'agit du rappel d'un fait déjà établi ou convenu dans le passé, BE se doit alors d'être au passé pour respecter la concordance des temps : Certaines personnes ont suggéré que le comptable était responsable de la saisie...

9- Réponse **B** : subjonctif ⇨ *...that one **try** them on...*

10- Réponse **C** : subjonctif ⇨ *...that the meeting **be** delayed.*

11- Réponse **D** : subjonctif après des verbes comme *insist* ⇨ *...that he **stay**.*

12- Réponse **A** : subjonctif après des verbes comme *recommend* ⇨ *...that he **start**.*

13- Réponse **A** : subjonctif après des expressions comme *It is imperative.* ⇨ *... **be** there.* (*promptly* = 1- rapidement, 2- (ici) à 8h précise).

14- Réponse **D** : subjonctif après des verbes comme *insist* ⇨ *...that he **study**.* Même si la phrase est au passé.

15- Réponse **A** : subjonctif après des verbes comme *ask* ⇨ *...that each guest **present**.*

16- Réponse **A** : subjonctif après des noms comme *request* ⇨ *...that the board **investigate**.*

17- Réponse **A** : subjonctif après des expressions comme *it is necessary* ⇨ *...that the students **take**.* Attention : *to take an exam* = passer un examen, *to pass an exam* = réussir un examen.

18- Réponse **C** : subjonctif après des noms comme *requirement*, ici forme passive au subjonctif ⇨ *...that you **be recommended by**...*

19- Réponse **B** : subjonctif après des expressions comme *it is essential* ⇨ *...that oxygen **be** present.*

20- Réponse **B** : subjonctif après des expressions comme *it is vital* ⇨ *...that they **have**....*

BE + -EN (PASSIF)

1- Réponse **D** : agent = *the stomach*, introduit à l'aide de BY. Phrase active : *The stomach controls digestion.*

2- Réponse **C** : nous avons ici **BE + -ING** + BE + -EN : *The most important things (...) **are being** controlled by the most unworthy* (indigne) *people*. Agent = *the most unworthy people*, introduit par BY. Phrase active : *The most unworthy people are controlling the most important things in the world.*

3- Réponse **C** : BE + -EN ⇨ *...is now much **appreciated**...* (agent = *connoisseurs*).

4- Réponse **C** : BE + -EN ⇨ *...was **founded**...* Attention : *find / found / found* = trouver. *Found / founded / founded* = fonder.

5- Réponse **C** : BE + -EN ⇨ *...is **situated**...*

6- Réponse **B** : **HAVE + -EN** + BE + -EN : *many buildings **have been** built...*

7- Réponse **D** : passif ⇨ *is reach**ed**.* Dans cette phrase, *and* est correct car il s'associe à *both* (voir Les conjonctions paires).

8- Réponse **D** : ici, c'est le temps qui ne va pas ; le complément de temps introduit par *during* situe la proposition au passé ⇨ *relatively little **was learned** about the Tchako* *tribe*. Attention, le verbe *learn* accepte deux participes passés : *learned* et *learnt*.

9- Réponse **C** : BE (au passé) + -ING **+** BE + -EN ⇨ ...*was being fill**ed**...*

10- Réponse **C** : BE + -EN = *is supposed* (+ TO BV).

11- Réponse **B** : passif à la forme subjonctive : *It is essential that* S + BV (voir Le subjonctif). Ici, il s'agit de la base verbale du premier (et unique) auxiliaire. Le verbe *treat* est coordonné à *diagnose*, il est donc lui aussi sous l'égide de l'auxiliaire BE de la forme passive, et doit être au participe passé ⇨ *treat**ed**...*

12- Réponse **C** : modal + BE + -EN ⇨ *...must be done.*

13- Réponse **C** : nous devons utiliser un passif car **le sujet ne fait pas l'action**.

14- Réponse **B** : BE + -EN, donc *are* + ***found***.

15- Réponse **C** : le sujet ne fait pas l'action : la nouvelle mesure ne s'est pas proposée seule ! Donc, BE + -EN.

16- Réponse **D** : tournure passive avec les **verbes de discours** comme ***say, think***... comme dans notre exemple : *He is **said** to be a promising young actor.* Cela équivaut en français à la tournure : On dit / Les gens disent qu il est un jeune acteur prometteur.

17- Réponse **D** : **BE** + -EN, donc *...must **BE** kept on a leash* (tenu en laisse) *and **muzzled*** (muselé).

18- Réponse **B** : tournure passive avec les **verbes de discours** comme ***say, think***... comme par exemple : *He is **thought** to be a good doctor* (= On pense de lui qu'il est bon médecin).

19- Réponse **B** : La révolution américaine est à l'origine de l'indépendance ⇨ voix active, il faut supprimer *was.*

20- Réponse **A** : contrairement à la phrase précédente, le sujet *[The sixties]* n'est pas acteur, il faut donc la voix passive ⇨ ***were** marked.*

V + [TO + V] ou V + [V-ING]

1- Réponses **B** ou **C** : le verbe *continue* peut être suivi soit de TO + V, soit de V-ING.

2- Réponse **B** : *tend* + TO + V ⇨ *...tend to resemble...*

3- Réponse **C** : *manage* + TO + V ⇨ *...managed to obtain...*

4- Réponse **B** : *attempt* + TO + V ⇨ *...was attempting to find... / Columbus* = Christophe Colomb.

5- Réponse **C** : le verbe *help* peut être suivi soit de TO + V, soit de ∅ V (base verbale) ⇨ *Bob helped me **to write**...* ou *Bob helped me **write**...*

6- Réponse **A** : *prefer* + TO + V ou + V-ING ⇨ *We all prefer **to have**...* ou *We all prefer **having**...*

7- Réponse **A** : *I'd rather* + V. Attention, à la forme négative, la base verbale est précédée de NOT ⇨... *if you'd rather **not go** with us tomorrow...*

8- Réponse **B** : *prove something* TO BE ou ∅ + ADJ. Ex. : *The facts proved my theory (to be) correct.* Attention à la traduction française : Les faits ont prouvé **que** ma théorie était correcte.

9- Réponse **C** : *prevent something / someone* FROM + V-ING = empêcher.

10- Réponse **B** : HAD BETTER + V. A la forme négative, la base verbale est précédée de NOT ⇨ *She'd better **not try** to speak to him...* = Elle ferait mieux de ne pas tenter de lui parler...

11- Réponse **B** : *command* + TO + V ⇨ *He commanded the car to stop...* (*to fine* = pour verbaliser). A noter, **FOR + V-ING** exprime la **cause**.

12- Réponse **D** : WITHOUT + V-ING ⇨ *...without experiencing...*

13- Réponse **B** : la tournure ***Would you mind*** (Est-ce que cela vous dérange…) est toujours suivie de **V-ING**.

14- Réponse **A** : I'D RATHER + (NOT) + V.

15- Réponse **D** : expression *to look forward to,* avec laquelle nous aurons **TO + V-ING**.

16- Réponse **D** : il s'agit ici d'un gérondif à sens passif : **NEED + V-ING** (action à réaliser). On aurait pu avoir aussi : *…the saddle of your old bike **needs to be** adjusted.*

17- Réponse **C** : FAIL + **TO + V**.

18- Réponse **C** : HAD BETTER + **V**.

19- Réponse **C** : CONTINUE + **TO + V / V-ING**. Donc, *continue to do / doing.*

20- Réponse **B** : FAIL + **TO + V** : *…fail to take advantage…* (= ne profitons pas suffisamment).

BY

1- Réponse **B** : expression du moyen. Si BY est suivi d'un verbe, celui-ci doit être à la forme en -ING.

2- Réponse **A** : *by means of* = au moyen de (*rope* = corde).

3- Réponse **C** : ici, BY est une préposition de lieu signifiant : près de, devant. C'est la seule qui puisse convenir dans cette phrase (AT : à, IN : dans, ON : sur).

4- Réponse **A** : la préposition IN ne convient pas ⇒ *by the time you get there* : d'ici à ce que / le temps que tu arrives là-bas.

5- Réponse **D** : futur antérieur = WILL + HAVE + -EN : *D'ici jeudi prochain à la même heure, j'aurai corrigé tout le dossier*. Noter que la solution A serait possible (futur simple) : *j'aurai tout le dossier* (en ma possession). Imaginons que vous rencontriez deux solutions au TOEFL ou au TOEIC (rare), la consigne serait alors de choisir la plus évidente. Ce qui est évident ici, c'est que l'on vous incite à choisir une solution contenant le verbe *correct*, puisqu'il est présent dans trois des quatre options. Plus on travaille sur ce type de test, plus on s'aperçoit qu'il ne suffit pas de travailler l'anglais pour réussir, il faut encore apprendre à décrypter la psychologie des concepteurs ! Rassurez-vous, à force de fréquenter leurs exercices, on finit par y arriver.

6- Réponses **A** et **C** toutes deux possibles avec une préférence pour la première, plus idiomatique. Choisir donc la réponse A pour les raisons expliquées plus haut. On teste ici vos capacités à choisir la meilleure formulation.

7- Réponse **B** : BY + quantité. Il a perdu de 4 voix seulement.

8- Réponse **A** : Attention au piège ici, *to be interested* ***IN*** + N / + V-ING

9- Réponse **C** : BY + quantité (cf. <u>By</u>, ③). Mais on doit dire *an <u>increase</u>* ***IN*** *prices*.

10- Réponse **B** : voir questions n° 7 et 9.

11- Réponse **B** : futur antérieur, WILL + HAVE + -EN. Il manque simplement ici les deux auxiliaires WILL et HAVE, ce dernier s'associant à son –EN (*finished*).

12- Réponse **B** : *to travel BY car / train / bus / plane....* (expression du moyen).

13- Réponse **A** : futur antérieur, cf. question n° 11. *D'ici la fin de l'année j'aurai appris beaucoup de Japonais*.

14- Réponse **D** : futur antérieur. *Nous serons partis d'ici 23h ce soir.*

15- Réponse **C** : *By* signifie ici "**À** 13h00" ou, pour expliciter le sens de *by* : "Quand on eut atteint 13h". Le bilan dans le passé, exprimé par HAD + -EN, laisse entendre que M. Park travaillait depuis 6h du matin (6 a.m.).

-ING ≠ -EN

1- Réponse **C** : nous avons ici une causative de type : HAVE + sth + V-EN (by someone), cf. **LA SYNTAXE** (<u>Les causatives : *Make / Have / Get*</u>) ⇨ *...to have a watch repaired (by a craftsman)*.

2- Réponse **C** : le cours de chimie est intéressant ⇨ *interesting*, et non intéressé (*interested*).

3- Réponse **C** : HAVE + -EN + BE + -EN ⇒ *...has been* ***led*** (a été amené à).

4- Réponse **D** : *consisting*. En français : qui consiste. [*to consist of* = être composé de ≠ to consist in + V-ING = consister à].

5- Réponse **A** : passif BE + -EN ⇨ *...who are* ***called****...*

6- Réponse **C** : *...is situat**ed**...* : état.

7- Réponse **C** : le verbe doit être au V-ED (*in June 2001*) ⇒ *set / set / set* (*setted* n'existe pas) → *the [...] TGV set out from Paris...*

8- Réponse **D** : on peut dire *to be very interesting* **ou** *to be of great interest.*

9- Réponse **D** : *confused*, état, s'applique davantage à l'être humain. Remplacer par *confusing* = qui crée la confusion. **Attention à celui-là !**

LES ADVERBES

1- Réponse **A** : l'adverbe *enough* se place après l'adjectif.

2- Réponse **A** : *fastly* n'existe pas, *fast* peut être suivant le contexte soit adjectif, soit adverbe. Quant aux réponses B et C, bien que grammaticalement correctes, elles sont considérées comme étant trop lourdes, de l'ordre de la périphrase, et vous seront comptées fausses. On teste aussi votre faculté à choisir la solution la plus appropriée, la plus directe, et la plus élégante.

3- Réponse **C** : l'adverbe de fréquence indéfinie a une place réservée : avant le verbe, entre l'auxiliaire et le verbe, ou entre les deux auxiliaires (voir encadré dans le cours pour la liste des adverbes concernés). Les autres expressions adverbiales de fréquence n'ont pas droit à cette place. **Très souvent testé**.

4- Réponse **B** : *careful* est un adjectif alors qu'il faut un adverbe ⇒ *carefully* s'applique au verbe *listen*.

5- Réponse **D** : on aura un adjectif et non un adverbe après un verbe de perception ⇒ *nice.* (Ici, *look* = avoir l'air).

6- Réponse **B** : *perfect* est un adjectif, il faut un adverbe ⇒ *perfectly* s'applique au verbe *analyze* / *relevant* = pertinent.

7- Réponse **A** : *secure* = adjectif ⇒ l'adverbe *securely* s'applique au participe passé *fastened.*

8- Réponse **C** : l'adverbe *clearly* ne devrait pas s'insérer entre TO et la base verbale, cf. LA SYNTAXE : La proposition infinitive ("split infinitive") ⇨ *...is able to see clearly...* Ici, l'adverbe pourrait également se placer en fin de phrase.

9- Réponse **C** : verbe de sensation (et de perception) + adjectif ⇒ *bad.*

10- Réponse **C** : *rapid* est un adjectif là où il faut un adverbe ⇒ *rapidly* s'applique à *grow.*

11- Réponse **C** : il faut un adverbe pour qualifier un adjectif ⇒ *highly sophisticated.*

12- Réponse **B** : *easy* est un adjectif ⇒ *easily* s'applique au participe passé *worked out* (résoudre).

13- Réponse **B** : il faut un adverbe pour qualifier l'adjectif *English-speaking* ⇒ *predominantly.*

14- Réponse **A** : deux adverbes de fréquence ne peuvent cohabiter, il y en a un de trop, voir POINTS SPÉCIFIQUES, Les redondances. *Seldom* = rarement / *never* = jamais.

15- Réponse **B** : *broad* est un adjectif (= large) ⇒ *broadly* s'applique au participe présent *speaking*, (*broadly speaking* = de manière générale).

16- Réponse **A** : *attentive* est un adjectif ⇒ *attentively* qualifie le verbe *listen*.

17- Réponse **B** : voici un piège vicieux (TOEIC). Il faut en fait opter pour un **adjectif** pour respecter le parallélisme *(practical [...] accurate)* et non pas un adverbe. Mais où est l'adjectif ? Pour le savoir, soit vous le connaissez, soit vous enlevez la terminaison -LY pour le faire apparaître : *cheaply* ⇒ *cheap*, *rapidly* ⇒ *rapid*, *sharply* ⇒ *sharp* alors que ***timely*** (= opportun, au bon moment, dans les délais) donne *time*, qui n'est pas un adjectif.

18- Réponse **B** : ***lately*** est un adverbe qui signifie *dernièrement / récemment* (il s'emploie très souvent avec HAVE + -EN) ⇒ ***late***. *DC* = Washington DC.

19- Réponse **C** : il faut un adverbe pour qualifier le verbe *occur* ⇒ *rapidly* (*monsoon* = mousson).

20- Réponse **A** : *wholely* n'existe pas. Il faut l'expression ⇒ *On the **whole*** (dans l'ensemble).

LES ACCORDS SUJET - VERBE

1- Réponse **C** : sujet au pluriel ⇨ verbe au pluriel : ***were***.

2- Réponse **D** : que la phrase entre virgules ne vous fasse pas oublier que le sujet, *a web site*, est au singulier ⇨ verbe à la 3e personne du singulier : ***is***. D'autre part, *a series* (une série) = singulier.

3- Réponse **C** : *one in one hundred* = un sur cent ⇨ verbe au singulier : ***is***. *Foot-and-mouth (disease)* = fièvre aphteuse.

4- Réponse **D** : *lots of computers* = pluriel ⇨ *their applications*, les applications des (et non de l') ordinateurs.

5- Réponse **C** : A la différence du français, l'adjectif possessif doit s'accorder avec le sujet *those of us* ⇨ ***our*** et non *their*.

6- Réponse **C** : le sujet est au singulier : *one of the most important purposes* ⇨ ***is*** (singulier).

7- Réponse **D** : voir question n°2. Sujet singulier : *Gandhi* ⇨ ***was***.

8- Réponse **D** : *A self-made man* = singulier ⇨ *on **his** own*.

9- Réponse **C** : *Governments* ⇨ ***their*** *duty*.

10- Réponse **C** : le sujet est singulier ⇨ ***was***.

11- Réponse **B** : il faut faire abstraction de ce qui se trouve entre virgules. Le sujet est singulier *[The president…]* ⇨ ***is***.

12- Réponse **C** : cf. n°5. Le sujet est *Those of us* ⇨ ***our***. A la différence du français, l'adjectif possessif en anglais dépend du pronom sujet ou objet qui lui sert de référence.

13- Réponse **B** : *Both…and…* = pluriel ⇨ ***ARE.***

14- Réponse **C** : *Neither…**nor**…* **money** (NI) = singulier ⇨ ***IS.*** Le verbe s'accorde avec le sujet le plus proche (et non pas : *neither* sujet 1 + *nor* sujet 2 = verbe pluriel).

15- Réponse **A** : *little money* (NI) = singulier ⇨ ***THERE HAS BEEN*** (THERE + BE = *il y a*).

16- Réponse **D** : *urban children* = pluriel ⇨ ***need.***

17- Réponse **C** : besoin d'un verbe principal qui gouverne la phrase et nécessité de la tournure **il y a** : *THERE + BE.*

18- Réponse **D** : besoin d'un verbe principal au passé (*last year*), de plus ici tentative de vous induire en erreur de par le choix entre ***lend*** (prêter) et ***borrow*** *(emprunter).*

19- Réponse **A** : *Each* = **toujours** singulier ⇒ ***REMAIN<u>S</u>*** ou ***<u>HAS</u> REMAINED.***

20- Réponse **C** : il manque ici un verbe principal. ***Speak*** est le verbe de la relative introduite par *that*, et *including* est un participe présent qui n'a pas lieu d'être. Il doit être conjugué et s'accorder avec *countries* ⇒ ***include.***

PROBLÈME DE SUJET LOGIQUE

1- Réponse **B** : le verbe de la principale, *influence*, est séparé de son sujet par un élément entre virgules. La réponse B, ne contenant pas de verbe superflu, est la seule qui puisse convenir.

2- Réponse **B** : *Foot and Mouth* est un concept, la fièvre aphteuse, et donc sujet 3e pers. sing. du verbe de la principale. Celui ci doit être conjugué, et non à une forme participiale ⇨ ***has.***

3- Réponse **C** : le pronom *it* vient reprendre inutilement le sujet *the dream of…* en s'insérant entre celui-ci et le GV, il faut le supprimer. Voir <u>Les redondances</u>.

4- Réponse **C** : c'est l'Amérique qui a été prise à tort pour la côte occidentale de l'Inde ⇨ *it*, et non *he*.

5- Réponse **C** : voir question n° 3 ⇨ supprimer *it.*

6- Réponse **B** : voir questions n° 3 et 5 ⇨ supprimer *it.*

7- Réponse **D** : Le pronom *he* reprend inutilement le sujet et doit être "élagué".

8- Réponse **D** : *one out of five* = un sur cinq → le sujet est au singulier ⇨ le verbe doit l'être également : ***is** trying.*

9- Réponse **D** : *a web site*, sujet singulier, 3ème pers. ⇨ ***is.***

10- Réponse **D** : dans la proposition introduite par ***after*** le sujet réel de *"reading…"* est humain. Donc, la logique veut que l'on choisisse un sujet en adéquation avec l'humain (***I*** = je). La réponse B aurait été possible si on avait eu ***interesting*** : *It was interesting [for us] to see…*

11- Réponse **B** : le sujet de *be starting* est au pluriel : *companies* ⇨ *are starting*, (*to be made redundant* = se faire licencier, *to make sb redundant* = licencier).

12- Réponse **B** : *support* = le soutien (ici : financier) : 3e psn. sing. ⇨ ***is***.

13- Réponse **B** : pronoms *anyone / someone / everyone* etc. + V. au sing. ⇨ ***is***.

14- Réponse **B** : le sujet est au singulier : *The President*. La mention de ses compagnons de voyage est faite entre virgules : ils ne font donc pas partie du sujet grammatical ⇨ ***was***.

15- Réponse **C** : *This sweater* (ce pull), 3e psn. sing. ⇨ ***is***.

16- Réponse **A** : *characteristics* est au pluriel ⇨ ***were***.

17- Réponse **A** : l'élément [*A martial art*] placé en tête de phrase, qui est là pour apporter un complément d'information sur le sujet, n'est pas en adéquation avec ce dernier : *contenders*. On aurait dû avoir : *As martial artists contenders… (contenders* = adversaires*)*.

18- Réponse **A** : même problème que précédemment. La proposition [*After fighting the fire*] placée en tête de phrase n'est pas en adéquation avec le sujet *the forest*. *After the fire* suffit donc (le complément de temps peut se placer en tête ou en fin de proposition).

19- Réponse **C** : toujours le même problème. Le sujet *the company* n'est pas en adéquation avec la proposition [*after they are done with their internships*] placée en appositive. Le verbe étant à la voix passive, il y a également une incohérence sémantique. On devrait avoir : *According to the manager, after they are done with their internships* (= stages)*, **the students** will be employ**ed (by the company)** for three years.*

20- Réponse **C** : encore le même problème. Le sujet *boredom* n'est pas en adéquation avec la proposition [*By traveling to a new country every year*] placée en tête de phrase. On devrait plutôt avoir : *By […] every year, **they / one / I** avoid boredom during the holidays*.

Le Syntagme Nominal

LE NOM

1- Réponse **B** : *participation* est un nom indénombrable, il n'a pas de pluriel (et est suivi d'un verbe au singulier).

2- Réponse **C** : le démonstratif *this* appelle à sa suite un nom. *Behave* est une base verbale, le nom qui lui correspond est *behavior* (US) / *behaviour* (GB) = comportement.

3- Réponse **A** : Les noms de nationalité en **–ESE** (*Chinese, Japanese, Portuguese*, etc.) ainsi que *Swiss*, ont la même forme que les adjectifs, et sont invariables.

4- Réponse **A** : *fish* est invariable qu'il soit employé au singulier ou au pluriel.

5- Réponse **C** : Le nom *nonsmoker* devrait être ici au pluriel, ⇒ ∅ *nonsmokers,* ou être éventuellement précédé d'un article (*a* ou *the*) à valeur générique *: a / the nonsmoker.*

6- Réponse **A** : ici, nous avons une série de trois groupes de mots coordonnés. Le premier (*Noise*) et le troisième (*problems*) sont des noms. Les mots d'une série doivent être de même nature grammaticale (voir POINTS SPECIFIQUES, Les parallélismes). Or, *disturbing* est un participe présent (verbe *disturb)*. Le nom qui lui correspond et que nous devrions voir apparaître ici est *disturbances* (*vicinity* = le voisinage).

7- Réponse **C** : certains noms de jeux se terminent par un –s, mais ils sont suivis du singulier (voir Le nom, 2-2). *Checkers* (les dames) sera suivi de ***is***.

8- Réponse **A** : *capable* est un adjectif. Le nom qui lui correspond, requis ici par l'article *the*, est ***capacity*** (≠ *capability*).

9- Réponse **D** : le sujet du prédicat *be put back* est le groupe nominal *each and every toy*. L'expression *each and every* indique une insistance sur l'idée d'individualisation : chacun des jouets, n'en oubliez aucun ! Le verbe doit donc être au singulier *:* ***was*** *to be picked up*. A retenir : ***Each / Every*** **+ verbe singulier**. Notons au passage qu'il s'agit ici d'un passé de concordance des temps, puisque nous sommes au style indirect.

10- Réponse **A** : les noms de pays, même au pluriel, sont suivis d'un verbe au singulier, voir Le nom, 3) ⇨ ***is***.

11- Réponse **D** : *cattle*, le bétail (bovin), est un nom collectif obligatoire. Il est suivi d'un verbe au pluriel (voir Le nom, 4).

12- Réponse **C** : ici, *purpose* (raison d'être, objectif) est déterminé par la structure partitive : *one of the most important* qui appelle un nom pluriel, ***purposes*** (L'un des principaux objectif**s**).

13- Réponse **D** : *shrimp* (crevette) devrait être au pluriel (*shrimps*) puisqu'il est précédé du déterminant ∅, tout comme son "voisin", *oysters* (huitres).

14- Réponse **A** : ***news***, quoique morphologiquement pluriel, fonctionne toujours avec un verbe au singulier : *What's the news*? Quelles sont les nouvelles ? (pluriel en français). *A piece of news* : une nouvelle / information (singulier en français).

15- Réponse **C** : ***advice*** est indénombrable et invariable, et est suivi d'un singulier. Pour l'individualiser, il faut passer par la tournure *a piece of* (*a piece of / a word of advice* : un conseil, *some advice* : des conseils).

16- Réponse **A** : quantité + mesure (*160 pounds*) à considérer comme un ensemble suivi du sing. ⇨ ***is***.

17- Réponse **A** : l'article *an* appelle à sa suite un nom. *Understand* est un verbe. Le nom qui lui correspond est *understanding* (compréhension).

18- Réponse **B** : la quantité + mesure (*100 square feet* ≈ 35 m^2) à considérer comme un tout. Le verbe est au singulier (voir Le nom, 1-4) ⇨ ***is***.

19- Réponse **D** : le nom *systems* doit être au singulier car il est précédé de l'article *a*.

20- Réponse **B** : Notez le singulier de *mile* et les traits d'union quand une quantité de mesure / distance / âge... est en position adjectivale épithète : The + Adj. + N (*highway*) = 3^e psn. sing. ⇒ *join**s***.

LES ARTICLES

1- Réponse **A** : L'article zéro (∅) n'est pas de mise ici : le nom étant au singulier. THE impliquerait qu'il s'agit de **l'**événement incroyable (du siècle par exemple), or rien ne le spécifie dans le contexte après. *An* = un événement incroyable (parmi d'autres).

2- Réponse **A** : Les premières bombes lâchées sur Kaboul sont spécifiques et définies ⇒ ***the** first American bombs*.

3- Réponse **A** : le nom pluriel *dogs* est suivi d'une relative déterminative. Il ne s'agit pas des chiens en général mais de ceux qui sont dressés pour renifler la drogue. Ils sont donc bien **définis** ⇒ ***the** dogs that are trained*...

4- Réponse **B** : le nom *authenticity* est fléché (informé) par ce qui le suit : *of this Picasso*. Il s'agit de l'authenticité particulière de la toile en question. L'article qui convient est donc THE.

5- Réponse **B** : en règle générale, les noms de pays et d'états (l'Alaska et Hawaii sont les deux derniers états de l'Union) sont précédés de l'article ∅, ou si vous préférez, ils ne prennent pas d'article.

6- Réponse **C** : *dishes* (plats) s'inscrit ici dans une situation particulière, celle du restaurant, et ne renvoie pas à un contexte général ou indéfini (∅ **+ Ns** = pluriel indéfini). *Dishes* est également fléché par le contexte après, spécifique et défini, la relative déterminative *that you liked so much* ⇨ ***the** dishes*.

7- Réponse **B** : l'article **A(N)** renvoie à un choix parmi des possibles, à l'extraction d'un élément parmi d'autres, ce qui est incompatible avec le superlatif qui le suit. L'article qui convient est THE.

8- Réponse **C** : situation spécifique, le contexte du nom *development* est défini par ce qui suit ⇨ THE.

9- Réponse **D** : *destitute* est un adjectif substantivé, c'est-à-dire qu'il est utilisé comme un nom. Les adjectifs substantivés sont toujours précédés de l'article THE et ont un sens pluriel (voir <u>Les adjectifs</u>). On aura donc ***THE*** *destitute* <u>ou</u> *destitute* ***PEOPLE*** (= les démunis).

10- Réponse **B** : *The man in* ***<u>the</u>*** *street* = expression figée : l'homme de la rue (*care for* = ici : apprécier / *airs and graces* = simagrées).

11- Réponse **A** : quartier spécifique : *<u>The</u> Chinese area…*

12- Réponse **A** : parmi toutes les villes visitées, Paris s'est avérée <u>la</u> plus belle. C'est celle qui a été retenue ⇨ *<u>the</u> most beautiful*. Notons que l'on pourrait rencontrer l'expression : *This was* (∅) *most beautiful*. (C'était magnifique au plus haut point), ou encore : *Paris is <u>a</u> most beautiful city*. (Paris est une ville d'une grande beauté *parmi d'autres villes*).

13- Réponse **C** : emploi spécifique défini, l'élection en question est celle d'un homme particulier : *G.W. Bush*.

14- Réponse **B** : Il s'agit ici d'un emploi générique du nom *fire*, et non d'un feu particulier (THE) ou d'une occurrence possible de feu (A).

15- Réponse **D** : le nom *border* (frontière) est spécifié par son contexte : il s'agit de la frontière des États-Unis avec le Canada ⇨ THE.

16- Réponse **B** : les adjectifs *blue* et *red* sont coordonnés et placés en position épithète. *Your* s'applique à *scarf* et non aux adjectifs. Si on avait *the blue and the red scarves*, *scarf* serait alors au pluriel (comme le verbe), il y aurait un foulard bleu et un autre rouge.

17- Réponse **A** : dans une forme génitive spécifique, **N1's N2**, <u>N1's</u> agit comme le déterminant de N2. On ne peut jamais avoir *N1's article N2*. Ceci élimine les choix B et C. Enfin, les alpes françaises ont plus d'un pic élevé, ce qui élimine D.

18- Réponse **A** : la Tamise (*the river Thames*) est unique. *A* impliquerait un choix parmi plusieurs occurrences de Tamises.

19- Réponse **A** : emploi spécifique défini par le contexte ⇨ *the first time we met*.

20- Réponse **C** : deux possibilités : *a nonsmoker* : extraction à valeur générique OU *the nonsmoker* : comparaison à une autre classe (les fumeurs), valeur générique. L'article zéro ne serait possible qu'au pluriel.

LES DÉMONSTRATIFS

1- Réponse **B** : le nom et le démonstratif qui le précède doivent être au pluriel. En effet, le verbe *be* est au pluriel.

2- Réponse **C** : l'adjectif *happy* est à la forme comparative et est suivi d'un second élément de comparaison, il nous faut donc *than*. Les éléments comparés sont des enfants (*children*, nom pluriel), ce qui nécessite un pronom pluriel. Notons bien qu'ici *those* n'est pas un article démonstratif mais un pronom, puisqu'il remplace un nom (*children*). Souvenez-vous qu'en anglais, l'élément repris est rarement répété, on a alors recours à une "proforme", ici un pronom.

3- Réponse **A** : nom et démonstratif au singulier, car le nom qu'ils déterminent, *art*, est au singulier. On aurait pu avoir *these kinds of arts*.

4- Réponse **A** : l'expression *to this day* signifie : jusqu'à aujourd'hui (THIS = rapprochement temporel). *Until* (plutôt que *to*) *that day* marquerait au contraire un éloignement temporel, passé ou futur : *jusqu'à ce jour là* ; le verbe ne pourrait donc être au présent, ni même au parfait. *This / this* aurait été possible également. THAT n'en reste pas moins meilleur pour la deuxième solution, car la personne rejette mentalement l'auteur qu'elle exècre.

5- Réponse **C** : décomposons : on nous propose une forme comparative, *worse*, et une forme superlative, *worst*. Le comparatif s'emploie quand on met **deux éléments** en relation ; le superlatif, quand on choisit un item dans un groupe formé de **plus de deux** éléments. C'est le contexte après qui va nous aider à faire le bon choix : ... *of all curses* (de tous les fléaux possibles) : il y a plus de deux fléaux, sinon nous aurions eu *of the two curses*. C'est donc la forme superlative qui convient. S'agit-il maintenant d'un singulier, *that worst* (le pire), ou d'un pluriel, *those worst* (les pires) ? La réponse nous est encore fournie par le contexte : *pollution* = singulier.

6- Réponse **A** : nous retrouvons les valeurs de rapprochement et d'éloignement temporels attribuées respectivement à THIS et à THAT. Notons que *these* est ici déterminant, et que *those* est pronom.

LES PRONOMS

1- Réponse **C** : la proposition qui suit *prior to* (avant de) est une phrase nominalisée en -ING, c'est-à-dire que l'on pourrait la remplacer par un nom : *prior to "something"*. L'adjectif possessif, ***his***, est préférable au P P complément, *him*, en position sujet (Voir Les pronoms, les adjectifs possessifs, ③ b).

2- Réponse **B** : Piège, rien à voir ici avec les possessifs ou les pronoms. Problème d'accord sujet - verbe : *lay**s***.

3- Réponse **A** : en anglais, les adjectifs possessifs désignent les parties du corps : *People started rubbing their hands together*. En français : ils se frottent les mains.

4- Réponse **C** : le pronom de généralité ONE appelle ONE dans une reprise, et non YOU.

5- Réponse **D** : pronom possessif erroné, il faut un adjectif possessif ⇨ HIS si celui-ci renvoie à l'écrivain, THEIR ou un autre s'il renvoie à d'autres personnes.

6- Réponse **C** : nous avons deux noms coordonnés autour d'une forme génitive, *geography* et *history*. Dans une forme génitive **N1's N2** (ici, nous avons N1's N2 and N3), N1 joue le rôle du déterminant de N2 (et de N3). Il faut donc **supprimer** le déterminant redondant, ici l'adjectif possessif HER ⇨ *a country's geography and history*. Par ailleurs, si l'adjectif possessif avait été de rigueur ici, il aurait fallu avoir ITS, et non HER.

7- Réponse **B** : le P.P. Sujet HE ne convient pas ici puisqu'il est COD de *help*. Il faut donc un P.P. complément : **HIM**.

8- Réponse **A** : l'adjectif possessif ne convient pas, le pronom personnel est COD du verbe *thank* ⇨ **THEM**.

9- Réponse **D** : attention ! IT'S = IT IS, l'adjectif possessif correspondant à IT est ITS, sans apostrophe.

10- Réponse **A** : connaître la construction : **N + OF + Pron. Poss**. ⇨ *a cousin of* ***hers***, un(e) de ses cousin(e)s (à elle).

11- Réponse **D** : c'est l'adjectif et non le pronom possessif qui convient ici ⇨ OUR. Pourquoi ? Un pronom, par nature, remplace un nom ou un GN. *Ours* (le / la / les nôtres) conviendrait s'il reprenait le syntagme *our skills*.

12- Réponse **A** : *Shirley and me* est en position sujet, il faut donc un P.P Sujet :
⇨ ***Shirley and I***.

13- Réponse **C** : Cette fois, *the secretary and I* est en position de complément (d'agent d'une forme passive) ⇨ ***the secretary and me / myself***.

14- Réponse **A** : il faut un P.P Sujet (attribut de *BE*) et non un adjectif possessif ⇨ **HE**, voir ce chapitre ② a).

15- Réponse **C** : traduisons la phrase : *la personne qui m'a appelé hier a oublié de laisser son numéro sur le répondeur*. Il ne s'agit que d'une seule personne. Cependant, *whoever* fonctionne comme les autres pronoms indéfinis, dont l'adjectif possessif est THEIR.

16- Réponse **C** : voir question n° 4.

17- Réponse **A** : connaître l'expression : *to earn one's living* (gagner sa vie). L'adjectif possessif s'applique à l'énonciateur (qui dit "je") et doit donc être à la 1ère personne du singulier : MY.

18- Réponse **B** : Le P.P. fait partie du groupe nominal sujet de *had sung* ⇨ HE.

19- Réponse **D** : ***their***, adjectif possessif (AP + Nom), et non ***theirs***, pronom possessif (PP + ∅).

20- Réponse **A** : ***his*** *hands in his pockets* : voir question n° 3.

LES QUANTIFIEURS

1- Réponse **A** : le premier : *the first*, ordinal.

2- Réponse **A** : en position sujet, la négation d'un nom se fera à l'aide de NO ⇨ *no president* (aucun président). En position d'attribut du sujet, on pourrait avoir le choix entre : *There is no president* ..., et *There isn't any president*. .. La différence est subtile : avec NO, on procède à un rejet en bloc de la totalité des présidents ; avec NOT ANY, on envisage la totalité des présidents en la parcourant mentalement (ANY), pour la rejeter à l'aide de NOT.

3- Réponse **D** : connaître les expressions du type, ***no longer*** (ne... plus), ***no sooner*** + AUX + S + ***than***, ex. : *No sooner had I arrived than he started asking me questions.* Je venais à peine d'arriver qu'il commençait à me poser des questions.

4- Réponse **D** : le quantifieur NO détermine ici le GN *money* ; on aurait également pu envisager NOT ANY, mais pas NOT tout seul qui lui s'applique au verbe : *I do not <u>have</u> any money*. D'autre part, NONE est un pronom. *[treat sb to sth* = offrir qqch à qqn / inviter qqn qqpart].

5- Réponse **C** : *amount* s'applique à des noms indénombrables *: a large amount of money / sand / water... Number* s'applique à des noms dénombrables *: a large number of doctors / chairs / animals. Number* étant lui-même un ND, il lui faut être déterminé par un article, ce qui exclut la réponse B. *Many a year = many years.*

6- Réponse **C** : voir la question n° 3, *nought* : nom/pronom = *nothing*.

7- Réponse **B** : MUCH s'applique à des NI (*much money / sugar / furniture*), MANY à des ND (*many tables / animals / loaves of bread*). Rappelons que *people* est un nom pluriel se comportant comme un ND : *There were many people at the meeting*. Quand il signifie "peuple" en français, *people* peut prendre un -S : *The Pope addressed all the peoples of the world in their specific language.* Ici : ***NOT MANY*** *people acknowledge...*

8- Réponse **A** : voir la question précédente ⇨ MANY.

9- Réponse **B** : TOO MUCH s'applique à un nom, pas à un adjectif ⇨ *...is* ***too*** *small...* <u>ou</u> *...is* ***much too*** *small...* (= beaucoup trop petit).

10- Réponse **D** : ANOTHER + Nom Singulier, <u>OTHER</u> + Nom Pluriel.

11- Réponse **A** : *Ø thousand<u>**s**</u>* OF *Nationalists* : des milliers de nationalistes <u>ou</u> ***a / three / ten*** *thousand* ~~OF~~ *Nationalists* : un / trois / dix milliers de nationalistes.

12- Réponse **D** : NOT seul porte sur le GV, NO porte sur le nom qu'il détermine ⇨ ***no*** *sign*.

13- Réponse **C** : EACH individualise, verbe au singulier ⇨ ***has***.

14- Réponse **A** : *almost* signifie presque, il manque le quantifieur ALL suivi du déterminant THE (dans la mesure où les hispaniques dont on parle sont bien repérés dans le contexte : il s'agit de ceux qui vivent en Floride : *Almost all the*

Hispanics living in Florida… (presque tous les…). On peut avoir également : *Most Hispanics living*… (la plupart des…).

15- Réponse **D** : BOTH est le quantifieur du cas duel, c'est-à-dire qu'il regroupe deux éléments en une seule unité ; deux, et pas plus : ici nous en avons trois : *Germany's, Italy's, and Spain's.* Il faut donc **supprimer** BOTH. Trois génitifs car chaque pays a sa politique, même si elles se ressemblent.

16- Réponse **C** : BOTH = quantifieur du cas duel : ici, deux fonctions pour une même personne (*the both* est impossible).

17- Réponse **A** : on comprend d'après le reste de la phrase, que les acteurs sortent du lot pour former un groupe à part ⇨ *Of all people* : pour la traduction, on évitera une formule maladroite du type "de tous les gens", ex. : Les acteurs se distinguent du reste du monde par….

18- Réponse **B** : *aim**<u>s</u>***, voir <u>Le nom</u>, explication de l'application n° 12.

19- Réponse **C** : deux solutions s'offrent à nous dans les constructions de ce type (ici, seule la première apparaît) : *Act one / scene two / Book one of the Bible / on day two* … ou *the first Act / the second scene / the first book of the Bible / on the second day*… (voir <u>Les quantifieurs</u>, Chiffres, ①).

20- Réponse **B** : pour les dates, il faut bien distinguer les différentes formes d'écriture qui peuvent s'avérer sources de confusion :

① <u>Sur une **lettre**</u> : *New York City, 12 October* <u>ou</u> *New York City, October 12th* <u>ou</u> *New York City, 10 / 12 / 2000* (Attention, aux États-Unis, le premier chiffre représente le mois !).

② <u>Dans un **texte**</u> : *His birthday is on October twelfth* <u>ou</u> *His birthday is on the twelfth of October* (attention à l'orthographe de cet ordinal irrégulier, de même : 5th = ***fifth***, 9th = ***ninth***), ici : ***September fifth***.

21- Réponse **D** : EITHER + N1, doit être suivi de <u>OR</u> + N2 = soit N1, soit N2. Ici, il aurait fallu <u>BOTH</u> N1 AND N2 : regroupement de deux entités (l'escrime et le ski nautique) en une seule.

22- Réponse **A** : *American doctors* est un ND ⇨ **MANY**.

23- Réponse **D** : *a certain number of* doit être suivi d'un ND pluriel ⇨ ici *: a certain <u>amount</u> of power* (NI).

24- Réponse **A** : dans une phrase affirmative, ANY veut dire "n'importe lequel", ce qui n'a aucun sens ici. ANY aurait été possible ici s'il avait été précédé de NOT : *I haven't found any significant change*… ⇨ Il faut **NO**, ou éventuellement, la forme affirmative : SOME.

25- Réponse **D** : *people* = nom dénombrable. *A few people* (quelques personnes, quantité envisagée de façon positive), *few people* (peu de personnes / gens). Avec ∅ FEW, la quantité est envisagée de façon négative ; assez peu utilisé dans la langue courante, on lui préfère NOT MANY (cf. P. Larreya, C. Rivière, <u>Grammaire explicative de l'anglais</u>). Son association au terme restrictif ONLY est redondante, la réponse B est donc à éviter. Les quantifieurs *little / a little* s'emploient avec des noms indénombrables.

LE GÉNITIF

1- Réponse **D** : ici, *human* est un adjectif, on devrait avoir *human blood* : le sang humain. Le nom correspondant est *human being* ; dans ce cas, on pourrait envisager *a human being's blood* : le sang d'un être humain.

2- Réponse **B** : la Terre n'a qu'une lune ⇨ ***the** moon's shape* (la forme de la lune).

3- Réponse **D** : on devrait avoir ici un génitif elliptique *: we all drove to Alfred's.* C'est-à-dire, *Alfred's home* ou *Alfred's party.*

4- Réponse **B** : on pourrait remplacer la proposition en -ING par un nom : *I am happy about <u>this offer</u>.* La proposition en -ING est ce qu'on appelle une phrase nominalisée (ou nominalisation en -ING) car elle occupe la place d'un nom dans la principale. Le sujet sémantique d'une nominalisation en -ING est plus correct à la forme génitive.

ex. : *I am happy about <u>Eugene's</u> joining us.*
about <u>his</u> joining us. (cf. <u>Les pronoms</u>).

5- Réponse **D** : *the government<u>'s</u> policy.*

6- Réponse **C** : *Italian* = adjectif, donc invariable / *sell* = pluriel ⇨ *restaurant**s**.*

7- Réponse **A** : nom composé : création d'une sous catégorie de *managers*.

8- Réponse **D** : *American* est un adjectif ⇨ *American involvement*, ou *America's involvement*.

9- Réponse **A** : une seule possibilité ici *: a two-week cruise* (n'oubliez pas le trait d'union !), nom composé à valeur adjectivale. On aurait pu avoir également *a two weeks' cruise* (génitif pluriel).

10- Réponse **A** : c'est la seule combinaison sémantiquement possible. Double génitif spécique (L'Angleterre a dépensé quinze millions de livres pour les opérations sociales menées dans les cités du pays).

11- Réponse **C** : ce qui est mis en parallèle dans cette forme comparative d égalité est *My cellar* (cave) d'une part, et *my neighbor's cellar* d'autre part. Le nom *cellar* n'a pas besoin d'être répété dans la reprise. On aurait pu avoir ***that of** my neighbor* (*neighbor* = US / *neighbour* = GB).

12- Réponse **D** : *a month's notice* : un mois de préavis (à connaître).

13- Réponse **A** : il s'agit ici d'un problème de nom composé N1 N2 où N1 vient spécifier N2 à la manière d'un adjectif pour créer une sous catégorie de N2. Le génitif ne marche pas pour des objets.

14- Réponse **A** : *teaspoon* = petite cuiller / *two teaspoons of sugar* = deux petites cuillers de sucre, extraction = N_2 **OF** N_1.

15- Réponse **A** : *pine**apple*** (= ananas) sans **-S** car il fait partie d'un nom composé : *pineapple tree* comme *orange tree*.

16- Réponse **C** : *than **in**…*

17- Réponse **D** : *from **those** of* car *definition**s*** = pluriel.

18- Réponse **B** : *…one's **body's** way of eliminating…* = singulier.

19- Réponse **D** : *…what's on a **man's** mind?* (= A quoi pensent les hommes ?).

20- Réponse **D** : *…than **those** of* car *generation**s*** = pluriel.

IT

1- Réponse **C** : piège. L'erreur se situe au niveau de la préposition *on* ⇒ ***at** the cinema*. IT en proposition A est correct, il s'agit d'un IT d'**anticipation** (d'annonce) qui renvoie à *[To see movies at the cinema]*.

2- Réponse **C** : piège. EVERY + Singulier, donc *every sailor*.

3- Réponse **D** : il manque un IT de reprise (= *America*) ⇒ *he believed **it** was the eastern coast of India.* Cela ne peut pas être la réponse C car **IT** est lié à BE (***was***) : *it* sujet logique de *was*.

4- Réponse **D** : il manque la reprise du complément *my report* par le pronom complément IT : *give **it** to you.*

5- Réponse **A** : il manque IT sujet de tournure extraposée ⇒ ***It** is probably because*… Si l'on rétablit la tournure originelle, le sujet (la conjonctive en THAT) est beaucoup trop long *[That Hitler worshipped blond hair and blue eyes is probably because…]*, d'où l'extraposition à l'aide de IT / BE (cf. Clivées / Extrapositions).

6- Réponse **A** : tournure passive avec **BE + -EN** ⇒ *It is said that*… Tournure extraposée, sujet = conjonctive en THAT : *That Lenny Murphy… is said* (*Sectarian* = sectaire / fanatique).

7- Réponse **D** : il manque la reprise par IT du complément *my car* : *to dump **IT*** (*dump* = se débarrasser de ; *a mechanic* = un mécanicien / *mechanics* = la mécanique).

8- Réponse **B** : il s'agit d'un IT d'**anticipation** (d'annonce) qui renvoie à *[For me to choose my own schedule…]*.

9- Réponse **A** : *It* reprend *this car* (anaphore).

10- Réponse **A** : *It **is** accepted that* : extraposition du sujet, la conjonctive *[that children shouldn't leave school…]*.

11- Réponse **D** : le sujet neutre singulier *This work of art* doit être repris par IT, et non par *they*. Il faut donc modifier également la terminaison du verbe *belong* ⇒ ***it** belong**s**…* / *cloth* = tissu / *clay* = argile.

12- Réponse **D** : reprise du sujet *a fox* par IT.

13- Réponse **B** : il faut remplacer *us* par **IT**. Ce IT d'**anticipation** (d'annonce) fait référence **à ce qui suit** : *[For therapists to treat patients manually rather than through the use of drugs].*

14- Réponse **B** : ici, il faut rajouter un **IT** d'anticipation après *found*. Il fait référence à *[To understand any of these great theories]*.

15- Réponse **C** : pour exprimer un horaire, on utilisera le pronom **IT**, et non ***there***.

LES ADJECTIFS

1- Réponse **A** : le public est ennuyé ⇨ *bor**ed***, et non pas ennuyeux (*boring*). Dans tous les cas de figure où un participe à valeur adjectivale vous pose problème, demandez-vous si le nom sur lequel il porte est **actif** : dans notre cas, cela serait le public qui créerait l'ennui (participe présent = -ING), ou **passif** : ici c'est bien le spectacle qui crée l'ennui chez le public (participe passé = -EN).

2- Réponse **B** : voir question n°1, la confusion n'est pas créée par la secrétaire mais par l'écriture indéchiffrable qu'elle doit tenter de décrypter ⇨ *confu**sed*** (état).

3- Réponse **D** : l'appel est surprenant, et non pas surpris ⇨ *surpris**ing***.

4- Réponse **C** : les lettres sont tapées, et non "tapantes" ⇨ *typ**ed***.

5- Réponse **C** : le travail crée la fatigue ⇨ *tir**ing***.

6- Réponse **B** : les magasins sont remplis par la foule, non "remplissants". *Crowd* est un nom = la foule ⇨ adjectif : *crowd**ed***.

7- Réponse **A** : les rapports **triés** (adjectif = état passif) ⇨ *sort**ed***. Attention, ne pas confondre avec la forme causative V-EN : *I want the reports sorted* (Je veux que les rapports soient triés).

8- Réponse **C** : le problème crée de l'intérêt ⇨ *interest**ing***. Attention, *interessant* n'existe pas en anglais !!!

9- Réponse **C** : *well-behaved* = bien élevé. A connaître.

10- Réponse **A** : *nice* et *gentle* sont deux adjectifs à mettre sur le même plan. Ils ne peuvent former un adjectif composé dans la mesure où l'un ne vient pas préciser le sens de l'autre, ou lui apporter une information complémentaire. Il s'agit donc d'une série (pas de trait d'union, en revanche une virgule les sépare). Comme tous deux sont de l'ordre d'un jugement de la part de l'énonciateur, on appliquera la règle selon laquelle l'adjectif le plus court vient se placer avant le plus long ⇨ *a **nice, gentle** cat*.

11- Réponse **A** : la préposition correcte qui s'associe à l'adjectif ***fond*** est ***of*** (= aimer beaucoup qqch).

12- Réponse **B** : *home-made* (= fait maison).

13- Réponse **A** : on ne peut pas avoir de génitif avec les adjectifs substantivés, donc on dira plutôt *The everyday fight of the disabled* (= les handicapés).

14- Réponse **A** : *such nice weather* car ***weather*** est un **nom indénombrable**, donc pas quantifiable avec l'article *a*.

15- Réponse **C** : ici piège lexical : il faut remplacer *amazement,* qui est un nom, par l'adjectif ***amazing*** : SO + ADJ. + THAT.

LA COMPARAISON

1- Réponse **B** : *fast* est un adjectif court ⇨ comparatif : *faster. More* est donc inutile.

2- Réponse **C** : mise en relation d'une personne avec un groupe ⇨ superlatif irrégulier : *the best person of all.*

3- Réponse **A** : *easy → eas**ier**. More* est inutile.

4- Réponse **A** : la phrase peut s'analyser ainsi : *X + V + ADJ. than Y.* Il s'agit donc d'une comparaison entre deux éléments ⇨ comparatif : *much closer.*

5- Réponse **A** : comparaison de deux éléments, adjectif long ⇒ *more convenient* (plus pratique).

6- Réponse **C** : superlatif : le meilleur moyen (sous-entendu : de tous). *The better* impliquerait qu'il n'existe que <u>deux</u> façons de voyager, *the gooder* n'existe pas, *better* et *best* étant respectivement comparatif et superlatif irréguliers de *good* ainsi que de *well.*

7- Réponse **D** : un comparatif d'égalité se forme ainsi : AS + Adjectif / Adverbe + AS. *Soon* = adverbe.

8- Réponse **C** : connaître l'expression ***no longer*** : ne ... plus.... à ce jour. Ici, cette liste n'est plus correcte. <u>Variantes possibles</u> : *This list is**n't** accurate **any longer**. / This list is**n't** accurate **any more**.* On utilisera ***no more (not...any more)*** plutôt avec une notion de quantité : *There is **no more** bread / I do**n't** want **any more** wine.*

9- Réponse **B** : comparatif d'égalité avec base adverbiale ⇨ *as much as I do* : autant que moi.

10- Réponse **C** : *than* appelle en amont un comparatif de supériorité ou d'infériorité : *less defined*, seule possibilité ici.

11- Réponse **C** : superlatif : ***the best***. *The better* impliquerait qu'il n'y ait que deux voitures dans l'entreprise.

12- Réponse **B** : mise en relation d'une gamme de produits avec toutes celles qui existent sur le marché ⇨ superlatif : ***the most***. On dit bien ***on** the market* mais on peut aussi trouver *to be **in** the market* = être acheteur de qqch.

13- Réponse **D** : le superlatif ne convient pas ici (*invoice* = facture). Il faudrait, comme en français, un comparatif ⇨ ***much earlier***.

14- Réponse **D** : mise en relation d'une machine / un moteur avec tous les autres disponibles ⇨ superlatif : ***biggest***.

15- Réponse **D** : *than* appelle un comparatif ⇨ *busy* est un adjectif de deux syllabes terminé par un -y → ***busier***.

LES PRÉPOSITIONS

1- Réponse **B** : IN + nom de ville / pays / continent.

2- Réponse **C** : *postpone* + **to** = remettre à, reculer, repousser.

3- Réponse **A** : *between* = entre (2 éléments) / *among* = parmi : impossible.

4- Réponse **D** : *across* = de l'autre côté de. *Into* : impossible, car cette préposition dynamique doit être précédée d'un verbe de mouvement.

5- Réponse **B** : on pourrait éventuellement hésiter entre ***in*** et ***on***. La seconde solution étant la plus probable, il faut opter pour elle.

6- Réponse **A** : TO indique la destination / FOR indique un but : impossible ici.

7- Réponse **A** : BY = à côté de. NEXT n'est pas correct, il faudrait ajouter TO → *next to*.

8- Réponse **B** : ON + date.

9- Réponse **C** : l'agrafeuse (*stapler*) ne peut être que dans le tiroir (*drawer*). *Into* implique un déplacement. *Inside* serait une autre possibilité.

10- Réponse **A** : ON + jour de la semaine.

11- Réponse **B** : *between*, seule réponse possible.

12- Réponse **D** : *beside* : à côté de.

13- Réponse **A** : connaître cette formule américaine : *gates 8* ***through*** *15 =* ***from*** *gates 8* ***to*** *15* = les portes 8 à 15.

14- Réponse **B** : *among* = parmi. *Next* seul n'est pas correct, il doit être suivi de TO.

15- Réponse **D** : AT + heure.

16- Réponse **A** : FOR + durée.

17- Réponse **B** : *one step beneath* : un échelon / degré au-dessous de.

18- Réponse **C** : *from 10:00* ***to*** *5:00*.

19- Réponse **A** : *Among other things* : entre autres choses.

20- Réponse **C** : aller **au delà de** ses limites : *to go* ***beyond*** *one's limits* → *...when they work beyond their limits*.

La Syntaxe

L'ÉNONCÉ COMPLEXE

❶ Énoncés simples ou complexes ?

1- Énoncé **complexe** avec 3 relations prédicatives :
  a- principale : *The Irish…and…H. Lorentz / assert + [sth]* = COD
  b- sub. en THAT : *bodies… / contract*
  c- sub. en THAT n° 2, coordonnée à la 1ère à l'aide de AND : *clocks… / slow down*

2- Énoncé **simple** avec 1 seule relation prédicative :
  Einstein / search for [sth]

❷ Phrases complexes ou composées ?

1- Phrase composée : PROPO° 1 **AND** PROPO° 2 (avec ellipse du sujet *they*).

2- Phrase complexe avec sub. en THAT à la place du COD de la principale (*She said [something]*).
  PROPO° 1 **+** [PROPO° 2]

3- Phrase complexe… et composée. Phrase complexe englobant 2 subordonnées en THAT **coordonnées** l'une et l'autre par **AND**.
  complexe ⇒ *She noticed THAT + [sth]* = COD
  composée ⇒ *and*

LES MARQUEURS DE COORDINATION

1- Réponse **B** : *AND* plutôt qu'*also.* Les deux propositions sont sur le même plan syntaxique (possèdent le même sujet ***Sign Language***) et doivent donc être reliées par *and.*

2- Réponse **B** : *BUT* plutôt que *and.* Dans ce cas, les deux propositions sont sur le même plan syntaxique mais il y a une opposition entre deux statuts, ceux qui sont ou ne sont pas étudiants, ***BUT*** est donc nécessaire afin de créer un contraste.

3- Réponse **C** : nous optons pour ***BUT*** pour les mêmes raisons qu'en 2. Toutefois, il s'agit ici d'une coordination entre deux propositions, dont la seconde avec ellipse de ***BE*** (*They are*).

4- Réponse **C** : il s'agit d'un piège. Aucun besoin de coordonnant puisque ***although*** apporte déjà un *contraste* entre les deux propositions.

5- Réponse **A** : cf. n°2 et 3.

6- Réponse **B** : il faut établir un *contraste* entre la première proposition et la seconde. Le seul élément qui permet ce contraste est ***on the other hand***.

7- Réponse **B** : il faut établir une *opposition* entre les deux énoncés. Le seul élément porteur de cette opposition est ***however*** (= cependant).

8- Réponses **B** et **D** : il faut ici établir un *contraste* entre les deux énoncés. Les deux éléments qui permettent ce contraste sont ***yet*** et ***still***. RAPPEL : dans les vrais tests, une seule solution possible.

LES CONJONCTIONS PAIRES

1- Réponse **C** : *not only* ⇒ *but also.*

2- Réponse **A** : *not only* est normalement repris par *but also.* Ici, *also* est placé entre le sujet et le verbe. Notons que l'inversion auxiliaire-sujet est de mise de par la place de *not only* (voir Les inversions). La solution C n'est pas choquante à l'oral. On aurait pu avoir également une expression équivalente : ***but*** *they produce it* ***as well****.*

3- Réponse **B** : *whether* ⇒ *or.*

4- Réponse **C** : *not only* ⇒ *but also.* Réponse B possible à l'oral.

5- Réponse **A** : respect du parallélisme : *neither* + V // *nor* + V.

6- Réponse **B** : *not until* ⇒ *that.*

7- Réponse **B** : *both* ⇒ *and.*

8- Réponse **D** : respect du parallélisme : *not only* + V // *but also* + V ⇒ *...not only goes faster, but also looks better*, par exemple. Précisons que la formule proposée dans l'exercice n'est pas choquante à l'oral.

9- Réponse **D** : *both* ⇒ *and.*

10- Réponse **C** : *not only* ⇒ *but also.*

11- Réponse **A** : *both* ⇒ *and.*

12- Réponse **B** : *the more // the more* (ou tout autre comparatif). *Worst* est le superlatif de *bad* ; il faut un comparatif ⇒ *the worse.*

13- Réponse **C** : *both* ⇒ *and.*

14- Réponse **A** : *Either //* ***or*** (*and* s'apparie à *both*).

15- Réponse **B** : *no other //* ***than****.*

16- Réponse **C** : *not only* + N ⇒ *but also* + N, par respect du parallélisme. Ici nous avons *but also* + V. Il faut écrire : *G. Brassens was not only a singer and a musician but also among the best contemporary French poets.*

17- Réponse **A** : AND est déjà présent avant la virgule. *AS WELL AS* = ainsi que.

18- Réponse **D** : *As well* suffira. Remarquons qu'ici nous n'avons pas *not only* mais *not merely* (pas simplement). On aurait pu avoir aussi : *[...should **not merely** entertain people **but also** teach them.]*.

19- Réponse **B** : *both ⇒ and.*

20- Réponse **B** : Remarquons qu'ici nous n'avons pas *but also* mais un équivalent : ***but even*** (mais même). On aurait pu avoir : *[...**not only** at school **but also** in institutes...]* et également : *[...**not only** at school **but** in institutes... **as well**.]*

LES MARQUEURS DE SUBORDINATION

B- EXERCICES DE RECONNAISSANCE :

❶ Marqueurs de subordination :

1- Proposition subordonnée exclamative indirecte

2- Conjonctive ∅ [ellipse de THAT] = *Mr. Parker asserted THAT...*

3- Proposition en -ING

4- Relative ∅ + relative en WH-

5- Inversion Auxiliaire-Sujet = *If it were not for her* (prétérit modal)

6- Proposition subordonnée interrogative indirecte

7- Inversion Auxiliaire-Sujet = *If you want to...*

8- Proposition en –ING nominalisée

9- Proposition subordonnée de cause

10- Proposition subordonnée (adverbiale) concessive :
Contraste entre 2 propositions (procès / actions) = *Even if / Although he is...*

❷ Traduire les phrases suivantes :

1- *Il était en train de jouer sur son ordinateur pensant qu'il était seul à la maison. **C'est alors que** son petit frère entra brusquement et lui causa la frayeur de sa vie. / Tandis qu'il était en train de jouer sur son ordinateur pensant qu'il était seul à la maison, son petit frère entra en trombe et le fit mourir de peur.*

2- ***Since** you don't want to come / **Since** you won't come, we will go there on our own / alone.*

3- ***Quand / Lorsque** la bombe éclata, nous étions en train de dîner dans le restaurant d'à côté.*

4- ***Even though** she didn't seem to be serious, some took her words to the letter.*

5- *Il se goinfra des plats gras que sa mère avait préparés, **car** cela faisait des jours qu'il n'en avait pas mangé.*

C- APPLICATIONS TOEFL/TOEIC :

1- Réponse **C** : ici *because* + S + GV, seule solution possible.

2- Réponse **B** : *No matter how* + ADJ.

3- Réponse **B** : ici ***because*** + S + GV (groupe verbal).

4- Réponse **A** : *since* (= puisque) S + GV, <u>mais</u> *according to / because of* + GN (groupe nominal).

5- Réponse **D** : *in that* ("dans la mesure où") = *because.*

6- Réponse **C** : *Because of* + GN (groupe nominal).

7- Réponse **B** : ici ***because*** + S + GV : *laptop* = ordinateur portable / *desktop* : ordinateur de bureau.

8- Réponse **C** : *Whenever* = chaque fois que (*leap* = bondir).

9- Réponse **A** : ici ***because of*** + N : *[...**because of** the admiration...].*

10- Réponse **B** : contraste entre 2 éléments avec ***although*** (bien que).

11- Réponse **D** : ***during*** + GN / *when* + S + GV (= *when the moon is full*).

12- Réponse **A** : ici ***because*** + S + GV : *[**Because** people live older ...].*

13- Réponse **A** : ***whatever*** et non *however*, car l'accent est mis ici sur l'*identité* du produit et non sur une quelconque manière [Quelque soit le type de fruit...].

14- Réponse **A** : il faut rajouter **THAT** après *so*. Cette phrase est acceptable à l'oral **mais** ne l'est pas au TOEFL / TOEIC à l'écrit. ***So that*** = de façon à ce que...

15- Réponse **B** : ***WHILE*** = alors qu'il travaillait... / Tout en travaillant. Simultanéite des 2 actions dans la durée (≠ ***when*** = action ponctuelle).

16- Réponse **A** : ***AS LONG AS*** = aussi longtemps que / tant que.

17- Réponse **A** : contraste entre 2 éléments (parole et signe) avec ***although*** (bien que).

18- Réponse **C** : **AS** (= ici temporel) = à mesure que.

19- Réponse **A** : contraste ici entre 2 propositions avec ***although*** (bien que).

20- Réponse **C** : piège ici, the same (N) <u>**AS**</u>...

EVEN / EVEN IF

1- Réponse **D** : l'opérateur que nous devons choisir introduit une subordonnée séparée de la principale par une virgule. La solution est EVEN IF = opérateur de subordination hypothétique. Faites-vous guider par le sens.

2- Réponse **B** : nous n'avons ici qu'un seul verbe (BE), il n'y a donc pas de subordonnée, ce qui élimine les solutions contenant les opérateurs de subordonnée concessive THOUGH et EVEN THOUGH. Nous avons besoin d'un sujet ⇨ *A nice French restaurant is...*

3- Réponse **C** : seul l'opérateur ALTHOUGH indique un contraste entre les propositions 1 et 2 : confiance du directeur / décision de démission. Remarquons que S + BE sont élidés dans la subordonnée : *Although (he was) trusted...* Voir <u>Ellipse de BE</u>.

4- Réponse **B** : pas de problème ici avec l'opérateur EVEN. Par contre, nous devrions avoir deux adjectifs coordonnés et non comme ici un adverbe et un adjectif ⇨ ***nice** and calm.*

5- Réponse **A** : nous avons ici : subordonnée + principale ⇨ *Even if / Even though you speak…*

6- Réponse **A** : voir question n° 5. Notez cependant que seul EVEN THOUGH (bien que) est possible ici : le discours étant au prétérit, il renvoie à du TEMPS passé (*past tense = past time*). Avec EVEN IF, on reviendrait de façon hypothétique sur le passé, il faudrait alors un HAD + -EN modal :

ex. : a- *Even though he loved her…, he wasn't able…*
⇨ Bien qu'il l'aimât…, il n'a pas pu…
⇒ **c'est la solution ici**, *past tense = past time.*

b- *Even if he loved her…., he wouldn't be able…*
⇨ Même s'il l'aimait…, il ne pourrait pas…
⇒ prétérit modal à valeur de temps présent / futur (*past tense ≠ past time*).

c- *Even if he had loved…, he wouldn't have been able…*
⇨ Même s'il l'avait aimée,.. il n'aurait pas pu…
⇒ HAD + -EN modal ⇒ "conditionnel" passé.

DESPITE / IN SPITE OF

1- Réponse **A** : *despite of* n'existe pas ⇒ *In spite of the bad weather…*, ou *Despite the bad weather…*

2- Réponse **A** : *in spite* doit être suivie de *of* ⇒ *In spite of his experience…*, ou *Despite his experience…*

3- Réponse **A** : *Despite the increasing interest rates / In spite of the increasing interest rates…*

4- Réponse **A** : *Despite general protest / In spite of general protest…*

AS vs LIKE

1- Réponse **C** : avant de se prononcer pour *AS* ou *LIKE*, constatons que le marqueur agit ici en tant que préposition dans la mesure où il introduit un GN : *geese or nightingales* (les oies ou les rossignols). Si vous vous reportez au cours, vous lirez que ces deux prépositions ont un sens différent : ***AS* = en tant que** (identification, statut) ; ***LIKE* = comme** (comparaison). ***LIKE*** est la seule solution possible ici (*parrot* = perroquet).

2- Réponse **A** : *AS* + GN (ici, le pronom *those*) = en tant que, impossible ici. *Like* est la seule solution possible car il s'associe toujours aux verbes de perception comme *TASTE LIKE* (avoir le goût de), *SOUND LIKE*, *LOOK LIKE*, *SMELL LIKE* et *FEEL LIKE*. *Bagpipe* = cornemuse.

3- Réponse **B** : *AS* + GN = en tant que.

4- Réponse **D** : *known as* : connue sous le nom de (en tant que). *Sioux* se prononce comme le prénom *Sue*.

5- Réponse **D** : comparaison à l'aide de *LIKE* + GN.

6- Réponse **B** : *the same...**as**.*

7- Réponse **A** : *alike* ne peut être utilisé que comme adjectif attribut ⇒ préposition *like*.

8- Réponse **A** : *AS* + GN = en tant que. Ici on effectue une comparaison ⇒ *like*.

9- Réponse **A** : *English **AS** we know it* [L'anglais **tel** que nous le connaissons provient de...].

10- Réponse **C** : *the same as.*

11- Réponse **B** : **comparaison** à l'aide de *LIKE* + GN, (*a mock test* = un examen blanc).

12- Réponse **B** : **statut** à l'aide de *AS* + GN = *en tant que.*

13- Réponse **A** : **comparaison** : *LIKE* + GN. On compare ici les anglais aux allemands et aux scandinaves. *ALIKE* est un adjectif attribut !

14- Réponse **C** : **subordonnée** de comparaison. ***AS*** et ***LIKE*** sont alors des **conjonctions de subordination**. Ils introduisent des propositions subordonnées, c'est-à-dire des phrases généralement composées d'un sujet, d'un groupe verbal et d'un complément. Noter que dans la langue parlée, *LIKE* a tendance à prendre le pas sur *AS*, au grand dam des puristes. Fondamentalement, la seule différence réside dans le niveau de langue, mais à l'écrit, et dans les tests de type TOEFL / TOEIC, il faut choisir la forme la plus grammaticale et par conséquent opter pour **AS**. Donc ***just as*** [*AS* + GN / GV // *LIKE* + GN].

15- Réponse **B** : le problème ici ne consiste pas à choisir entre *AS* et *LIKE*. Il faut supprimer *BOTH* car il y a plus de deux éléments *[...second, third and fourth groups ...].*

16- Réponse **C** : ***THE SAME...AS.***

17- Réponse **A** : **comparaison** à l'aide de *LIKE* + GN (ici, on aurait pu avoir *the same **as***, ou *similar **to***).

18- Réponse **D** : **statut** à l'aide de *AS* + GN = en tant que.

19- Réponse **A** : **comparaison** : *LIKE* + GN. On compare ici la Belgique et le Canada.

20- Réponse **A** : **statut** à l'aide de *AS* + GN = en tant que. AD = *anno domini* : après Jésus Christ / BC = *before Christ.*

LES PRONOMS RELATIFS

1- Réponse **A** : WHICH est le seul pronom relatif possible ici (trait −humain).

2- Réponse **C** : *operator* est attribut du sujet dans la principale et sa définition va être donnée par une relative déterminative. *Operator* = singulier ⇨ ***is***.

3- Réponse **D** : *Double decker buses* (bus à impériale) est sujet du verbe *be*, 3e personne du pluriel ⇒ ***are***.

4- Réponse **C** : ici, le terme en WH- n'est pas pronom relatif (pas d'antécédent) mais opérateur de proposition interrogative indirecte ; rétablissons la question au style direct : "*Who actually was the man with the iron mask* .. ?". Dans ce

contexte, *Who* est bien **sujet** de BE. La désinence –m ne s'applique qu'au cas objet, direct ou prépositionnel, ex. : *They wondered whom they gave it to : they gave it **to** someone*. Complément prépositionnel ⇒ *WHOM*.
Ici *: There is a mystery as to **who** was…* (*who* = sujet).

5- Réponse **B** : l'antécédent, *those of us*, est de nature +humain ⇒ ***who***.

6- Réponse **B** : voir question n°5 ⇒ ***who***.

7- Réponse **B** *: North African soldiers* est bien sujet logique du GV de la relative, donc *who* convient et est bien également objet de *visit* (*she had visited the soldiers*), *whom* convient donc également, par contre, il faut un participe passé : *had been **injured*** (= HAD + -EN + BE + -EN).

8- Réponse **B**: la proposition relative en WHICH devrait être suivie d'une principale, par ex. : *Because a translation is an interpretation* (subordonnée de cause), *the original meaning of a text*, *which is very easily lost* (relative, antécédent = sujet de la principale), *often simply disappears* (principale = éléments soulignés). En fait nous avons affaire à une structure plus simple : Subordonnée de cause + [principale : *the original meaning of a text is very easily lost*] ⇨ il faut **supprimer** WHICH.

9- Réponse **B** : *the product would prove successful **with** people* = cas prépositionnel ⇨ *…with **whom** the product would....* Petite astuce : quand le sujet de la relative est **différent** du sujet de la principale [+humain] ⇒ WHOM.

10- Réponse **B** : antécédent +humain ⇨ ***who***.

11- Réponse **A** : *The scenario* = singulier ⇨ *includes* / *shallow* = creux, fade.

12- Réponse **A** : le sujet de la relative est *many people*. *G & S* est sujet de la principale mais COD de la relative : *many people have forgotten G & S…* ⇨ ***whom***. Ou plus simplement, nous avons la structure suivante : S_1 (*G & S*) **WHOM** S_2 (*many people*) + verbe (on aura donc ***whom*** car il y a la présence d'un S_2).

13- Réponse **B** : *two of which* = sujet pluriel de BE ⇨ ***are***.

14- Réponse **C** : l'antécédent de THAT est : *the principles* (sujet pluriel) ⇨ ***have***.

15- Réponse **A** : *Linguistics*, nom singulier ⇨ ***involves***.

16- Réponse **B** : La préposition doit précéder WHICH ⇨ ***into which*** [*to sneak* = se faufiler].

17- Réponse **A** : **WHAT** *(≈ that which)* renferme son antécédent : ne convient pas ici. Nous avons besoin d'un relatif comme ***that*** ou ***which***. Attention, il arrive fréquemment qu'au TOEFL ou au TOEIC vous ayez à faire la différence entre *what* et *that*.

18- Réponse **A** : Il n'y a pas d'antécédent ⇨ ***what***.

19- Réponse **C** : antécédent *admirers* sujet logique de la relative (*hope*) ⇨ ***who***.

20- Réponse **A** : cf. n°17. Besoin d'une **relative** restrictive en ***THAT*** car présence d'un verbe principal : *has*.

LES RELATIVES

1- Réponse **B** : l'antécédent du pronom relatif est +humain, *Alexandra David-Neel's secretary* ⇨ ***who***.

2- Réponse **C** : l'antécédent est *man's mind* ⇨ ***which***.

3- Réponse **B** : l'antécédent *six classrooms*, est [–humain] ⇨ *all of **which***.

4- Réponse **B** : antécédent [+humain], *academics* (universitaires) ⇨ *WHO*.

5- Réponse **A** : antécédent non humain : *Germany* ⇨ ***WHICH*** + relative appositive.

6- Réponse **A** : antécédent non humain : *Our program* ⇨ ***WHICH*** + relative appositive. Jusque là, tout est correct ; toutefois, il manque un verbe. Ici **deux** solutions sont possibles. Soit on rajoute un verbe secondaire, comme ***HAVE***, dans la relative appositive (*which **has** / **includes**...*), soit on remplace *WHICH* par un gérondif : *Our program, **including** intensive learning,...*

7- Réponse **A** : antécédent [+humain] : *Harrison Ford* ⇨ ***WHO*** + relative appositive. Ce qui se trouve entre virgules peut très bien être supprimé sans que l'équilibre de la phrase en souffre.

8- Réponse **B** : Il manque ici un relatif pour équilibrer la phrase qui possède déjà un verbe principal : *want*. Antécédent : *contacts* [+humain] ⇨ ***THAT*** / *WHO* + relative restrictive : *...the contacts **that** are needed...* L'ellipse est également possible : *the contacts needed...*

9- Réponse **D** : un petit piège ici. Seule la réponse D est valide, toutefois on aurait pu avoir *which is **a***. L'article *a* est nécessaire car on pose ici l'existence de ce qu'est le *HIV Test*. Il s'agit encore ici d'une relative appositive avec ellipse de BE (et du pronom relatif WHICH). ***THAT IS*** après une **virgule** n'est pas possible.

10- Réponse **B** : antécédent non humain : *a period of intense activity* THAT + relative déterminative.

LA PROPOSITION INFINITIVE

1- Réponse **C** : FOR + <u>Pronom complément</u> + TO V : *It is essential for <u>him</u> to go...*

2- Réponse **B** : *My manager advised me <u>**to**</u> finish...*

3- Réponse **B** : l'adverbe ne doit pas séparer TO de la base verbale : *...wanted to pay entirely...*

4- Réponse **B** : S + V + <u>Pronom complément</u> + TO V : *His mother ordered <u>him</u> to come...*

5- Réponse **C** : voir question n° 3, *it is essential for us to warn you immediately...* (*warn* = prévenir).

6- Réponse **B** : FOR + <u>Pronom complément</u> + **TO** V : proposition infinitive *[...for <u>them</u> **TO** know...]*

7- Réponse **C** : proposition nominale en WH- : *[...Mr. Wang* ***KNOWS HOW TO*** *use...].*

8- Réponse **B** : proposition nominale en WH- : *[...know* ***HOW TO*** *apply...].*

LA PROPOSITION EN -ING

1- Réponse **C** : on peut reformuler l'énoncé en faisant apparaître un pronom relatif : [...] *images of millions of couch-potatoes* ***[who/that are]*** *pigging out...*, ce qui nous donne en fait une **relative elliptique** en -ING dont le pronom et l'auxiliaire ont été supprimés. La réponse A serait possible si l'auxiliaire était au pluriel (*are*). Il en serait de même pour la D, si le verbe était à la forme BE + -ING et au pluriel. Quant à la C, il manque évidemment l'auxiliaire (BE). *To pig out* = se goinfrer (se gaver comme un cochon).

2- Réponse **B** : le problème ici est différent. Nous avons affaire à une **proposition** en -ING (présence de la **virgule** = complément d'information) et non à une relative elliptique. La réponse A est donc agrammaticale. La réponse D aurait pu convenir si nous avions eu un coordonnant de type AND et supprimé la virgule.

3- Réponse **D** : idem. La réponse C aurait pu être correcte si nous avions eu un coordonnant comme AND et supprimé la virgule.

4- Réponse **A** : nous avons affaire ici à une proposition en -ING à valeur **nominale** en position **sujet** (le verbe principal de la proposition est *was*). Le verbe *chase* a été nominalisé : *CHASING.*

5- Réponse **A** : nous avons affaire ici aussi à une proposition en -ING à valeur **nominale** en position **sujet** (le verbe principal de la proposition est *was*). Le verbe *pay* a été nominalisé : *PAYING.*

6- Réponse **C** : il s'agit d'une **proposition en** -ING (présence de la **virgule** = complément d'information) qui peut également être considérée comme une relative elliptique (ellipse du pronom relatif et de BE). Le verbe principal de la phrase est *made up* qui s'associe au sujet *Dr. Klaus Maertens,* il est donc inutile d'utiliser un nouveau sujet (= problème de redondance). La réponse A aurait pu être acceptable si l'auxiliaire avait été au passé (*was*). En D, il manque un marqueur de subordination (*while*).

7- Réponse **A** : expression de la **manière** ici avec la tournure en **<u>BY</u>** (voir ce chapitre). *To guzzle* = s'empiffrer.

8- Réponse **D** : nous avons affaire ici à une **proposition en** -ING qui vient apporter, de manière anaphorique, un **complément d'information** sur le *Football Fund.* On aurait pu avoir la réponse A, à condition d'ajouter THAT : *that consists...*

9- Réponse **B** : idem. Complément d'information concernant la proposition qui précède la virgule. *which proves that* aurait été correct (*striker* = attaquant [*soccer*]).

10- Réponse **C** : idem. Complément d'information concernant la proposition [*the ice begins to vaporize,...*] qui précède la virgule. ***and*** *surrounds* aurait été acceptable.

LES CAUSATIVES : Make / Have / Get

1- Réponse **C** : GET + Someone + TO V

2- Réponse **D** : LET + sb / sth + V

3- Réponse **C** : MAKE + sb + V

4- Réponse **A** : CAUSE + sb + TO V

5- Réponse **C** : causative V-EN en HAVE (ou GET et non GOT puisque l'auxiliaire DO porte la marque du passé).

6- Réponse **A** : GET + sb + TO V

7- Réponse **B** : MAKE + sb + V

8- Réponse **D** : HELP + sb + V / TO V ⇨ ... *if you helped us (to) solve...*

9- Réponse **A** : c'est le verbe causatif qui ne va pas ici. Nous sommes dans une construction "passive" : seuls HAVE ou GET peuvent convenir ⇨ *When I had / got the house built (by the builder)* : Quand j'ai fait construire la maison (par le maçon). La construction "active" serait *When I had the builder build the house* (sujet de la subordonnée agissant).

10- Réponse **B** : CAUSE + sb / sth + TO V ⇨ *The smoke caused him* ***to caugh***...

11- Réponse **B** : WANT + sb + TO V <u>ou</u> WANT + sth + V-EN / TO BE V-EN. Ces constructions ne sont pas à proprement parler des causatives, mais s'y apparentent. Nous avons ici une construction "passive" : *The teacher wants something done /* ***to be done*** *(by the students).*

12- Réponse **C** : construction V-EN ("passive") à l'impératif : *your accounts* (= les comptes) n'est pas "acteur" mais "objet" de l'action à entreprendre par l'expert ⇨ *have your accounts* ***dealt with*** *by an expert* (HAVE + sth + V-EN).

13- Réponse **C** : HAVE + sb + V

14- Réponse **B** : MAKE + sb + V

15- Réponse **A** : voir n° 14.

16- Réponse **D** : construction "passive", HAVE + sth + V-EN : *have our eyes <u>checked</u> once a year (by our doctor).*

17- Réponse **B** : GET + sb + TO V ⇨ ***to walk***.

18- Réponse **A** : HAVE + sb + V

19- Réponse **A** : GET + sb + TO V

20- Réponse **B** : WANT + sb + TO V

CLIVÉES / EXTRAPOSITIONS

1- Réponse **C** : la réponse B (conjonctive en THAT) appelle une suite :
ex. : *That fluoride is essential (…)* ***is a fact.***
sujet ⇒ ***principale***
↳ La réponse A impliquerait la mise en relief du sujet (clivée), mais dans ce cas il manque l'opérateur THAT : *It is fluoride* ***that*** *is essential…* (*fluoride* = composé au fluor pour les dents / *fluorine* = l'élément chimique pur).

2- Réponse **B** : la proposition qui précède le "gap" est en position sujet (conjonctive en THAT), elle doit être suivie d'un groupe verbal. Ne voyez pas la tournure *That you* ***be*** d'un mauvais œil, elle est correcte car il s'agit d'un subjonctif engendré par l'expression *"it is vital"*.

3- Réponse **D** : mise en relief du complément de temps à l'aide de IT BE / THAT (clivée).

4- Réponse **D** : voir question n° 3.

5- Réponse **A** : c'est une proposition entière qui occupe la place du sujet. Ici, seule la conjonctive en THAT fait sens :
ex. : *That interest (…) has increased (…)* ***is only but natural.***
sujet ⇒ ***principale***

6- Réponse **A** : mise en relief du complément prépositionnel à l'aide IT BE / THAT (clivée).

7- Réponse **C** : mise en relief du complément de temps à l'aide de IT BE / THAT (clivée).

8- Réponse **D** : lorsque un relatif est présent dans la phrase (*who*) et qu'il est suivi d'un verbe secondaire conjugué (*decide*), il faut s'attendre à avoir un verbe principal (*was*). Nous avons donc 2 propositions qui s'imbriquent. Il y a bien ici mise en relief du sujet (*Napoleon*) par la tournure clivée IT BE / WHO.

9- Réponse **C** : Il s'agit ici d'une conjonctive en THAT placée en position sujet de *is due…* Si on veut extraposer le sujet, on peut utiliser la tournure clivée IT BE / THAT : *It is due to his discovery (…) that A. Einstein is considered a genious.*

10- Réponse **B** : un petit piège ici. Il ne s'agit pas d'extraposition mais d'un simple complément prépositionnel. Il manque **THAT** pour la tournure clivée proposée en réponse C : *It was with his novel Roots* ***that*** *writer A. Haley reconnected…*

LES CONJONCTIVES en THAT

1- Réponse **A** : laissez-vous guider par le sens, seule la subordonnée interrogative indirecte peut convenir dans cet exemple : on s'interroge sur l'**identité** des mystérieux personnages qui ont érigé les menhirs de Carnac. B est impossible car le verbe est au singulier et le sujet au pluriel.

2- Réponse **A** : ici nous avons une conjonctive en THAT en position sujet qui a été extraposée à l'aide de IT BE :
ex. : *That the idea (...) is totally mistaken has been demonstrated.* (= Sujet)
Extraposition : *It has been demonstrated that the idea (…).* Cf. Clivées / Extrapositions.

3- Réponse **C** : voir question n°2 . Extraposition d'une conjonctive en THAT sujet :
ex. : _That children shouldn't (...)_ *is accepted.*
→ *It is accepted that children shouldn't (...).*

4- Réponse **D** : conjonctive en THAT, COD de *claim*.

5- Réponse **C** : conj. en THAT en position COD. Les autres réponses sont agrammaticales.

6- Réponse **A** : *what* = ce que, impossible ici ⇒ *that* (*witchcraft* = sorcellerie).

7- Réponse **D** : nous avons ici une conjonctive en THAT en position sujet.
ex. : *That Nobel (...) was (...)...* = **Sujet de *is***
Ce type de subordonnée donne souvent lieu à une extraposition à l'aide de **IT** (voir chapitre Clivees / Extrapositions)

8- Réponse **A** : **piège** car il ne s'agit pas d'une conjonctive en THAT, mais d'une **simple** proposition puisqu'elle ne contient qu'un verbe (principal) *(**is** yet to be invented* = reste à inventer*)* et un sujet.

9- Réponse **B** : il s'agit là aussi d'un **piège** car nous avons besoin de créer un *contraste* à l'aide de *Although*.

10- Réponse **C** : nous avons ici une conjonctive en THAT en position **sujet**.
ex. : _That war veterans can never go back to normal life_ ... = Sujet singulier (d'où ***is*** – verbe principal – au singulier).

11- Réponse **B** : nous avons ici une conjonctive en THAT COD de *Knowing*, lui-même en position **sujet de la principale** (double imbrication).
ex. : _Knowing that all children go through a "no" period_ ... = Sujet. Le verbe principal est ***REASSURE***.

12- Réponse **D** : nous avons ici une conjonctive en THAT en position de complément d'objet.

13- Réponse **C** : nous avons ici une conjonctive en THAT en position **sujet**.
ex. : *That he sprained his ankle...* = Sujet. Le verbe principal est ***FORCED*** (cf. Les causatives).

14- Réponse **B** : **piège** car il ne s'agit pas d'un problème de conjonctive en THAT, mais d'un **simple** énoncé auquel on ajoute un complément de lieu (CCL).

15- Réponse **A** : **piège** car il ne s'agit pas d'une conjonctive en THAT, mais d'un **simple** énoncé contenant 1 verbe principal (*is*) et 1 sujet (*physical exercise*). Il faut donc absolument **supprimer** THAT (*once you are over forty* est une subordonnée introduite par once).

SO / SUCH

1- Réponse **D** : subordonnée de degré en SUCH + A + ND ⇨ il faut THAT + Sujet + V.

2- Réponse **A** : subordonnée de degré en SO + Adj. + THAT. Pour avoir SUCH, il faudrait *"They were such tired **students**..."*, mais cette tournure est maladroite et moins idiomatique.

3- Réponse **D** : SO de reprise ⇨ ordre des mots : SO + Auxiliaire + Sujet.

4- Réponse **B** : SO de **subordonnée de but**. Fréquemment supprimé à l'oral, THAT est nécessaire à l'écrit ⇨ ***so that***.

5- Réponse **B** : voir question n° 4 ⇨ ***so that***.

6- Réponse **A** : SUCH AS utilisé pour donner des exemples, voir v ⇨ ici : *such research **as***.

7- Réponse **B** : subordonnée de degré ⇨ ***so** expensive … **THAT**…*

8- Réponse **B** : subordonnée de degré ⇨ ***so** controversial… **THAT**…* (supprimer *AS*).

9- Réponse **C** : subordonnée de but, il ne faut pas supprimer THAT à l'écrit ⇨ ***so that** administrative work can be completed.*

10- Réponse **B** : subordonnée de degré, *idiot* est un ND ⇨ *such **an** idiot… that…*

11- Réponse **B** : intensification ⇨ *such **an extraordinary way**.*

12- Réponse **A** : subordonnée de degré ⇨ ***so** tempting **THAT**…*

13- Réponse **C** : subordonnée de degré en **SUCH + A + ADJ + ND + THAT**. *Day* est un ND ⇨ *such **a** rainy day… that…*

14- Réponse **A** : subordonnée de degré en **SUCH + A + ADJ + ND + THAT** (B est **désuet**).

15- Réponse **A** : subordonnée de degré en **SO + ADJ. + THAT**.

16- Réponse **B** : subordonnée de degré en **SUCH + A + ADJ + ND + THAT**.

17- Réponse **C** : SO de **subordonnée de but**. Fréquemment supprimé à l'oral, THAT est nécessaire à l'écrit, surtout au TOEFL et au TOEIC.

18- Réponse **B** : SO de **subordonnée de but**, il ne faut pas supprimer THAT à l'écrit.

19- Réponse **B** : SO de **subordonnée de but**, il manque **THAT**, fréquemment supprimé à l'oral, mais absolument nécessaire à l'écrit, surtout au TOEFL et au TOEIC.

20- Réponse **A** : *…**such** a famous place that…*

L'EXPRESSION DU BUT : *TO vs FOR*

1- Réponse **B** : *want* est suivi de TO + V, voir V + [TO + V] / V + [V-ING]. Ici, la proposition en TO n'est pas une circonstancielle de but (remplacer par *in order to* est impossible), de même pour les questions 7, 10, 14 et 20, voir La proposition infinitive.

2- Réponse **B** : circonstancielle de but : introduction d'un groupe verbal (ici au passif) ⇒ TO (BE + V-EN).

3- Réponse **A** : voir question n°2.

4- Réponse **D** : ici, *use* est un nom, *for use* = en usage, donc FOR + N est tout à fait correct. Par contre nous devrions avoir *I have* <u>*bought*</u> (*brick-laying trade* = le métier de la maçonnerie).

5- Réponse **B** : *foreign* signifie étranger. *Abroad* (à l'étranger) constitue un pléonasme et doit être supprimé. Voir <u>Les redondances</u>.

6- Réponse **A** : les estimations sont faites par (**BY**) et non pour (FOR) le personnel.

7- Réponse **B** : le sujet de la proposition infinitive (*Peter*) doit être introduit par FOR, qu'il s'agisse ou non d'une circonstancielle de but, ce qui n'est pas le cas ici.

8- Réponse **C** : le sujet de la circonstancielle de but (*to participate*…) = le sujet (passif) de la principale = *you* ⇒ FOR est inutile.

9- Réponse **A** : HAVE + V-EN ⇒ *hasn't plann<u>ed</u>*.

10- Réponse **D** : *quiet* (= adjectif = silencieux, calme) ⇒ adverbe ***quite***. Proposition subordonnée infinitive avec le sujet introduit par FOR ≠ subordonnée de but.

11- Réponse **A** : la forme correcte est : *capable of* V-ING ⇒ *This band is not capable of performing*...

12- Réponse **A** : il faut supprimer le pronom *they,* qui reprend inutilement le sujet *antibiotics,* ainsi que la virgule.

13- Réponse **B** : voir question n° 8 ⇒ supprimer FOR.

14- Réponse **A** : *wants* = 3^{e} psn du singulier, incorrect ⇒ *They want* (FOR : ici préposition de temps = *on the occasion of*).

15- Réponse **D** : *facilitate*… est un GV ⇒ <u>*to*</u> *facilitate.*

16- Réponse **B** : FOR + V-ING convient car le verbe est "nominalisé" par le morphème -ING (il se comporte comme un nom). Par contre, ***knowledge*** est soit NI (*a thirst for knowledge* = une soif de connaissances), soit dénombrable singulier (*She's got* ***a*** *good knowledge of mechanics*). Il ne possède pas de pluriel.

17- Réponse **C** : *in order* <u>*to*</u> + V.

18- Réponse **A** : *make her happy* est un GV ⇒ <u>*to*</u> *make...*

19- Réponse **A** : *attract*... est un GV ⇒ <u>*to*</u> *attract*... (*decoy* = appeau).

20- Réponse **D** : *for use* = en usage, est un non sens ici. *Use* est bien un verbe dans cette phrase ⇒ ***to*** *use* : à utiliser, la proposition en TO est complément de l'adjectif *impossible*.

LES INVERSIONS

1- Réponse **B** : le complément circonstanciel de lieu est placé en tête de phrase, le verbe est STAND, l'inversion est de mise.

2- Réponse **A** : la subordonnée hypothétique placée en tête de phrase est précédée de ONLY, terme restrictif appelant l'inversion AUX + S + V dans la principale. On conserve l'ordre habituel S + AUX + V dans la subordonnée.

3- Réponse **C** : NOT UNTIL ... , placé en tête de phrase, appelle l'inversion AUX + S + V.

4- Réponse **D** : le complément circonstanciel de lieu (CCL) étant en tête de phrase (*North of Exeter*), l'inversion est de mise. Notons qu'ici nous avons une inversion V + S (sans auxiliaire), seule possible ici dans la mesure où la portion de phrase à droite de la virgule vient expliciter S (et doit lui être immédiatement accolée).

5- Réponse **B** : inversion après THAN.

6- Réponse **D** : inversion après NOT UNTIL en début de phrase (pour information, il s'agit de l'élection de J.F. Kennedy).

7- Réponse **B** : inversion après ***AS***. Comme dans tous les cas de reprise du verbe, l'auxiliaire suffit : présent simple dans la principale ⇒ auxiliaire DO.

8- Réponse **D** : inversion après SO de reprise.

9- Réponse **C** : interrogative indirecte ⇒ pas d'inversion. BE est au passé pour respecter la concordance des temps. (Interrogative directe : *They asked me : « Where is the lab? »*, inversion).

10- Réponse **C** : inversion après reprise elliptique en SO ou NEITHER. Après une phrase de modalité négative : NEITHER = *neither did I* : moi non plus.

11- Réponse **C** : voir question n°9. Interrogative indirecte ⇒ pas d'inversion. Préférer IT à THIS. *"Why is it that...?"* d'usage fréquent ("Comment se fait-il que… ?").

12- Réponse **B** : inversion exprimant une supposition = ***if*** *it were to happen* (passé modal).

13- Réponse **A** : interrogative indirecte introduite par WHAT ⇒ pas d'inversion.

14- Réponse **B** : interrogative indirecte introduite par WHAT ⇒ pas d'inversion.

15- Réponse **B** : interrogative indirecte introduite par WHAT ⇒ pas d'inversion. L'adverbe *just* s'insère entre l'auxiliaire et le verbe.

16- Réponse **A** : après un complément circonstanciel *Forty-five minutes away from Baltimore, MD*. (état du Maryland), on aura une inversion auxiliaire-sujet, ici verbe-sujet, pour les mêmes raisons qu'en 4.

17- Réponse **A** : NOT ONLY, placé en tête de phrase, appelle l'inversion AUX + S + V.

18- Réponse **C** : Après **SO** + *adjectif,* on aura une inversion auxiliaire-sujet.

19- Réponse **A** : Après SELDOM / RARELY, on aura une inversion auxiliaire-sujet.

20- Réponse **C** : *are* est mal placé. On devrait plutôt avoir *[...where important European countries* ***are*** *on the map…]*. Il s'agit d'une interrogative indirecte introduite par WHERE, donc pas d'inversion. Ne vous étonnez pas de la négation *not know* : voir Le subjonctif.

Points Spécifiques TOEFL/TOEIC

LES REDONDANCES

1- Réponse **C** : le pronom *it* reprend de façon inutile le sujet *the most appropriate form of cure*. Il suffit de le supprimer.

2- Réponse **A** : *enough* et *sufficient* ont la même signification, l'un des deux est de trop.

3- Réponse **A** : *original* et *first* sont synonymes, un seul adjectif suffit.

4- Réponse **D** : pour former un superlatif, MOST précède l'adjectif lorsque celui-ci ne peut se suffixer en –EST (il s'agit généralement d'adjectifs de plus de deux syllabes, ex. : *most comfortable*.) Ici nous avons *clean* qui donne *cleanest*, *most* est non seulement superflu mais agrammatical.

5- Réponse **B** : *both*, marque du "cas duel", devrait être suivi de deux items, ex. *: Heavy rains happen with both epidemics and high temperatures*... Il ne convient pas ici.

6- Réponse **C** : voir question n° 4 : MORE + ADJ. LONG sert à former un comparatif. *Good → better. More* est inutile et agrammatical devant un adjectif court (notons au passage que *better* est un comparatif irrégulier).

7- Réponse **B** : *inner* a le même sens que l'adjectif *domestic* (relatif à la maison, ou à l'intérieur du foyer, ou des frontières) et doit être supprimé.

8- Réponse **B** : *again* est inclu dans le sens du verbe *repeat* et doit être supprimé.

9- Réponse **A** : le pronom *it* reprend de façon inutile le sujet *The FBI*. Il suffit de le supprimer. *Intelligence* = ici sens de renseignements, espionnage.

10- Réponse **B** : *purchase* et *buy* ont le même sens. L'un des deux doit être supprimé.

11- Réponse **D** : *severe* et *serious* ont le même sens (grave). Il suffit de supprimer *severe*.

12- Réponse **D** : *the years of* est redondant car nous avons *the 1920***s** (les années 1920). Supprimons donc *the years of*.

13- Réponse **D** : supprimons le pronom *it* qui reprend de façon inutile le sujet *That teenagers should be home before 10:00.* Pour cette construction voir LA SYNTAXE, Clivées / Extrapositions et Les conjonctives en THAT.

14- Réponse **A** : *and knows a lot* est à supprimer : même sens que *knowledgeable*.

15- Réponse **D** : *with rapidity* n'est pas acceptable de par sa lourdeur. Un adverbe est préférable : ***rapidly***.

16- Réponse **B** : *advances* : des avancées / percées, *forward* : en avant. Pléonasme à corriger en supprimant *forward*.

17- Réponse **A** : l'adjectif ***perfect*** est ce que l'on appelle un adjectif absolu, c'est à dire que son sens est "saturé", on ne peut théoriquement aller au-delà ou en deçà de la qualité qu'il désigne. Il ne peut donc être précédé d'un comparatif. La phrase contient cependant une structure comparative (*more [...] than*) que l'on ne peut supprimer. Il faut remplacer *more perfect* par un autre adjectif comparatif, par ex. *good* ⇨ *better* (non précédé de *more*, bien sûr).

18- Réponse **C** : *sufficiently* et *enough* ont la même signification. Il suffit de supprimer *enough*.

19- Réponse **A** : supprimons *back* qui ne peut s'accommoder du verbe *return* (pléonasme). Dans notre contexte, *return* (ou *give back*) = rendre.

20- Réponse **C** : la proposition relative entre virgules sépare le sujet, *Mr. Arkia*, du GV, *will not be*... Le pronom *he* s'avère inutile.

LES PARALLÉLISMES

1- Réponse **A** : suite de noms.

2- Réponse **C** : comparaison de deux propositions en V-ING (*utter* = proférer ; émettre. Ici, sens péjoratif, proche de "baragouiner").

3- Réponse **B** : deux noms coordonnés par AND.

4- Réponse **A** : piège : on vous incite à croire que l'on coordonne des verbes en -ING (réponses B et D), or ici, *reading* et *writing* sont des noms, respectivement la lecture et l'écriture. Pour information, *the three R's* = ***R****eading, w****R****iting and a****R****ithmetic* (= lire, écrire, compter).

5- Réponse **A** : *To visit... and* TO + V ⇨ *to climb. A reason* ***for*** + V-ING.

6- Réponse **C** : *be* est coordonné à *work*. Les deux verbes sont gouvernés par le modal CAN qu'il est inutile de répéter.

7- Réponse **C** : série de noms coordonnés, or *angry* est un adjectif ⇒ ***anger***. On dit ***a lack of sth*** (= un manque de) **mais** on doit utiliser le verbe sans aucune préposition : ***to lack sth*** (= manquer de qqch).

8- Réponse **D** : série de verbes en –ING ⇨ *(by) driving.*

9- Réponse **D** : série de noms. *Being versatile* est une proposition en -ING ⇨ *versatility* (souplesse, polyvalence).

10- Réponse **D** : série de noms coordonnés ⇨ *persecution.*

11- Réponse **C** : série de noms coordonnés : *an artist / a friend* ⇨ *the inventor of...*

12- Réponse **D** : série de noms ⇨ *entertainment* : divertissement.

13- Réponse **D** : série de noms ⇨ *economy.*

14- Réponse **B** : BE + V -EN // V-EN ⇨ *...are encouraged* (...) ***and asked*** (...) = *(people are) asked.*

15- Réponse **C** : suite de verbes en V -ING ⇨ *...understanding..., discriminating..., and* ***reading****...*

16- Réponse **D** : l'auxiliaire WOULD (+ V) à sens fréquentatif – c.à.d. d'habitude passée – (voir La fréquence) est distributif : il n'est pas nécessaire de le répéter dans une suite de verbes ⇨ *B. Clinton would display / play /* ***speak****.*

17- Réponse **D** : TO + V // TO + V ⇨ *to boost*.

18- Réponse **B** : deux adjectifs coordonnés doivent être sous la même forme : *shortest* (superlatif) ⇨ ***easiest***.

19- Réponse **D** : série de TO + V : *to write / to read* ⇨ *to use*.

20- Réponse **D** : attention, le verbe ***keep*** n'est pas coordonné à *eating* et *drinking*, mais à *pray* et *abstain*, tous deux à la 3e personne du singulier au présent ⇨ *keeps away*.

CHOIX LEXICAL

1- Réponse **A** : *raise* + COD : action d'élever, ne convient pas , ex. : *The army raises the flag every morning* : le drapeau n'est pas acteur du processus ⇨ ***rise* + ∅** : s'élever, se lever, monter, augmenter (sans l'aide de quiconque) *The dollar **rises***.

2- Réponse **B** : *lay* : poser à plat ⇨ ***lie*** : ici, demeurer / résider / se trouver ...*that had been lying*...

3- Réponse **C** : *leave* : laisser, sens de quitter, partir ⇨ ***let*** : laisser qqn. faire qqch... *She would not let him in* (Elle ne l'a pas laissé entrer).

4- Réponse **A** : voir question n° 1. *Rise* : se lever (tout seul), ne convient pas ici ⇨ *raise* : être élevé (par qqn) ... *As the flag was **raised***...

5- Réponse **A** : une banque prête (*lend*) de l'argent. *Borrow* = emprunter ⇨ *The bank lent money to*...

6- Réponse **A** : voir question n° 3. *Let* : laisser faire qqch ⇨ *leave* : quitter, ou laisser qqch derrière soi : *Mr and Mrs Auster's children **left** school*...

7- Réponse **C** : voir question n° 2. *Lay* : poser à plat ⇨ *lie* : ici, se situer.... *It usually **lies** between 8 and 9,000*.

8- Réponse **A** : *make* : faire, fabriquer, aboutit généralement à un objet concret créé manuellement ⇨ *The people who **did** research*.... (*do* = plus générique).

9- Réponse **A** : *among* : parmi ⇨ *between* : entre. Une relation entre deux personnes : *a relationship between 2 persons → There is a clear relationship **between***....

10- Réponse **B** : confusion entre *spell,* sortilège, et ***spelling***, orthographe (du verbe *spell*, orthographier).

11- Réponse **A** : *alone* ne peut être utilisé qu'en tant qu'attribut, ex. : *he is alone*, il est seul. ⇨ on optera pour l'épithète ***only*** : *D.D. is the only judo champion*....

12- Réponse **C** : il faut un nom après l'article *a*. A = BV, B = part. présent, D = V 3e psn. sing.

13- Réponse **D** : les 4 expressions proposées signifient monter. A : *raise* = action d'élever / B : *go upstairs* = monter à l'étage (action physique) / C : *ascend* = implique un mouvement / D : *increase* = augmenter, s'applique bien, entre autres, à des prix, des coûts...

14- Réponse **D** : participe passé à valeur adjectivale. *Getting organized* se traduirait en français par : s'organiser.

15- Réponse **B** : *commute* = trajet pour qqn qui va de son domicile de banlieue à son travail en centre ville (*a commuter* = un banlieusard). *Commune* = N : commune, V : s'entretenir, conspirer / *Component* = composant.

16- Réponse **A** : *job applicants* = candidats à un emploi.

17- Réponse **B** : *fill* = remplir, *file* = classer, *fear* = craindre, *feel* = sentir, ressentir.

18- Réponse **A** : *require* = nécessiter / *request* = V : demander, prier ; = N : une demande / *requisite* = N : condition requise = ADJ : requis, nécessaire / *requite* : récompenser, se venger. [*résumé* (avec ou sans accents aigus) = CV].

19- Réponse **B** : *avail* = N : avantage, utilité ; = V : profiter, être utile, (*of no avail* : d'aucune utilité) / *available* = disponible / *availing* = participe présent de *avail*, à valeur adjectivale / *await* = attendre.

20- Réponse **B** : *assigned* = participe passé de *assign* à valeur adjectivale : assigné / *assignment* (nom) = tâche, devoir / *sigh* = soupir, soupirer / *sign* = signe, signer.

21- Réponse **B** : adjectif. A = nom, C = adverbe, D = verbe.

22- Réponse **C** : adjectif, A = participe passé, parfois adj. au sens de "répété", B = nom, D = participe présent.

23- Réponse **D** : A = journal intime, agenda / B = laiterie / **Attention** : C : *agenda* = ordre du jour / D = rendez-vous.

24- Réponse **C** : *assume* = supposer / A = attribuer / B = aider.

25- Réponse **C** : A = peuplier / B = peuplé / D = volaille (*poultry* = NI).

26- Réponse **C** : *borrow* = emprunter / A = prêter / B = prêt, prêter (de l'argent) / D = sillon, ride, labourer.

27- Réponse **C** : *expertise* = compétence, savoir-faire.

28- Réponse **D** : *currency* = monnaie, devise (de la monnaie = *change*) / A = billets / B = pièces de monnaie.

29- Réponse **B** : *knowledgeable* = (adj) savant / *known* = connu.

30- Réponse **D** : *to* ***make*** *a success* of = réussir, faire un succès de (*shareholder* = actionnaire).

31- Réponse **B** : la principale est au futur, la subordonnée en IF doit être au présent. ***Rise*** = monter, s'élever, ***raise*** = action d'élever. En admettant que les coûts soient élevés par un agent quelconque, il faudrait alors employer un passif : *if costs are raised (by someone)*...

32- Réponse **B** : *make an appointment* = prendre rendez-vous. Avec *meeting*, on emploie *have* ou *hold* : *Let's have / hold a meeting* (réunion). En anglais, l'emprunt *rendezvous* a le sens de rendez-vous galant.

33- Réponse **C** : *advice* = nom indénombrable (on ne peut pas le faire précéder d'un article), conseil / A (verbe) = conseiller / B (nom) = publicité / D = arrivée, apparition ; période de l'avent.

34- Réponse **A** : les 4 termes signifient "monter", mais seule la solution A est correcte ici (*circulation* = diffusion). On aurait également pu avoir *rise*. *Ascend* implique un mouvement et *escalate* une certaine vitesse, quant à *raise*, pour s'appliquer ici, il devrait être suivi d'un COD, ex. : *The circulation of this publication is expected to raise our revenues* : d'augmenter nos revenus.

35- Réponse **B** : *surprising* = surprenant / *surprised* = surpris / *surprise* = surprise, surprendre / ***a*** *surprise* = une surprise.

36- Réponse **D** : seul l'adverbe peut s'appliquer au gérondif *speaking*. A = nom / B = Adj. / C = verbe. *Economically speaking* = d'un point de vue économique, sur le plan économique.

37- Réponse **C** : *competitive* = adj. (compétitif), seule possibilité après *more* / A = N (concurrent) / B = N / D = V.

38- Réponse **C** : la conjonction *and* relie des éléments de même nature (voir Les parallélismes), ici, des adjectifs, ce qui élimine A (N) et D (adv.). B est parfois N, parfois adj., mais son sens ne convient pas ici (industriel). *Industrious* = travailleur, dynamique.

39- Réponse **A** : *competitive* est un adjectif là où il faudrait un nom ⇨ ***competitors*** = concurrents.

40- Réponse **A** : *loan* = prêter de l'argent. Le locuteur veut emprunter un stylo car le sien n'a plus d'encre (*out of ink*) ⇒ ***borrow***.

41- Réponse **C** : *to form* ***friendships*** = se faire des amis (= *to* ***make*** *friends*). *Friend* = ami, *friendship* = amitié. Le suffixe **-SHIP** a une valeur de **relation**.

42- Réponse **C** : ***warmth*** (chaleur) = pour se tenir chaud (pour avoir de la chaleur). *A chill* = fraîcheur, coup de froid, frisson (*There's a chill in the air* = Le fond de l'air est frais). Le suffixe **-TH** possède une valeur d'**état** ou de **qualité**.

43- Réponse **A** : *aware* = conscient / *awake* = réveillé / *await* = attendre / *awesome* = effrayant, terrible.

44- Réponse **A** : *have* ***done*** *their best*… [*to* ***do*** *one's best* = faire de son mieux].

45- Réponse **C** : *have* ***turned into*** = *have become*… (à noter, *to break into* = entrer par effraction / *to look into* = examiner, étudier / *to run into* = rencontrer par hasard).

46- Réponse **B** : *setting up* = créer, installer, implanter… (à noter, *to fill out* = remplir / *to set off* = partir, déclencher / *to stay up* = veiller, se coucher tard).

47- Réponse **A** : *look over = to review, to check* = vérifier (à noter, *to figure out* = trouver, arriver à comprendre / *to set up* = créer, installer, implanter / *to account for* = expliquer, justifier).

48- Réponse **B** : *acquired* ***experience*** *in = to gain experience* **≠** *to conduct, to carry out an experiment* = faire, effectuer, réaliser une expérience.

49- Réponse **B** : *to* ***sum up*** */ to* ***summarize*** = résumer **≠** *to* ***resume*** = reprendre (activité), se remettre à faire, pour une action interrompue.

50- Réponse **A** : ***assisted*** *in* + *V-ING* (***helped*** n'est pas possible car il faudrait la structure suivante : *help sb (to) sort*…) / **≠** *to* ***attend*** = assister à (cours, concert…).

A vos marques !

TEST GRAMMATICAL TYPE TOEFL

1- Réponse **C** : nous avons ici une conjonctive en THAT en position sujet de *is now taken into account*, voir Les conjonctives en THAT. Etant donné la longueur du sujet, il est plus courant de le trouver extraposé (placé après le GV) à l'aide de IT BE : *It is now taken into account* (= pris en considération) *by some doctors that researchers believe [...] functions*, voir Clivées / Extrapositions. WHATEVER = quoi que ce soit / WHAT en position sujet = ce que (voir Les pronoms relatifs, WHAT / WHICH).

2- Réponse **C** : phrase clivée, où l'accent est mis sur l'un de ses constituants, ici le sujet, à l'aide de IT BE + pronom relatif, voir Clivées / Extrapositions.

3- Réponse **D** : question de lien logique, ici de cause à effet. *Nevertheless* et *although* marqueraient un contraste (illogique ici), et *hence* est normalement suivi d'un GN / *sluggish* = qui stagne.

4- Réponse **A** : nous sommes en présence de la forme **SO + ADJ. + THAT** = tellement + adj. + que, ici en tête de phrase, ce qui appelle une inversion auxiliaire-sujet, voir Les inversions. **How + ADJ** = 1. **Exclamative** (ex. : *How gifted!* = Quel talent !) ; 2. **Conjonction de subordination de degré** (ex. : *How simple it was, we didn't know at the time* = nous ne savions pas alors à quel point c'était facile). SUCH + ADJ. et VERY...THAT : impossibles / *trainee* = stagiaire.

5- Réponse **B** : participiale en –ING apportant un complément d'information. La solution A (relative) aurait été possible si le pronom relatif n'avait pas été séparé de son antécédent par une virgule.

6- Réponse **C** : deux verbes coordonnés sous l'égide du même sujet : *Duke Ellington* ***formed**... and **made*** (parallélisme de structure). La solution A, grammaticalement correcte, ne place pas directement le sujet à la source des innovations. *The jazz idiom* = on parlerait davantage du *vocabulaire* que de la *langue* du jazz.

7- Réponse **D** : problème de verbes à particules adverbiales, voir Choix lexical. *Turn down* = refuser / *turn off* = éteindre / *turn out* = s'avérer (ex. : *he turned out to be a crook* = il s'est avéré être / en fin de compte, c'était un escroc) / *turn away* = se détourner.

8- Réponse **B** : *most of the N* ≈ *most N* = la plupart de(s), à ne pas confondre avec *almost* = presque.

9- Réponse **A** : causative V-EN de type *they want sth done* ; *the total amount of their hotel bill* = COD de *check* ⇨ ***checked***, voir Les causatives / *sightseer* = visiteur, touriste.

10- Réponse **B** : négation de *all scientists* ⇨ ***not***. On aurait pu avoir : ***No*** *scientists agree* (= aucun) / ***Not one*** *scientist agrees* (singulier = pas un seul) / ***None*** *agrees* (NONE = pronom : aucun, 3e pers. du sing.) / *(to) stem from* = provenir de / *sub-species* = sous-espèce.

11- Réponse **D** : *current* (= présent, actuel) s'applique au nom composé *interest rates* (= taux d'intérêts). Pour dire "les taux actuels intéressants", on pourrait avoir :

current interesting rates, même si *interesting* est plus subjectif que *current*, et devrait théoriquement être plus éloigné du nom, voir l'ordre des adjectifs (euphonie) dans le chapitre éponyme. Choisir D car *interest rates* est un nom composé recensé.

12- Réponse **A** : *(to) compete **with*** = être en concurrence avec / *(to) compete **for*** : se battre pour obtenir un prix, un titre…

13- Réponse **D** : la virgule après le titre du film indique la présence d'une apposition (complément informationnel non nécessaire à la compréhension de la phrase), ici relative appositive introduite par WHICH, avec antécédent sujet du verbe *recount* (⇨ IT est inutile et agrammatical) / *petty criminal* = petit délinquant.

14- Réponse **B** : THAT pronom reprend *"worth of manufacturing"* = quantité de production : la production de 2005 est bien plus élevée que **celle** de l'année dernière.

15- Réponse **D** : *WHAT* = ce que, voir <u>Les pronoms relatifs</u>, WHAT / WHICH. Le GV *"**is** that the Arctic….warming"* après *revealed* représente le contenu sémantique de *what* : *What is revealed* = (***is*** établit une identité) *that the ice has thinned,* ce qui interdit SINCE et THAT : *Since / That research has revealed ~~**is**~~ sth...* Quant à WHICH, il ne peut intervenir en début de phrase qu'en tant que pronom interrogatif = lequel.

16- Réponse **A** : nous avons une phrase au *past perfect* modal (conditionnel passé) : jamais WOULD après IF dans une subordonnée hypothétique ; en revanche, il faut respecter le parallélisme des structures en HAD + -EN : *If both students **had done**…* (***gotten*** est correct en anglais américain).

17- Réponse **D** : SUCH AS (incorrect ici) introduit un <u>exemple</u> *(I love Rock bands of the seventies, such as <u>Led Zeppelin</u> or <u>Patti Smith</u>)*. Ici, nous avons un **AS** conjonction de subordination indiquant la **simultanéité** : les particules sont libérées (= *released*) à mesure que les carburants sont brûlés, voir <u>Les marqueurs de subordination</u>, AS VS LIKE. *Such* est donc à supprimer.

18- Réponse **B** : *tobacco* est le sujet passif de trois verbes. Il est inutile de répéter BE à chaque fois mais les trois verbes doivent être au participe passé : *smoked, **taken**, chewed* (= mastiqué, *chewing tobacco* = tabac à chiquer) / *snuff* = tabac à priser / *(to) rocket* = monter en flèche.

19- Réponse **A** : sujet pluriel *Computer networking **and** cell phones* ⇨ verbe au pluriel : ***have** made*.

20- Réponse **C** : *eight hours or **more*** = 8 heures ou davantage. *The more* s'emploie dans des constructions de type : *the more you sleep, the younger you may die*, voir <u>Les conjonctions paires</u>.

21- Réponse **C** : *labor* = ici sens de main d'œuvre, NI (nom indénombrable) à sens collectif (suivi d'un verbe au singulier) ⇨ pas d'article (*to live/work **on** a farm*).

22- Réponse **A** : *the employee* (= employé, donc être humain) est annoncé par un pronom incorrect : le pronom neutre *it*, réservé aux animaux et aux inanimés. Il faut le remplacer par *he* (car nous avons ***his** job*) / *occupational hazards* = risques professionnels.

23- Réponse **D** : l'adjectif *optimistic* (= optimiste) doit être modifié par un adverbe ⇨ ***increasingly*** (= de plus en plus).

24- Réponse **D** : le prédicat *"a Protestant fanatic / crush Catholic hopes"*, explicite le nom *Cromwell* (1599-1658). On doit utiliser le passé de narration ⇨ *crush**ed***.

25- Réponse **D** : *the same **as***, voir AS VS LIKE dans Les marqueurs de subordination.

26- Réponse **D** : nous avons une série de trois verbes coordonnés par *and*, ils doivent être sous la même forme (voir Les parallélismes) : ***to** understand, **to** read and **to** spot* (= repérer). Notons que **TO** peut être **distributif** quand on envisage une suite de verbes comme faisant partie de la même action (ex. : *I want to go home, eat and get some sleep* (= finir ma journée)). Ici, on aurait pu avoir *to understand, read and spot*... Tout est question de point de vue : on évalue 3 compétences distinctes (= 3 TO), ou 3 compétences qui ensemble forment 1 seul test (1 seul TO) / *(to) assess* = évaluer.

27- Réponse **B** : forme passive GET + V-EN. Ici nous avons une relative où le pronom relatif et BE ont été élidés : *real people (who are) getting kill**ed***, voir Ellipse de BE et BE + -EN (le passif).

28- Réponse **C** : avec SINCE + date/repère temporel, il faut un HAVE + -EN à valeur de bilan ⇨ *scientific evidence* (= preuves scientifiques, *evidence* = **NI** ⇨ verbe au singulier) ***has been** slowly mounting* (= augmentent lentement, présent en français) / *the late sixties* = la fin des années soixante, *early sixties* = le début, *mid-sixties* = au milieu ⇨ Depuis la fin des années soixante, les preuves scientifiques établissant l'effet bénéfique de la méditation sur l'anxiété, la dépression, la pression artérielle et l'immunité s'accumulent lentement.

29- Réponse **D** : causative de type S1 MAKE S2 DO sth ⇨ *make consumers **spend***, ne pas confondre ce *make* causatif avec celui plus haut : *make money* = faire/gagner de l'argent. *Brands* = les marques / *tool* = outil / *(to) provide* = fournir / *reliability* = fiabilité.

30- Réponse **C** : *so far* (= jusqu'à maintenant) suggère l'idée d'un **bilan** ⇨ HAVE +-EN (present perfect) : *Pixar's films **have** made* (= ont rapporté) … *so far.*

31- Réponse **B** : *suggest that* suivi d'un subjonctif ⇨ base verbale à toutes les personnes : ***use***.

32- Réponse **B** : *software* (= logiciel) est un **nom incomptable** en anglais ⇨ pas de désinence plurielle : *new software*. Pour le quantifier, on peut dire *a piece / two pieces of software*.

33- Réponse **A** : le génitif est de rigueur mais il est écrit de façon erronée ⇨ ***Today's** business people*. –s' se met pour un nom pluriel régulier (ex. : *the cars' doors* (= les portières des voitures)), voir Le génitif : N1's N2.

34- Réponse **A** : AS préposition signifie "en tant que" ≠ LIKE, ou SUCH AS (= comme), voir Les marqueurs de subordination, AS VS LIKE.

35- Réponse **B** : *device* (n) = appareil, et non *devise* (v) = concevoir, inventer.

36- Réponse **A** : le groupe nominal *the Knights....Camelot,* placé en appositive, ne correspond pas au sujet *King Arthur,* problème de sujet logique. Il faut rétablir la relation explicative entre l'appositive et le sujet (ex. : *Reigning / Ruling over the Knights…, King Arthur proved…*).

37- Réponse **A** : au prétérit modal, BE = WERE à **toutes** les personnes. Le pronom *they* reprend bien tous les pronoms indéfinis (*someone, anyone*, etc.).

38- Réponse **C** : *advice* est un **nom indénombrable**, donc pas de pluriel. Pour le quantifier : *a word / piece of advice.*

39- Réponse **A** : *contain* doit être à la voix passive ⇨ *the tar that* ***is*** *contained.../ tar* = goudron.

40- Réponse **A** : *'explose'* n'existe pas, le verbe est *(to) explo**de*** ⇨ *exploded.*

TEST GRAMMATICAL TYPE TOEIC

1- Réponse **A** : *compulsory* = *mandatory* (adj.) : obligatoire / *genuine* = authentique / *addicted* = dépendant.

2- Réponse **C** : *already* = déjà ≠ *still* = encore, toujours, pour une action qui se poursuit, incompatible avec HAVE + -EN.

3- Réponse **D** : ici, *need* est un verbe ordinaire, suivi de TO + V. *Need* modal existe mais rarement à la forme affirmative (cf. La modalité). *QM* = *Quality Manager.*

4- Réponse **B** : *implementation* = mise en œuvre, application / *congratulation* = félicitation / *expectation* = attentes, espoirs.

5- Réponse **A** : *daily*, adv. de fréquence = tous les jours, quotidiennement / *diary* = agenda, journal intime / *dairy* = laiterie / *lately* (adv.) = récemment / *brochure* = plaquette.

6- Réponse **B** : *over the last few months* = *during* / *drop* = chute / *real estate* = immobilier.

7- Réponse **C** : *(to) charge* = facturer.

8- Réponse **B** : *accompanied* ***by***...

9- Réponse **D** : deux noms coordonnés par AND : *purchase* (= achat) *and restoration.*

10- Réponse **A** : *ledger* = grand livre des comptes / *bagger* = employé chargé d'emballer les achats / *mincer* = hâchoir / *boulder* = rocher.

11- Réponse **D** : **causative V-EN** à l'impératif : *have the budget balanced by the end of the week* = Faites en sorte d'équilibrer le budget (ou de le faire équilibrer) d'ici la fin de la semaine.

12- Réponse **A** : *It is imperative that* appelle un **subjonctif** ⇨ base verbale : ***get***.

13- Réponse **B** : *because* + GV et non *because of* + GN / *until* = jusqu'à ce que / *therefore* = donc / *sewage drains* = canalisations d'égout.

14- Réponse **A** : connaître cet emploi de YET à la forme affirmative : *it is yet to be done / discovered* etc. = cela reste à faire, à découvrir... / *first draft* = premier jet. / *merger* = fusion d'entreprises.

15- Réponse **D** : *further* dans le sens de davantage de, voir La comparaison, point ④ comparatifs et superlatifs irréguliers. *Information* est un **NI**, donc *a few* est impossible, on dit *lots of*. *(to) forward* = faire parvenir, envoyer.

16- Réponse **B** : HAVE + -EN avec **SINCE** (+ date) et **FOR** (+ durée) quand l'action se poursuit dans le présent (bilan). En français, on traduit par un présent.

17- Réponse **C** : *misprint* = faute de frappe ou d'impression / *imprint* = empreinte / *reprint* = réimpression, réédition.

18- Réponse **D** : *downturn* = recession / *downpour* = averse / *downfall* = chute, perte / *downmarket* = bas de gamme.

19- Réponse **C** : *(to) congratulate* (= féliciter) sb ON + V-ING / FOR + GN / *CEO* = *Chief Executive Officer* : PDG. *Female* signifie féminin et n'a rien de péjoratif en anglais.

20- Réponse **D** : voir réponse 16.

21- Réponse **D** : *(to) show up* = venir, arriver, "se pointer" / *(to) show off* = se flatter, "frimer".

22- Réponse **B** : *access* (n) *to* = accès à. **Attention**, le verbe *access* est transitif direct (pas de préposition, ex. : *Can you access the top drawer?*). *To be committed to* + V-ING = se consacrer à.

23- Réponse **C** : *(to) alter* = *(to) modify* ; *(to) modificate* n'existe pas. *Exhaust pipe* = pot d'échappement / *to comply with* = se conformer à.

24- Réponse **C** : ou *a lot **of** opportunit**ies*** / ***often had*** *opportunities. Substantive* = substantif / *(to) embezzle* = détourner.

25- Réponse **B** : conjonctions paires : BOTH A AND B.

26- Réponse **C** : **BEFORE + V-ING** (ou + GN). *Jet-lag* = décalage horaire.

27- Réponse **D** : *advertising* (faire de la pub), coordonné à *smoking* (fumer) : **parallélisme** des formes. *Advertisement* (n.) = une publicité / *commercial* (n.) = une publicité télévisée (US).

28- Réponse **B** : *Taking* plutôt que *To take*. –ING a une valeur de mise en situation alors que TO, appelé aussi opérateur de **visée**, sert davantage à projeter dans l'avenir.

29- Réponse **C** : *amount* = quantité / *second-hand* = d'occasion, de deuxième main (*a second-hand car*), ici sens de la fumée des autres.

30- Réponse **D** : *WHAT* = ce que ≠ pronom interrogatif, voir Les pronoms relatifs, WHAT / WHICH. *(to) melt* = fondre.

31- Réponse **A** : ***eventually*** est un faux ami = en fin de compte. Eventuellement = *possibly*. *Merger* = fusion d'entreprises. Connaître *a good many* + ND plur. = un bon nombre de … / *(to) be made redundant* = être liciencié.

32- Réponse **B** : *exhibited* = exposé (*exhibition* = exposition) / *exhausted* = épuisé / *extorted* = extorqué.

33- Réponse **A** : *(to) make up one's mind* = se décider / faire son choix. / *(to) tackle a problem* = s'attaquer à un problème.

34- Réponse **C** : *(to) be used to* + **V-ING** = avoir l'habitude de (habitude présente). A ne pas confondre avec *used to* + BV (habitude passée), voir La fréquence. Autres verbes en TO + V-ING (rare **mais** à connaître, voir la liste dans V + [TO + V] et V + [V-ING]) : *(to) get used to* + V-ING = s'habituer à / *(to) look forward to* + V-ING = attendre avec impatience / *complaints* = plaintes / *applicant* = postulant.

35- Réponse **B** : adverbe (s'applique à *reacted*) au comparatif d'égalité / *wages* = honoraires, salaire hebdomadaire / *foreman* = contremaître.

36- Réponse **A** : *(to) consider* = examiner la possibilité de / *(to) convince* = convaincre / *(to) decipher* = déchiffrer / *position* = poste.

37- Réponse **B** : *(to be) responsible* ***for*** *sth* / V-ING.

38- Réponse **A** : *during* + GN / *while* + GV. *Among* = parmi / *the nineties* = les années 90 / *actually* = en fait.

39- Réponse **D** : *provider* = fournisseur (d'accès) / *mentor* = tuteur / *(to) crack down* = prendre des mesures énergiques, sévir / *infringement* = violation, infraction.

40- Réponse **B** : *despite* + N / V-ING = malgré // *(to) screen* = 1. filtrer / 2. *porter à l'écran*.

41- Réponse **C** : *I hope everyone will enjoy....* Avec ***hope***, on peut avoir soit du futur, soit du présent. Avec ***wish***, on aurait un passé modal (voir Le prétérit modal) : *I wish everyone enjoy**ed**...* (J'aimerais que tout le monde apprécie...), et avec ***want***, on aurait la structure suivante : *I want everyone* ***to*** *enjoy...*

42- Réponse **B** : *Prior TO* + V-ING = *before* + V-ING. La forme V-ING après un TO se rencontre lorsque le TO fait partie intégrante d'une expression comme dans *to look forward to, in addition to , to have no objection to…* et devient, de ce fait, une préposition (et n'est donc plus une particule : TO + V = l'expression du but).

43- Réponse **A** : *(to) point out* = montrer, indiquer (*to point up* = mettre en avant, faire ressortir).

44- Réponse **D** : voir le chapitre Les inversions Auxiliaire-Sujet. *Should you require any help* = ***IF*** *you required any help.* Il s'agit d'une structure qui relève d'un registre de langue soutenu, d'un anglais écrit formel.

45- Réponse **B** : il nous faut un adjectif à la forme comparative (-ER) en position attribut. A = adverbe, C = nom, et D = nom.

46- Réponse **A** : le contexte nous fait choisir le premier adjectif possessif. D est un pronom : le, la, les nôtre(s).

47- Réponse **C** : CONJONCTIONS PAIRES : *not only* A, *but* ***also*** B. *Both* s'associe à *and*.

48- Réponse **B** : si on a, placés en position adjectivale avant le nom, un chiffre et une unité de mesure, ces derniers doivent être liés par un trait d'union, et le nom renvoyant à l'unité de mesure doit être au singulier (voir Le génitif).

49- Réponse **A** : il faut un adjectif, ce qui élimine les noms C et D. Les objets sont manufacturés (résultat, état) : ADJ. -EN.

50- Réponse **C** : *Invoices are payable within 30 days.* Les factures doivent être réglées dans les 30 jours. Voici quelques autres sens du terme ***payable*** : *taxes* ***payable*** *by the tenant* = impôts à la charge du locataire / *please make your cheque* ***payable*** *to Miss Carson* = veuillez libeller votre chèque à l'ordre de Miss Carson / ***payable*** *at thirty days* = exigible sous trente jours.

51- Réponse **B** : lien logique de cause à effet (les 3 autres propositions marquent un contraste). *Inducement* = motivation / *outstanding* = extraordinaire, remarquable / *incentive* = avantage.

Attention au terme ***outstanding*** qui peut avoir un deuxième sens au TOEIC : *(amount, account)* impayé, à recouvrer, à percevoir; *(payment)* arriéré, en retard; *(invoice, amount)* en souffrance; *(interest)* échu, arriéré.
Le terme ***incentive*** est fréquemment rencontré au TOEIC avec les expressions suivantes : *incentive bonus* = prime d'encouragment / *incentive pay* = primes de rendement / *incentive scheme (for buyers)* = programme de stimulation; *(for workers)* système de primes.

52. Réponse **A** : *throughout the year* = pendant l'année. *While* doit être suivi d'une proposition (sujet + verbe), *during through* n'existe pas. ***Patron*** (faux ami) = client régulier, habitué.
Il existe d'autres expressions avec ***throughout*** qui sont intéressantes à retenir : *throughout the country* = dans tout le pays / *throughout the world* = à travers le monde / *throughout the book/movie* = tout au long du livre/film / *throughout her life* = durant ou pendant toute sa vie.

LEXIQUE GRAMMATICAL

La grammaire se subdivise traditionnellement en trois volets : le **groupe nominal**, le **groupe verbal**, et la **syntaxe** (agencement des différents constituants de la phrase). Voici un petit rappel des différents termes grammaticaux de base. Pour de plus amples détails, voir les explications données dans les différents chapitres du livre. Les termes de nature plus linguistique sont expliqués dans le glossaire qui suit ce lexique.

LE GROUPE VERBAL :

Auxiliaire : en anglais l'auxiliaire sert à construire les formes négative et interrogative : *I* ***am not*** *working* / ***May*** *I go?* (*I not working* et *Go I?* impossibles).

Au contraire du français qui n'a que deux auxiliaires, ÊTRE et AVOIR, l'anglais en possède plusieurs : BE et HAVE, que nous retrouvons, bien entendu, dans les formes BE + -ING et HAVE + -EN ; DO(-ES) / DID, qui entrent dans la composition des négations et des questions aux temps simples ; les auxiliaires **modaux** (CAN, MAY, MUST...) qui servent à exprimer la subjectivité de l'énonciateur.

Verbe : lorsque le verbe est dépourvu de toutes ses terminaisons, il est alors symbolisé par **V,** ou **BV**. On le nomme **base verbale**.

Le verbe peut être **régulier** : son prétérit et son participe passé se forment à l'aide du suffixe -ED adjoint à la base verbale, ou **irrégulier** : pas de règle.

Le verbe peut être :

transitif direct : il admet directement son complément d'objet (**COD**) ex. : *I am eating* ***an apple***.

transitif indirect : le complément d'objet est séparé du verbe par une **préposition** (COI) ex. : *I am speaking* ***to*** *you*.

intransitif : le verbe n'admet pas de complément d'objet, ex. : *It is raining. / I am walking.*

Participe : ce sont des formes figées qui tiennent à la fois du verbe et de l'adjectif : le participe présent, noté **V-ING**, a un sens dynamique, d'**activité**. Le participe passé, noté **V-EN**, a un sens statique (état), de **résultat**. Pour un recensement des utilisations de V-ING et de V-EN, voir Temps et aspects et -ING ≠ -EN.

Temps : deux temps en anglais : le présent, noté **V-Ø/-S**, et le passé, noté **V-ED**. Voir le chapitre Temps et aspects.

Aspect : façon dont le déroulement d'une action est envisagé. Deux aspects en anglais : **BE + -ING** (imperfectif), et **HAVE + -EN** (perfectif). Les auxiliaires portent le temps (présent ou passé), ainsi les formes présent (ou passé) progressif, *present* (ou *past*) *perfect* **ne sont pas des temps** mais des combinaisons temps + aspect.

Mode :

- l'**infinitif** (avec ou sans TO) : renvoie à la notion exprimée par le verbe.
- l'**indicatif**, au présent ou au passé, est le mode de la narration.
- l'**impératif** : mode de l'ordre, de l'injonction, du conseil. L'ordre est adressé à quelqu'un, ex. : *Get out of bed! Don't do that!*

Adressé à qqn, il concerne une tierce personne, ex. *: Let him out! / Don't let him do that!*
L'injonction inclut l'énonciateur, ex. : *Let's go! Let's not talk about it.*

- le **subjonctif** : avec ce mode, le procès (action) énoncé ne se réalise pas forcément, ex. : il faut qu'il vienne (on ne sait pas s'il viendra vraiment).
En anglais, le subjonctif français se rend :
  - soit par un <u>passé modal</u> : *I wish you **came*** (j'aimerais que tu viennes).
  - soit par <u>should</u> : *It is imperative that he **should** come* (Il est impératif qu'il vienne).
  - soit par une <u>base verbale</u> (**subjonctif américain** qui nous intéresse ici) : *It is imperative that he **come**.*

Voix : deux voix : la **voix active** où le sujet est l'auteur de l'action décrite par le verbe, ex. : *I have built a house.*
La **voix passive** (avec BE + -EN) : le sujet grammatical n'est pas l'auteur mais l'objet de l'action : *The house has **be**en **built**.*
La voix passive s'utilise beaucoup plus en anglais qu'en français, notamment pour traduire les tournures impersonnelles.
ex. : *He has **be**en **found** at last!* **<u>On</u>** l'a enfin retrouvé !

Adverbe : un adverbe peut modifier une phrase, un verbe, un groupe nominal, un adjectif, ou un autre adverbe.
On peut recenser :
- les adverbes de **degré** : *too, so, much, enough, totally, highly…*
- les adverbes de **fréquence** : *often, seldom, never…* (voir leur place dans <u>Les adverbes</u>)
- les adverbes de **temps** : *yesterday, last week* (expression adverbiale de temps)…
- les adverbes de **lieu** : *here, there, upstairs…*
- les adverbes de **manière** : *carefully, fast, slowly…*
- les adverbes de **modalité** indiquant un degré de certitude : *maybe, certainly…* ou un jugement : *fortunately, necessarily, stupidly…*
- les adverbes de **liaison** : *however, besides, meanwhile…*
- les adverbes **interrogatifs** qui servent à poser des questions dans les interrogatives indirectes, *where, who, when…*
"<u>Where</u> do you live?" = question directe : pronom interrogatif.
I wonder <u>where</u> he lives = question indirecte : adverbe interrogatif.

Les **compléments circonstanciels** sont des groupes de mots, souvent introduits par une préposition, qui viennent préciser un point de la phrase, comme le ferait un adverbe. On les nomme également **locutions adverbiales**, ex. :

I'll come <u>in a day or two</u> : C.C de temps
I'll come <u>tomorrow</u> : adv. de temps
He's taking a shower <u>in the bathroom</u> : C.C de lieu
He's taking a shower <u>there</u> : adv. de lieu
They are walking <u>in slow motions</u> : C.C de manière
They are walking <u>slowly</u> : adv. de manière etc.

Particule adverbiale : positionnée après un verbe (on l'appelle également postposition), elle en modifie le sens, ex. : *turn* = tourner, *turn **in*** = rendre (un devoir), *turn **off*** = éteindre…

Ne pas confondre avec les verbes **prépositionnels** (verbes suivis d'une préposition) :

*I **turned in** the assignment.* <u>ou</u> *I **turned** the assignment **in**.*

↳ J'ai rendu le devoir. Le COD peut se placer entre le verbe et la particule.

*I am **looking for** my book.*

↳ Je cherche mon livre. *I am looking my book for* = **impossible** *Look for* est un verbe prépositionnel.

LE GROUPE NOMINAL :

Nom : également appelé **substantif**. On distingue les **noms propres** des **noms communs**. Ces derniers se divisent en deux groupes :

- noms **dénombrables** (ND), c'est-à-dire que l'on peut compter : *one chair, two chairs…*
- noms **indénombrables** (NI), *milk, sand, sugar…*

<u>Attention</u> : un ND en français peut être NI en anglais, ex. : *furniture* = des meubles, *advice* = des conseils. Pour individualiser les NI, on passe par des **dénombreurs**, ex. : ***a piece of*** *furniture* = un meuble, ***a word of*** *advice* = un conseil.

Pronom : un pronom est ce qui remplace ou occupe la place d'un nom ou d'un groupe nominal. On trouve des **pronoms** :

- **personnels** sujet, objet et possessif *(I, me, mine…)*
- **réfléchis** (*myself, yourself…*)
- **réciproques** (*each other, one another*)
- **démonstratifs** (*this, that*)
- **indéfinis** (*none, someone, nobody, all…*)
- **relatifs** (*who, that, which…*) qui reprennent des antécédents
- **interrogatifs** (*who, how, when…*)

Déterminant : il se place avant le nom ou le groupe nominal. Il peut être **article** (∅, *a/an, the*), **démonstratif** (*this, that / these, those*), **adjectif possessif** (*my, your, his…*), **quantifieur** (*some, any, no, many, few both, either, neither...*) ou **chiffre**.

Adjectif : il qualifie un nom. Il peut être :

- **épithète**, c'est-à-dire placé avant le nom, ex. : *a tall man.*
- <u>ou</u> **attribut**, placé après un verbe "copule" (de type BE), ex. *: the man is tall.*

Il est toujours **invariable** en anglais : *a **tall** man, a **tall** woman, **tall** men.*

Les adjectifs courts admettent une forme **comparative** (-ER) et une forme **superlative** (-EST) : *tall / taller / tallest*, alors que les adjectifs longs sont précédés de MORE ou de MOST : *comfortable / more comfortable / most comfortable.*

Génitif : communément appelé cas possessif, il a également d'autres valeurs (voir cours). Le génitif germanique se note **N1's N2**. Cette forme ne peut s'employer avec tous les types de N1.
On distingue le génitif **spécifique**, lié à une situation précise, ex. : *my son**'s** school* (l'école de mon fils) du génitif **générique**, où N1's permet de catégoriser N2 comme le ferait un adjectif, ex. : *a **boys'** school* (une école de garçons).

Préposition : les prépositions introduisent en général un complément de lieu ou de temps. Les premières sont de deux types : **statiques**, pour désigner un emplacement (*on, in, next to*...) et **dynamiques**, pour indiquer un mouvement (*into, up, to*...).

LA SYNTAXE :

Syntaxe : ordre, place et position des mots dans le **discours**. Gère en particulier la *construction* des énoncés ou des phrases.

Proposition : énoncé formant une phrase simple ou entrant dans la constitution d'une phrase complexe. On parle principalement de propositions **principale** et **subordonnée**.

- La **proposition principale**, ou phrase **matrice**, est composée d'un groupe nominal sujet et d'un groupe verbal (verbe et compléments) :
  ex. : *He is speaking to his sister.*
- Une **proposition subordonnée** est une phrase qui vient s'insérer à la place d'un des constituants de la principale.
  ex. : *He speaks to <u>whoever listens to him</u>* (Il parle à qui veut bien l'écouter).
  subordonnée relative nominale (sans antécédent) = COI de la principale

On distingue :

- les subordonnées **nominales** (qui prennent la place d'un nom) : **conjonctives en THAT**, **propositions en -ING** (gérondif), **propositions en TO + V**, OU **ØV** (propositions infinitives), **extrapositions** (à l'aide de IT), **causatives** en V-EN.
- Les subordonnées **circonstancielles** qui viennent préciser un point de la principale, comme le ferait un adverbe ou un complément circonstanciel : subordonnées de **cause**, de **raison**, de **but**, de **temps**, de **manière**, de **contraste**, de **condition**...
- Les subordonnées **relatives** qui s'insèrent dans le groupe nominal.

Conjonction : opérateur qui permet de relier deux mots, ou deux phrases mises sur le même plan (**coordination**), ou qui permet d'imbriquer une phrase dans une phrase matrice (**subordination**).

- Conjonctions de coordination : *and, or, but.*
- Conjonctions de subordination : *as, although, because*... (voir <u>Les marqueurs de subordination</u>).

GLOSSAIRE LINGUISTIQUE

Agrammatical : qui n'obéit pas aux règles établies de la grammaire ; qui n'est pas correct, ou acceptable.

Anaphore : (Anaphorique) termes qui renvoient à un élément déjà exprimé, ou cité dans le **discours**. S'oppose à la **cataphore**.

Appositive : lorsque 2 termes, simples (noms, pronoms) ou complexes (propositions), sont juxtaposés sans qu'un mot de liaison les unisse. On trouve très souvent la proposition appositive entre virgules ou en début de phrase suivie d'une virgule. Elle sert principalement à apporter un *complément d'information* à une **proposition** principale ou subordonnée.

Cataphore : (Cataphorique) termes qui annoncent un pan de discours non encore énoncé par l'énonciateur. S'oppose à l'**anaphore**.

Clivée : mise en relief de l'un des éléments d'une proposition (sujet, complément...) à l'aide de **IT + BE**.
IT + BE + élément à mettre en relief + Pronom relatif + reste de la proposition
ex. : *It was Paul who had to bring the camera.*

Ellipse : il s'agit d'une *omission*, c'est-à-dire qu'un ou plusieurs éléments peuvent être élidés, omis, sans que l'équilibre de la **syntaxe** en souffre. On parle d'ellipse de BE, de reprises ou de tournures elliptiques.

-EN : symbole linguistique du participe passé des verbes réguliers et irréguliers en anglais. S'associe à HAVE et BE pour former **HAVE + -EN** (present perfect) ou **BE + -EN** (voix passive).

Énonciateur : un énonciateur (= locuteur) est une personne qui exprime un discours (énoncé) oral ou écrit à un co-énonciateur (= co-locuteur) dans une situation d'énonciation précise.

Épistémique : modalité exprimant le **degré de probabilité** qu'a l'action de se réaliser (énoncé en entier : S/P). S'oppose à la modalité **radicale** des **auxiliaires modaux** (CAN - MUST - MAY etc.).

Extraposition : procédé **syntaxique** par lequel on déplace une proposition tout entière en position post verbale (après le verbe).
ex. : *It was easy for him <u>to do that</u>* = [To do that was easy for him].
On parle d'extraposition avec les propositions infinitives, les participiales en –ING, les conjonctives en THAT et ∅ (zéro), les interrogatives indirectes et les propositions en WHAT, WHETHER et HOW.

Générique : qui englobe une classe (composée d'éléments) tout entière. S'oppose à **spécifique**.

Marqueur : trace grammaticale d'une opération "mentale" sous-jacente (travail mental) de l'énonciateur dans un énoncé. Par exemple, le marqueur -ED apposé au verbe signale la présence du *past tense.*

Modalité : (valeur modale) trace de la subjectivité de l'énonciateur dans l'énoncé (jugement, probabilité, on parle aussi de *commentaire modal*). Celle-ci s'exprime grâce à des marqueurs : auxiliaires modaux, adverbes de modalité (*really, incredibly, hopefully*...), BE + -ING de commentaire...

Nominalisation : lorsqu'un verbe ou **prédicat** (= verbe + compléments) prend la place ou le rôle d'un **nom** (comme avec le suffixe -ING par exemple). On peut aussi parler de *proposition nominale* (ou *nominalisée*).

Opérateur : trace dans la langue d'une **opération mentale** (voir **marqueur**).

Opération : dans la production d'énoncés, l'énonciateur procède à une série de manipulations mentales (opérations) qui se traduisent textuellement par une suite d'opérateurs.

Point de vue : commentaire subjectif de l'énonciateur, qui apparaît dans le corps du discours grâce à des marqueurs particuliers. Il s'agit d'un commentaire sur, par exemple, ce qu'il voit (BE + -ING) ou sur la certitude de ses propos (MUST) ; il peut aussi arriver que l'énonciateur n'ait pas de commentaire à faire (V-∅/-S // V-ED).

Prédicat : base verbale et compléments. [Sont exclus du prédicat, les marqueurs de temps et d'aspects ainsi que les **auxiliaires** qui eux servent à composer grammaticalement la **relation prédicative** S / P].

Radicale : modalité qui met l'accent sur le **sujet** plutôt que sur l'énoncé tout entier. S'oppose à la modalité **épistémique**.

Référent : un référent représente ce à quoi renvoie une unité de discours.
ex. : *I like it warm.* Référent de IT = *the weather / coffee...*

Relation prédicative : association d'un sujet (grammatical) et d'un prédicat, symbolisés respectivement par S et P = S / P.
ex. : *She has gone to the bank.*
↳ She / go to the bank

Spécifique : qui concerne une situation particulière, un élément précis. S'oppose à **générique**.

Syntagme : pan d'**énoncé** regroupant plusieurs unités rassemblées autour d'un même terme, par exemple, le *syntagme verbal* qui rassemble toutes les unités qui ont trait au verbe.

Visée : opération qui consiste à *envisager* la réalisation de l'action (cf. l'opérateur TO).

VERBES IRRÉGULIERS

<u>Attention</u> : Certains verbes acceptent 2 formes. Ils seront suivis du symbole suivant * dans le tableau. Prenez garde aussi aux formes américaine (USA) et britannique (GB).

V base verbale	V-ED prétérit	V-EN participe passé	*Traduction*
abide*	abode / abided	abode / abided	*supporter*
arise	arose	arisen	*survenir, résulter*
awake*	awoke / awaked (litt.)	awoken / awaked (litt.)	*réveiller*
be	was	been	*être*
bear	bore	borne	*porter*
beat	beat	beaten	*battre*
become	became	become	*devenir*
begin	began	begun	*commencer*
bend	bent	bent	*courber*
bet	bet	bet	*parier*
bid	bid	bid	*offrir*
bind	bound	bound	*lier*
bite	bit	bitten	*mordre*
bleed	bled	bled	*saigner*
blow	blew	blown	*souffler*
break	broke	broken	*casser*
breed	bred	bred	*élever*
bring	brought	brought	*apporter*
build	built	built	*construire*
burn*	burnt / burned	burnt / burned	*brûler*
burst	burst	burst	*éclater*
bust*	bust / busted	bust / busted	*démanteler*
buy	bought	bought	*acheter*
cast	cast	cast	*jeter*
catch	caught	caught	*attraper*
choose	chose	chosen	*choisir*
cling	clung	clung	*accrocher*
come	came	come	*venir*
cost	cost	cost	*coûter*
creep	crept	crept	*ramper*
cut	cut	cut	*couper*
deal	dealt	dealt	*distribuer*
dig	dug	dug	*creuser*

V base verbale	**V-ED** prétérit	**V-EN** participe passé	***Traduction***
do	did	done	*faire*
draw	drew	drawn	*dessiner*
dream*	dreamt / dreamed	dreamt / dreamed	*rêver*
drink	drank	drunk	*boire*
drive	drove	driven	*conduire*
dwell	dwelt	dwelt	*habiter, demeurer*
eat	ate	eaten	*manger*
fall	fell	fallen	*tomber*
feed	fed	fed	*nourrir*
feel	felt	felt	*sentir*
fight	fought	fought	*combattre*
find	found	found	*trouver*
flee	fled	fled	*s'enfuir*
fling	flung	flung	*jeter*
fly	flew	flown	*voler*
forbid	forbade	forbidden	*interdire*
forget	forgot	forgotten	*oublier*
forgive	forgave	forgiven	*pardonner*
forsake	forsook	forsaken	*abandonner*
freeze	froze	frozen	*geler*
get	got	got (GB) / gotten (USA)	*obtenir*
give	gave	given	*donner*
go	went	gone	*aller*
grind	ground	ground	*moudre*
grow	grew	grown	*grandir*
hang	hung	hung	*accrocher*
have	had	had	*avoir*
hear	heard	heard	*entendre*
hide	hid	hidden	*cacher*
hit	hit	hit	*frapper,*
hold	held	held	*tenir*
hurt	hurt	hurt	*blesser*
keep	kept	kept	*garder*
kneel*	knelt / kneeled	knelt / kneeled	*s'agenouiller*
knit*	knit / knitted	knit / knitted	*tricoter*
know	knew	known	*connaître*
lay	laid	laid	*poser, étendre*

V base verbale	V-ED prétérit	V-EN participe passé	*Traduction*
lead	led	led	*mener, conduire*
lean*	leant / leaned	leant / leaned	*se pencher*
leap*	leapt / leaped	leapt / leaped	*sauter, bondir*
learn*	learnt / learned	learnt / learned	*apprendre*
leave	left	left	*laisser*
lend	lent	lent	*prêter*
let	let	let	*laisser, louer*
lie	lay	lain	*être allongé*
light*	lit / lighted	lit / lighted	*allumer, éclairer*
lose	lost	lost	*perdre*
make	made	made	*fabriquer, faire*
mean	meant	meant	*signifier*
meet	met	met	*rencontrer*
misspell*	misspelt / misspelled	misspelt / misspelled	*mal orthographier*
misunderstand	misunderstood	misunderstood	*mal comprendre*
mow	mowed	mown	*tondre, faucher*
outdo	outdid	outdone	*surpasser*
overcome	overcame	overcome	*surmonter*
overdo	overdid	overdone	*exagérer*
overtake	overtook	overtaken	*doubler*
pay	paid	paid	*payer*
plead*	pled (USA) / pleaded	pled (USA) / pleaded	*supplier, plaider*
put	put	put	*mettre, poser*
quit*	quit / quitted	quit / quitted	*cesser, arrêter*
read	read	read	*lire*
redo	redid	redone	*refaire*
rewind	rewound	rewound	*rembobiner*
rid	rid	rid	*débarrasser*
ride	rode	ridden	*chevaucher*
ring	rang	rung	*sonner*
rise	rose	risen	*augmenter, se lever*
run	ran	run	*courir*
saw	sawed	sawn (USA) / sawed	*scier*
say	said	said	*dire*
see	saw	seen	*voir*
seek	sought	sought	*chercher*
sell	sold	sold	*vendre*

V base verbale	V-ED prétérit	V-EN participe passé	***Traduction***
send	sent	sent	*envoyer*
set	set	set	*fixer, poser*
sew	sewed	sewn	*coudre*
shake	shook	shaken	*secouer*
shear	sheared	shorn	*tondre*
shed	shed	shed	*verser (larmes)*
shine	shone	shone	*briller*
shoe	shod	shod	*ferrer, chausser*
shoot	shot	shot	*tirer*
show	showed	shown	*montrer*
shrink	shrank	shrunk	*rétrécir*
shut	shut	shut	*fermer*
sing	sang	sung	*chanter*
sink	sank	sunk	*couler*
sit	sat	sat	*être*
slay	slew	slain	*tuer*
sleep	slept	slept	*dormir*
slide	slid	slid	*glisser*
sling	slung	slung	*lancer*
slink	slunk	slunk	*se dérober*
slit	slit	slit	*fendre*
smell*	smelt (GB) / smelled	smelt (GB) / smelled	*sentir*
sow	sowed	sown	*semer*
speak	spoke	spoken	*parler*
speed*	sped / speeded	sped / speeded	*foncer, hâter*
spell*	spelt / spelled	spelt / spelled	*épeler*
spend	spent	spent	*dépenser*
spill*	spilt / spilled	spilt / spilled	*renverser*
spin	spun	spun	*filer, tourner*
spit	spat	spat	*cracher*
split	split	split	*(se) fendre*
spoil*	spoilt (GB) / spoiled	spoilt (GB) / spoiled	*gâter*
spread	spread	spread	*répandre*
spring	sprang	sprung	*jaillir, sauter*
stand	stood	stood	*être debout*
steal	stole	stolen	*voler, dérober*
stick	stuck	stuck	*coller*
sting	stung	stung	*piquer*

V base verbale	V-ED prétérit	V-EN participe passé	*Traduction*
stink	stank	stunk	*puer*
strew*	strewed	strewn / strewed	*éparpiller*
stride	strode	stridden	*parcourir à grands pas*
strike	struck	struck	*frapper*
string	strung	strung	*enfiler*
strive	strove	striven	*s'efforcer*
swear	swore	sworn	*jurer*
sweep	swept	swept	*balayer*
swell	swelled	swollen	*enfler, gonfler*
swim	swam	swum	*nager*
swing	swung	swung	*(se) balancer*
take	took	taken	*prendre*
teach	taught	taught	*enseigner*
tear	tore	torn	*déchirer*
tell	told	told	*dire, raconter*
think	thought	thought	*penser*
thrive*	throve / thrived	thriven / thrived	*prospérer*
throw	threw	thrown	*jeter*
thrust	thrust	thrust	*enfoncer*
tread	trod	trodden	*marcher, piétiner*
understand	understood	understood	*comprendre*
upset	upset	upset	*bouleverser*
wake	woke	woken	*réveiller*
wear	wore	worn	*porter*
weave	wove	woven	*tisser*
weep	wept	wept	*pleurer*
win	won	won	*gagner*
wind	wound	wound	*enrouler, remonter*
withdraw	withdrew	withdrawn	*retirer*
withstand	withstood	withstood	*résister*
wring	wrung	wrung	*tordre*
write	wrote	written	*écrire*

INDEX

Cet index est bilingue et contient des renvois lexicaux et linguistiques. Les mots anglais sont en **gras**, les français en *italiques* et les termes de linguistique et de grammaire en police normale.

A

D

E

I

J

K

L

M

N

O

P

Q

R

S

T

U

V

W

X

Y

Z

BIBLIOGRAPHIE

▣ Théories et pratiques grammaticales

ADAMCZEWSKI, Henri & GABILAN, Jean-Pierre. *Les clés de la grammaire anglaise*. Armand Colin, Paris, 1992.

BERLAND-DELÉPINE, Serge. *La grammaire anglaise de l'étudiant*. Éditions Ophrys, Paris, 1989.

BOUSCAREN, Janine, MOULIN, Michel & ODIN, Henri. *Pratique raisonnée de la langue*. Éditions Ophrys, Paris, 1996-98.

BOUSCAREN, Janine. *Linguistique anglaise – Initiation à une grammaire de l'énonciation*. Éditions Ophrys, Paris, 1993.

GANDRILLON, Annie & Daniel. *Gagner des points en anglais*. Ellipse : Paris, 2002.

GUILLEMIN-FLESCHER, Jacqueline. *Syntaxe comparée du français et de l'anglais, problèmes de traduction*. Éditions Ophrys, Paris, 1981.

LAPAIRE, Jean-Rémi & ROTGÉ, Wilfried. *Linguistique et grammaire de l'anglais*. PUM, Toulouse, 1991.

LAPAIRE, Jean-Rémi & ROTGÉ, Wilfried. *Réussir le commentaire grammatical de textes*. Ellipse, Paris, 1992.

LARREYA, Paul & RIVIÈRE, Claude. *Grammaire explicative de l'anglais*. Longman Université, Paris, 1991.

LE PRIEULT, Henri. *Grammaire progressive de l'anglais*. Belin, Paris, 1996-98.

LEGUIL, Sylvie. *Tenses in no Time, la clé des temps en anglais*. CRDP de Lorraine, 1995.

MARCELIN, Jacques, FAIVRE François, GARNER Charlotte & RATIÉ Michel. *Grammaire de l'anglais*. Le Robert et Nathan, Paris, 1996.

MARTINA, Claudine. *La grammaire de l'anglais au collège*. Belin : Paris, 1999.

PERSEC, Sylvie & BURGUÉ, Jean-Claude. *Grammaire raisonnée 2*. Éditions Ophrys, Paris, 2003.

▣ Ouvrages TOEFL® / TOEIC®

BROUKAL, Milada. *National Textbook Company's Practice Tests for the TOEFL®*. NTC's Educational Series, New York, 1998.

GEAR, Jolene & Robert. *Cambridge Preparation for the TOEFL® Test*. Cambridge, 2006.

LOUGHEED, Lin. *600 essential words for the TOEIC®*. Barron's, New York, 1999.

LOUGHEED, Lin. *Preparation Series for The New TOEIC® Test – Advanced Course*. Longman Pearson, Essex, 2007.

Oxford Preparation Course for the New TOEIC® Test. Oxford University Press, Oxford, 2007.

ROGERS, Bruce. *Complete Guide to the New TOEIC® Test*. Thomson, Boston, Bonn, Londres, 2007.

SHARPE, Pamela J. *Barron's Practice Tests for the TOEFL®*. Barron's Educational Series, New York, 2004.

SILLY, Hubert. *New TOEIC® Study Book*. MBA Center Publications, London, 2007.

PHILLIPS, Deborah. *Longman Preparation Course for the TOEFL® Test: The Paper Test*. Longman, Essex, 2008.

TALCOTT, Charles & TULLIS, Graham. *Target Score – 2nd Edition (TOEIC®)*, Cambridge University Press, 2007.

TREW, Grant. *Tactics for TOEIC®*. Oxford University Press, Oxford, 2007.

▣ Ouvrages annexes

AUTRET, Jean. *L'humour anglo-saxon*. Pocket, Les langues pour tous, 1991.

The Little Book of Insults. Parragon, London, 1998.

NOTES

NOTES

NOTES

NOTES

Pour toi Bapt ♡

NOTES

Dépôt légal : mai 2016
IMPRIMÉ EN FRANCE

Achevé d'imprimer le 13 mai 2016
sur les presses de l'imprimerie « La Source d'Or »
63039 Clermont-Ferrand
Imprimeur n° 18724

PEFC/10-31-2008

Dans le cadre de sa politique de développement durable,
La Source d'Or a été référencée IMPRIM'VERT®
par son organisme consulaire de tutelle.
Cet ouvrage est imprimé - pour l'intérieur -
sur papier offset standard 80 g
provenant de la gestion durable des forêts,
produit par des papetiers dont les usines ont obtenu
les certifications environnementales ISO 14001 et E.M.A.S.

~ FAIT MAISON ~

RECETTES TESTÉES À LA MAISON

CUISINE EXPRESS

FAIT MAISON

RECETTES TESTÉES À LA MAISON

CUISINE EXPRESS

Texte, stylisme et photographies : Aurélie Desgages

hachette
CUISINE

SOMMAIRE

SOUPES COMPLÈTES

TARTES ET PIZZAS

VIANDES & POISSONS

PLATS VÉGGIE

INTRODUCTION

Vous adorez cuisiner mais vous n'avez pas vraiment le temps ? Vous rentrez tard du travail ? Des amis débarquent à l'improviste ? Vous devez déjeuner sur le pouce ? Ce livre est fait pour vous !

65 recettes faciles et rapides pour faire plaisir aux gourmands pressés en 15 minutes top chrono !

Ce livre se partage en 5 chapitres distincts : soupes, tartes et pizzas, viandes et poissons et veggie. Il y en a pour tout le monde. Des recettes faciles rapides et inratables avec des ingrédients de tous les jours.

De plus, des conseils et des variantes sont indiqués pour vous apporter des recettes bonus.

Ce livre va devenir la nouvelle bible dans votre cuisine.

SOUPES COMPLÈTES

SOUPE DE MAÏS À LA MEXICAINE

POUR 4 PERSONNES

10 MIN DE PRÉPARATION
5 MIN DE CUISSON

COÛT €
FACILE

MATÉRIEL

Mixeur plongeant

1 grosse boîte de maïs en conserve (400 g) • 2 oignons • 30 g de beurre doux • 75 g de lardons fumés • 50 cl de bouillon de légumes • 1 cuil. à café de cumin • Quelques brins de coriandre frais • 100 g de ricotta • Sel, poivre

1 Égouttez et rincez le maïs à l'eau froide. Épluchez et émincez les oignons.

2 Faites fondre le beurre dans une casserole, ajoutez les oignons émincés, le maïs puis faites revenir pendant 5 min tout en remuant avec une cuillère en bois (réservez quelques grains de maïs pour la décoration). Versez le bouillon de légumes, ajoutez le cumin et la coriandre, puis laissez cuire pendant 5 min. Salez et poivrez à votre convenance puis mixez.

3 Faites revenir les lardons dans une poêle bien chaude pendant 2 min.

4 Répartissez la soupe dans 4 bols. Parsemez de lardons grillés, ajoutez un peu de ricotta et un peu de coriandre ciselée.

VELOUTÉ DE CHAMPIGNONS AU COMTÉ

POUR 4 PERSONNES

5 MIN DE PRÉPARATION
13 MIN DE CUISSON

COÛT €
FACILE

MATÉRIEL

Mixeur plongeant

500 g de champignons de Paris • 1 oignon • 1 gousse d'ail • 30 cl d'eau + 1 cube de bouillon de légumes • 40 cl de lait • 1 poignée de noisettes • 50 g de comté râpé • 1 cuil. à soupe d'huile d'olive + 1 filet

1 Épluchez les champignons et coupez-les en quartiers.

2 Faites revenir l'oignon dans une poêle bien chaude pendant 3 min avec l'huile d'olive. Ajoutez les champignons et la gousse d'ail hachée.

3 Versez le bouillon de légumes et couvrez de 30 cl d'eau et 40 cl de lait. Couvrez et laissez cuire pendant 10 min.

4 Pendant ce temps, faites griller les noisettes dans une poêle avec le filet d'huile d'olive. Ajoutez le comté râpé dans la préparation aux champignons puis mixez.

5 Répartissez dans les 4 bols. Parsemez de noisettes grillées puis servez aussitôt.

SOUPE DE POULET,
COCO ET CITRONNELLE

POUR 4 PERSONNES

10 MIN DE PRÉPARATION
15 MIN DE CUISSON

COÛT €
FACILE

200 g de filets de blanc de poulet • 1 citron vert • 2 tiges de citronnelle • 100 g de champignons de Paris • 1 petite botte de coriandre fra´che • 50 cl de lait de coco • 1 cuil. à soupe de gingembre • 1 cuil. à café de piment de Cayenne (facultatif) • 1 cuil. à soupe de sauce soja

1 Prélevez le jus du citron vert et émincez la citronnelle, réservez.

2 Coupez les filets de blanc de poulet en dés puis faites-les cuire dans une casserole d'eau bouillante pendant 10 min. Égouttez puis réservez.

3 Pendant ce temps, épluchez et découpez les champignons en quartiers puis hachez la coriandre.

4 Versez le lait de coco dans une casserole, ajoutez le gingembre et la citronnelle.

5 Ajoutez le poulet, les champignons, le piment de Cayenne, la citronnelle, le jus du citron vert, la coriandre et la sauce soja. Laissez cuire doucement à couvert pendant 5 min.

6 Répartissez la préparation dans des bols puis servez aussitôt.

SOUPE DE BETTERAVE
À LA PURÉE DE SÉSAME ET CHÈVRE FRAIS

POUR 4 PERSONNES

5 MIN DE PRÉPARATION
5 MIN DE CUISSON

COÛT €
FACILE

MATÉRIEL

Blender

6 betteraves cuites • 1 cube de bouillon de légumes • 25 cl de lait de coco • 100 g de chèvre frais • 2 cuil. à soupe de purée de sésame • 1 poignée de noix • Sel, poivre

1 Dans une casserole, portez 1 l d'eau à ébullition, ajoutez le cube de bouillon de légumes et laissez-le se dissoudre.

2 Dans le bol d'un blender, versez le bouillon de légumes, le lait de coco, le chèvre frais, les betteraves cuites coupées en morceaux et la purée de sésame. Salez et poivrez à votre goût.

3 Mixez jusqu'à obtenir une belle texture lisse. Répartissez la soupe dans 4 bols et parsemez de noix concassées.

CONSEIL

Servez cette soupe avec des tartines de chèvre frais ou de fromage frais.

VELOUTÉ DE PETIT POIS
AU LAIT D'AMANDE ET AMANDES GRILLÉES

POUR 4 PERSONNES

10 MIN DE PRÉPARATION
5 MIN DE CUISSON

COÛT €
FACILE

MATÉRIEL

Blender

1 grosse poignée d'amandes • 500 g de petits pois • 1 oignon • 2 gousses d'ail • 1 cuil. à soupe d'origan séché • 3 cuil. à soupe de crème d'amande • 25 cl de lait d'amande • Huile d'olive • Sel, poivre

1 Enfournez les amandes sur une plaque pendant 5 min à 180 °C (th. 6) jusqu'à ce qu'elles soient grillées. Réservez.

2 Émincez finement l'oignon et hachez les gousses d'ail. Faites-les cuire dans une poêle bien chaude avec un filet d'huile d'olive. Laissez cuire 5 bonnes minutes jusqu'à ce que les oignons soient fondants.

3 Versez un peu d'eau, l'origan séché et les petits pois puis laissez cuire encore 5 min.

4 Versez dans le bol du blender puis mixez. Salez, poivrez, versez la crème et le lait d'amande puis mixez de nouveau (vous devez obtenir une texture bien lisse).

5 Parsemez d'amandes grillées puis servez aussitôt.

VARIANTE

Vous pouvez préparer la même recette avec des noisettes à la place des amandes en réalisant les mêmes étapes.

SOUPE DE LENTILLES CORAIL
ET PATATE DOUCE

POUR 4 PERSONNES

10 MIN DE PRÉPARATION
5 MIN DE CUISSON

COÛT €
FACILE

MATÉRIEL

Mixeur ou blender

2 grosses patates douces • 125 g de lentilles corail • 20 cl de boisson végétale au soja • 1 cuil. à café de paprika • Sel, poivre

1 Épluchez les patates douces puis coupez-les en dés.

2 Portez à ébullition une casserole remplie d'eau bouillante avec le paprika. Ajoutez les dés de patate douce et les lentilles corail puis faites cuire 10 min.

3 Égouttez la moitié de l'eau puis versez le tout dans le bol d'un mixeur ou d'un blender.

4 Ajoutez la boisson végétale puis mixez le tout jusqu'à obtenir une texture lisse et homogène. Salez et poivrez à votre convenance puis servez aussitôt.

VARIANTES

Vous pouvez ajouter 100 g de pois chiches.
Vous pouvez remplacer la boisson végétale par du lait.

VELOUTÉ D'AVOCAT AU PIMENT

POUR 4 PERSONNES

5 MIN DE PRÉPARATION

COÛT €
FACILE

MATÉRIEL

Blender

3 avocats • 3 verres de bouillon de légumes • 2 cuil. à café de jus de citron • ½ cuil. à café de piment de Cayenne • 1 poignée de noix • Sel

1 Versez dans le bol d'un blender la chair des avocats, le bouillon de légumes, le jus de citron et le piment de Cayenne.

2 Salez, poivrez puis mixez. Concassez les noix et répartissez-les sur chaque bol.

3 Servez froid ou tiède.

ASTUCE

Servez ce velouté d'avocat avec le granola salé (voir recette p. 130).

SOUPE DE CHÂTAIGNES ET TARTINE DE CHAMPIGNONS

POUR 4 PERSONNES

5 MIN DE PRÉPARATION
15 MIN DE CUISSON

COÛT €
FACILE

MATÉRIEL

Blender

500 g de châtaignes cuites (en bocal) • 2 échalotes • 50 cl de bouillon de volaille • 400 g de champignons bruns • 20 g de beurre demi-sel • Persil • 2 gousses d'ail • 10 cl de crème liquide • 4 tartines de pain aux céréales • Pignons de pin • Sel et poivre

1 Épluchez les échalotes et ciselez-les finement. Portez le bouillon de volaille à ébullition.

2 Dans une cocotte à fond épais, faites fondre 15 g de beurre. Ajoutez les échalotes et faites-les dorer 2 min. Ajoutez les châtaignes puis faites-les dorer 3 min.

3 Versez le bouillon de volaille chaud et laissez mijoter pendant 10 min.

4 Pendant le temps de cuisson, faites revenir les champignons 5 min dans une poêle bien chaude avec le reste de beurre, le persil et les gousses d'ail hachées. Réservez.

5 Versez la préparation aux châtaignes dans le blender puis mixez le tout finement. Ajoutez la crème liquide, salez et poivrez à votre convenance puis mixez de nouveau.

6 Faites griller les tartines de pain aux céréales au grille-pain, déposez les champignons bruns, quelques pignons de pin puis servez pour accompagner cette soupe de châtaignes.

VELOUTÉ DE HARICOTS VERTS, MENTHE ET FROMAGE BLEU

POUR 4 PERSONNES

5 MIN DE PRÉPARATION
10 MIN DE CUISSON

COÛT €
FACILE

MATÉRIEL

Blender

600 g d'haricots verts frais • 3 gousses d'ail • 15 feuilles de menthe fraîche • 25 cl de lait • 100 g de roquefort • Sel

1 Faites cuire les haricots verts dans une grande casserole remplie d'eau salée.

2 Épluchez et coupez-les gousses d'ail, ajoutez-les dans la casserole puis faites cuire le tout pendant 10 min. Égouttez les haricots verts.

3 Versez le tout dans le bol d'un blender avec 20 cl d'eau et les feuilles de menthe, mixez une première fois.

4 Ajoutez le lait et mixez de nouveau jusqu'à obtenir une texture lisse et fine.

5 Répartissez dans les bols, déposez un bon morceau de bleu au centre puis servez aussitôt.

VARIANTE
Remplacez le roquefort par du chèvre frais.

SOUPE MISO, LÉGUMES ET CREVETTES

POUR 4 PERSONNES

5 MIN DE PRÉPARATION
10 MIN DE CUISSON

COÛT €
FACILE

200 g de crevettes cuites • 1 carotte • 1 poireau • Sauce soja • 1 l de bouillon dashi • 3 cuil. à soupe de miso blanc (en magasin bio ou épicerie asiatique) • 1 petit oignon vert cébette • 3 g d'algues séchées type feuille de nori ou wakamé • Huile de sésame

1 Épluchez la carotte et le poireau, coupez-les en rondelles puis faites-les revenir 5 min dans un wok avec 1 cuil. à soupe de sauce soja et un filet d'huile de sésame. Réservez au chaud le temps de la préparation de la soupe.

2 Portez le bouillon dashi à ébullition puis ajoutez le miso blanc, mélangez et laissez chauffer 2 min à feu doux.

3 Pelez et émincez l'oignon.

4 Ajoutez dans le bouillon les crevettes, les rondelles de carotte et poireau, les algues et l'oignon émincé puis laissez cuire pendant 3 min à feu doux.

5 Répartissez la préparation dans les bols puis servez aussitôt.

VARIANTE

Réalisez une soupe miso classique en ôtant les crevettes et les légumes et en ajoutant 200 g de tofu nature.

VELOUTÉ DE PANAIS ET MIMOLETTE

POUR 4 PERSONNES

5 MIN DE PRÉPARATION
10 MIN DE CUISSON

COÛT €
FACILE

MATÉRIEL

Blender
Économe

4 panais • 1 cube de bouillon de légumes • 50 cl de lait • ½ gousse d'ail • 40 g de mimolette • Sel, poivre

1 Épluchez les panais puis coupez-les en cubes.

2 Faites bouillir une grande casserole remplie d'eau, puis ajoutez les cubes de panais et le cube de bouillon de légumes. Faites cuire pendant 10 min puis versez dans le bol d'un blender.

3 Ajoutez le lait, la demi-gousse d'ail puis mixez de nouveau.

4 Taillez la mimolette en copeaux à l'aide d'un économe. Répartissez le velouté dans chaque bol, déposez quelques copeaux de mimolette puis servez aussitôt.

VARIANTE

Réalisez la même recette avec 400 g de chou-fleur. Faites-le cuire 10 min dans une eau bouillante salée puis suivez ensuite les mêmes étapes de réalisation.

HARIRA EXPRESS

POUR 4 PERSONNES

10 MIN DE PRÉPARATION
20 MIN DE CUISSON

COÛT €
FACILE

MATÉRIEL

Blender

250 g de pois chiches cuits (ou en boîte) • 100 g de lentilles cuites en boîte • 1 oignon • 150 g de pulpe de tomates • 100 g de concentré de tomates • 1 bouquet de coriandre ciselée • 1 cuil. à café de cannelle en poudre • 1 cuil. à café de gingembre • 1 cuil. à café de ras-el-hanout • 1 cuil. à café de paprika • 1 cube de bouillon de volaille • Huile d'olive • Sel, poivre

1 Dans une grosse cocotte, faites revenir l'oignon émincé avec un filet d'huile d'olive pendant 2 min.

2 Ajoutez la pulpe de tomates, le concentré de tomates, la coriandre ciselée, les épices (cannelle, gingembre, ras-el-hanout, paprika) et le cube de bouillon de volaille.

3 Égouttez les pois chiches et les lentilles puis ajoutez-les dans la cocotte. Versez 10 cl d'eau puis laissez mijoter pendant 10 min.

5 Versez tous les ingrédients dans le bol d'un blender puis mixez jusqu'à obtenir une texture lisse.

6 Répartissez dans 4 bols, puis servez aussitôt avec quelques pluches de coriandre et quelques pois cassés entiers.

VARIANTE

Ajoutez 200 g de viande de bœuf hachée à la préparation. Faites-la revenir à la poêle 5 min et déposez-en sur chaque soupe avant de servir.

SOUPE DE LENTILLES ET TRUITE FUMÉE

POUR 4 PERSONNES

10 MIN DE PRÉPARATION
13 MIN DE CUISSON

COÛT €
FACILE

MATÉRIEL

Blender

1 grosse boîte de lentilles vertes déjà cuites (400 g) • 4 tranches de truite fumée • 2 carottes • 2 oignons • 1 l de bouillon de légumes • 3 cuil. à soupe d'huile d'olive • Sel, poivre

1. Épluchez et coupez les carottes en cubes et émincez les oignons.
2. Faites-les revenir dans une cocotte avec un filet d'huile d'olive pendant 10 min.
3. Ajoutez ensuite les lentilles égouttées puis le bouillon de légumes. Laissez mijoter pendant 3 min.
4. Versez le tout dans le bol du blender puis mixez le tout.
5. Répartissez la soupe dans 4 bols. Au moment de servir, déposez 1 tranche de truite fumée.

VELOUTÉ D'ASPERGES AU PARMESAN

POUR 4 PERSONNES

5 MIN DE PRÉPARATION
13 MIN DE CUISSON

COÛT €
FACILE

MATÉRIEL

Blender

2 gousses d'ail • 800 g d'asperges vertes • 1 l de bouillon de légumes • 20 cl de crème liquide • 4 cuil. à soupe de parmesan râpé • Huile d'olive • Sel, poivre

1 Épluchez les gousses d'ail et écrasez-les. Ôtez les pieds des asperges, puis découpez-les grossièrement en tronçons.

2 Faites chauffer de l'huile d'olive dans une casserole, puis faites-y suer les asperges et l'ail pendant 3 min en remuant bien.

3 Couvrez du bouillon de légumes et faites cuire pendant 10 min.

4 Versez dans le bol d'un blender, ajoutez la crème et le parmesan râpé et mixez.

5 Répartissez dans les bols. Servez chaud ou froid selon vos envies.

TARTES & PIZZAS

FLAMMEKUECHE AUX OIGNONS ROUGES

POUR 4 PERSONNES

5 MIN DE PRÉPARATION
6 À 8 MIN DE CUISSON

COÛT €
FACILE

MATÉRIEL

Plaque de cuisson

1 pâte brisée toute prête du commerce • 150 g de lardons fumés • 2 oignons rouges • 100 g de fromage blanc • 150 g de crème fraîche épaisse • Sel, poivre • Roquette pour servir

1 Préchauffez le four à 250 °C (th. 8-9). Dans un saladier, mélangez le fromage blanc avec la crème fraîche épaisse, salez et poivrez à votre convenance.

2 Étalez la pâte sur une plaque de cuisson tapissée d'un papier cuisson, puis étalez ce mélange sur l'ensemble de la pâte.

3 Émincez les oignons rouges puis répartissez-les sur l'ensemble de la pâte.

4 Déposez ensuite les lardons fumés et enfournez pour 6 à 8 min.

5 La flammekueche doit être légèrement dorée. Servez-la aussitôt accompagnée de roquette.

VARIANTE

Remplacez les lardons fumés par des dés de tofu fumé pour une version végétarienne.

PIZZA PESTO, CHÈVRE ET ASPERGES VERTES

POUR 4 PERSONNES

10 MIN DE PRÉPARATION
10 MIN DE CUISSON

COÛT €
FACILE

MATÉRIEL

Blender
Plaque de four

1 pâte à pizza toute prête du commerce ou du boulanger • 1 bûche de chèvre • 10 asperges vertes • Sel
POUR LE PESTO : 20 feuilles de basilic frais • 2 grosses gousses d'ail • ½ botte de persil plat • 4 cuil. à soupe de pignons de pin • 8 cuil. à soupe de parmesan • 10 cuil. à soupe d'huile d'olive

1 Préparez le pesto. Lavez et effeuillez le basilic et le persil. Épluchez et écrasez les gousses d'ail.

2 Versez dans le bol du blender l'ail, le persil, le basilic, les pignons de pin, le parmesan et du sel. Versez l'huile puis mixez le tout jusqu'à obtenir une belle sauce épaisse et lisse. N'hésitez pas à ajouter un peu d'huile jusqu'à obtenir la consistance souhaitée.

3 Versez dans un bol puis réservez au frais jusqu'au moment de servir.

4 Préparez la pizza. Préchauffez le four à 250 °C (th. 8-9). Étalez finement la pâte à pain sur un plan de travail fariné puis déposez-la sur une plaque recouverte d'un papier cuisson.

5 Tartinez toute la pâte de pesto, déposez des rondelles de chèvre puis enfournez pour 8 min jusqu'à ce que la pâte soit bien dorée.

6 Pendant ce temps, faites revenir les asperges dans une poêle bien chaude avec un filet d'huile d'olive, salez et poivrez à votre convenance puis réservez au chaud.

7 Sortez la pâte au pesto et chèvre du four, déposez les asperges grillées puis servez aussitôt.

VARIANTE
Vous pouvez remplacer le chèvre par de la mozzarella.

PIZZA ROULÉE AUX TOMATES, MOZZARELLA ET SPECK

POUR 4 PERSONNES

5 MIN DE PRÉPARATION
10 MIN DE CUISSON

COÛT €
FACILE

1 pâte à pizza rectangulaire toute prête du commerce ou du boulanger • 1 boule de mozzarella • ½ boîte de concentré de tomates • 4 tranches de speck • Origan séché en poudre • Huile d'olive • Sel, poivre

1 Préchauffez le four à 240 °C (th. 8). Égouttez la mozzarella puis découpez-la en tranches.

2 Sur un plan de travail fariné, étalez la pâte très finement pour former un rectangle.

3 Déposez le concentré de tomates, les tranches de mozzarella, le speck, puis parsemez d'origan séché.

4 Versez un filet d'huile d'olive, salez et poivrez à votre convenance. Roulez le rectangle sur lui-même afin d'obtenir un boudin puis enfournez pour 10 min.

5 Coupez la pizza roulée en tranches puis servez aussitôt.

VARIANTE
Remplacez le speck par du jambon de pays ou du jambon blanc.

PIZZA SUR PAIN PITA, AUBERGINES ET LABNEH

POUR 4 PERSONNES

10 MIN DE PRÉPARATION
7 MIN DE CUISSON

COÛT €
FACILE

4 pains pita • 2 aubergines • 10 feuilles de menthe • 150 g de labneh (lait fermenté libanais) • 1 citron jaune • Zaatar • 1 poignée de pistaches non salées décortiquées • Huile d'olive • Sel

1 Lavez et coupez les aubergines en fines rondelles puis faites-les revenir dans une grande poêle bien chaude avec un filet d'huile d'olive pendant 5 min. Appuyez légèrement dessus afin qu'elles dégorgent bien et poursuivez la cuisson 2 min.

2 Ciselez la menthe finement. Faites griller les pains pita dans une poêle des deux côtés.

3 Dans un petit bol, mélangez le labneh avec le jus du citron et un peu de sel puis étalez le mélange sur les pains pita.

4 Déposez les rondelles d'aubergines grillées sur le labneh, versez un filet d'huile d'olive et versez un peu de zaatar.

5 Parsemez de pistaches concassées et servez aussitôt accompagné de taboulé libanais.

VARIANTE
Vous pouvez remplacer les aubergines par des courgettes.

FOCACCIA AUX DEUX POIVRONS ET OLIVES NOIRES

POUR 4 PERSONNES

5 MIN DE PRÉPARATION
14 MIN DE CUISSON

COÛT €
FACILE

1 pâte à pizza toute prête du commerce ou du boulanger • 1 poivron rouge • 1 poivron jaune • 1 petite boîte de tomates pelées • 50 g d'olives noires • Basilic frais • Fleur de sel

1 Préchauffez le four à 220 °C (th. 7-8). Émincez les poivrons puis faites-les revenir 5 min à la poêle avec un filet d'huile d'olive.

2 Étalez la pâte à pizza sur un plan de travail fariné puis formez des trous avec les doigts. Versez un peu d'huile d'olive, salez puis enfournez pour 5 min.

3 Étalez les tomates pelées puis les poivrons grillés sur la pâte. Enfournez à nouveau pour 3 min.

4 Déposez les olives noires et du basilic frais puis servez aussitôt.

VARIANTE
Remplacez les poivrons par des tomates cerise.

PIZZA POLENTA
AUX CHAMPIGNONS ET FROMAGE

POUR 4 PERSONNES

10 MIN DE PRÉPARATION
12 MIN DE CUISSON

COÛT €
FACILE

MATÉRIEL

Plaque de cuisson

100 g de comté • 38 cl de lait • 180 g de polenta • 40 g de parmesan râpé • 250 g de champignons sauvages • 200 g de ricotta • 2 cuil. à soupe de persil plat • Huile d'olive • Sel, poivre

1 Préchauffez le four à 210 °C en mode gril. Coupez le comté en lamelles.

2 Portez le lait à ébullition dans une casserole. Versez la polenta et mélangez vivement à l'aide d'un fouet. Réduisez le feu et poursuivez la cuisson 4 min jusqu'à épaississement. Ôtez du feu puis versez le parmesan râpé, du sel et du poivre. Étalez la polenta sur une plaque recouverte de papier cuisson sur 3 cm d'épaisseur.

3 Lavez et émincez les champignons. Faites-les revenir dans une poêle avec un filet d'huile d'olive pendant 5 min.

4 Étalez la ricotta sur la polenta, puis déposez les champignons et les lamelles de comté par-dessus. Placez 2 min sous le gril du four. Parsemez de persil plat haché puis servez aussitôt.

VARIANTE

Ajoutez des épinards frais sur les champignons avant d'enfourner.

PIZZA AUX ARTICHAUTS ET TOMATES CONFITES

POUR 4 PERSONNES

10 MIN DE PRÉPARATION
10 MIN DE CUISSON

COÛT €
FACILE

1 pâte à pizza toute prête du commerce • 1 boîte de cœurs d'artichauts • 4 cuil. à soupe de pesto maison (voir p. 44) ou du commerce • 2 cuil. à soupe de pignons de pin • 1 belle burrata • 10 tomates confites • Roquette • Flocons de piment rouge broyés • Huile d'olive

1 Préchauffez le four à 210 °C (th. 7).

2 Égouttez les cœurs d'artichauts puis coupez-les en deux dans la longueur.

3 Déroulez la pâte à pizza puis étalez-la finement sur un plan de travail fariné. Tartinez-la de pesto et garnissez-la de cœurs d'artichauts. Enfournez pour 8 à 10 min.

4 Pendant ce temps, faites griller les pignons de pin dans une poêle brièvement avec un peu d'huile d'olive.

5 Sortez la pizza du four, parsemez de tomates confites et ajoutez la burrata au centre. Parsemez de roquette, de pignons de pin et de flocons de piment. Servez aussitôt.

VARIANTE
Ajoutez des rondelles d'aubergine et de courgette pour une version légumes du soleil.

TARTE FINE AUX POIREAUX
ET SAUMON FUMÉ

POUR 4 PERSONNES

5 MIN DE PRÉPARATION
13 MIN DE CUISSON

COÛT €€
FACILE

1 pâte brisée du commerce • 3 blancs de poireaux • 4 belles tranches de saumon fumé • 3 cuil. à soupe de crème fraîche épaisse • Aneth • Fleur de sel, poivre

1 Préchauffez le four à 210 °C (th. 7). Émincez les poireaux puis faites-les revenir à la poêle pendant 5 min.

2 Pendant ce temps, étalez la pâte brisée, piquez-la avec une fourchette puis étalez la crème fraîche sur le dessus.

3 Parsemez de fleur de sel et d'aneth puis enfournez pour 5 min.

4 Sortez la tarte du four, ajoutez les rondelles de poireaux puis enfournez à nouveau, pour 8 min.

5 Dès que la tarte est cuite, déposez des tranches de saumon sur le dessus puis servez aussitôt.

VARIANTE
Remplacez le saumon fumé par de la truite fumée.

TARTE FINE AU PESTO ROSSO, BROUSSE ET COPPA

POUR 4 PERSONNES

5 MIN DE PRÉPARATION
8 MIN DE CUISSON

COÛT €
FACILE

MATÉRIEL

Blender

1 pâte brisée du commerce • 1 pot de brousse (fromage frais corse) • Coppa • Feuilles de basilic frais • Fleur de sel
POUR LE PESTO ROSSO : 1 pot de tomates confites • 25 g de pignons de pin • ½ bouquet de basilic • 40 g de parmesan • Huile d'olive

1 Préchauffez le four à 210 °C (th. 7). Mettez tous les ingrédients du pesto rosso dans le bol d'un blender avec 2 cuil. à soupe d'huile d'olive puis mixez le tout jusqu'à obtenir une belle pâte lisse. N'hésitez pas à ajouter un peu d'huile d'olive.

2 Étalez la pâte brisée, piquez-la avec une fourchette puis étalez le pesto rosso sur le dessus. Parsemez de fleur de sel puis enfournez pour 8 min.

3 Sortez la tarte du four, étalez de la brousse et déposez quelques tranches de coppa sur le dessus.

4 Parsemez de feuilles de basilic frais puis servez aussitôt.

VARIANTE
Remplacez la coppa par du jambon de pays.

TARTE FINE AU FROMAGE FRAIS, PATATE DOUCE
ET SIROP D'ÉRABLE

POUR 4 PERSONNES

5 MIN DE PRÉPARATION
23 MIN DE CUISSON

COÛT €
FACILE

MATÉRIEL

Plaque de cuisson

1 pâte brisée du commerce • 1 oignon rouge • 1 grosse patate douce • 150 g de fromage frais aux noix • 1 grosse poignée de noix • Sirop d'érable

1 Préchauffez le four à 200 °C (th. 6-7). Étalez la pâte brisée sur une plaque puis enfournez pour 10 min. Émincez l'oignon rouge.

2 Pendant ce temps, épluchez la patate douce, coupez-la en rondelles fines puis faites-la cuire dans une casserole d'eau bouillante pendant 10 min.

3 Étalez le fromage frais aux noix sur l'ensemble de la tarte, déposez les rondelles de patate douce, quelques noix concassées et l'oignon émincé, et faites chauffer au four pendant 3 min.

4 Versez un bon filet de sirop d'érable puis servez aussitôt accompagné de roquette.

VARIANTE

Vous pouvez remplacer le fromage aux noix par du fromage frais nature.

GRATIN DE CHOUX DE BRUXELLES, MARRONS ET LARDONS

POUR 4 PERSONNES

3 MIN DE PRÉPARATION
12 MIN DE CUISSON

COÛT €
FACILE

300 g de choux de Bruxelles • 100 g de lardons fumés • 200 g de marrons cuits et émiettés grossièrement (en bocal) • 20 cl de crème liquide • Gruyère râpé • Sel, poivre

1 Préchauffez le four à 200 °C (th. 6-7). Faites cuire les choux de Bruxelles pendant 5 min dans une casserole remplie d'eau bouillante.

2 Pendant ce temps, faites revenir les lardons dans une poêle.

3 Dans un saladier, fouettez la crème liquide avec du sel et du poivre.

4 Déposez les choux de Bruxelles, les lardons et les marrons émiettés dans le fond d'un plat à gratin. Versez la préparation de crème sur le dessus.

5 Parsemez de gruyère râpé puis enfournez pour 8 min. Servez aussitôt.

VARIANTE
Remplacez les choux de Bruxelles par des épinards ou encore de la patate douce.

CRUMBLE DE CABILLAUD AU CHORIZO

POUR 4 PERSONNES

5 MIN DE PRÉPARATION
10 MIN DE CUISSON

COÛT €
FACILE

MATÉRIEL

Blender

4 pavés de cabillaud • 100 g de chorizo • 4 belles tomates à l'ancienne **POUR LE CRUMBLE :** 4 cuil. à soupe de chapelure • 80 g de parmesan • 50 g de chorizo coupé en petits dés • 2 cuil. à soupe d'amandes effilées

1 Préparez la pâte à crumble en mixant tous les ingrédients dans le blender.

2 Faites cuire les pavés de cabillaud au four pendant 5 min. Coupez le chorizo et les tomates en petits morceaux.

3 Effilochez le poisson, mettez-le dans un plat à gratin avec les dés de chorizo et de tomates puis parsemez du crumble. Faites gratiner le tout 5 min sous le gril du four. Servez aussitôt.

VARIANTE
Remplacez le cabillaud par de la lotte.

GRATIN DE QUINOA AUX ÉPINARDS,
BROCOLI ET RICOTTA

POUR 4 PERSONNES

10 MIN DE PRÉPARATION
25 MIN DE CUISSON

COÛT €
FACILE

100 g de quinoa • 1 petit brocoli • 200 g de feuilles d'épinards • ½ cube de bouillon de légumes • 3 cuil. à soupe de crème fraîche épaisse • 150 g de ricotta • 1 grosse poignée de fromage râpé • Sel, poivre • Huile d'olive

1 Préchauffez le four à 200 °C (th. 6-7). Faites cuire le quinoa dans 2 fois son volume d'eau avec le bouillon de légumes pendant 10 min à feu doux.

2 Pendant ce temps, faites cuire le brocoli pendant 8 min dans une casserole remplie d'eau bouillante et faites revenir les épinards quelques minutes dans une poêle avec un filet d'huile d'olive. Égouttez le brocoli et réservez.

3 Mélangez le quinoa, les feuilles d'épinards et le brocoli cuit dans le saladier. Ajoutez la crème, mélangez puis versez dans un plat à gratin.

4 Déposez des morceaux de ricotta un peu partout sur l'ensemble du plat puis ajoutez le fromage râpé. Enfournez pour 5 min.

5 Sortez puis servez aussitôt.

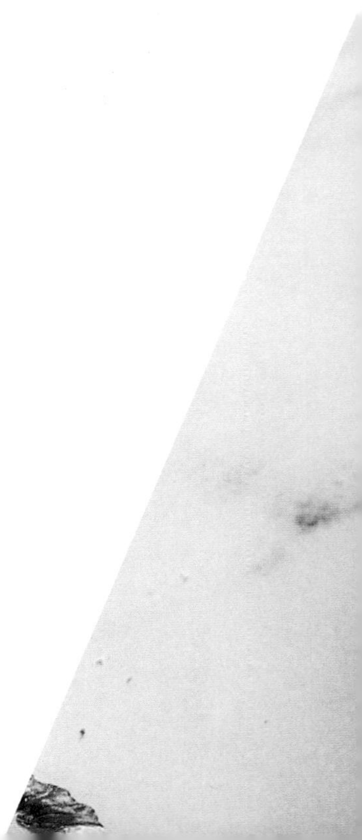

VIANDES & POISSONS

CEVICHE DE SAINT-JACQUES
AUX FRUITS DE LA PASSION

POUR 4 PERSONNES

8 MIN DE PRÉPARATION

COÛT €
FACILE

16 belles noix de saint-jacques sans corail • ½ mangue • 1 citron vert • 3 fruits de la Passion • 1 oignon rouge • 1 piment vert • 125 g de tomates cerise • 5 ou 6 brins de coriandre • 8 cuil. à soupe d'huile d'olive • Sel, poivre

1 Coupez les noix de saint-jacques en fines tranches de 2 mm d'épaisseur et placez-les sur 4 assiettes. Épluchez et coupez la mangue en petits dés puis déposez-les sur les noix de saint-jacques. Arrosez d'huile d'olive et du jus du citron vert, salez et poivrez.

2 Dans un bol, mélangez le jus des fruits de la Passion avec 5 cuil. à soupe d'huile d'olive.

3 Émincez l'oignon rouge, le piment et les tomates cerise puis garnissez chaque assiette. Versez la marinade sur le dessus puis servez aussitôt avec quelques brins de coriandre.

VARIANTE
Remplacez les saint-jacques par du bar.

ORECCHIETTE À L'ARRABBIATA, CHORIZO ET BREBIS

POUR 4 PERSONNES

10 MIN DE PRÉPARATION
18 MIN DE CUISSON

COÛT €
FACILE

500 g d'orecchiette • 80 g de chorizo fort • Fromage de brebis • 2 gousses d'ail • 2 petits piments rouges • 400 g de pulpe de tomates • 5 feuilles de basilic frais • Huile d'olive • Sel, poivre

1 Enlevez la peau du chorizo, coupez-le en petits dés, réservez.

2 Coupez le fromage de brebis en fines lamelles. Réservez.

3 Épluchez et hachez les gousses d'ail, coupez les piments en petits morceaux (attention à bien vous laver les mains avant de vous toucher le visage ou les yeux).

4 Dans une poêle, faites revenir les gousses d'ail hachées avec les piments dans un filet d'huile d'olive pendant 2 à 3 min.

5 Pendant ce temps, faites bouillir l'eau dans une grande casserole pour les pâtes puis faites-les cuire pendant 12 min.

6 Versez la pulpe de tomates dans la poêle, salez, poivrez puis laissez mijoter pendant 5 min.

7 Ajoutez les dés de chorizo et les feuilles de basilic préalablement ciselées. Égouttez les pâtes puis versez-les dans la poêle. Mélangez bien le tout.

8 Répartissez dans les assiettes puis déposez les morceaux de brebis sur le dessus avant de servir.

VARIANTE

Préparez des penne à l'arrabiata et jambon de pays en remplaçant le chorizo par du jambon de pays.

MAC AND CHEESE JALAPEÑO ET BACON GRILLÉ

POUR 4 PERSONNES

10 MIN DE PRÉPARATION
13 MIN DE CUISSON

COÛT €
FACILE

300 g de macaroni • 3 petits piments • 6 tranches de bacon • 6 cuil. à soupe de crème fraîche épaisse • 150 g de cheddar vieux râpé • Sel, poivre

1 Faites cuire les macaroni dans une grande casserole d'eau bouillante pendant 8 min.

2 Pendant ce temps, coupez les petits piments en petits dés, et faites griller très rapidement les tranches de bacon à la poêle.

3 Coupez les tranches de bacon en petits morceaux. Réservez.

4 Préchauffez le four à 200 °C (th. 6-7). Égouttez les pâtes, remettez-les immédiatement dans la casserole, ajoutez aussitôt la crème fraîche, le cheddar râpé et poivrez à votre convenance. Remuez vivement à l'aide d'une cuillère en bois à feu moyen afin de bien faire fondre le fromage.

5 Ajoutez les petits piments et les morceaux de bacon, mélangez puis versez le tout dans un plat à gratin allant au four.

6 Faites gratiner le tout pendant 5 min puis servez aussitôt.

VARIANTE
Si vous craignez les plats trop épicés, remplacez les piments par des petits poivrons.

CHIRASHI SAUMON-AVOCAT

POUR 4 PERSONNES

10 MIN DE PRÉPARATION
10 MIN DE CUISSON

COÛT €€
FACILE

300 g de riz japonais • 400 g de filet de saumon frais • 2 avocats mûrs • 1 mangue • Graines de sésame noires et dorées • Sauce soja • 2 cuil. à soupe de vinaigre de riz • 1 cuil. à café de sucre • 1 pincée de sel

1 Placez un saladier au congélateur. Faites cuire le riz pendant 10 min dans une casserole d'eau bouillante salée.

2 Pendant ce temps, dans un bol, mélangez le vinaigre de riz avec le sel et le sucre. Réservez.

3 Coupez le saumon en fines tranches de 1 cm d'épaisseur environ, les avocats en tranches, ainsi que la mangue de la même façon.

4 Une fois le riz cuit, rincez-le à l'eau froide puis égouttez-le. Placez-le dans le saladier sorti du congélateur puis versez le mélange vinaigre de riz, sucre et sel. Mélangez bien.

5 Déposez du riz dans chaque bol, puis déposez les tranches de saumon, d'avocat et de mangue sur le dessus.

6 Parsemez de graines de sésame et de sauce soja puis servez aussitôt.

VARIANTE

Remplacez le saumon par du thon cru en le préparant de la même façon.

CARPACCIO DE BAR, FRAMBOISE ET CITRON VERT, SALADE DE COURGETTES

POUR 4 PERSONNES

10 MIN DE PRÉPARATION

COÛT €€
FACILE

POUR LE CARPACCIO : 500 g de filets de bar (sans peau ni arêtes) • 1 oignon rouge • 15 framboises • 2 citrons verts • 4 cuil. à soupe d'huile d'olive • 1 cuil. à soupe de vinaigre de framboise • 5 feuilles de basilic • Sel, poivre **POUR LA SALADE :** 2 courgettes • 100 g de feta • 10 feuilles de menthe • 1 citron • 1 cuil. à soupe de pignon de pin • 1 cuil. à soupe d'huile d'olive

1 Préparez le carpaccio : coupez le bar en tranches fines, puis disposez-les sur quatre petites assiettes.

2 Émincez l'oignon rouge. Ajoutez les framboises, le jus des citrons verts, l'oignon émincé, le vinaigre de framboise et l'huile d'olive sur le bar. Salez et poivrez à votre goût.

3 Préparez la salade : lavez soigneusement les courgettes puis taillez-les à l'aide d'un économe.

4 Dans un saladier, mélangez la courgette avec la feta, la menthe le jus du citron, les pignons de pin et l'huile d'olive. Assaisonnez selon votre convenance. Servez aussitôt le carpaccio de bar avec la salade de courgettes.

VARIANTE
Vous pouvez remplacer le bar par du dos de cabillaud.

BROCHETTE DE KEFTAS SUR PAIN PITA

POUR 4 PERSONNES

10 MIN DE PRÉPARATION
5 MIN DE CUISSON

COÛT €
TRES FACILE

MATÉRIEL

Piques en bois
Mixeur

500 g de bœuf haché • 1 oignon rouge • 10 feuilles de menthe • 2 cuil. à soupe de coriandre séchée • 1 cuil. à soupe de zaatar • 2 cuil. à café de ras-el-hanout • 1 cuil. à café de cumin en poudre • 4 pains pita • Sel, poivre **POUR LE TABOULÉ LIBANAIS :** 1 grosse botte de persil • 1 botte de menthe • 1 oignon blanc • 10 tomates cerise • 2 jus de citron • Huile d'olive

1 Hachez finement l'oignon rouge et la menthe.

2 Dans un saladier, mélangez la viande hachée avec la coriandre, les épices (zaatar, cumin et ras-el-hanout) et 1 cuil. à soupe d'huile d'olive.

3 Salez et poivrez puis formez des boulettes. Donnez-leur une forme allongée puis insérez une pique à l'intérieur.

4 Faites revenir les keftas dans une poêle bien chaude avec un peu d'huile d'olive pendant 5 bonnes minutes en les tournant régulièrement.

5 Pendant ce temps, versez tous les ingrédients du taboulé libanais (sauf les tomates cerise) dans le bol du mixeur puis mixez par à-coups 2 à 3 fois (pour ne pas qu'il soit trop « bouilli »).

6 Ajoutez les tomates cerise coupées en deux puis servez ce taboulé avec les keftas et du pain pita.

POULET AU CURRY, COCO ET NOIX DE CAJOU

POUR 4 PERSONNES

10 MIN DE PRÉPARATION
15 MIN DE CUISSON

COÛT €
FACILE

400 g de blancs de poulet • 200 g de riz blanc basmati • 2 gousses d'ail • 20 cl de lait de coco • 2 cuil. à café de curry en poudre • 2 cuil. à soupe de coriandre fraîche • 100 g de noix de cajou • Huile d'olive • Sel, poivre

1 Découpez les blancs de poulet en petits morceaux.

2 Faites cuire le riz basmati dans une casserole remplie d'eau bouillante pendant 11 min.

3 Pendant ce temps, écrasez les gousses d'ail puis faites-les revenir dans un wok (ou une grande poêle) avec un filet d'huile d'olive pendant 1 min.

4 Ajoutez les morceaux de poulet et faites-les griller 2 min à feu vif en remuant sans arrêt avec une cuillère en bois.

5 Baissez le feu, versez le lait de coco, le curry, la coriandre et laissez cuire 10 min.

6 Ajoutez les noix de cajou au bout de 2 min. Égouttez le riz une fois cuit puis servez la viande avec le riz aussitôt.

VARIANTE
Vous pouvez remplacer le poulet par de la dinde ou encore du tofu nature pour une version veggie.

BOULETTES DE DINDE À LA CORIANDRE

POUR 4 PERSONNES

10 MIN DE PRÉPARATION
10 MIN DE CUISSON

COÛT €
FACILE

MATÉRIEL

Mixeur

4 escalopes de dinde • 1 oignon • 1 gousse d'ail • 1 œuf • 1 cuil. à soupe de Maïzena • 1 cuil. à café de curry de Madras • 3 cuil. à soupe de coriandre ciselée fraîche • 400 g de semoule de blé complet • 40 cl d'eau • Huile d'olive • Sel, poivre

1 Coupez les escalopes de dinde en petits morceaux et hachez-les très finement au mixeur pendant 2 à 3 min.

2 Émincez finement l'oignon et hachez l'ail.

3 Dans un saladier, mélangez la viande hachée avec l'oignon et l'ail. Ajoutez l'œuf légèrement battu et la Maïzena.

4 Versez le curry de Madras, la coriandre, salez et poivrez puis mélangez bien la pâte.

5 Avec vos mains, formez des boules de viande et déposez-les sur une assiette.

6 Faites chauffer une poêle avec un peu de matière grasse puis faites cuire les boulettes 10 min en les retournant régulièrement.

7 Pendant ce temps, faites chauffer de l'eau salée dans une casserole. Dès qu'elle commence à bouillir, versez-la sur la semoule dans un plat creux. Couvrez d'une assiette puis laissez gonfler pendant 6 min. Servez aussitôt les boulettes avec la semoule.

TATAKI DE THON À LA CITRONNELLE

POUR 4 PERSONNES

10 MIN DE PRÉPARATION
5 MIN DE CUISSON

COÛT €
FACILE

½ cuil. à café de gingembre râpé • Sauce soja • 2 citrons verts • 1 cuil. à soupe de citronnelle • 1 filet d'huile de sésame • 2 tranches épaisses de thon rouge • 3 cuil. à soupe de graines de sésame doré • 2 blancs de poireaux • 2 carottes • Huile d'olive

1 Dans un bol, mélangez le gingembre avec 2 cuil. à soupe de sauce soja, le jus des deux citrons verts, la citronnelle et l'huile de sésame. Trempez les tranches de thon dans ce mélange, puis égouttez-les.

2 Saisissez le thon sur chaque face dans une poêle chaude. Placez dans des assiettes, puis recouvrez de marinade et de graines de sésame.

3 Coupez les poireaux en rondelles et taillez les carottes à l'aide d'un économe. Faites-les revenir 5 min dans un wok bien chaud avec un filet d'huile d'olive. Servez aussitôt le tataki de thon et les légumes croquants avec de la sauce soja.

PAD THAÏ AUX CREVETTES

POUR 4 PERSONNES

10 MIN DE PRÉPARATION
10 MIN DE CUISSON

COÛT €
FACILE

200 g de crevettes décortiquées • 1 poivron vert ou rouge • 250 g de de nouilles • 2 gousses d'ail • 4 oignons cebettes • 4 cuil. à soupe de sauce soja salée • 1 citron vert • 1 cuil. à soupe de sucre roux • 2 œufs • Coriandre fraîche • 4 cuil. à soupe de cacahuètes • Huile d'olive

1. Coupez et épépinez le poivron puis coupez-le en lamelles.
2. Faites cuire les nouilles dans une casserole d'eau bouillante pendant 4 min.
3. Pendant ce temps, épluchez et émincez finement l'ail et les petits oignons.
4. Dans un bol, mélangez la sauce soja avec le jus du citron vert et le sucre roux.
5. Dans un wok, faites chauffer un peu d'huile et faites-y revenir l'ail, l'oignon, les lamelles de poivron puis les crevettes.
6. Ajoutez les nouilles de riz, la sauce puis les œufs et mélangez le tout.
7. Ajoutez enfin la coriandre fraîche ciselée et les cacahuètes. Servez immédiatement.

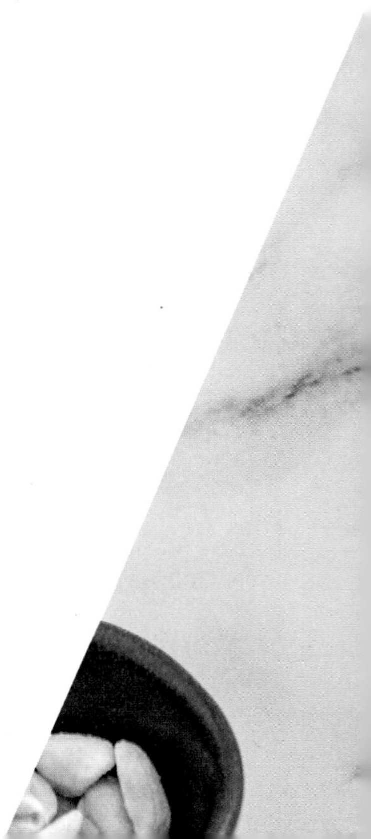

VARIANTE
Remplacez les crevettes par du blanc de poulet.

CABILLAUD AU PESTO DE POIVRON ROUGE

POUR 4 PERSONNES

10 MIN DE PRÉPARATION
15 MIN DE CUISSON

COÛT €
TRÈS FACILE

MATÉRIEL

Blender

4 pavés de cabillaud • 1 botte de basilic • 2 gousses d'ail • 1 petite boîte de poivrons grillés • 1 citron • 1 oignon rouge • 250 g de polenta • 1 cuil. à soupe d'origan séché • 3 cuil. à soupe d'huile d'olive • Huile d'olive • Sel, poivre

1 Dans le bol d'un blender, versez la botte de basilic, les gousses d'ail hachées, les poivrons grillés, le jus du citron et l'oignon rouge puis mixez jusqu'à obtenir une texture granuleuse.

2 Badigeonnez chaque pavé de poisson d'huile d'olive, roulez-les dans ce pesto et faites-les cuire à la poêle 5 min de chaque côté avec un filet d'huile d'olive.

3 Pendant ce temps, portez 1 litre d'eau à ébullition dans une casserole. Versez la polenta et mélangez vivement à l'aide d'un fouet.

4 Baissez le feu et poursuivez la cuisson 5 min. Versez l'huile d'olive et l'origan puis mélangez.

5 Servez le cabillaud accompagné de la polenta.

VARIANTE
Réalisez cette recette avec n'importe quel poisson blanc (eglefin, colin…).

POÊLÉE DE CREVETTES AU MIEL ET AIL

POUR 4 PERSONNES

10 MIN DE PRÉPARATION
16 MIN DE CUISSON

COÛT €
TRÈS FACILE

400 g de crevettes décortiquées • 300 g de riz thaï • 4 gousses d'ail émincées • 1 cuil. à café de gingembre en poudre • 4 cuil. à soupe de miel • 2 cuil. à soupe de sauce soja • 3 cuil. à soupe de coriandre ciselée fraîche • Huile d'olive • Sel, poivre

1 Faites cuire le riz pendant 12 min dans une grande casserole d'eau salée.

2 Pendant ce temps, mélangez tous les ingrédients (à part les crevettes et le riz) dans un bol.

3 Faites revenir les crevettes dans une poêle avec un filet d'huile d'olive à feu vif pendant 2 min. Ajoutez la marinade puis laissez cuire 2 min de plus.

4 Égouttez le riz, répartissez-le dans 4 assiettes puis déposez les crevettes sur le dessus. Versez le reste de marinade sur chaque assiette préalablement chauffée 30 s au micro-ondes.

SPAGHETTI BOLOGNAISE
AUX GROSSES BOULETTES

POUR 4 PERSONNES

10 MIN DE PRÉPARATION
16 MIN DE CUISSON

COÛT €
TRÈS FACILE

400 g de spaghetti • 1 gros pot de sauce tomate • 2 cuil. à soupe d'herbes de Provence **POUR LES BOULETTES :** 400 g de bœuf haché • 1 oignon • 3 cuil. à soupe de persil haché • Piment doux • Sel, poivre

1 Faites cuire les spaghetti dans une grande casserole d'eau bouillante pendant 11 min.

2 Pendant ce temps, préparez les boulettes en mélangeant le bœuf haché avec l'oignon haché, le piment doux, du sel, du poivre et le persil haché. Formez des boulettes puis faites-les revenir dans une poêle pendant 5 min en les retournant régulièrement.

3 Ajoutez la sauce tomate et les herbes de Provence, puis poursuivez la cuisson pendant encore 5 min.

4 Égouttez les pâtes, répartissez-les dans les assiettes puis versez de la sauce bolognaise avec les boulettes.

AIGUILLETTES DE POULET AUX PISTACHES
FAÇON TAJINE

POUR 4 PERSONNES

10 MIN DE PRÉPARATION
13 MIN DE CUISSON

COÛT €
TRÈS FACILE

400 g d'aiguillettes de poulet • 8 abricots secs • 30 g de pistaches décortiquées • 150 g de pois chiches déjà cuits et égouttés • 1 poignée de raisins secs • 2 blancs de poireaux • 1 gousse d'ail • 1 cuil. à café de cumin en poudre • Huile d'olive • Sel, poivre

1 Coupez les abricots en 4 dans la hauteur.

2 Dans une grande poêle, faites cuire les aiguillettes de poulet avec un filet d'huile d'olive à feu vif pendant 3 min.

3 Ajoutez les abricots, les pistaches, les raisins secs, les pois chiches, les poireaux, l'ail et le cumin et laissez cuire pendant encore 10 min en remuant régulièrement. Salez et poivrez à votre convenance puis servez aussitôt.

CONSEIL
Vous pouvez ajouter quelques pruneaux ou dattes.

CHILI CON CARNE

POUR 4 PERSONNES

15 MIN DE PRÉPARATION
25 MIN DE CUISSON

COÛT €
TRÈS FACILE

300 g de bœuf haché • 225 g de riz • 1 gousse d'ail • 1 oignon • 1 boîte de pulpe de tomates • 1 cuil. à café de paprika • 1 cuil. à café de piment de Cayenne • 1 cuil. à café de cumin en poudre • 1 cuil. à café de mélange mexicain (facultatif) • 100 g de maïs (en bocal) • 150 g de haricots rouges cuits (en bocal) • Huile d'olive • Sel, poivre

1 Faites cuire le riz dans une casserole d'eau bouillante pendant 11 min.

2 Hachez l'ail et émincez l'oignon. Faites-les revenir dans une poêle bien chaude avec de l'huile d'olive jusqu'à ce qu'ils soient bien fondants.

3 Ajoutez la viande hachée et faites-la revenir pendant 3 min à feu vif.

4 Ajoutez ensuite la pulpe de tomates, le paprika, le cumin, le piment de Cayenne, le mélange mexicain, le maïs et les haricots rouges. Faites cuire le tout pendant 10 à 15 min.

5 Servez aussitôt accompagné de riz.

VARIANTE
Réalisez cette même recette version végétarienne, en remplaçant le bœuf par du tofu nature.

PORRIDGE SALÉ AU CHEDDAR ET LARD FUMÉ

POUR 4 PERSONNES

10 MIN DE PRÉPARATION
15 MIN DE CUISSON

COÛT €
TRÈS FACILE

175 g de flocons d'avoine • 50 cl de lait • 8 tranches de lard fumé • 100 g de cheddar râpé • Flocons de piment • 20 cl de crème liquide • Sel, poivre

1 Dans une casserole, portez à ébullition le lait puis versez d'un coup les flocons d'avoine.

2 Baissez le feu et faites cuire une dizaine de minutes en remuant pour que le porridge soit tendre.

3 Pendant ce temps, faites griller les tranches de lard dans une poêle bien chaude.

4 Hors du feu, ajoutez le cheddar râpé dans le porridge, salez et poivrez. Répartissez dans des bols. Versez un peu de crème liquide sur chaque bol puis servez bien chaud, saupoudré de flocons de piment et de lard grillé.

VARIANTE
Remplacez le lard par du bacon, du jambon de pays ou encore du tofu fumé pour une version veggie.

POULET TANDOORI ET RIZ PULAO

POUR 4 PERSONNES

10 MIN DE PRÉPARATION
20 MIN DE CUISSON

COÛT €
TRÈS FACILE

4 blancs de poulet • 1 yaourt nature bulgare • 2 cuil. à soupe d'épices tandoori • 1 cuil. à café de gingembre (en poudre) • 1 cuil. à café de piment de Cayenne (facultatif) • ½ citron vert • 1 oignon • 2 gousses d'ail **POUR LE RIZ :** 150 g de riz basmati • 50 g de petits pois frais • 1 grosse poignée de noix de cajou • 3 cuil. à soupe de menthe ciselée • 1 poignée de raisins secs

1 Préparez la marinade du poulet en mélangeant le yaourt avec les épices tandoori, le gingembre, le piment de Cayenne et le jus du demi-citron vert.

2 Émincez l'oignon et hachez l'ail puis ajoutez-les dans la marinade.

3 Coupez les blancs de poulet en morceaux, versez la marinade et mélangez le tout.

4 Préchauffez le four sur la fonction gril. Faites cuire le riz avec les petits pois dans une grande casserole d'eau salée pendant 11 min.

5 Enfournez le poulet pendant 10 min en remuant de temps en temps.

6 Égouttez le riz, ajoutez les noix de cajou, la menthe ciselée et les raisins secs puis servez aussitôt avec le poulet tandoori.

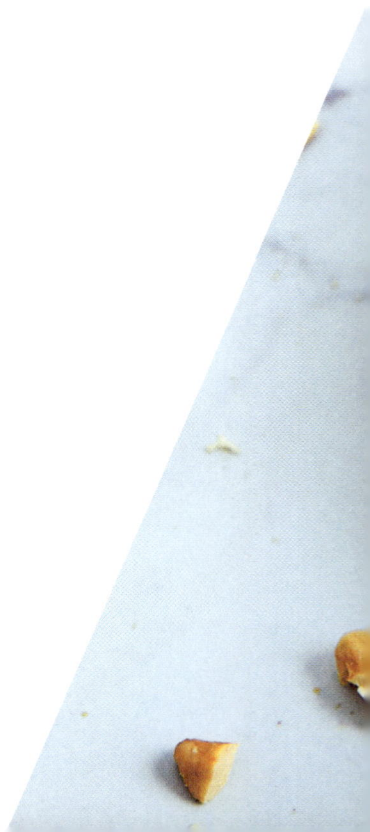

SALADE DE PASTÈQUE, MELON, MOZZA ET CRABE

POUR 4 PERSONNES

10 MIN DE PRÉPARATION

COÛT €
TRÈS FACILE

1 petite pastèque • 2 melons charentais • 200 g de tomates cerise (rouges et jaunes) • 10 radis roses • 250 g de miettes de crabes égouttées (soit 1 boîte et demie) • 100 g de billes de mozzarella • Roquette • Huile d'olive • Vinaigre balsamique • 1 citron • Sel, poivre

1 Coupez la pastèque en morceaux après avoir enlevé la peau.

2 Coulez les melons en deux, enlevez les pépins puis coupez-les en fins quartiers. Enlevez également la peau.

3 Coupez les tomates cerise et les radis en deux.

4 Mélangez délicatement tous les ingrédients, arrosez d'un filet d'huile d'olive, de quelques traits de vinaigre, du jus du citron, salez et poivrez. Servez aussitôt.

VARIANTE
Vous pouvez remplacer le crabe par du thon.

ŒUF COCOTTE AU CHORIZO
ET ASPERGES GRILLÉES AU PARMESAN

POUR 4 PERSONNES

10 MIN DE PRÉPARATION
15 À 20 MIN DE CUISSON

COÛT €
TRÈS FACILE

MATÉRIEL

4 mini-cocottes ou ramequins hauts

4 œufs • 50 g de chorizo fort • 20 cl de crème liquide • 200 g d'asperges vertes • 60 g de parmesan • Huile d'olive • Sel, poivre

1 Préchauffez le four à 180 °C (th. 6). Coupez le chorizo en dés. Réservez.

2 Mélangez la crème liquide avec du sel et du poivre. Répartissez les dés de chorizo et la crème dans les mini-cocottes ou les ramequins.

3 Cassez 1 œuf dans chaque ramequin puis faites cuire au four dans un bain-marie pendant environ 8 à 10 min.

4 Pendant ce temps, faites cuire les asperges dans une grande casserole d'eau bouillante pendant 8 min.

5 Égouttez-les puis faites-les revenir dans une poêle bien chaude avec un filet d'huile d'olive. Détaillez des copeaux de parmesan.

6 Servez aussitôt les œufs cocottes avec les asperges grillées et des copeaux de parmesan.

BROCHETTES DE SAINT-JACQUES
ET CHOUX GRILLÉS

POUR 4 PERSONNES

10 MIN DE PRÉPARATION
20 MIN DE CUISSON

COÛT €€
TRÈS FACILE

MATÉRIEL

4 piques en bois

16 noix de saint-jacques • 2 gousses d'ail • 1 citron vert • 4 cuil. à soupe d'huile d'olive • 2 bâtons de citronnelle • Sel
POUR LES CHOUX GRILLÉS : 1 brocoli • 1 chou-fleur • 15 cl de crème de coco • 1 pincée de curry • 2 cuil. à soupe d'huile d'olive • Sel, poivre

1 Préchauffez le four à 200 °C (th. 6-7). Coupez la base des choux et détaillez-les de façon à détacher les petits bouquets.

2 Dans un saladier, mélangez la crème de coco avec le curry, du sel et du poivre. Mélangez avec les morceaux de chou-fleur et de brocoli puis faites-les cuire au four pendant 10 min.

3 Pendant ce temps, pelez et hachez très finement les gousses d'ail.

4 Dans un plat creux, mélangez le jus du citron, l'huile d'olive, l'ail, la citronnelle coupée en petites rondelles et assaisonnez de sel et de poivre.

5 Enfilez les noix de Saint-Jacques bien serrées sur les piques en bois puis placez-les dans le plat creux afin de bien les enrober de la marinade.

6 Déposez les brochettes égouttées dans la poêle et faites-les cuire pendant 10 min à feu moyen en les retournant régulièrement. Servez aussitôt les brochettes avec les choux rôtis.

ONE POT QUINOA FAÇON PAËLLA

POUR 4 PERSONNES

10 MIN DE PRÉPARATION
14 MIN DE CUISSON

COÛT €
TRÈS FACILE

300 g de quinoa • 12 crevettes roses cuites • 1 oignon • 1 poivron rouge • 1 cuil. à café de piment doux • 100 g de dés de chorizo • 100 g de petits pois surgelés • Huile d'olive • Sel, poivre

1 Épluchez et hachez l'oignon finement. Coupez le poivron en petits dés.

2 Faites revenir l'oignon et le poivron avec un filet d'huile d'olive pendant 2 min.

3 Ajoutez les épices, le chorizo, les petits pois, le quinoa puis 1,5 fois son volume d'eau. Laissez cuire pendant 12 min.

4 Ajoutez les crevettes pour les 4 dernières minutes de cuisson. Servez aussitôt.

VARIANTE
Remplacez le quinoa par des pâtes.

PLATS VEGGIE

CARBO VEGGIE

POUR 4 PERSONNES

10 MIN DE PRÉPARATION
15 MIN DE CUISSON

COÛT €
TRÈS FACILE

400 g de pâtes type tagliatelles • 200 g de tofu fumé • 1 gousse d'ail • 25 cl de préparation cuisine au soja • 1 cube de bouillon de légumes • Parmesan râpé • Huile d'olive • Sel, poivre

1 Faites cuire les tagliatelles dans une grande casserole remplie d'eau avec le cube de bouillon de légumes pendant 10 à12 min.

2 Pendant ce temps, épluchez et hachez l'ail, coupez le tofu fumé en petites allumettes.

3 Faites revenir l'ail avec les allumettes de tofu fumé dans un filet d'huile d'olive pendant 5 min.

4 Salez, poivrez puis versez la préparation au soja, laissez chauffer à feu doux.

5 Égouttez les pâtes et mélangez-les au tofu.

6 Répartissez dans les assiettes, parsemez de parmesan puis servez aussitôt.

COUSCOUS AUX RAISINS SECS
ET BOULETTES DE HARICOTS ROUGES

POUR 4 PERSONNES

15 MIN DE PRÉPARATION
10 MIN DE CUISSON

COÛT €
TRÈS FACILE

MATÉRIEL

Hachoir électrique

POUR LES BOULETTES DE HARICOTS ROUGES : 500 g de haricots rouges cuits et égouttés • 1 oignon • 2 gousses d'ail • 2 cuil. à soupe d'huile neutre • 2 cuil. à café de moutarde • 150 g de farine • 2 cuil. à café de cumin en poudre • 2 cuil. à soupe d'herbes de Provence • Huile d'olive • Sel, poivre
POUR LE COUSCOUS : 200 g de couscous semi-complet • ½ cuil. à café de cannelle en poudre • 1 cuil. à café de cumin en poudre • 1 poignée de raisins secs • 1 poignée de dattes dénoyautées et coupées en deux • 1 poignée d'amandes • 25 cl d'eau • 1 cuil. à café d'huile d'olive • Sel, poivre

1 Dans une poêle bien chaude, faites revenir l'oignon émincé et les gousses d'ails épluchées dans un filet d'huile d'olive. Ôtez du feu.

2 Dans le bol de votre hachoir, versez l'huile neutre.

3 Ajoutez les haricots rouges cuits, la moutarde, la farine, les épices, les herbes de Provence, le mélange oignon-ail puis hachez jusqu'à obtenir une pâte lisse et homogène.

4 Réalisez des boulettes avec vos mains de la taille d'une balle de golf.

5 Faites-les cuire dans une poêle avec un peu d'huile d'olive pendant 5 min jusqu'à ce qu'elles soient bien dorées.

6 Pendant ce temps, mélangez le couscous sec dans un grand saladier avec toutes les épices, les raisins secs et les dattes.

7 Dans une casserole, portez l'eau à ébullition avec le sel et l'huile d'olive puis versez toute l'eau bouillonnante sur le couscous tout en remuant rapidement.

8 Couvrez le saladier et laissez gonfler pendant 5 min, émiettez avec une fourchette pour séparer les grains.

9 Servez aussitôt le couscous avec les boulettes et parsemez d'amandes.

VARIANTE
Remplacez les haricots rouges par des pois chiches cuits.

PENNE AU PESTO DE BETTERAVE

POUR 4 PERSONNES

10 MIN DE PRÉPARATION
10 À 12 MIN DE CUISSON

COÛT €
TRÈS FACILE

MATÉRIEL

Blender

400 g de penne • 1 grosse poignée de pignons de pin • Roquette • Sel, poivre **POUR LE PESTO DE BETTERAVE :** 1 betterave cuite • 2 grosses gousses d'ail • 4 cuil. à soupe de pignons de pin • 8 cuil. à soupe de parmesan • 10 cuil. à soupe d'huile d'olive • Sel

1 Faites cuire les penne dans une grande casserole d'eau salée pendant 10 à 12 min.

2 Pendant ce temps, épluchez et écrasez les gousses d'ail.

3 Versez dans le bol d'un blender l'ail, la betterave coupée en petits morceaux, les pignons de pin, le parmesan et le sel.

4 Versez l'huile puis mixez le tout jusqu'à obtenir une belle sauce épaisse et lisse. N'hésitez pas à ajouter un peu d'huile pour obtenir la consistance souhaitée.

5 Faites revenir les pignons de pin dans une poêle bien chaude avec un filet d'huile d'olive pendant 2 min en remuant avec une cuillère en bois.

6 Égouttez les penne puis mélangez-les au pesto de betterave. Répartissez dans les assiettes puis parsemez de pignons grillés et de quelques brins de roquette.

SALADE DE LENTILLES, BETTERAVE
ET HALLOUMI GRILLÉ

POUR 4 PERSONNES

10 MIN DE PRÉPARATION
5 MIN DE CUISSON

COÛT €
TRÈS FACILE

1 grosse boîte de lentilles brunes déjà cuites et égouttées • 1 oignon rouge • ½ grenade • 2 betteraves déjà cuites • Mâche • 200 g de halloumi • 1 grosse poignée de noix • Huile d'olive • Sel et poivre **POUR LA VINAIGRETTE :** 2 cuil. à soupe d'huile d'olive • 1 cuil. à café de moutarde • 1 cuil. à café de vinaigre balsamique • 1 cuil. à café de miel • Sel

1 Épluchez et émincez l'oignon rouge. Prélevez les graines de la grenade. Réservez.

2 Dans un saladier, mélangez les betteraves coupées en dés, les graines de la grenade, l'oignon émincé, les lentilles, un peu de mâche, quelques noix, salez et poivrez.

3 Préparez la vinaigrette en mélangeant tous les éléments puis versez dans le saladier. Mélangez.

4 Coupez le fromage halloumi en tranches d'environ 1 cm d'épaisseur.

5 Dans une poêle huilée à feu moyen-vif, faites cuire le fromage pendant 2 min de chaque côté ou jusqu'à ce qu'il soit bien doré.

6 Servez la salade de lentilles, et déposez du halloumi grillé sur le dessus de chaque assiette.

CONSEIL
Servez cette salade avec des pains libanais.

TABOULÉ AUX TOMATES CERISE, FRAISES ET MOZZARELLA

POUR 4 PERSONNES

10 MIN DE PRÉPARATION
5 MIN DE CUISSON

COÛT €
TRÈS FACILE

200 g de semoule de blé • 250 g de fraises • 250 g de tomates cerise jaunes et rouges • 1 poignée de radis roses • 150 g de billes de mozzarella • 1 botte de menthe • 1 citron jaune • Huile d'olive • Sel, poivre

1 Dans une casserole, portez 20 cl d'eau salée à ébullition avec 1 cuil. à café d'huile d'olive. Versez toute l'eau bouillonnante sur la semoule tout en remuant rapidement. Couvrez le saladier et laissez gonfler pendant 10 min au frais.

2 Pendant ce temps, coupez les fraises, les tomates cerise, les radis et la mozzarella en deux. Hachez la menthe.

3 Au bout de 10 min, émiettez la semoule avec une fourchette pour séparer les grains. Versez le jus du citron et ajoutez la menthe hachée.

4 Mélangez puis ajoutez délicatement les fraises, les tomates, les radis et les billes de mozzarella. Servez aussitôt.

VARIANTE
Remplacez les fraises par des framboises.

GNOCCHI ALLA NORMA

POUR 4 PERSONNES

10 MIN DE PRÉPARATION
5 MIN DE CUISSON

COÛT €
TRÈS FACILE

2 aubergines • 2 gousses d'ail • 2 boîtes de tomates pelées • 100 g d'olives vertes • 1 cuil. à café d'origan séché • ½ botte de basilic • 200 g de tomates cerise • 600 g de gnocchi • Huile d'olive • Beurre • Sel, poivre

1 Coupez les aubergines en petits morceaux puis faites-les revenir à la poêle avec un filet d'huile d'olive sur feu vif pendant 3 min. Ajoutez l'ail haché, les tomates pelées, les olives, l'origan et le basilic haché. Salez et poivrez puis laissez cuire quelques minutes.

2 Coupez les tomates cerise en deux, ajoutez-les au mélange.

3 Pendant ce temps, faites cuire les gnocchi dans une poêle avec 1 cuil. à soupe de beurre pendant 3 min. Ajoutez la préparation « alla norma » dans les gnocchis, mélangez bien puis servez aussitôt.

VARIANTE
Cette sauce s'accommode avec tous les plats de pâtes.

SALADE TIÈDE DE PATATE DOUCE, FIGUES RÔTIES

POUR 4 PERSONNES

10 MIN DE PRÉPARATION
25 MIN DE CUISSON

COÛT €
TRÈS FACILE

4 belles patates douces • 250 g de figues fraîches • 300 g de pois chiches cuits et égouttés • 1 cuil. à café de paprika • 1 yaourt à la grecque • 1 cuil. à soupe de persil plat haché • 1 grenade • 1 poignée de noisettes • Roquette • Huile d'olive • Sel, poivre

1 Préchauffez le four à 200 °C (th. 6-7). Coupez les figues en quartiers puis faites-les cuire pendant 8 min.

2 Pendant ce temps, épluchez les patates douces, coupez-les rondelles puis faites-les cuire pendant 10 min dans une grande casserole d'eau salée. Égouttez-les.

3 Faites revenir les pois chiches dans une grande poêle avec 1 cuil. à soupe d'huile d'olive et le paprika pendant 4 min.

4 Dans un bol, préparez la sauce, en mélangeant le yaourt à la grecque avec le persil plat haché et un peu de sel.

5 Dans un saladier, ajoutez la roquette, les rondelles de patates douces, les pois chiches grillés, les graines de grenade, les noisettes et les figues rôties.

6 Mélangez délicatement puis servez aussitôt accompagné de la sauce au yaourt et de roquette.

VARIANTE
Ajoutez de la feta émiettée au moment de servir.

DAHL DE LENTILLES COCO

POUR 4 PERSONNES

15 MIN DE PRÉPARATION
25 MIN DE CUISSON

COÛT €
FACILE

200 g de lentilles corail • 200 g de riz basmati • 1 oignon • 1 gousse d'ail • 1 cuil. à café de gingembre moulu • 1 petite boîte de tomate pelées • 1 cuil. à soupe de concentré de tomates • 1 cuil. à café de curcuma • 1 cuil. à café de curry • 1 cuil. à café de garam masala • 1 cuil. à café de cumin • Quelques feuilles de coriandre fraîche • 1 brique de lait de coco • 1 cuil. à soupe d'huile d'olive • Sel, poivre

1 Faites cuire les lentilles dans 3 fois leur volume d'eau pendant 8 min dans une casserole d'eau bouillante.

2 Pendant ce temps, faites cuire le riz pendant 11 min dans une grande casserole d'eau salée. Émincez l'oignon et hachez la gousse d'ail.

3 Dans une poêle, faites revenir l'oignon, l'ail et le gingembre avec 1 cuil. à soupe d'huile d'olive pendant 2 min.

4 Ajoutez les tomates pelées, le concentré de tomates, le curcuma, le curry, le garam masala, le cumin et salez poivrez. Laissez cuire 5 min à feu doux.

5 Égouttez un petit peu les lentilles corail puis ajoutez-les dans la poêle.

6 Hachez les feuilles de coriandre et ajoutez-les également avec le lait de coco, mélangez puis laissez cuire encore 4 min. Servez aussitôt.

SALADE DE BREBIS, GRANOLA SALÉ ET QUINOA

POUR 4 PERSONNES

10 MIN DE PRÉPARATION
20 MIN DE CUISSON

COÛT €
FACILE

200 g de fromage de brebis • 200 g de quinoa • 200 g de tofu épinards-noisettes • Salade de jeunes pousses • 50 g de figues séchées • Huile d'olive • Sel, poivre **POUR LE GRANOLA SALÉ :** 300 g de flocons d'avoine • 70 g d'amandes • 4 cl d'huile d'olive • 2 cuil. à soupe de tahin (purée de sésame)

1 Préchauffez le four à 180 °C (th. 6). Mélangez l'ensemble des ingrédients secs du granola dans un saladier. Ajoutez tout en continuant de mélanger l'huile d'olive et la purée de sésame.

2 Répartissez la préparation sur une plaque tapissée de papier cuisson puis enfournez pour 10 min en retournant à mi-cuisson.

3 Pendant ce temps, coupez le fromage de brebis en morceaux. Faites cuire le quinoa dans 1,5 fois son volume d'eau pendant 11 min. Égouttez-le.

4 Faites revenir le tofu, coupé en petits morceaux pendant 3 min dans une poêle bien chaude avec un filet d'huile d'olive.

5 Dans un saladier, mélangez la salade de jeunes pousses avec le quinoa, le tofu aux amandes, les figues séchées coupées en 2 et le fromage de brebis.

6 Salez et poivrez à votre convenance puis versez 2 cuil. à soupe d'huile d'olive. Répartissez dans chaque assiette puis parsemez de granola salé.

VARIANTE

Remplacez le tofu épinards-noisettes par du tofu fumé ou nature.

FARFALLE FORESTIÈRE

POUR 4 PERSONNES

10 MIN DE PRÉPARATION
20 MIN DE CUISSON

COÛT €
FACILE

300 g de farfalle • 1 cube de bouillon de légumes • 2 gousses d'ail • 400 g de champignons (mélange forestier) • 2 cuil. à soupe de persil plat • 10 cl de préparation cuisine au soja • 1 cuil. à soupe d'huile d'olive • Sel, poivre

1 Faites cuire les farfalle dans une grande casserole remplie d'eau bouillante avec le cube de bouillon de légumes pendant 12 min.

2 Hachez les gousses d'ail. Coupez les champignons et faites-les revenir dans une poêle avec l'huile d'olive, les gousses d'ail hachées et le persil ciselé pendant 3 min.

3 Versez la préparation au soja puis laissez chauffer pendant 5 min.

4 Égouttez les pâtes et versez le mélange champignons-ail-persil. Servez aussitôt.

VARIANTE
Ajoutez des oignons caramélisés.

BUDDHA BOWL AUX POIS CHICHES
ET HOUMOUS DE PETITS POIS

POUR 4 PERSONNES

10 MIN DE PRÉPARATION
10 MIN DE CUISSON

COÛT €
FACILE

MATÉRIEL

Mixeur

200 g de boulgour semi-complet • 2 avocats mûrs • 1 poignée de noisettes **POUR LE HOUMOUS DE PETITS POIS :** 250 g de petits pois frais cuits • 300 g de pois chiches • 4 cuil. à soupe de tahini (purée de sésame) • 2 gousses d'ail (ou 1 selon votre goût) • 1 citron • 3 cuil. à soupe d'huile d'olive • 1 cuil. à soupe de coriandre fraîche • Graines de sésame • Sel, poivre **POUR LES POIS CHICHES GRILLÉS :** 250 g de pois chiches cuits et égouttés • 1 cuil. à café de curry de Madras • 1 cuil. à café de piment doux • huile d'olive

1 Faites cuire le boulgour dans deux fois son volume d'eau dans une grande casserole remplie d'eau bouillante pendant 5 min. Couvrez la casserole puis laissez gonfler 4 min hors du feu.

2 Préparez le houmous de petits pois. Dans le bol du mixeur, versez tous les ingrédients liquides (afin de ne pas abîmer le blender), à savoir l'huile d'olive et le jus du citron.

3 Ajoutez ensuite les petits pois, les pois chiches, la purée de sésame, les deux gousses d'ail préalablement écrasées et la coriandre. Mixez le tout jusqu'à obtenir une pâte bien lisse et homogène.

4 Faites griller les pois chiches dans une poêle bien chaude avec les épices et l'huile d'olive pendant 3 min.

5 Coupez l'avocat en tranches.

6 Dans chaque bowl, déposez un peu de boulgour, des pois chiches grillés, du houmous de petits pois, quelques tranches d'avocat, un peu de noisettes et de coriandre fraîche.

VARIANTE

Préparez un houmous de pois chiches en supprimant les petits pois et en ajoutant 50 g de pois chiches.

BURGER VEGGIE

POUR 4 PERSONNES

10 MIN DE PRÉPARATION
5 MIN DE CUISSON

COÛT €
TRÈS FACILE

MATÉRIEL

Mixeur

4 pains à burger • 2 avocats bien mûrs • Pousses d'épinards **POUR LES STEAKS DE BETTERAVE :** 1 oignon • 200 g de betterave cuite • 200 g de pois chiches cuits et égouttés • 1 gousse d'ail • 1 cuil. à café de paprika • 100 g de flocons d'avoine • Huile d'olive • Sel, poivre
POUR LES FRITES DE COURGETTES : 2 courgettes • Paprika • Sel, poivre • 100 g parmesan râpé

1 Préparez les steaks de betterave : épluchez l'oignon et hachez-le finement. Faites-le revenir dans une poêle bien chaude avec de l'huile d'olive.

2 Mettez dans le bol de votre robot la betterave coupée en morceaux, les pois chiches, l'ail haché, les épices, les flocons d'avoine et l'oignon. Mixez jusqu'à obtenir une pâte homogène.

3 Réalisez quatre steaks avec vos mains (n'hésitez pas à mettre de la farine sur vos mains ou alors utilisez deux cuillères si la pâte colle). Faites ensuite cuire les steaks 3 à 5 min dans une poêle bien chaude avec un filet d'huile d'olive en retournant à mi-cuisson.

4 Pendant ce temps, coupez les courgettes en bâtonnets comme des frites. Faites-les ensuite cuire dans une grande casserole remplie d'huile ou une friteuse. Égouttez-les sur du papier absorbant. Roulez-les ensuite dans le parmesan râpé sur une assiette.

5 Enlevez la peau des avocats et écrasez la chair dans un bol.

6 Placez sur les talons des pains un peu de purée d'avocat, les pousses d'épinards et les steaks de betterave. Refermez chaque burger et dégustez aussitôt avec les frites de courgettes.

VARIANTE
Préparez ces steaks avec du bœuf haché pour une version non veggie.

ENCHILADA BOWL

POUR 4 PERSONNES

10 MIN DE PRÉPARATION
20 MIN DE CUISSON

COÛT €
TRÈS FACILE

250 g de quinoa • 1 cuil. à café de paprika • 2 avocats • ½ paquet de chips tortilla • 50 g de cheddar râpé **POUR LE CHILI :** 1 oignon rouge • 1 cuil. à café de cumin moulu • 2 gousses d'ail • 400 g de haricots rouges cuits et égouttés • 1 petite boîte de maïs • ½ boîte de tomates pelées • 1 cuil. à soupe d'huile d'olive • Sel, poivre

1 Faites cuire pendant 11 min le quinoa dans une grande casserole avec 1,5 son volume d'eau bouillante, en ajoutant le paprika.

2 Pendant ce temps, préparez le chili : dans une grande poêle, faites revenir l'oignon rouge émincé avec l'huile d'olive. Ajoutez le cumin, l'ail haché, les haricots rouges, le maïs et la boîte de tomates pelées. Couvrez et laissez cuire 5 min.

3 Sur une plaque de cuisson, déposez les chips tortilla et parsemez-les de cheddar. Enfournez pour 2 à 3 min sous le gril du four.

4 Répartissez le quinoa dans 4 bols. Coupez les avocats en deux, puis en lamelles puis déposez-les sur un côté des bols. Déposez un peu de chili aux haricots ainsi que les nachos au fromage. Servez aussitôt.

CONSEIL
SI vous aimez les plats bien épicés, ajoutez des petits piments rouges coupés en petits dés dans les bols.

CURRY VEGGIE

POUR 4 PERSONNES

10 MIN DE PRÉPARATION
22 MIN DE CUISSON

COÛT €
FACILE

1 oignon • 3 gousses d'ail • 1 boîte de pulpe de tomate • 1 cuil. à café de curry de Madras • 2 cuil. à soupe de pâte de curry rouge • 500 g de pois chiches déjà cuits et égouttés • Coriandre fraîche • 30 cl de lait de coco • 5 poignée d'épinards frais • Huile d'olive • Sel et poivre
POUR LE RIZ : 125 g de riz basmati • 1 cuil. à café de cumin

1 Faites cuire le riz dans une grande casserole d'eau bouillante avec le cumin pendant 11 min.

2 Préparez le curry. Dans une grande poêle, faites revenir l'oignon émincé avec les gousses d'ail hachées dans un filet d'huile d'olive.

3 Ajoutez la pulpe de tomate, le curry de Madras, du sel et du poivre, la pâte de curry rouge, les pois chiches et la coriandre. Faites cuire pendant 3 min.

4 Ajoutez le lait de coco et poursuivez la cuisson pendant 8 min. Ajoutez au dernier moment les épinards frais, mélangez bien.

5 Servez aussitôt le riz au cumin égoutté avec le curry.

SAUCISSES LENTILLES VEGGIE

POUR 4 PERSONNES

10 MIN DE PRÉPARATION
20 MIN DE CUISSON

COÛT €
TRÈS FACILE

MATÉRIEL

Blender

100 g de carottes • 2 oignons • 400 g de lentilles cuites **POUR LES MINI-SAUCISSES :** 400 g de tofu ferme nature • 2 cuil. à soupe de farine • 1 cuil. à café de cumin en poudre • 1 cuil. à café de paprika • 1 cuil. à soupe d'herbes de Provence • 1 cuil. à café de concentré de tomates • 1 cuil. à café d'oignon en poudre • Huile d'olive • Sel, poivre

1 Réalisez les mini-saucisses. Coupez le tofu en dés et mixez à l'aide d'un blender. Ajoutez le cumin, le paprika, les herbes de Provence, le concentré de tomates, les oignons en poudre puis continuez de mixer.

2 Versez dans un saladier, salez et poivrez à votre convenance. Ajoutez la farine puis mélangez bien.

3 Réalisez des boulettes avec vos mains de la taille d'une balle de golf puis allongez-les légèrement pour former des petites saucisses.

4 Faites-les cuire dans une poêle avec un peu d'huile d'olive 5 min jusqu'à ce qu'elles soient bien dorées.

5 Pendant ce temps, faites cuire les carottes coupées en rondelles pendant 10 min dans une casserole remplie d'eau bouillante.

6 Faites revenir les oignons émincés dans une grande casserole avec un filet d'huile d'olive.

7 Ajoutez les lentilles et les carottes puis laissez cuire pendant 5 min. Servez les lentilles aux carottes avec les mini-saucisses.

VARIANTE

Préparez ce saucisse-lentilles avec des merguez vegan que l'on trouve en magasin bio.

YAKITORI

POUR 4 PERSONNES

10 MIN DE PRÉPARATION
25 MIN DE CUISSON

COÛT €
FACILE

MATÉRIEL

Piques en bois

200 g de riz thaï • 80 g de petits pois surgelés • Huile d'olive • Sel, poivre **POUR LES BOULETTES YAKITORI :** 300 g d'émincés nature de soja (en grande surface ou magasin bio) • 2 cuil. à soupe de sauce soja sucrée • 1 cuil. à café de piment doux ou fort (selon votre goût) • 1 cuil. à café de coriandre séché • 1 cuil. à café de gingembre en poudre • 1 œuf • 1 cuil. à café de Maïzena • Huile • Sel, poivre

1 Faites cuire le riz dans une grande casserole d'eau bouillante pendant 11 min.

2 Dans un saladier, mélangez les émincés de soja avec la sauce soja sucrée, le piment, la coriandre et le gingembre.

3 Ajoutez l'œuf légèrement battu et la Maïzena puis mélangez bien la pâte. Avec vos mains, formez des boulettes de viande de la taille d'une balle de golf et déposez-les sur une assiette.

4 Dressez 2 boulettes sur une petite pique à brochette. Faites chauffer une poêle avec un peu d'huile d'olive puis faites cuire les boulettes 10 min en les retournant régulièrement.

5 Pendant ce temps, égouttez le riz et faites-le revenir rapidement à la poêle avec les petits pois et 1 cuil. à soupe d'huile d'olive pendant 2 min.

6 Servez aussitôt le riz avec les boulettes yakitori.

GALETTES DE PATATE DOUCE ET ÉPINARDS, FETA

POUR 4 PERSONNES

10 MIN DE PRÉPARATION
30 MIN DE CUISSON

COÛT €
FACILE

200 g de mélange gourmand de céréales • 3 poignées d'épinards frais • 200 g de feta • 2 poignées de noix • Huile d'olive • Sel
POUR LES GALETTES DE PATATE DOUCE : 2 grosses patates douces • 100 g d'épinards frais • 1 cuil. à café de graines de lin • 1 œuf • 1 cuil. à soupe de farine • Sel, poivre

1 Faites cuire les céréales. Versez 1 volume de mélange gourmand de céréales dans 2,5 volumes d'eau bouillante et salée puis laissez cuire 10 min à feu doux. Couvrez et laissez gonfler hors du feu.

2 Épluchez et coupez en petits morceaux les patates douces. Faites-les cuire dans une grande casserole remplie d'eau bouillante pendant 10 min. Égouttez-les et écrasez-les avec une fourchette. Faites revenir rapidement les épinards frais dans une poêle pendant 3 min. Réservez.

3 Dans un saladier, fouettez la purée de patate douce avec les graines de lin, les épinards, la farine et l'œuf.

4 Formez des galettes avec vos mains et faites-les cuire dans une poêle bien chaude avec un filet d'huile d'olive pendant 5 min en les retournant régulièrement.

5 Répartissez dans chaque assiette les céréales cuites, les épinards frais et les galettes de patate douce.

6 Émiettez la feta et parsemez de quelques noix concassées. Servez aussitôt.

VARIANTE
Réalisez les mêmes galettes avec 250 g de lentilles corail cuites.

INDEX PAR INGRÉDIENT

Pâte de curry rouge

Penne

Pesto

Petits pois

Pignons de pin

Piment doux

Piment jalapeño

Piment rouge

Piment vert

Pistache non salée

Poireau

Pois chiches

Poivron grillé

Poivron jaune

Poivron rouge

Polenta

Pousses d'épinards

Pulpe de tomates

TABLE DES RECETTES

A

B

C

D-E

F

G

H-M

O

P

S

T

V

Y

DANS LA MÊME COLLECTION

FAIT MAISON

Apéros
Apéros dînatoires
Barbecue et plancha
Barbecue et plancha veggie
Biscuits et petits gâteaux
Bocaux, compotes et confitures
Chocolat
Classiques d'hier et aujourd'hui
Cocktails, jus et liqueurs
Cocottes et mijotés
Confitures, gelées et marmelades
Enfants : mon premier livre de cuisine
Étudiants
Foie gras et terrines
Gâteaux
Glaces, sorbets et granités
Gratins et tians
Macarons & meringues
Pains & viennoiseries
Pasta
Pizzas, quiches et cakes
Plats uniques
Poissons & fruits de mer
Provence
Recettes anti-gaspi
Recettes pour bébés (0-3 ans)
Sans cuisson
Sauces, chutneys et marinades
Soupes et veloutés
Tartes

FAIT MAISON D'AILLEURS

Amérique du Sud
Asie
Cuisine créole
Enfants : mon premier livre de cuisine, recettes du monde
Espagne
États-Unis
Grèce
Italie
Japon
Vietnam

FAIT MAISON FRANCE

Bretagne
Provence
Recettes ch'tis

FAIT MAISON BON & SAIN

Anticholestérol
Anti-oxydants
Graines, céréales et légumineuses
Plats uniques Veggie
Sans gluten
Sans lactose
Soupes Green & Detox

REMERCIEMENTS

Un grand merci à Anne, pour sa confiance.

Merci à l'ensemble de mes proches et à ma famille pour leur soutien permanent.
À Monsieur, mon premier goûteur officiel :)

Aurélie Desgages

Pour l'éditeur, le principe est d'utiliser des papiers composés de fibres naturelles, renouvelables, recyclables et fabriqués à partir de bois issus de forêts qui adoptent un système d'aménagement durable. En outre, l'éditeur attend de ses fournisseurs de papier qu'ils s'inscrivent dans une démarche de certification environnementale reconnue.

Direction : Catherine Saunier-Talec
Responsable éditoriale : Lisa Grall
Responsable de projet : Anne Vallet
Réalisation intérieure : Les Paoistes
Correction : Claire Fontanieu
Fabrication : Amélie Latsch

Dépôt légal : février 2020
10-5441-8/01
ISBN : 978-2-01-945321-3
Imprimé en Italie par Rotolito

Retrouvez-nous
sur Facebook :
facebook.com/hachette cuisine

PAPIER À BASE DE FIBRES CERTIFIÉES

hachette PRATIQUE s'engage pour l'environnement en réduisant l'empreinte carbone de ses livres.
Celle de cet exemplaire est de :
1,2 kg éq. CO_2
Rendez-vous sur
www.hachette-durable.fr